"十二五"国家重点图书出版规划项目

2012年度国家出版基金项目

西方教育史
经典名著
译丛

单中惠 徐小洲/主编

国家出版基金项目
NATIONAL PUBLICATION FOUNDATION

The Medieval Universities:Their Development and Organization

# 中世纪大学：发展与组织

〔英〕艾伦·B·科班/著

周常明　王晓宇/译

山东教育出版社

**图书在版编目(CIP)数据**

中世纪大学:发展与组织/(英)科班著;周常明,
王晓宇译.—济南:山东教育出版社,2013(2017重印)
(西方教育史经典名著译丛/单中惠,徐小洲主编)
ISBN 978-7-5328-6310-5

Ⅰ.①中…　Ⅱ.①科…②周…③王…　Ⅲ.①高等
学校—教育史—西方国家—中世纪　Ⅳ.①G649.1

中国版本图书馆 CIP 数据核字(2013)第 216649 号

西方教育史经典名著译丛

单中惠　徐小洲　主编

## 中世纪大学:发展与组织

[英]艾伦·B·科班　著

周常明　王晓宇　译

主　　管:山东出版传媒股份有限公司
出 版 者:山东教育出版社
　　　　　(济南市纬一路 321 号　邮编:250001)
电　　话:(0531)82092664　传真:(0531)82092625
网　　址:www.sjs.com.cn
发 行 者:山东教育出版社
印　　刷:山东新华印刷厂潍坊厂
版　　次:2017 年 3 月第 1 版第 2 次印刷
规　　格:710mm×1000mm　16 开本
印　　张:20.5 印张
字　　数:277 千字
书　　号:ISBN 978-7-5328-6310-5
定　　价:42.00 元

# "西方教育史经典名著译丛"总序

　　教育史蕴藏着教育智慧，教育史名著闪耀着人类教育智慧的光辉，因此，从教育史中可以寻找教育智慧的宝藏。教育是人类社会的一个永恒课题，在教育发展的过程中，不同历史时期不同国家的思想家和教育家，或在自己教育实践的基础上，或在总结前人教育经验的前提下，提出各具特点的教育主张、教育理论和教育方法。毋庸置疑，在数千年的历史长河中，古今教育家通过他们的实践探索和理论思考给后人留下很多教育智慧。从事教育的人，研究教育的人，管理教育的人，以及学习教育的人，如果不了解教育的历史，那不仅与自己的崇高称号不相匹配，而且是令人难以想象的。不了解教育历史的人往往对教育限于感性，在教育实践中会走弯路。不了解教育的历史，不知道教育上的巨人是谁以及他的肩膀在哪里，就无法在历史传承的基础上谈教育创新。

　　法国教育社会学家涂尔干（Emile Durkheim）在《教育思想的演进》（The Evolution of Educational Thought）一书中曾这样说过："历史的研究不仅将会使我们有能力与我们自己的原则交流，而且也会使我们时不时从我们的前辈那里，发现我们必须纳入考虑的一些至关重要的东西，因为他们是我们的先辈，而我们是他们的传人。"概括起来，教育史研究的意义主要在于：一是拓展教育视野。教育既是一种历史现象，又是一种永恒现象。通过教育史，可以了解古今教育家是如何对教育问题进行实践探索和理论思考的，从而拓展教育视野。二是增长教育智慧。教育问题的解决需要教育智慧。通过教育史，可以拥有前辈的经验和智慧，从而既能对过去和现在的事情作出合理的解释，也能对将来的事情作出合理的推测。 三是寻求教育思想支撑。 从历史传承的意义上来讲，教育史上教育家的一些思想并没有过时。 通过教育史，可以从历史上的教育家那里借鉴一些有益的东西，得到一些有益的启迪。 四是获得教育方法。 在教育发展历史上，很多教育家都是有长期教育实践经验的教师。 通过教育史，可以了解其有特色的教育理论，获得其有启示的教育方法。

20 世纪以来，在西方教育史学界，美国、英国和法国等国教育史学家撰著了很多在学术上造诣很深和影响很广的教育史著作。 这些著作既对西方教育史学的发展起了很大的推动作用，也在西方教育史学界确立了重要的学术地位。 这次，我们策划翻译出版"西方教育史经典名著译丛"，其目的在于向我国教育界尤其是教育史学界推介一些西方教育史经典名著。 通过这些西方教育史经典名著，教育学者尤其是教育史学者不仅能在教育理论素养上有所提高，而且能在教育史学观念上有所感悟，还有能在教育史研究方法上有所启迪。

在确定"西方教育史经典名著译丛"的入选书目时，我们主要考虑了三条原则：一是经典性。 入选的书目在西方教育史学界应是流传较广和影响较大的著作。 由于它们具有形成智慧的教育价值，因而凸现出经典性。 二是代表性。 入选的书目在西方教育史领域的不同学术研究方向和研究视角应有一定的代表性。 其中，既有通史，又有问题史；既有制度史，又有思想史；既有古代史，又有近现代史。 三是独特性。 入选的书目在西方教育史领域应能体现不同的史学理论和研究方法，同时应能体现西方不同国家教育史学家的学术成果和学术思想。 其中，既有体现传统史学研究的著作，又有体现当代史学研究的著作。 在确定"西方教育史经典名著译丛"入选书目的过程中，我们还征求了国内外一些学者的意见，在此表示衷心的感谢。

据此，"西方教育史经典名著译丛"精选了十本西方教育史经典名著。 其中有：

〔美〕布里克曼（William W. Brickman）：《教育史学：传统、理论和方法》（Educational Historiography：Tradition，Theory，and Technique）。

〔英〕弗里曼（Kenneth J. Freeman）：《希腊的学校》（Schools of Hellas）。

〔英〕科班（A. B. Cobban）：《中世纪大学：发展与组织》（The Medieval Universities：Their Development and Organization）。

〔英〕伍德沃德（William Harrison Woodward）：《文艺复兴时期教育研究》（Studies in Education During the Age of the Renaissance，1400—1600）。

〔法〕孔佩雷（Gabriel Compayre）：《教育学史》（The History of Pedagogy）。

〔美〕伯茨（R. F. Butts）：《西方教育文化史》（A Cultural History of Western Education）。

〔美〕布鲁巴克（John S. Brubacher）：《教育问题史》（A History of the Problems of Education）。

〔英〕拉斯克（Robert R. Rusk）：《伟大教育家的学说》（Doctrines of the Great Educators）。

〔美〕克雷明（Lawrence Arthur Cremin）：《学校的变革》（The Transformation of the School）。

〔美〕托里斯（Carlos Alberto Torres）：《教育、权力与个人经历：当代西方批判教育家访谈录》（Education，Power，and Personal Biography，Dialogues with Critical Educators）。

改革开放以来，由于山东教育出版社领导的精心打造，教育史著作出版已成为山东教育出版社的特色品牌。这次"西方教育史经典名著译丛"的翻译出版，也得到了山东教育出版社领导的高度重视和大力支持，谨致以最诚挚的敬意。还必须感谢的是，在翻译出版的过程中，教育理论编辑室主任蒋伟编审做了大量的指导和协调工作，付出了辛勤的努力。

我们希望"西方教育史经典名著译丛"的翻译出版，不仅能推动我国西方教育史的学术研究和学术积累，而且能为我国教育界提供一些具有重要学术价值的西方教育史经典读物。

单中惠　徐小洲
浙江大学教育学院
2009 年 2 月

# 目　录

# 解　读

周常明　王晓宇


　　《中世纪大学：发展与组织》（*The Medieval Universities：their development and organization*）是当代西方著名历史学家、研究中世纪大学的学者艾伦·鲍尔弗·科班（Alan Balfour Cobban）的一本学术专著，1975 年出版。

　　科班博士 1997 年退休前一直任教于英国利物浦大学历史系，是利物浦大学历史系荣誉高级研究员、知名教授。2005 年，他因在学术研究领域成就斐然而被剑桥大学授予荣誉文学博士学位。科班在中世纪大学方面的学术研究成果很多，其中有：《剑桥大学国王学堂的早期历史及其组织》（*The Early History and Organization of the King's Hall*，*Cambridge*，1964）、《爱德华二世，教皇约翰十二世与剑桥大学》（*Edward* Ⅱ，*Pope John* XXⅡ，*and the University of Cambridge*，1964）、《中世纪后期剑桥大学的国王学堂》（*The King's Hall within the University of Cambridge in the Later Middle Ages*，1969）、《中世纪牛津大学和剑桥大学的神学院和法学院》（*Theology and Llaw in the Medieval Colleges of Oxford and Cambridge*，1982）、《中世纪的英国大学：1500 年前的牛津大学和剑桥大学》（*The Medieval English Universities：Oxford and Cambridge to c. 1500*，1988）、《中世纪的大学》（*Universities in the Middle Ages*，1990）、《中世纪的英国大学生活》（*English University Life in the Middle Ages*，1999）等。此外，科班在《英国历史评论》（*English Historical Review*）、《教育史》（*History of Education*）、《政治研究》（*Political Studies*）、《美国历史评论》

(*American Historical Review*)、《过去与现在》(*Past & Present*)、《历史》(*History*)等知名学术刊物上发表研究论文数十篇，在学术界产生了很大影响，受到世界同行的关注。

从全书的框架来看，除简短的"前言"和"结论"外，《中世纪大学：发展与组织》一书分为两个部分，共9章。

在"前言"部分，作者明确指出："1895 年，拉什达尔（Hastings Rashdall）出版了具有里程碑意义的有关中世纪大学史的三卷本论著。本研究着力将该论著出版以来学者们所完成的大量研究成果纳入视野，重点考察大学的历史，诸如与其相关的社会和经济文献、欧洲的学院运动以及中世纪学生权力等。这些内容在以往对其进行宏观解读时并未获得应有的重视。"①无疑，这清晰地揭示了本书的写作意图。

第一部分包括6章，主要论述了大学的序幕、大学的概念、大学的原型：萨莱诺大学、学生型大学——博洛尼亚大学、教师型大学——巴黎大学以及牛津大学、剑桥大学等和欧洲的学院运动。

第一章"大学的序幕"。作者指出，大学起始于中世纪罗马人对希腊文明的传播，具体而言，就是罗马人如何改造一个深深植根于异教文化之中的教育体制来为基督教社会服务以及如何在古典主义与基督教思想南辕北辙的分歧之间达成某种妥协。所有这些为1200年中世纪大学的形成培育了土壤。同时，梳理了从希腊教育过渡到古希腊罗马及早期中世纪教育思想的渊源，指出大学的起源是与功利主义价值观密不可分的。其基本目的是为那些有天赋的将来以就业为目的学生增加教育机会，使他们能够在教会阶层或公民政府里，或某些法律、医学领域获得谋生手段。然而，从其最为广泛的和最为深刻的层面来看，11世纪和12世纪的人文主义运动给大学根植了一系列的价值观。正是在那个充满活力的、不断扩张并释放出强大的全新知识能量的环境下，中世纪大学诞生了。总之，"大学是欧洲城市和经济复兴、社会活动激

---

① Alan B. Cobban, *The Medieval Universities：their development and Organization*, Preface, London, Methuen & Co. Ltd., 1975.

增以及因商业繁荣和十字军东征使交通更为便利时期的产物。"①

第二章"最早的大学",包括 2 节。在第一节"大学的概念"中,作者开门见山论述了中世纪大学的身世和内涵,明确指出中世纪大学基本上是西欧本土的产物,是拥有特权、由教师和学生组成的法人行会。它们拥有各自的法规、印章和管理机构以及固定的课程和学位授予程序,还具有从广大地区招收学生的能力。作者追本溯源引经据典,详细梳理、比较、分析和讨论了"studium generale"(公共讲习所)一词的用法及其内涵的演变过程,同时还讨论了"studium generale"与"studium particulare"(特定的讲习所)的差异、以及中世纪大学与现代大学的关系。总之,"如果剥去数百年积累的所有附属物,例如,臃肿的管理机构、财政事务、校舍以及其他转移了主要学术宗旨的影响因素,现代大学在本质上还是中世纪大学的直系后裔。"②但是,作者也指出,当代的人们或许对"studium generale"的准确涵义还没有达成最后的一致见解。

在第二节"萨莱诺大学:大学的原型"中,作者通过大量文献详细考证了萨莱诺大学的由来、发展和衰败。萨莱诺大学之所以是"大学的原型",主要基于以下几个因素:第一,萨莱诺大学是将希腊和阿拉伯医学、自然科学、哲学知识传播到西欧的代理机构,思想和学者的输出地以及作为在其麾下聚集了中世纪大学医学课程主要内容的大学机构;第二,萨莱诺大学为了学术理想恢复,整合并扩大了希腊、古希腊罗马、阿拉伯以及当代医学理论和做法的精华,并使之让世人共享;第三,萨莱诺大学是中世纪欧洲第一个、也是最知名的医学研究中心和专业学校,尽管它远未达到完整意义上的中世纪大学的标准。萨莱诺大学在医学学科所享有的声誉,与博洛尼亚大学在法律学科和巴黎大学在神学学科所拥有的声誉齐名。与此同时,作者也分析了萨莱诺大学衰败的原因,即主要在于它没有能够建立起一个保护自己和具有凝聚力的组织机构,从而维持其学术的发展。

---

① *The Medieval Universities: their development and Organization*, P. 20.

② *The Medieval Universities: their development and Organization*, P. 35—36.

第三章"博洛尼亚大学：学生型大学"。科班明确指出，博洛尼亚大学最初是一所平民性质的大学，其之所以有名主要有以下几个因素：第一，博洛尼亚大学所处的地理位置优越。伦巴蒂平原是一个重要的商品交易中心，又是一个繁忙的交通枢纽，有大量的人员往来；第二，这里有众多的私人开办的学校，著名的学者以及学校所开设的专业为大学的发展奠定了基础；第三，中世纪一些著名学者曾驻足此地讲学，如中世纪中期意大利最著名的法学家伊尔内留斯(Irnerius)、知名教会法学者格雷田(Gratian)；第四，博洛尼亚大学开设的罗马法树立了其作为民法研究中心的声望，而教会法科目的引入使其平民性质得到了充分验证；第五，皇帝腓特烈一世(Frederick Ⅰ)颁布的敕令《真正的惯例》(*Authentic Habita*)一书被视为学术自由的起源，而博洛尼亚大学由此受益匪浅。同时，作者指出，在中世纪深刻的社会经济和政治背景下，缺乏公民权的学生为了建立相互保护的联合会或兄弟会来保护自己的利益不受侵害以及维护大学的学术自由，博洛尼亚大学成为了"学生型"大学。1193 年前后，由一些法律学生提出动议，授予自己"学生大学"地位并开始行使管理教师的权利。这就是"学生型"大学的由来。作者还揭示了在博洛尼亚大学这所"学生型"大学发展过程中，学生与教师之间和学生与外部的关系，以及学生型大学管理体制的特点。"学生全面接管大学管理的模式，是由一批学习法律的学生倡议而建立的保护组织演变而来的，这也是欧洲最早的大学特别突出的特征。"①

第四章"巴黎大学：教师型大学"。作者明确指出，从一般意义来说，12 世纪末期，巴黎出现了大学，这可以看作是巴黎城各类学校活动的升华，也是众多知名学者的重要学术成就的浓缩。在巴黎大学所经历的各种世事变迁中，巴黎圣母院最终提供了唯一的持久的组织框架。巴黎大学发展起来的优势和社会背景在于：第一，大学拥有优越的地理位置。适宜的气候和环境以及广阔的空间利于人员的往来；第二，教会为巴黎大学的发展捐献财产并投入大量精力，使得巴黎大学拥有足够运转的资金和完善的组织结构；第三，坐落于王室的所在地，受到了王

---

① *The Medieval Universities: their development and Organization*, P. 55.

室的关爱和支持,这对于大学的发展极为有利;第四,早期的逻辑学科以及思辨神学奠定了大学学科发展的基础。作者又指出,巴黎大学之所以成为"教师型"大学是与其内部结构相关的。巴黎大学是由文学院主导和控制的,在1219年后,文学院的教师经常代表整个大学行事,开始逐步发展成为一个强大的法人团体,并最终成为大学里最强大的组织团体。因此,文学院的院长通常就是巴黎大学的领袖。作者还比较了博洛尼亚大学与巴黎大学在组织机构、校长的任期和权威、守法意识、民主程序以及自治程度方面的差异。但最后结果是,"巴黎大学从一个令人痴迷的国际性大学、一个欧洲教师型大学的先驱变成了一个处处受到限制的国家机构、一个仅仅留下自身先前影子但又与中世纪后期更加稳定和更加地区化的大学模式相一致的大学。"①

第五章"牛津大学、剑桥大学及其他大学",包括3节。在第一节"牛津大学"中,作者指出,与欧洲大陆相比,主教学校运动在英格兰并没有开展得那么深入。到12世纪末,牛津大学在教育上已经取得了决定性的领先地位,并发展成为唯一的一个永久性的"studium generale"(公共讲习所)。牛津大学并未有组织地去依赖牛津城中任何的宗教机构,从这一点看,它与博洛尼亚大学较为类同,而与巴黎大学的情况则有差异。"的确,经过一些重大的调整,牛津大学复制了巴黎大学的学科课程和学位体制,但是,这并不足以降低牛津大学制度发展的特色。"②

在第二节"剑桥大学"中,作者指出,中世纪时期的剑桥大学对于英国学术历史的若干重要方面都具有重要的意义。这所大学的建立主要归功于1209年牛津大学罢课后一大批师生的外迁。但是,剑桥大学在最广泛的意义上被公认为是"studium generale"(公共讲习所),同样在学院历史领域,剑桥大学也为英国的学术生活做出了不可忽视的贡献。"无论是从组织发展和本土演变程度的角度来看,还是从法律地位或者学院发展的意义、吸引知名学者的魅力的角度来看……剑桥大学是中

---

① *The Medieval Universities：their development and Organization*，P. 95.

② *The Medieval Universities：their development and Organization*，P. 106.

世时期英国学术生活中的一股重要力量。"①

在第三节"中世纪后期的大学"中,作者指出,在大学自发产生时期之后,有关中世纪后期大学的历史尚未有人来著书立说。过去忽视这一主题的原因在于:人们一直认为,中世纪后期的大学已开始走下坡路了,而且都是欧洲原型"studia"(学术中心)的劣质翻版,显示出其组织和知识方面衰败的症候。但是,应该看到,"在意大利、法国、西班牙、葡萄牙、德国、苏格兰和斯堪的纳维亚涌现的大学,极大地改变了欧洲的大学地理版图。"②

第六章"欧洲的学院运动"。作者明确指出,对中世纪大学的学院研究一直没有得到应有的重视。尽管学院初期的作用相对来说是微不足道的,但其后来的发展对历史悠久的大学(如巴黎大学、牛津大学和剑桥大学)的发展方向和性质等都产生了重大影响。学院最成熟的形式是一个自治的、自我管理的和合法的实体,拥有稳固的捐赠以及自己的院规、特权和共同印章。巴黎大学被认为是大学学院制的起源之地,因为学术性学院的类型在巴黎大学比任何地方都兴起得早。典型的英国中世纪学院是一个根据民主原则建立的、自我管理的院士共同体。作者最后指出,"由于学院是形成中世纪后期大学社会、道德和学术生活的主要影响力量之一,因此,学院应该成为研究的重点,而不是研究的边缘领域。"③

第二部分包括3章,主要论述了中世纪学生的权力和学术团体以及大学与社会等。

第七章"中世纪学生的权力"。作者指出,"了解学生权力的概念,对于理解宗教改革前时代的大学发展是至关重要的。有组织的学生抗议与欧洲南部大学的兴起实际上是同步的,它持续了两百多年时间。"④中世纪的学生大规模抗议运动都有着具体的目标,而并非是压抑着的

① *The Medieval Universities：their development and Organization*，P. 115.
② *The Medieval Universities：their development and Organization*，P. 118.
③ *The Medieval Universities：their development and Organization*，P. 159.
④ *The Medieval Universities：their development and Organization*，P. 163.

反政府情绪的突然爆发。通常，欧洲南部的学生相对于欧洲北部的学生更加成熟。欧洲南部学生主要攻读法律或医学，并且在上大学之前都有过社会工作的经历。学生权力正是从这部分大学生中孕育出来的。"12世纪自发生成的大学，即博洛尼亚大学和巴黎大学，都是确立了中世纪大学双重组织模式的原型大学：前者孕育了由学生管理的大学概念，后者产生了由教师管理的大学概念。"①人们早就认为，欧洲历史上第一次学生运动是在13世纪早期的博洛尼亚大学形成的。14世纪的学生运动胜利营造了一种舆论氛围，有利于人们去谨慎地接受学生有限地参与大学管理事务的原则。但是，作者也指出，似乎也没有证据表明，大学内部学生的直接行动指向是朝着最终对更广泛社会改革的目标。因此，不能按照这种方式去思考和设想中世纪的学生已形成了那种"大学是社会的缩影"的想法，否则将是时代的错误。

第八章"学术团体"。作者指出，"研究学术团体所遇到的最为困难的问题之一，就是难以了解那些大批定居在大学城客栈或寄宿舍里未获得赞助的学生的社会地位和生活状况。"②大多数学生都属于中间社会阶层，他们的经济状况或许反映了这一处于中等社会地位的特点。直到中世纪后期，欧洲南部的"studia"才能称得上是贵族的中心。早期的学术团体凝聚力是在其成员为共同利益而抗争中形成的，也是在不太明显的经济差异的氛围中得以巩固的；但后来慢慢受到了侵蚀，大学则走向分化，降低了其采取有效的统一行动的能力。在大学这个学术团体中，本科生必须参加的讲座分为普通讲课、额外讲课或粗略讲课。教学通过两种基本的方法进行：一是诵读或阅读，即对规定的教科书进行阅读并讲解；二是辩论，包括正式辩论以及非正式辩论。

第九章"大学与社会"。作者指出，对中世纪大学与当时社会之间的关系，我们一直没有进行广泛深入的研究。这一研究的工作量是不言而喻的，因为用于这项研究的文献资料不够系统和过于分散。中世纪大学受到最普遍抨击的原因之一，是它所提供的知识教育与社会的

---

① *The Medieval Universities：their development and Organization*，P. 120.

② *The Medieval Universities：their development and Organization*，P. 196.

实际需求相脱离。但是，在中世纪的牛津大学，开设的大学推广课程的内容形成了大学较为严谨的学术性领域与社会事务的实用领域之间的一个汇合点。这意味着，大学作为满足世俗政府、教会、法律、商业以及贸易需求的职业中心的公众形象开始受到欢迎。"总之，中世纪大学培养既具有专业素养又对社会有用的人才——即大学毕业生形成中世纪社会的一个劳动贵族阶层。它是观念的提出者，也是引领社会活力的那些人的不可或缺的支持者。中世纪大学的毕业生奉献的是训练有素的大脑，影响着政治观点和塑造着教会政策……从13世纪开始，大学就是中世纪欧洲公共辩论有争议的政治和意识形态问题的传播舞台；而且，大学作为一个学术共同体的观点是不可小觑的。"①

在最后的"结论"部分，作者不仅明确指出："学术自由理念的形成以及对其通过持久关注加以保护的必要性，正是中世纪大学历史最为宝贵的特征之一。对自由的知识团体的推进，无论是在教会当局还是在世俗当局的权威影响下，都是中世纪欧洲大学发展的核心问题。……自治地位一直是欧洲大学永恒的理念标志。"而且指出，中世纪大学的历史意义在于，"从本质上来说，中世纪大学不仅是西欧国家本土的产物，而且也是中世纪留给当代世界最为宝贵和最富有成果的遗产。"②

作为一本有影响的中世纪大学研究的专著，《中世纪大学：发展与组织》一书表现出以下的特点：

第一，汲取前辈研究中世纪大学成果的精华。在1895年英国著名历史学家拉什达尔出版其具有里程碑意义的《中世纪的欧洲大学》（三卷本）之后，本书是中世纪大学研究领域的又一本力作。在整个研究中，作者运用了许多重要且详实的文献资料，汲取了前辈研究中世纪大学成果的精华，围绕中世纪大学发展与组织这一主题，以精辟睿智的观点和简明扼要的形式将中世纪大学发展的历史图景呈现在我们面前。该书聚焦的并非中世纪大学的学术发展，而是13世纪至15世纪期间

① *The Medieval Universities：their development and Organization*，P. 234.
② *The Medieval Universities：their development and Organization*，P. 235.

中世纪大学机构形式演变的过程。

第二，阐述的学术观点明确且有新意。在中世纪大学中，萨莱诺大学、博洛尼亚大学和巴黎大学一般被称为最早的大学。依据史料的分析，本书明确把萨莱诺大学称为"大学的原型"，把博洛尼亚大学称为"学生型大学"，把巴黎大学称为"教师型大学"，并对其原因作了分析。其中，对"studium generale"（公共讲习所）进行了分析论述。特别值得注意的是，博洛尼亚大学第一次被定为"学生型大学"，因此，在某种意义上，第三章也是本书最有新意的章节之一。此外，本书还就博洛尼亚大学和巴黎大学、牛津大学和剑桥大学的联系进行了一定的分析。与前辈相比，本书还涉猎了一些以往未被触及的研究领域，例如，大学人员的构成、教师的收入、学生的权力、欧洲的学院运动、校外因素对大学的影响等，这无疑有助于全面认识中世纪大学发展历程中的内外形态。

第三，凸显中世纪大学研究的重要的现代意义。本书明确指出，现代大学在本质上是中世纪大学的直系后裔，因此，中世纪大学研究是一个重要而有意义的领域。"尽管追求相关性多少是一种历史的奇想，但是，研究中世纪大学是为那些从事建构和引领现代教育制度的人们提供了一个宝贵的视角，这一点是很少有人怀疑的。"[①]正因为如此，作者明确指出，在中世纪大学领域还有许多方面仍待研究，例如，中世纪大学历史的社会—经济范围、学院组织、学术团体等。

《中世纪大学：发展与组织》出版后，在欧美大学教育学术界产生了重要的影响。在欧洲大学校长常设会议（CRE）的领导下，由瑞士知名学者瓦尔特·吕埃格（Walter Ruegg）担任主席的编委会组织编写了《欧洲大学史》（*A History of the University in Europe*）四卷本，即把本书作为重要的参考文献。

---

① *The Medieval Universities*：*their development and Organization*，P. 237.

# 前　言

　　从某种层面来讲,从 12 世纪到 16 世纪,中世纪大学的历史与欧洲的历史是重叠的。由于这一段浩瀚的历史纷繁复杂、盘根错节,因此,仅仅通过一本书来涵盖这段历史似乎是不可能的。1895 年,拉什达尔(Hastings Rashdall)①出版了具有里程碑意义的有关中世纪大学史的三卷本论著。本研究着力将该论著出版以来学者们所完成的大量研究成果纳入视野,重点考察大学的历史,诸如与其相关的社会和经济文献、欧洲的学院运动以及中世纪学生权力等。这些内容在以往对其进行宏观解读时并未获得应有的重视。中世纪大学所取得的理论成果构成了欧洲思想史的很多内容,然而,这并不是本书要讨论的主题。

　　非常感谢《过去与现在》(Past and Present)杂志的主编允许我使用刊登在该杂志 1971 年第 53 期上的我的文章《中世纪学生的权力》(Medieval Student Power)一文(从第 28 页起),我将其修改后构成本书的第七章。此外,我还要衷心感谢沃尔特·厄尔曼(Walter Ullmann)教授多年来的鼓励、建议和帮助,当然,他无须对本书中的任何观点负责。

艾伦·鲍尔弗·科班

(Alan Balfour Cobban)

利物浦大学

1973 年 9 月

---

　　① 拉什达尔(1858—1924),英国著名历史学家、哲学家。他的《中世纪的欧洲大学》(三卷本)已有重庆大学出版社 2011 年出版的中译本。第 1 卷:《大学的起源》(崔延强、邓磊译);第 2 卷:《在上帝与尘世之间》(崔延强、邓磊译);第 3 卷:《博雅教育的兴起》(邓磊译)。——译者注

# 略语表

A. H. R. 《美国历史评论》(*American Historical Review*)

Archiv 《文学史与基督教会发展史档案》(*Archiv fur Literarur-undKirchengeschichte*)

B. J. R. L. 《约翰·赖兰兹图书馆目录》(*Bulletin of the John Rylands Library*)

Camb. Docs. 王室法律顾问团编:《剑桥大学及其学院文件汇编》三卷本(伦敦,1852 年)(*Documents relating to the University and College of Cambridge*, 3 vols., ed. by the Queen's Commissioners, London,1852)

Chartularium H·德尼弗尔、E·夏特兰主编:《巴黎大学档案》四卷本(巴黎,1889—1897 年)(*Chartularium Universitatis Parisiensis*, 4 vols., ed. H. Denifle and E. Chatelain. Paris,1889—1897)

E. H. R. 《英国历史评论》(*English Historical Review*)

J. Eccles. Hist. 《基督教会史杂志》(*Journal of Ecclesiastical History*)

J. T. S. 《神学研究杂志》(*Journal of Theological Studies*)

Kristeller "萨莱诺大学:发展及其对学习历史的贡献",《医史通报》第 17 卷,1945 年,自第 138 页起。(The School of Salerno:its Development and its Contribution to the History of Learning', *Bulletin of the History of Medicine*, xvii, 1945, pp. 138 ff.)

Statuta Antiqua S·吉普森主编:《中世纪牛津大学法令》(牛津大

学，1931 年）(*Statuta Antiqua Universitatis Oxoniensis*，ed. S. Gibson，Oxford，1931)

Statues 王室法律顾问团编：《牛津大学学院院规汇编》三卷本（牛津、伦敦，1853 年）(*Statutes of the Colleges of Oxford*，3 vols.，ed. by the Queen's Commissioners，Oxford and London，1853)

Statuti C·马拉戈拉主编：《博洛尼亚大学及其学院法令汇编》（博洛尼亚，1888 年）(*Statuti delle Università e dei Collegi dello Studio Bolognese*，ed. C. Malagola，Bologna，1888)

Statuts 福尼尔主编：《从创建至 1789 年法国大学的章程和特权》三卷本（巴黎，1890—1892 年）(*Les Statuts et Privilèges des Universités francaises depuis leur fondation jusqu'en 1789*，3 vols.，ed. M. Fournier，Paris，1890—1892)

Studi e memorie 《有关博洛尼亚大学历史的研究与回忆》(*Studi e memorie per la storia dell' università di Bologna*)

T. R. H. S. 《皇家历史学会会报》(*Transactions of the Royal Historical Society*)

Universities H·拉什达尔：《中世纪的欧洲大学史》三卷本（第二版），F·M·波威克、A·B·埃姆登（牛津，1936 年）(H. Rashdall，*The Universities of Europe in the Middle Ages*. 3 vols.，2nd ed.，F. M. Powicke and A. B. Emden，Oxford，1936)

V. C. H. 《维多利亚郡史》(*Victoria County History*)

书中所有其他略语不解自明。

# 第一部分

# 第一章　大学的序幕

　　罗马人的教育成就对基督教欧洲的贡献，与其说是源于其本土的文明，还不如说是源于其对希腊文明的传播。[①]　古希腊罗马文化及其教育方法所形成的框架，囊括了中世纪基督教教育的精髓实质。正如必须持续不断地调整教育过程以适应变革的要求一样，也必须重新塑造异教文化的物质价值观以填补基督教社区的精神空虚。因此，摆在中世纪教育家面前的一个长期的、从绝对意义上来讲难以解决的问题就是，如何改造一个深深植根于异教文化之中的教育体制来为基督教社会服务。改造的过程以及古典主义与基督教思想南辕北辙的分歧所达成的部分妥协，成为宗教改革前西欧国家的主要教育活动领域之一。大约从 1200 年开始的中世纪大学成为这一活动领域的焦点，就此而言，中世纪大学可以被认为是相同教育困境下习俗的传承者，而这是早期基督教教师必须面对的最大挑战。

　　从希腊教育过渡到古希腊罗马及早期中世纪教育，其特征是不断强调教育的功利性。早期希腊教育的初衷不是为专业生涯做准备或培养某种特殊艺术，而是培养学生的人格以及道德意识。[②]　希腊的文学、

3

4

---

　　① 参见马洛（H. I. Marrou）：《古代教育史》（*Histoire de l'éducation dans l'antiquité*），巴黎，1948 年，结论部分，第 390—391 页。

　　② 有关希腊教育的特点，参见马洛：《古代教育史》中被引用的部分；博尔格（R. R. Bolgar）：《加洛林王朝至文艺复兴末期的古典遗产及其受惠者》（*The Classical Heritage and its Beneficiaries from the Carolingian Age to the end of the Renaissance*）纽约，1964 年，尤其是第 26 页之后的内容；诺尔斯（D. Knowles）：《中世纪思想发展史》（*The Evolution of Medieval Thought*），伦敦，1962 年，尤其是第 59—63 页；克拉克（M. L. Clarke）：《古代社会的高等教育》（*Higher Education in the Ancient World*），伦敦，1971 年，索引部分。

体育和音乐提供了形成这一习俗的手段,而实际的仿效则起着决定性的作用。这种有些松散的、罕见的教育形式只局限于富裕的贵族家庭子弟,一些被称为智者(Sophists)的知名教师为他们提供教学。到公元前5世纪末,这种教育的功利色彩越来越浓厚。在这些智者当中,领军人物就是伊索克拉底(Isocrates)①。他把教育看作是积极参与公民事务的一种训练。这些智者认为,修辞和辩证法是学习高级学科的必修课程,因而将其注意力集中在那些对精神生活及社会生活有益和适用的内容上。尽管柏拉图(Plato)和亚里士多德(Aristotle)赋予高等教育以更加高尚的且具有深远意义的目的,然而,伊索克拉底的平民化思想却深深根植于希腊城邦和古希腊罗马世界之中。② 在早期的罗马共和国教育中,大多数是以家长式的私人教育为主。贵族子弟都是以其父亲式(paterfamilias)的方式来培养的;③他必须谨遵父亲的教诲,接受当时的习俗。智力的获得与某种无法想象的教育形式相关联。这种教育形式的基础是以其父辈及其祖先的教育方式为摹本的,其目标是将其身心培养成为服从于社会共同利益并为国家服务的人。然而,罗马人却无法避开希腊文化的慢慢渗入,这一希腊文化运动在公元前2世纪中期后更是获得了很好的发展。早期罗马教育和后期罗马教育之间的差异就是:前者以家庭为单位、以习俗为内容进行家庭训练;而后者则是以学习文学、修辞学和哲学内容为主的正规教育。④ 鉴于希腊文化的影响,罗马初期有一段时间,凡是与希腊有关的东西都很时尚,包括音乐和舞蹈等休闲艺术。但是,人们很快对希腊生活的这些后期特征产生了一种抵触情绪,他们对罗马世界观的务实严肃态度使得他们认为这些科目不再适合贵族子弟:很快这些科目在教育中就变得无足轻重了,而教育的重心放在了文法和修辞上。

---

① 伊索克拉底(公元前436—公元前338),古希腊雄辩术学者、教育家。——译者注

② 关于伊索克拉底和智者的目的,详见诺尔斯:《中世纪思想发展史》,第60—62页。

③ 格温(A. Gwynn):《从西塞罗到昆体良的罗马教育》(*Roman Education from Cicero to Quintilian*),牛津,1926年,第12页之后的内容;参见诺尔斯:《中世纪思想发展史》,第63—64页。

④ 格温:《从西塞罗到昆体良的罗马教育》,第40—41页。

希腊教育中的修辞学成为罗马高等教育中最重要的科目,并且逐步演变成为某种为社交场所服务的必修科目,因为在这种社交场合下,演讲与说服的艺术是民众和军事生活的基本手段。对于像西塞罗(Cicero)以及后来的昆体良(Quintilian)这样有才能的教育家而言,由修辞学占主导地位这一趋势所引发的危害在于:人们往往把这门单一科目的训练本身与人人都喜欢的高等教育形式画等号。西塞罗和昆体良最终站出来,反对过度进行修辞学枯燥乏味的术语训练,因为这只能导致教育生活迂腐的狭隘性。西塞罗宏大的理想体现在他的著作《论演说家》(De Oratore)一书中,强调培养博学的演说家(doctus orator),即培养一个能把自己所学学科的广博知识与日常生活中由各种问题引发的广泛经验结合在一起的人。设计这样一种教育目的,不仅要培养博学的人,而且还要培养人性及正义感,能在社会中起到引领作用。① 尽管与西塞罗相比,昆体良在其《雄辩术原理》(Institutio Oratoria)一书中给予修辞学在高等教育中以更加重要的位置,但他同样关注这些内容:即教育应该为生活制定蓝图,教育应能拓展精神境界、创造智慧和道德卓越。② 然而,尽管如此,这类具有改良思想的著作所倡导的这些几乎难以实现的课程,仍难以阻止人们对修辞学顶礼膜拜的冲动,并且在罗马帝国的统治下,修辞学的地位依然是高等教育知识体系的核心。当中等教育和高等教育机构都处在罗马帝国的直接监控之下时,罗马教育中的功利特征得到了进一步增强。约公元 70 年③,罗马皇帝韦斯巴芗(Vespasian)在罗马建立的希腊语和拉丁语讲座,开启了一种公共管理制度并且使之不断得以拓展,这或许是首次官方认知的国家

① 有关西塞罗的教育哲学,参见格温:《从西塞罗到昆体良的罗马教育》,第 57—58、100—101、118—122 页;也参见斯梅尔(W. M. Smail):《昆体良论教育》(Quintilian on Education),牛津,1938 年,第 12—13 页。

② 斯梅尔论述了昆体良的教育课程,参见《昆体良论教育》,尤其是第 20—22、27、34—35、40—44 页;也参见博尔格:《加洛林王朝至文艺复兴末的古典遗产及其受惠者》,第 30—31、35 页。

③ 斯梅尔:《昆体良论教育》,第 4 页;克拉克:《古代社会的高等教育》,第 8、32 页;伊尔赛(S. d'Irsay):《法国及外国的大学史:起源与现状》(Histoire des universités françaises et étrangères des origines à nos jours, i),巴黎,1933 年,第 31 页。

对教育的责任,这种状况一直持续到公元5世纪。随后,其继任者的目标都是将学校转变成为招募中央或地方管理层面的有潜力的帝国官员的场所,这一点似乎是毫无疑问的。这一形势的发展并没有给教育大纲中已有的优势科目带来什么影响,修辞学仍然被看作是为国家服务所做的所有准备中最需倚仗的学科。① 利用古希腊罗马教育为国家服务的做法带来了持久的影响力。在西方,罗马帝国衰亡后的几个世纪里,这种影响无处不在。尽管帝国的学校最终成为公元5世纪日耳曼入侵后所产生的灾难性后果的牺牲品,并且除了意大利以及法国部分地区外②,这些学校大部分都消亡了,然而它们却为那些从西欧转化过来的蛮人建立的王国里出现的基督教学校提供了主要的模式。其结果,不仅从罗马帝国后期的学校到中世纪早期的学校所采用的教学大纲和教学方法被实实在在地延续下来,而且这些基督教学校从一开始就受到贯穿古希腊罗马教育体制的功利观念的影响。根据定义,教育目标是不一样的:以往是为共和国服务,现在取而代之的是为教会服务,是为了维护一个能读会写的牧师阶层对教育资源最终的排序进行整合。教育已被赤裸裸地用来满足受教会控制的社会的基本需求,而世俗教育实践与学习作为一种人文和普世追求的思想之间的分离最终完成了。

从公元6世纪到公元8世纪早期,英国人和爱尔兰人的学校以及伊比利亚半岛(Iberian peninsula)的学校所取得的成就有目共睹。然而,西欧的教育活动却始终处在一个不高的、断断续续的水平上,也没有开设培养牧师或维持牧师最低文化水准的可持续课程。③ 然而,随着

---

① 马洛:《古代教育史》,第412—414页。然而,证据表明,罗马帝国统治时期的修辞教学更趋向于理论性和学术性,明显与实际相脱节。参见克拉克:《古代社会的高等教育》,第40—45页;诺尔斯:《中世纪思想发展史》,第64页。

② 例如,参见伊尔赛:《法国及外国的大学史:起源与现状》,第32—33页。

③ 莱斯特纳(M. L. W. Laistner):《公元500年至900年西欧的思想与文学》(*Thought and Letters in Western Europe A.D. 500—900*),伦敦,1957年第二版,第二部分,第85页之后的内容。

查理曼大帝(Charlemagne)①政权的建立,这一时期出台了具体明确的教育政策:统治者将教育作为更加宽泛的社会和宗教方面改造法兰克(Frankish)人的一部分而努力推行。② 在这个以基督教教义为基础的对政府和社会进行全面意识形态复兴的过程中,文学和学问的复兴具有必要的振兴目的,即它仅仅是改革过程中的一种工具,而非目的本身。③ 这如同在任何时代,都会有远远超越常规的个人文化成就或群体文化成就一样。然而,这些在能读会写社会的边缘所取得的学术成就,不应掩盖加洛林王朝(Carolingian)④功利教育的基本核心地位。

与之相反,波澜壮阔的人文主义复兴运动成了 11 世纪后期和 12 世纪强化西欧精神生活的主要内容,这也标志着西塞罗教育课程中所体现的价值观的部分回归。在政治和社会更加稳定、经济和城市更加繁荣以及交通更加迅捷的背景下,学者们开始更加系统地汲取古典主义的遗产。除了研究与专业科目诸如逻辑、修辞、法律和医学相关的古典内容外,他们的研究范围还包括各种尚未确定的主题,例如,历史、文艺评论和政治理论,当然,文法是研究这些领域的基础和首要内容。⑤ 这一人文主义崛起的力量和动力,就文学和更深意义而言,其对休闲教育和内容宽泛的教育方法的重视,其一面倒和不遗余力地鼓吹要求精通古典文化的努力,都唤起了某种希望:即这一发展趋势将战胜对功利主义的崇拜,赋予西欧的教育活动以更高的目标。从公元 1000 年至

---

① 查理曼大帝(742—814),法兰克王国加洛林王朝皇帝(768—814)。——译者注
② 参见厄尔曼 (W. Ullmann):《加洛林王朝时期的文艺复兴与王权思想》(*The Carolingian Renaissance and the Idea of Kingship*),伦敦,1969 年,第一讲(社会的复兴),第 1 页之后的内容。
③ "总之,社会复兴引发了文学复兴,而文学复兴是法兰克社会复兴的学术准备,当时也被认为是基督教的复兴。文学复兴是达到目的的手段。"参见厄尔曼:《加洛林王朝时期的文艺复兴与王权思想》,第 14 页。
④ 加洛林王朝,即查理曼大帝统治时期。——译者注
⑤ 博尔格:《加洛林王朝至文艺复兴末的古典遗产及其受惠者》,第 200 页。有关中世纪人文主义研究的最新成果之一是萨瑟恩(R. W. Southern)所著的《中世纪人文主义及其他研究》(*Medieval Humanism and other Studies*),牛津,1970 年版,"中世纪人文主义"一章,第 29 页之后的内容。

1150年，西方的学者开始注意到大量的、曾是若隐若现的古典文献。伴随着手抄本复制设施的进步和对这些文献的解读及讲授，特别是天主教和城市学校的活动，似乎确保了这一运动的持久性。其成功之处，在于人们挖掘出的大量极为丰富的文献，远远超越了吸收这些文献的速度。然而，这却引发了反对团体的质疑，他们质疑那些很多按照基督教的伦理尚未评价其价值的文献来灌输给社会的做法及其效果。① 除了引起大多数修辞或逻辑领域的学者的怀疑以及艳情诗歌盛行所带来的不安外，还有某种普遍的担忧，即基督教文明正在被破坏性的和带来曲解的异教徒的道德规范所渗透。② 在这种敌视日益加深的氛围中，内容宽泛的人文主义文化是不能够得到自由发展的：进步的范畴及其引发的挑战带来的，是难以令人满意的学术妥协和对教育过程中功利标准的重新肯定，这使人们联想起圣奥古斯丁(St Augustine)③在涉及到异教教义和基督教教义时所走的中庸之道。④ 因为那种对古典主义复兴采取的更加谨慎和精挑细选的态度取代了12世纪后半期最初的狂热激情。⑤ 古典主义的学问可能被有目的地用来拓展和阐述基督教的精神生活，但是，任何试图用某种其他异教文化来吞噬既有秩序的举动都必然会受到抵制。人文主义的潮流受到了抑制和肢解，而12世纪后期社会的功利主义压力和反诱惑力的合力，阻止了人文主义文学本身朝着成为高等教育稳固基础的方向发展。关于这一点，下面的章节将有详细的论述⑥，因为高等教育在大学诞生前夕已被稳固地转化为某些具体的和明确的领域。

　　大学不再是一场回应西塞罗博学的演说家理想运动所带来的直接

① 博尔格：《加洛林王朝至文艺复兴末的古典遗产及其受惠者》，第200页。
② 博尔格：《加洛林王朝至文艺复兴末的古典遗产及其受惠者》，第201页。
③ 圣奥古斯丁(354—430)，古代基督教教会思想家和教父哲学家。——译者注
④ 关于奥古斯丁的教育思想，参见博尔格：《加洛林王朝至文艺复兴末的古典遗产及其受惠者》，第52—54页；莱斯特纳：《公元500年至900年西欧的思想与文学》，第51—53页。
⑤ 博尔格：《加洛林王朝至文艺复兴末的古典遗产及其受惠者》，第201页。
⑥ 参见本书英文版第15页之后的内容。

结果;大学的起源是与功利主义价值观密不可分的。大学的发展是作为对压力的惯性反应,利用教育的力量来满足社会职业、教会和政府的需求。大学最直接的前身主教学校和城市学校可能或多或少起到了推崇教育理想的作用,而这些理想已超越了社会的现实需求。[①] 但是,它们的基本目的还是为那些有天赋的、将来以就业为目的学生增加教育机会,使他们能够在教会阶层或公民政府里,或某些法律和医学领域获得谋生手段。从这个意义上说,不管是主教学校还是城市学校,其办学宗旨都是世俗的,以满足日益城市化的社会和稳步增长的人口的需求为目的。在主教学校中,有着牧师地位的学生不应该掩盖他们所追求的基本世俗取向。许多这样的学校都有某种专业人才培养的性质,成为那些诸如神学、法律、修辞或"四艺"(quadrivium)等科目的中心而闻名遐迩。有时,某所学校的性质随着教学人员的流动而发生变化;但是,所有这类学校都一直保持着学术中心的地位。[②] 在从修道院主导的遁世文化向职业关注为主导的文化转型过程中,主教学校和城市学校成为这一阶段的决定性标志。尽管如此,12世纪后半期对教育快速扩张的要求,相当有限的主教学校仍难以满足需要。[③] 一般而言,当这些地位不稳定的教学中心让位于大学这个共同体时,要将教育朝着更加专业的课程领域疏导,其自由研究的领域范围则更加受到限制。

中世纪教育的理论基础属于"七艺"(seven liberal arts)的范畴。在柏拉图的《理想国》(*Republic*)第七卷中,就已体现出某种适用于公众

---

① 关于主教学校,见佩尔(G. Pare)、布鲁奈特(A. Brunet)和特伦布莱(P. Tremblay):《12世纪复兴运动:学校与教育》(*La renaissance du xii⁰ siècle:les écoles et L enseignement*),巴黎和渥太华,1933;莱内(E. Lesne:《八世纪末至十二世纪末法国教会的所属学校》(*Les écoles de la fin du viiie siècle a a fin du xiie in Histoire de la propriété ecclésiastique en France*),里尔,1940年,第5卷;伊尔赛《法国及外国的大学史:起源与现状》,第1卷。

② 参见博尔格:《加洛林王朝至文艺复兴末的古典遗产及其受惠者》,第195页。

③ 参见贝姆(L. Boehm):《学术自由与学校事务:1400—1800年中世纪大学所授学科的发展及社会声望》(*Libertas Scholastica und Negotium Scholare:Entstehung und Sozialprestige des Akademischen Standes im Mittelalter in Universität und Gelebrtenstand 1400—1800*),拉恩河畔的林堡,1970年,第24—25页。

教育的组织化的学术机构的设想。① 或许，正是柏拉图这种规划的教育体制为大学的课程提供了最早可循的前身。希腊人的文科科目概念是为自由公民设计的教育制度的概念②，即以柏拉图为代表的一派赞同，以哲学和形而上学的观点看待教育，其目的是追求道德的和智慧的卓越；而以伊索克拉底为代表的另一派则倡导，文科科目应以更加直接地参与社会实际事务为目的。两者之间分歧严重。③ 希腊人的教育观基于广博的学问和系统化的知识学科，而罗马和中世纪社会则讲求形成固定的理论和对理论持续不断地进行更加精准的定义。西塞罗曾使用过"文科"（artes liberales）和"文科科目"（liberalis disciplina）这样的术语，但并未在任何场合下提供详细的文科科目教学计划。④ 然而，公元前 1 世纪，罗马人瓦罗（Varro）汇编了他的《论九门科目》（*De Novem Disciplinis*）一文。这是一篇开拓性的论文，所论述的九门学科包括文法、逻辑、修辞、几何、算术、天文、音乐、医学和建筑。⑤ 4 世纪后期，圣奥古斯丁筹划写一篇关于文科科目的论文，但并未完成，流传下来的仅剩片段而已⑥；其主要教育思想都包含在《论基督教教义》（*De Doctrina Christiana*）一文中。他寻求古典主义思想与基督教思想之间某种程度的相容性，并将其体现在论文中，为基督教牧师和教师们制定了一门学

① 伊尔赛：《法国及外国的大学史：起源与现状》，第 29 页。

② 帕克（H. Parker）：《七艺》，《英国历史评论》，第 5 期（1890 年），第 417 页及之后的内容；克拉克：《古代社会的高等教育》，第 2 页。也可参见索兹伯里的约翰针对《元逻辑》（*Metalogicon*）一书中提到的"文科"（artes liberales）的含义所作的模棱两可的论述，韦布（C. C. J. Webb）主编：《元逻辑》，牛津，1929 年，第 1 卷，第 12 章，第 30—31 页；《索尔兹伯里的约翰的"元逻辑"》，麦加里（D. D. McGarry）译，伯克利和洛杉矶，1955 年，第 36—37 页；约翰认为，艺术之所以称之为"自由"（liberal），或是因为"我认为它们使人获得自由"，或是因为"人的自由是为了获得自由的智慧……"

③ 参见诺尔斯：《中世纪思想发展史》，第 60—62 页。

④ 莱斯特纳：《公元 500 年至 900 年西欧的思想和文学》，第 40—41 页。

⑤ 莱斯特纳：《公元 500 年至 900 年西欧的思想和文学》，第 40 页；诺尔斯：《中世纪思想发展史》，第 73 页；帕克：《七艺》，《英国历史评论》，第 5 期（1890 年），第 432—435 页。

⑥ 关于圣奥古斯丁和文科科目，见莱斯特纳：《公元 500 年至 900 年西欧的思想和文学》，第 50—52 页；帕克：《七艺》，《英国历史评论》，第 5 期（1890 年），第 427—429、435—436 页。

习课程。尽管圣奥古斯丁在其论文中用了不少章节来论述文科科目，但是，他并未对该科目进行全面分析。公元 5 世纪早期，出现了一本意义非凡的由马提亚努斯·卡佩拉（Martianus Capella）①写的书《论墨丘利与哲学的联系》（*De Nuptiis Mercurii et Philogiae*）。该书实质上是一本论述"七艺"的书，包含了瓦罗所列举的文科科目，但关于医学和建筑学的内容则较少，或许这两门科目已越来越专业化（尽管还不属于完全专业意义上的科目）。② 卡佩拉对"七艺"的分类具有里程碑的意义，并且由于后来出现的论著，例如，6 世纪出现的由卡西奥多鲁斯（Cassiodorus）③写的《原理》（*Institutiones*）和由塞维利亚的伊西多尔（Isidore of Seville）④写的《词源》（*Etymologiae*）两本书的推动，古希腊罗马关于系统化的文科科目的概念被传递到中世纪的欧洲。

随着时间的推移，人们已经习惯将"七艺"分为"三艺"（文法、逻辑和修辞）和"四艺"（算术、几何、天文和音乐）。这样正式的划分在公元 7 世纪前是不可能做到的，只是到了加洛林王朝时期才有可能形成。⑤ 学生接受"三艺"和"四艺"的教育，一般被认为是学习基督教神学前的必要准备。⑥ 但是，在西方罗马帝国分崩离析后几个世纪的欧洲，这只是

① 卡佩拉（创作时期公元 4 世纪末—5 世纪初），北非人，迦太基律师。——译者注
② 关于马提亚努斯·卡佩拉，参见莱斯特纳：《公元 500 年至 900 年西欧的思想和文学》，第 50—52 页；博尔格：《加洛林王朝至文艺复兴末的古典遗产及其受惠者》，第 35—37 页；帕克：《七艺》，《英国历史评论》，第 5 期（1890 年），第 437 页之后的内容；布洛（V. L. Bullough）：《医学的职业发展》（*The Development of Medicine as a Profession*），巴塞尔和纽约，1966 年版。该书追溯了医学从古典时期到 16 世纪职业化演变的过程，确立了大学在这一过程中所扮演的关键角色。因此，医学成为一种职业的时期不能轻言提前。古典时期有一段时间，表面上医学发展成为一种职业，但由于缺乏系统化的医学知识，这一发展受到了制约。（布洛：《医学的职业发展》，第 31 页）关于古典社会的建筑学专业，参见克拉克：《古代社会的高等教育》，第 113—114 页。
③ 卡西奥多鲁斯（约 490—约 585），古罗马历史学家、政治家和僧侣。——译者注
④ 塞维利亚的伊西多尔（约 560—636），西班牙基督教神学家、大主教，最后一位西方拉丁教父，百科全书编纂家。——译者注
⑤ 莱斯特纳：《公元 500 年至 900 年西欧的思想和文学》，第 41 页。
⑥ 参见诺尔斯：《中世纪思想发展史》，第 74 页；也参见哈斯金斯（C. H. Haskins）：《中世纪文化研究》（*Studies in Medieval Culture*），剑桥，1929 年，第 46 页。

一种奢望而已。教育设施长期匮乏,用于研究目的的资金极度短缺,将大量的异教徒的知识按照基督教的要求加以修改,在道德和专业层面上所遇到的困难是巨大的,所有这些因素凑在一起,即使当代教育理论家的目标再崇高也会偃旗息鼓。公元1000年前,"四艺"的科目并未受到多大重视,因为当时普遍认为,这些科目对培养能读会写的牧师群体而言是无足轻重的。有时,这些科目完全会从教学大纲中删去,或者最多按照基本的事实的方式加以处理。通常情况是,一个普通的牧师所要获取的"四艺"技能的全部就是掌握足够的算术技能来计算变动的教会节日的日期。在"三艺"科目中,文法占据主导地位,这是在社会中努力取得最低文化水平所要学的基本科目。对于那些有能力攻读更高级学科的人们来说,修辞学依然是一门选修科目,但是,由于没有多少场合来口头表达古希腊罗马世界,这个科目与社会就没有什么密切的关系。教育对于大多数人而言是一种近乎纯文学的体验,并不能完全用来拓展分析的能力;而且,这种文学性质在当时的文法、历史甚至神学著作中都有所反映。[1] 雄辩术在课程中只获得附属的地位,而且作为某种理性探究方法的潜力还处在蛰伏状态。文法和修辞这两门文科科目为11世纪和12世纪的文学人文主义奠定了基础。而10世纪后期和11世纪雄辩术的复兴,则得益于奥利亚克的格伯特(Gerbert of Aurillac)[2]和图尔的贝伦加尔(Berengar of Tours)[3]为代表的两位学者的推动[4],进而出现了一个知识热潮,这对哲学和思辨神学振奋人心的新进展起到了支撑和部分塑造的作用。这些新的进展通过重新发现亚里士多德的逻辑、哲学和科学文本以及阿拉伯和犹太人的评语得以延续,并获得巨大的支撑。对雄辩术的关注其结果是对古典主义遗产中

---

[1] 诺尔斯:《中世纪思想发展史》,第75页。

[2] 奥利亚克的格伯特(约946—1003),也称教皇西尔威斯特二世(Pope Sylvester Ⅱ),一位著述丰富的学者和教师。——译者注

[3] 图尔的贝伦加尔(约999—1088),法兰西神学家,宗教改革运动的先驱。——译者注

[4] 关于辩论术的复兴,参见诺尔斯:《中世纪思想发展史》,第8章,第93页之后的内容。

文学部分的弱化,同时也对欧洲教育产生最为深远的影响。从文法和修辞过渡到作为中心课程内容的逻辑,体现了某种知识的演变,标志着人们摆脱了那种基于过去知识的积累和思维方式的教育体制的桎梏,开始朝着某种具有远见卓识的创造性探究精神中汲取力量的教育体制的方向发展。

　　显而易见,有关文科科目的论著包含着某种百科全书式的理想。现在来看,这些论著完全误导了人们对中世纪初期实际的教育基础的理解。一般而言,在修道院、主教学校和城市学校以及后来出现的大学,教育的现实与这些理论文章所阐述的观点在广度上没有多少一致性。在一些学术中心,诸如沙特尔(Chartres)和赫里福德(Hereford)主教学校等,12世纪时,人们至少在几年中似乎也做了一些努力,把所有"七艺"科目看作一个受教育的人的理想基础而给予同等重视。① 在大学里,一个条件优越的、拥有一定闲暇和经济保障的学者可能会尽力朝着实现通才教育理想方向而努力。但是,对于大多数学生而言,无论是大学预备生还是大学适龄生,摆在他们面前的首要任务,都是迅速获得某个特定领域的知识,为选定的职业做准备。就大众的经验而言,实用性原则并非是那些西塞罗式的博学雄辩家或索尔兹伯里的约翰(John of Salisbury)②《元逻辑》(Metalogicon)③一书中的教育精英们对中世纪教育活动更为准确的评价。

————————

　　① 参见赫里福德的教士西蒙·杜·弗雷内(Simon du Fresne)的诗歌(约1195年—1197年)。据说,威尔士的杰拉尔德(Gerald of Wales)受邀到赫里福德讲授"七艺"的所有科目以及几何和法律科目等:该诗歌由亨特(R. W. Hunt)编辑,题为《12世纪后期的英语学习》(English Learning in the Late Twelfth Century)。参见《皇家历史学会会报》第4辑,第19期(1936年),第36—37页。关于沙特尔主教学校(Chartres)普遍被看作一种广泛的文学文化的缩影,参见《中世纪人文主义及其他研究》一书中萨瑟恩的"人文主义与沙特尔主教学校"一文,第61页之后的内容。该文对沙特尔主教学校的研究使这一课题带来了更多的悬念。

　　② 索尔兹伯里的约翰(1115或1120—1180),英格兰拉丁语学者。——译者注

　　③ 关于索尔兹伯里的约翰的教育思想,参见麦加里:《索尔兹伯里的约翰的"元逻辑"中的教育思想》(Educational Theory in the Metalogicon of John of Salisbury),《反射镜》(Speculum),第23期(1948年),第659页之后的内容。

在整个中世纪，"七艺"仍然是教育目的理论的体现。通常而言，掌握"七艺"被认为是攻读高级学科的先修科目，尤其是神学，这似乎是令人惊异的，因为"七艺"中的几门科目对神学的影响并不大，而天文学尚未剔去所包含的占星术内容则常常被认为是神学家武器库中令人质疑的利器。但是，随着希腊遗产文科学科的普及，人们也接受了这样的观念，即通过学习各种科目来训练和扩充心智，是为在最高层次上更加持续不断地学习所做的必要准备。在中世纪教育的层级中，神学拥有至高无上的地位，正如在希腊时期哲学曾拥有的地位那样。早期基督教学校的学生由于缺乏其他各种分类科目，只能接受文科学科，这是唯一行之有效的进行基督教神学入门训练的科目。这一理性的选择反映在入学的年龄线上，人们找到了某种僵化的依据，即大学传授宽泛的文科教育，并依此作为研读更具内在价值科目的通行证。[①] 然而，现实却大相径庭，因为人文学科的基础却常常因此显得很肤浅，并且被远远排除在这种百科全书式的理想中。

将逻辑纳入人文学科的目的之一，是因为人们认识到，分析思想的清晰度而不是在公共场合的雄辩术将能更好地为社会服务，因为这个社会已对某门雄辩术失去兴趣。同样，"四艺"中的数学和科学科目并没有被看作是专业科目，而只是文科课程的基础科目，目的在于提供一个更加现实的选择来替代西塞罗或昆体良制定的少见的教学大纲。诸如卡佩拉、奥古斯丁和卡西奥多鲁斯这些作者或许并没有对当代的教育产生影响，但是，他们有关教育的论著构筑了一个理论框架，使得古希腊罗马的遗产可以转化为对中世纪社会具有某种意义的专门术语。这些教育论著也有助于维护百科全书式学习的观点，而这种观点对于在那个无法提供丰富教育内容的社会里保持勃勃生机是非常重要的。或许，这些作者的灵感源于几个世纪前瓦罗的《论九门科目》，但瓦罗早已将知识进行分类，而卡佩拉和他的继承者们也早已通过以示范课程

---

① 参见帕克：《七艺》一文中的论述，第420—422页。关于"七艺"的演变及其作为大学科目的详论和教学方法，参见格洛里厄（P. Glorieux）：《十三世纪的文学院及其师资》（*La faculté des arts et ses maîtres au xiii* siècle*），巴黎，1971年，第13—46页。

的形式来编排教学资料,从而跨越了这一点。以此,他们将知识的分类从学术真空中带出来,并进入教育实践的王国。①

发掘和吸纳古典遗产的过程从公元 1000 年到 1150 年在西欧达到了顶峰,这已为新生的大学提供了一个文化基础。如果从最为广泛的角度来看这一人文主义活动,其思想还是很有实质性内容的;但是,如果从文学的意义来看,这一人文主义活动则首先意味着传授古典文学和在风格上模仿古代作家,那么这一延续的意义就显得微不足道了。然而,从其最为广泛的和最为深刻的层面来看,11 世纪和 12 世纪的人文主义运动给大学根植了一系列的价值观。其首要的意义在于笃信人的尊严:即使一个人处于潦倒的状态,也能够拥有最完整的智慧和精神上的扩充;其意义还在于笃信一个有秩序的宇宙,去开展理性探究;笃信人可以通过自己的智慧、知识和经验的积累来掌控自己所处的环境。② 这些综合的想法成为公元 1050 年至 1200 年间大学诞生前期主教学校和城市学校教育扩张计划的思想基础,尽管这类教育扩展计划因校而异、差别巨大,甚至在同一所学校里,某个时期智力活动高涨,而另一时期则相对平静。③ 在一些非教会的世俗学校及其世界里,则提供一些基本的、适度的习俗来拓展对每个系统化知识领域的理性探究。这一放任的力量蕴含于这样的信念之中,即在被揭示真理的王国之外,人们对知识的理解能力几乎是无限的。12 世纪,学校教师轻松活泼的乐观主义精神,他们对在人类环境中再生的深刻含义的认识以及他们新发现的对人的理性和内在力量的信念,汇成了一股冲天的力量。这股力量可以重新把握西欧的思想方向。在早期的热情当中,必然会发生某些天真的和不和谐的事物,一些新的事物随着时间的推移也渐渐失去了新鲜感;然而,一些主要的原则经久不衰并创造性地在欧洲最早

14

---

① 博尔格:《加洛林王朝至文艺复兴末的古典遗产及其受惠者》,第 42 页。

② 萨瑟恩在《中世纪人文主义及其他研究》一书中"中世纪人文主义"一章里分析了中世纪人文主义运动的主要特征,参见第 29—33 页及之后的相关内容;也参见莫里斯(C. Morris):《个体的发现,1050—1200》(*The Discovery of the Individual*,1050—1200)伦敦,1972 年版,教会历史大纲第五部分。

③ 参见萨瑟恩在《人文主义与沙特尔主教学校》一文中引为鉴戒的评论,《中世纪人文主义及其他研究》,第 74—75 页。

的大学里得以贯彻实施。正是在这个意义上，人们可以说，一个持续不断的人文主义传统将 11 世纪和 12 世纪学者的世界观、志向和价值观与他们大学的后继者的世界观、志向及价值观连在了一起。在大学里的一群知识精英的助推下，探究自然现象的动力得以持续和加速，而那些未知的自然领域开始逐步减少。人类在事物和标准的图标中获得了中心地位，而且无论是异教徒还是基督教徒，都引经据典来验证造物主、人类和整个自然界是可以被认识的。13 世纪似乎已对可控的联合调查和系统分析产生了浓厚的兴趣，而当时人们对 12 世纪学校教师的自我探索心理学和个人主义的重视则显得有些漠然；然而，在从个人向更具合作性社团组织的过渡中，隐含着更为深层次的人文主义思想和方法，这些依然被人们坚定地奉为神明。

尽管这些最根本的人文主义价值观已融入到了大学世界的机体内，但是，更为表层的文学人文主义则很快降到次要的地位。从一开始，对古典主义作家的研究在很大程度上就被排除在欧洲第一批大学的课程之外，对古典主义作家的研究只在基础文法科目里反映了一点，而在巴黎大学和英国的大学，文法科目被降为一门必修的但却是文科课程的初步研究的科目，而这一课程也是学生在上大学前必须完成的科目。①

教会对异教文化的持续不信任形成了某股坚定的力量。这股力量用来消除研究古典主义作家所形成的持久影响，而这一工作也成为基督教教育的当务之急，尤其是当另一种基督教文学已成为重要组成部分的时候。12 世纪后半期的反对力度有许多证据可以验证。例如，从 1164 年始，巴黎圣母院大学校长彼得·科默斯特（Peter Comestor）认为，文科可以是学习文学作品的有用工具，但是，应该避免对古典主义作家进行大量的研究。②《诗歌文法》（Doctrinale）一书的作者维莱迪的

---

① 古典文学从文科课程中的逐步退出并非表明 13 和 14 世纪的大学教师非正式古典知识运动的发轫，参见博尔格：《加洛林王朝至文艺复兴末的古典遗产及其受惠者》，第 222 页。

② 佩托（L. J. Paetow）：《中世纪大学的文科课程》（*The Arts Course at Medieval Universities*），《伊利诺斯大学研究》（*Illinois University Studies*），1910 年第 3 卷（7），厄本那—香槟分校，1910 年，第 20 页。

亚历山大（Alexander of Villedieu）①，公元 1200 年前后对奥尔良（Orleans）的一所主教学校发起猛烈攻击，而这所学校在 13 世纪中期前曾是人文主义研究的主要中心之一。亚历山大将这所学校描绘成"一个有害的知识讲座……在各个层面传播疾病"，并且强调"任何与文学作品相悖的书都应禁止"。② 雅克·德维特里（Jacques de Vitry）③在给巴黎大学学生的布道中，也发出了相似的反对研究古典主义作者的警告，尽管其论调更加温和一些。④ 对文学人文主义攻击的升级，或许在某种程度上被转换为采用适合于教学目的的当代拉丁文学。许多这类教诲式的拉丁文学以诗歌形式出现，而且其中一些，如拉丁史诗里尔的戈蒂埃（Gautier of Lille）⑤的《亚历山大大帝史诗》（Alexandreis，写于 1176 年—1179 年）和旺多姆的马修（Matthew of Vendome）⑥的《托拜西》（Tobias）等都被广泛地用作学校和大学的教科书。⑦ 这类作品具有超强的吸引力，其部分原因在于它们与当代拉丁口语在风格上极为相近。并且，这些作品在 14 世纪法国南部的一些大学里依然被指定为教材。⑧ 当代拉丁文法是作为与多纳图斯（Donatus）和普里西安（Priscian）历史悠久的文法教科书对抗的教材出现的，这是另一种文化发展的重要特征。这类文法大多都是以诗歌形式写成的，因为人们认为韵律和节奏有助于记忆。但是，文法最为重要的发展是利用逻辑探究来解决文法问题，以此将文法转换成某种思辨科目。这一运动将文

16

---

① 维莱迪的亚历山大（约 1175—1240），法国作家、教师和诗人，方济会修士，担任过巴黎大学校长。——译者注

② 佩托：《中世纪大学的文科课程》，《伊利诺斯大学研究》，1910 年第 3 卷(7)，第 21 页。

③ 雅克·德维特里（约 1160 或 1170—1240），法国律修会修士，当时知名的神学家和编年史学家，担任过主教和红衣主教。——译者注

④ 佩托：《中世纪大学的文科课程》，《伊利诺斯大学研究》，1910 年第 3 卷(7)，第 21—22 页。

⑤ 里尔的戈蒂埃（？—13 世纪早期），也称沙夏蒂荣的沃尔特（Walter of Châtillon），12 世纪法国作家和神学家。——译者注

⑥ 旺多姆的马修（？—约 1200），12 世纪法国诗人。——译者注

⑦ 佩托：《中世纪大学的文科课程》，《伊利诺斯大学研究》，1910 年第 3 卷(7)，第 24 页。

⑧ 佩托：《中世纪大学的文科课程》，《伊利诺斯大学研究》，1910 年第 3 卷(7)，第 24—25 页。

法带入到 12 世纪后期和 13 世纪早期精神生活的主要辩证趋势的轨道,使得古典主义的文法形式成为过时的和遥远偏僻的东西。以六步格为新风格的两种影响最大的文法之一,是维莱迪的亚历山大于 1199 年前后完成的《诗歌文法》,另一个则是由贝休恩的埃伯哈德(Eberhard of Bethune)于 1212 年写成的《文法诗歌》(*Graecismus*)。① 很快《诗歌文法》的地位在 13 世纪、14 世纪和 15 世纪的学校得到确立,并在大学里取得了文法课程的主导地位。《文法诗歌》是比《诗歌文法》更高级的论著,包含有关希腊语词源学的章节,很快也在大学里扎了根。这两部论著逐步盖过了并且在某些方面超越了多纳图斯和普里西安的古典主义作品的模式。

受古希腊罗马影响的古典主义作者重要性受到削弱,究其原因,一是人们对科学和数学的兴趣,二是法律和医学科目的实用性对人们的强烈吸引力。从 12 世纪中期开始,人们眼前展现出了一幅崭新的振奋人心的前景,即对希腊、阿拉伯和犹太人思想领域的大量深入研究,激发并支撑了人们对科学和数学潜力的深刻认识。重要的哲学和科学体系都直接源于亚里士多德的希腊译著或源自阿拉伯和希伯来的哲学和科学体系;对这些新文献的认识也源于人们与北欧、意大利南部、西西里岛和拜占庭帝国以及最重要的西班牙日益频繁的交往。西方人吸纳亚里士多德的哲学、科学、伦理、政治和文学论著的过程始于 1150 年到 1250 年,并延续了一百多年。② 希腊和阿拉伯科学的魅力吸引了 12 世纪时一帮周游列国的英国人,他们周游各地寻求科学知识。例如,12 世纪,有相当一批英国学者长途跋涉来到西班牙求学,这些人包括赫里福德的罗吉(Roger of Hereford)③、莫利的丹尼尔(Daniel of

*17*

---

① 佩托:《中世纪大学的文科课程》,《伊利诺斯大学研究》,1910 年第 3 卷(7),第 36—39 页;也参见博尔格:《加洛林王朝至文艺复兴末的古典遗产及其受惠者》,第 208—210 页。

② 关于亚里士多德的再发现,详见诺尔斯:《中世纪思想发展史》,第 15 章,第 185 页之后的内容。

③ 赫里福德的罗吉(有文字记载的活动时间是 1176—1198),中世纪的天文学家和学者。——译者注

Morley)①、萨雷希尔的艾尔弗雷德(Alfred of Sareshel)②、切斯特的罗吉(Roger of Chester)③以及巴斯的阿德拉尔(Adelard of Bath)④,他们还去了西西里岛和地中海中部地区。⑤ 英国学者们在数学和自然科学王国里的开拓性成果,是在诸如赫里福德的主教学校等学术中心建立了一个临时的研究机构⑥,后来又在牛津大学设立了一个永久性的机构。12 世纪英国的科技传统源自牛津大学,并且未受到 13 世纪上半期教皇禁止在巴黎大学传授新亚里士多德思想的禁令的影响。这些科技传统逐步从毫无目的地研究科学知识发展到较为全面地运用数学方法来研究自然现象,并采用科学探究的方法进行研究,这些方法包括观察、假设和实验验证等,上述这一切都为科学研究奠定了基础。⑦ 这种深受亚里士多德启发的科学进步,也引领学者们远离了古典主义作者的静态世界,从而形成了这样一个观念,即对自然现象,也包括对上帝创造世界的新的感知和认识,第一次处于人类的掌控之中。那个时代的知识动力是强劲有力的和不断前行的,而古典主义人文艺术似乎成

---

① 莫利的丹尼尔(约 1140—约 1210),英国经院哲学家。——译者注

② 萨雷希尔的艾尔弗雷德,12 世纪英国哲学家。——译者注

③ 切斯特的罗吉,12 世纪英国学者。——译者注

④ 巴斯的阿德拉尔,12 世纪初英国经院哲学家,阿拉伯科学知识的早期介绍者。——译者注

⑤ 关于 12 世纪科学运动过程中英国人的相关活动,参见亨特:《12 世纪后期的英语学习》,第 19 页之后的内容;也参见哈斯金斯(C. H. Haskins):《中世纪科学史研究》(*Studies in the History of Medieval Science*),剑桥,1927 年,尤其是第 2、6 章。

⑥ 根据西蒙·杜·弗雷内的诗歌(《皇家历史学会会报》第 4 辑,第 1 期,第 12 页),在赫里福德的主教学校,"四艺"与"三艺"科目受到同等重视;关于赫里福德主教学校作为某个科学和数学中心的论述,见劳恩(B. Lawn):《萨莱诺之问》(*The Salernitan Questions*),牛津,1963 年,第 35—36、64—65 页。

⑦ 关于这些科学发展成就以及罗伯特·格罗斯泰特(Robert Grosseteste)的个人贡献,参见克龙比(A. C. Crombie):《罗伯特·格罗斯泰特与实验科学的起源》(*Robert Grosseteste and the Origins of Experimental Science*),牛津,1953 年,相关的部分;克龙比:《格罗斯泰特在科学史中的地位》(*Grosseteste's Position in the History of Science*);卡勒斯(D. A. Callus):《罗伯特·格罗斯泰特:学者兼主教》(*Robert Grosseteste:Scholar and Bishop*),牛津,1955 年,第 98 页之后的内容。

了这一发现和进步的对立面。

以职业为取向的法律和医学科目对欧洲最早一代大学生的影响几乎类似于催眠术，尽管医学的吸引力在南欧明显比在北欧要大。挣钱谋生以及在社会中获得声望和地位是那些颇有天赋的学生的强大动力，对于他们而言，迅速通过文科科目训练、然后再继续攻读更加实用的课程则有着很强的诱惑力。显而易见，这种做法招致了不少批评，尤其对于那些攻读法律的学生，他们仅仅通过粗浅地学一些文科课程就直接去攻读高级学科法律，他们的这种做法被认为是受到金钱的诱惑。① 加兰的约翰（John of Garland）②写的诗歌论著《学者的道德》（Morale Scolarium）尽管撰写于1241年，但该论著对学生群体的世俗逐利性表明了看法，从而使人们联想到12世纪后半期诸如索尔兹伯里的约翰等教师发出的抱怨声："假如你是一个真正的学者，就应该在寒冷中挺得住。除非你是一个善于赚钱的人，否则我要说，你会被人看作是一个傻瓜和穷人。像法律和医学这些赚钱的科目现在很受宠，因为只有这些东西才有金钱的价值，才有人去攻读。"③ 13世纪早期，普遍存在着一种深深的担忧：人们担心像法律和医学这类学科将会使文学一类的科目统统消失。书信写作和散文写作艺术是法律和修辞的一个专业分支，后发展成为一个欣欣向荣的、赚钱的专业，与传统古典主义知识相对立。④ 书信写作艺术科目已在13世纪的意大利大学和法国的省级大学里稳固地确立起来，成为迅速通往世俗成功的捷径。该科目的流动教师譬如庞塞·德普罗旺斯（Ponce de Provence）⑤诱使学生放弃他们的古典学科，而学习更为世俗的书信写作和公函写作的艺术。

---

① 参见佩托：《中世纪大学的文科课程》，第27页。

② 加兰的约翰，13世纪英国语言学家，大学教师。——译者注

③ 加兰的约翰：《学者的道德》（Morale Scolarium），见佩托编：《针对巴黎大学的两篇中世纪讽刺作品》（Two Medieval Satires on the University of Pari），伯克利，1927年，第189页（翻译本，第155页）。

④ 参见佩托：《中世纪大学的文科课程》，第28—29页。有关"听写"（dictamen和ditatores）的众多资料，可以在哈斯金斯所著的《中世纪文化研究》（Studies in Medieval Culture）一书中查阅，第1,6和9章。

⑤ 庞塞·德普罗旺斯，13世纪法国艺术教师。——译者注

法律、医学和书信写作这些应用科目是人文学科的天敌,因为这些科目促使兴起的大学朝着与社会职业生活相融合的方向发展,并且脱离了对古典文化遗产进行有限继承的静默想法。由于最早的大学不是事先规划产生的,而是经过一段时间自然发展起来的,它们起初是不会有意识地在教育课程选择上厚此薄彼的。课程的职业功能是被外界强加的,因为它们是职业需求的结果,而不是某个崇高教育理想的直接结果。课程的职业功能是西欧社会在其法人社团发展到一定程度时出现的,也就是说,当社会发展到一定程度,人们能将可以利用的智力集中起来从事培养对社会有用的职业人才,建立永久性的高等教育中心亦成为可能。大学形成前期教育设施过度分散这一特征,被更为合理的对人和资源进行整合配置的方式所取代,从而产生了欧洲首批社团式的教育机构。正是由于大学一开始就是一种服务型机构,因此,就不难理解为什么会出现人文学科在其早期的课程安排中所占比重很少的情况了。奥尔良大学作为 13 世纪大学中最后一个人文学科的堡垒,到了 14 世纪初在很大程度上也成了一个法律中心,成为高等教育中盛行的功利主义的牺牲品。①

或许,将古典学科从新兴大学课程中排挤出去的最为明显的直接原因是,逻辑在文科课程中占据着主导地位。起初,在逻辑和古典学科之间,并不一定存在对立的状况。正是由于辩证分析可以用于阐明信念问题,因此,逻辑则被用于古希腊罗马的知识体系里。但是,在公元 10 世纪曾一度引起震动的辩证逻辑的复兴却在 12 世纪飞速地发展,并且开始以牺牲已有的古典教育规范为代价吸取大量的知识能量。批评家索尔兹伯里的约翰大声疾呼,谴责肤浅的逻辑学家拒绝用宽厚的文科科目和古典学科知识基础来充实自己。② 他并不是反对逻辑学科,只是反对过度强调逻辑的重要性。在广泛的教育课程的框架内,逻辑有其有用的和激发活力的功能。③ 但是,必须避免把攻读逻辑本身看作是

---

① 佩托:《中世纪大学的文科课程》,第19、28页。

② 参见《索尔兹伯里的约翰的“元逻辑”》,麦加里译,第 1 卷,第 3 章,第 9—12 页、第 13—16 页。

③《元逻辑》,第 2 卷,第 9 章,第 76—77 页(翻译本,第 93—95 页);第 11 章,第 83 页(翻译本,100—101 页);第 4 卷,第 28 章,第 194 页(翻译本,第 244—245 页)。

一个有知识人的标志的做法；逻辑是一种工具，但不是一种教育，必须进行有效的组合和控制。① 因此，这里有一个平衡的问题，即西塞罗和昆体良对于他们那个社会都痴迷于修辞的态度和把修辞与高等教育等同起来的趋势之间的平衡。但是，那个时期的智力潮流是与人文主义者的主张相对立的，而逻辑更是凌驾于任何其他学科之上，这就敲响了大学人文学科的丧钟。起初，人们尚感到乐观，认为逻辑似乎提供了某种手段，以此将秩序和制度引入人类所生活的这个混乱不堪的世界。逻辑推理和分析的方法似乎使得进入自然的核心成为可能，使人们厘清了某些毫不相干的事实在其基本的内在关系中的位置。用这种灵活的极微妙的逻辑工具，似乎可以使知识的疆界被无限制地拓展，更有甚者，通过采用阿伯拉尔（Abelard）②的《是与否》（Sic et Non）一书中所概述的程序，知识冲突的领域被降低到最小程度。这一时期，逻辑逐步被看作是知识的灵丹妙药，是深刻理解人类每个学科领域（无论是神学、法律、医学、文法还是自然科学）的必要条件。就其内容而言，辩证法是惊人变化的力量，也是大学诞生之际学术界出现的所有全新的和令人振奋的知识领域的精华。与之相反，人文知识似乎注定是保守的和静态不变的，与恢复和永存某种僵死的文化联系在一起。古典学科与逻辑之争在叙事诗人亨利·德安德里（Henri d' Andeli）③约 1250 年所写的讽喻诗《七艺之战》（Battle of the Seven）中活灵活现地体现出来。④ 在该诗歌当中，由奥尔良大学所拥护的、人文主义者和古典主义作家所支持的文法科目与巴黎大学的逻辑科目之间展开了激烈论争，最终被彻底击败。诗人所期许的古典学科的命运在下一代人当中得以回归的愿望未能实现，甚至在奥尔良大学人文学科也屈从于法律学科。

　　大学是欧洲城市和经济复兴、社会活动激增以及因商业繁荣和十字军东征使交通更为便利时期的产物。在那个充满活力的、不断扩张

---

　　① "如果只有逻辑，那是毫无意义的。"（Fere enim inutilis est logica，si sit sola）《元逻辑》，第 4 卷，第 28 章，第 194 页（翻译本，第 244 页）。

　　② 阿伯拉尔（1079—1142），中世纪法国经院哲学家、神学家。——译者注

　　③ 亨利·德安德里，13 世纪法国诗人。——译者注

　　④ 佩托：《中世纪大学的文科课程》，第 19 页。

并释放出强大的全新知识能量的环境下,一种纯粹的人文主义文化只维系一种教育制度是不够的。尽管从某种意义上来说,大学是从古希腊罗马文明那里继承下来的人文主义传统日积月累的结果,并且实实在在地体现了时代的、基本的人文主义价值观,但是,大学对于闲适的人文学科领域而言仍是陌生的,其知识根基与逻辑、思辨神学和法律等学科(在欧洲范围内已上升到学术层级的最高地位)依然是密不可分的。

# 第二章　最早的大学

## 第一节　大学的概念

　　中世纪大学基本上是西欧社会本土的产物。古典文明并未锻造出相同的"产品"：这些拥有特权、由教师和学生组成的法人行会，拥有各自的法规、印章和管理机构以及固定的课程和学位授予程序。① 高等教育中心，例如，公元前 4 世纪的雅典哲学学校（the philosophical schools of Athens）②、公元 3 世纪早期至 6 世纪中期盛行的贝鲁特法学学校（the law schools of Beirut）③，或建于公元 425 年并时断时续一直运行到 1453 年的君士坦丁堡帝国大学（the imperial university of Constantinople）等④，或许在某些方面（如大学机构的雏形和正规教学课程等）都已预示了中世纪大学的出现。⑤ 但是，从一般人的角度来看，

---

　　① 参见斯特灵-米肖（S. Stelling-Michaud）的评注：《中世纪文艺复兴时期最后二十五年的大学发展史》（L'histoire des universités au moyen âge et à la renaissance au cours des vingt-cinq dernières années），第 11 届国际历史学家代表大会（XIᵉ Congrès Interntional des Sciences Historiques）《报告》（Rapports），第 1 期，斯德哥尔摩，1960 年，第 98 页；也参见哈斯金斯：《大学的兴起》（The Rise of Universities），纽约，1932 年，第 3—4 页。

　　② 关于雅典的哲学学校，参见克拉克：《古代社会的高等教育》，第 3 页之后的内容。

　　③《古代社会的高等教育》，第 116—117、136 页。

　　④《古代社会的高等教育》，第 130 页之后的内容。

　　⑤ 例如，贝鲁特的法律学校已有正规的五年制学术课程，并有明确的课程计划。（《古代社会的高等教育》，第 116—117 页）君士坦丁堡大学（The University of Constantinople）作为一个学术中心，拥有众多文法、修辞、哲学和法律等科目的教师。（《古代社会的高等教育》，第 130 页）也见劳里（S. S. Laurie）：《关于大学兴起和早期章程的讲座》（Lectures on the Rise and Early Constitution of Universities），伦敦，1886 年，第 15—16 页。

中世纪大学的一个显著特点是,似乎没有某所学校完全照搬以往的模式;而且,人们发现,发展到 12 世纪末的大学与希腊、古希腊罗马、拜占庭或阿拉伯学校之间似乎也并没有任何有机的延续。无论大学的产生与希腊、罗马或阿拉伯精神生活的推动力有多少关联,具体的中世纪大学都是一个全新的起点,从一开始就是为了满足扩大的城市化社会里职业教育领域的需求。

尽管可能在大学与古代社会的学校之间一直就没有真正实质性的延续,但是,某种虚构的联系还是以知识中心迁移(translatio studii)的形式而产生了,即知识中心被认为是从雅典迁移到罗马,又从罗马迁移到拜占庭,进而从拜占庭迁移到巴黎。① 这一"知识中心迁移"的概念首先是在加洛林时代(Carolingian Age)出现的,后来随着大学的兴起,开始被广泛接受。大学当时被认为是学术强权的讲习所(Studium)的体现,如其所示,与其他两大强权:一个是精神上的强权——圣职主义(Sacerdotium),另一个是世俗的强权——帝王统治权(Imperium),并驾齐驱统治着基督教社会。② 意识形态的理论认为,按照"知识中心迁移"说,大学是希腊、古希腊罗马和拜占庭学校的直接衍生物;从历史的角度来说,这种理论可能是站不住脚的,但这一理论或许有助于为大学在其最初的生存阶段确立自己的半独立机构的地位,从而摆脱教会或

----

① 斯特灵-米肖:《中世纪文艺复兴时期最后二十五年的大学发展史》,第 98—99 页;拉什达尔(H. Rashdall):《中世纪的欧洲大学》(*The Universities of Europe in the Middle Ages*)三卷本,伯威克(F. M. Powicke)和埃姆登(A. B. Emden)编,第 1 卷,第 2、23 页;也参见莫里斯:《个体的发现,1050—1200》,第 50 页及注释部分。

② 例如,罗斯的亚历山大(Alexander of Roes)于 1281 年前后的论述:"关于神权、王权和大学三者作为生命的自然属性和精神属性,教会拥有更强的活力和主导权。"引自拉什达尔:《中世纪的欧洲大学》,第一卷,第 2 页及注释 1 和注释 23;莱夫(G. Leff)译:《13 和 14 世纪的巴黎大学和牛津大学》(*Paris and Oxford Universities in the Thirteenth and Fourteenth Centuries*),纽约,1968 年,第 3 页;也可参见格伦德曼(H. Grundmann):《神权,王权和大学》(*Sacerdotium, Regnum, Studium*)《文化史档案》(*Archiv für Kulturgeschichte*),第 34 期(1952 年),第 5 页之后的内容。

世俗的过分控制而努力抗争的行为起到了宣传的作用。①

与中世纪大学有关的术语和当代对其的定义问题，仍然是关于大学起源说的难点问题之一。"大学"（university）与知识的普遍性（universality）毫无关系，而且只是偶然地让拉丁语"universitas"一词指代了现有的术语称谓。② 因为"universitas"一词在 12 世纪、13 世纪和 14 世纪被广泛使用，所以，这一单词被用来指任何一类有着共同利益和独立法律地位的集合体或群体：即指某个特定的群体、手工艺行会或城市自治团体（municipal corporation）③。这一术语用在学术环境中，指的不是某个抽象的大学，或某个设施完备的实体，而是指某个由教师和学生构成的团体或由教师和学生依据某类特定大学所共同组成的团体。好像直到 14 世纪后期和 15 世纪，"universitas"（大学）才开始作为特指学术团体时便利的简写标签来使用④，这就如同"collegium"（学院）、"congregation"（团体）或"corpus"（组织）等术语逐步获得与社会特定的团体相近的含义。

中世纪"大学"一词与我们的大学概念最为对应的词是"studium

---

① 直到 15 世纪末期，巴黎大学仍然自诩为从古埃及到巴黎、中间又通过雅典和罗马传承下来的"studium"的继承者，参见丹尼弗尔（H. Denifle）和查特兰（E. Chatelain）编：《巴黎大学档案》（*Chartularium Universitatis Parisiensis*）四卷本，巴黎，1889—1897 年版，第 5 卷，第 2120 期。

② 关于大学（universitas），参见丹尼弗尔：《中世纪至 1400 年大学的诞生》（*Die Entstebung der Universitäten des Mittelalters bis 1400*），柏林，1885 年，第 29 页之后的内容；拉什达尔：《中世纪的欧洲大学》，第 1 卷，第 4 页之后的内容；莱夫：《13 和 14 世纪的巴黎大学和牛津大学》，第 16—17 页。

③ 参见米肖-匡廷（P. Michaud-Quantin）的详论：《大学：中世纪拉丁语时代社会活动的表达方式》（Universitas：expressions du mouvement communautaire dans le moyen âge latin），《中世纪教会与国家》（L' Eglise et L'Etat au Moyen Age），巴黎，1970 年第 13 期，见相关的内容以及米肖-匡廷：《中世纪社会与古代教育机构》（*Collectivités médiévales et institutions antiques*），威尔波特（P. Wilpert）主编：《中世纪论文集》（*Miscellanea Mediaevalia*），第 1 卷，柏林，1962 年，第 239 页之后的内容。

④ 丹尼弗尔：《中世纪至 1400 年大学的诞生》，尤其是第 34 页之后的内容；拉什达尔：《中世纪的欧洲大学》，第 1 卷，第 16—17 页。

generale"（公共讲习所）。① 在 13 世纪的大部分时间里,这一指向似乎并没有准确的专业或法律涵义。最初,对"studium generale"可能有一个完整的描述性的短语,"studium"（讲习所）含有学校的意思,有系统的学习设施;而"generale"（公共）既不是指所授科目的一般或普遍的性质,也不是指相关学生的数量,而是指吸引学校所在地区之外的学生的能力。然而,13 世纪的一所学校究竟能吸引多少外地生才能被称为一所"generale"的学校,这却是一个很难回答和令人困惑的问题。是否某个学校声称自己是"公共"（generale）就一定非要从别国或其他地方甚至从一个限定更加明确的地方招收学生呢? 而且,"公共讲习所"（studium generale）这一术语在 13 世纪上半叶并不常见。使用该术语最早的文字记载似乎与 1237 年建立的维切里大学（University of Vercelli）有关。② 第一个使用"大学"（studium generale）这一术语的教皇敕令可能是 1244 年或 1245 年教皇英诺森四世（Innocent Ⅳ）创办罗马教廷大学（University of the Court of Rome）时颁布的。③ 到了 13 世纪后半期,这一术语的使用越来越普遍,但直到 14 世纪,该术语才获得了准确的法律定义并成为一个不够准确的固定用语,通常用来指某所发展完善的大学。整个 13 世纪,下述几个术语显然与流行的"公共讲习所"（studium generale）具有相同的内涵,例如,"studium universale"④、"studium commune"⑤ 和"studium solempne"（或

---

① 关于大学的最初名称"公共讲习所"（studium generale）的概念,参见丹尼弗尔:《中世纪至 1400 年大学的诞生》,第 1 章,第 1 页之后的内容,以及拉什达尔:《中世纪的欧洲大学》,第 1 卷,第 6 页之后的内容,第 2 卷,第 2—3 页;也参见斯特灵—米肖:《中世纪文艺复兴时期最后二十五年的大学发展史》,第 99—100 页;厄米尼（G. Ermini）:《大学的概念》（Concetto di "Studium Generale"）,《法律档案》（Archivio Giuridico）,第 127 期（1942 年）,作者在该文中对丹尼弗尔、迈纳斯（C. Meiners）、萨维尼（F. C. von Savigny）、珀泰（A. Pertile）、舒普弗（F. Schupfer）和考夫曼（G. Kaufmann）有关"公共讲习所"的基本特征所提出的观点做出了合理的总结。

② 丹尼弗尔:《中世纪至 1400 年大学的诞生》,第 2 页及注释 2。

③ 丹尼弗尔:《中世纪至 1400 年大学的诞生》,第 3 页及注释 11。

④ 有关早期的"公共讲习所"的记载,出自 1229—1230 年间与图卢兹大学相关的文献中。（丹尼弗尔:《中世纪至 1400 年大学的诞生》,第 2 页）

⑤ 该术语早期的例证与 1190 年前后早期的牛津大学有关。（拉什达尔:《中世纪的欧洲大学》,第 1 卷,第 6 页及注释 2;第 3 卷,第 31 页及注释 2）

solemne，solenne）①。然而，到了 13 世纪，"studium"一词代替
"studium generale"，而成为表述大学的最为常用的术语。13 世纪上半
期，不论是教皇还是非教皇文件中，都使用"studium"这一词来指当时
的一些高等教育中心，例如，博洛尼亚大学（Bologna）、巴黎大学、牛津
大学、帕伦西亚大学（Palencia）、维切里大学（Vercelli）、帕多瓦大学
（Padua）、那不勒斯大学（Naples）、巴伦西亚大学（Valencia）和图卢兹
大学（Toulouse）等。② 13 世纪后半期甚至更以后的时间里，"讲习所"
（studium）一直被普遍使用③。13 世纪时，在"studium"（讲习所）和
"studium generale"（公共讲习所）之间是有严格区别的，也就是说，在后
者拥有严格的法律定义之前，要改变这一术语的特性是不可能的。

　　《七编法》（Siete Partidas，1256—1263），即西班牙卡斯提尔
（Castile）国王阿方索十世（Alfonso Ⅹ）的法典提供了有关"studium
generale"（公共讲习所）一词的最早的解释之一。其中第 31 条款是有
关大学的④，即涉及教师的薪酬、教学法、大学纪律、学生生活组织、考
试、许可证的授予以及管辖权事务等诸如此类的事务。该条款为"公共
讲习所"的地位规定了两个基本的条件：一是学校必须有教师讲授"七
艺"之一的科目、教会法和民法；二是学校只有在教皇、皇帝或国王的授
权下才可以建立。⑤ 这一尝试性的定义并未提及作为高级学科的神学
和医学；从完全的普世教会的角度来说，国王授予"公共讲习所"一词的
地位权利一般是不被接受的，而且，毫无疑问，西班牙统治者建立公共

25

---

　　① 该术语是由教皇亚历山大四世（Pope Alexander Ⅳ）于 1256 年提及蒙彼利埃大
学时使用过的。参见丹尼弗尔：《中世纪至 1400 年大学的诞生》，第 31 页及注释 10；也
见拉什达尔：《中世纪的欧洲大学》，第 1 卷，第 6 页及注释 2。

　　② 丹尼弗尔：《中世纪至 1400 年大学的诞生》，第 5—6 页。

　　③ 丹尼弗尔：《中世纪至 1400 年大学的诞生》，第 6—7 页.

　　④ 皇家历史学会（por la real academia de la historia）选编：《智者阿方索法典七
章》（Las Siete Partidas des rey don Alfonso el Sabio）三卷本，马德里，1807 年，第 2
卷，第 31 章，第 339—346 页。

　　⑤ 皇家历史学会选编：《智者阿方索法典七章》三卷本，第 2 卷，第 31 章，第 340 页。

讲习所是即兴而为的,并未获得教皇或皇帝的协助。① 后来的法律思想将这类机构归为"根据西班牙皇家谕令建立的公共讲习所"(studia generalia respectu regni),其条件是由地方统治者授予讲习所的特权,这在王国的疆域外是无效的。② 尽管《七编法》中有关"studium generale"(公共讲习所)的定义由于在公元 13 世纪时很罕见而具重要的历史意义,而且尽管它可以作为早期针对大学有关世俗法律活动的重要例证之一,但是,它所提供的只是部分地区的和西班牙人的观点,因而无论如何都不是结论性的。作为 13 世纪后期和 14 世纪之前为数不多的当代对"studium generale"(公共讲习所)的描述之一,《七编法》里的定义让人有些失望。

显而易见,"公共讲习所"很多时候在 13 世纪时是一个模糊的概念,只是到了 13 世纪末,它才开始获得一个准确的合法性。起初,该术语仅仅是指一所知名学校,可以从各地招徕学生,并且能够为其提供教学——不仅讲授文科科目,而且还讲授一门大学的高级学科,例如,法律(民法和教会法)、神学或医学。这类性质的机构存在的前提是,学校每年能够维持足够数量的教学人员。大约 1200 年,只有像博洛尼亚大学、巴黎大学、牛津大学以及萨莱诺大学这类学术中心机构才能够讲授高级学科课程,因此,其结果是只有少数大学才能被人们习惯称之为"公共的"(generale)。然而,随着意大利和法国根据博洛尼亚大学和巴黎大学的原型建立的"讲习所"(studia)成倍增加,其中一些学术中心争取"公共讲习所"(studium generale)的地位就很自然了。似乎任何一所学校都具有"公共的"地位,但是,其地位能否被逐渐接受多半取决于习俗的力量。在提出法律的准确定义之前,一所学校是"公共的"(generale)还是"特定的"(particular),其最终的仲裁者取决于有见地的学者的观点。

---

① 西班牙大学的主要特征,参见拉什达尔:《中世纪的欧洲大学》,第 2 卷,第 64—65 页;也参见威罗佐斯基(H. Wieruszowski):《中世纪大学:教师、学生与知识》(*The Medieval University: Masters, Students, Learning*),纽约,1966 年,第 91—94 页。

② 拉什达尔:《中世纪的欧洲大学》,第 1 卷,第 11 页;第 2 卷,第 79 页。

一旦教皇和帝国行政当局通过特别立法僭取建立"公共讲习所"（studia generalia）①的权力时，就产生了一个全新的视角。1224 年，由皇帝腓特烈二世（Frederick II）在那不勒斯建立了第一所帝国大学，这也是第一所依据特定法令建立的大学。例如，1229 年由教皇格列高里九世（Gregory IX）创建的图卢兹大学就是最早受教皇之命建立的；1224 年或 1245 年，教皇英诺森四世在罗马教廷建立了一个"公共讲习所"（studium generale）。② 这些机构的建立似乎印证了这样一种观点：即建立"公共讲习所"的权力是教皇和帝国所特有的。③ 这一观念开始形成共识，并且，到了 14 世纪时广为流传。这一术语发展到后来，"公共讲习所"（studium generale）中的"generale"（公共）一词的内涵发生了根本改变。"公共"一词以前只不过是一个附属的描述性语言，是指学校吸引学生的能力，而现在，"公共"一词由教皇或帝国赋予了普世教会的含义特征，这在教皇方面尤为如此。如果"公共讲习所"（studia generalia）是人为杜撰的，并且又是从教皇或帝国执政当局那里获得一个普遍特征，有鉴于此，就有必要更加严密地界定或限定这一学术环境的特权。这里没有多少创新之处。作为其发展的一部分，最早的一批大学已逐步形成了某些实际的特权，其中最为重要的特权之一如同 14 世纪意大利法学思想家所界定的那样，作为"公共讲习所"（studium generale）地位的基本组成部分而包含在内。当今，许多中世纪关于"大学"一词的注解都是从这一界定发展而来的。

在整个 13 世纪，出现了两个特殊的概念。更为重要的是，这两个概念逐步与"公共讲习所"（studium generale）一词联系起来。其中一个较为具体的概念是，在"公共讲习所"脱产学习的神职人员学习期间仍然有权享受圣俸。从 12 世纪开始，派遣神职人员脱产到学校学习的权利是由教皇和个别主教赋予的。1207 年，英诺森三世（Innocent III）曾

---

① "studia generalia"是"studium generale"的复数形式。——译者注

② 关于这三所大学建立的情况，参见拉什达尔：《中世纪的欧洲大学》，第 1 卷，第 8 页。

③ 拉什达尔：《中世纪的欧洲大学》，第 1 卷，第 8—9 页；莱夫：《13 世纪和 14 世纪的巴黎大学和牛津大学》，第 18 页。

试图将这一特权仅限于那些有一定声望和水平的学校,但并未具体说明这些学校是否是"公共讲习所"。① 1219 年,洪诺留三世(Honorius Ⅲ)颁布教皇敕令(Super Speculam)②,规定那些在神学学校从事讲授或研习神学的神职人员可以连续 5 年享受神职俸禄而不一定真正履职。③ 这一特权并不包括巴黎大学或任何其他"公共讲习所",可能只适用于那些神学教学已达到相当水平的学校(studi)或学者(scholae)。然而,在 13 世纪中期,圣典学者、苏萨的亨利红衣大主教(Cardinal Henry of Susa)霍斯特西斯(Hostiensis)在其《教令大全》(*Summa on the Decretals*)一书中将教皇敕令中的脱产教学或研习(non-residence)条款解释为仅适用于"公共讲习所"(studium generale),而非专门的讲习所(studium specialis)④。后者似乎与特定的讲习所(studium particulare)同义。毫无疑问,霍斯特西斯的观点逐步体现了教会的普遍做法,即带神职俸禄的脱产教学或研习应该仅限于"公共讲习所",以此作为维持神学标准和防止滥用教会俸禄的最佳防范措施。⑤ 13 世纪中叶的几个案例表明,选派脱产教学或研习的人数是与"公共讲习所"的地位紧密相关的。英诺森四世在其创建罗马教廷大学(1244—1245 年)的敕令中,明确赋予了享受神职俸禄的神职人员脱产的特权。⑥ 1246 年,英诺森四世颁布一项敕令,授予摄政者在阿拉贡国王(King of Aragon)倡议建立的一个讲习所(studium)里脱产学习,这所学校位于巴伦西亚。⑦ 1260 年,亚历山大四世(Alexander Ⅳ)承认智者阿方索十世(Alfonso

*27*

---

① 《中世纪的欧洲大学》,第 1 卷,第 9 页及注释 2。

② 洪诺留三世颁布的敕令主要是关闭巴黎的法律学校并禁止其讲授民法。——译者注

③ 该敕令编入《巴黎大学档案》(*Chartularium Universitatis Parisiensis*)一书,引自第 1 卷,第 32 期。

④ 参见引自丹尼弗尔的《中世纪至 1400 年大学的诞生》一书中有关奥斯蒂亚(Hostiensis)的论述,第 19 页及注释 4。

⑤ 资助神职人员在教学质量差的学校修读被认为等同于欺诈滥用教会的资金。

⑥ 教皇敕令中的摘要,见丹尼弗尔:《中世纪至 1400 年大学的诞生》,第 302 页及注释 326;以及见拉什达尔:《中世纪的欧洲大学》,第 2 卷,第 28 页及注释 3。

⑦ 拉什达尔:《中世纪的欧洲大学》,第 2 卷,第 107 页。

the Wise)在塞维利亚（Seville）建立的一个研习机构为公共讲习所，这是一所研究拉丁语和阿拉伯语的学校，同时授予该校学生"脱产"学习的权利。① 纳博讷（Narbonne）大学对这种"脱产"的特权给予了一种很有意思的注解。到 1247 年，在纳博讷大主教的恳求下，英诺森四世授予纳博讷大学的师生相同的"脱产"学习的特权，而以前这种权利只有公共讲习所的师生才能享受得到。② 由于纳博讷大学当时并不是一个公共讲习所，因此，这更印证了选派教师脱产教学和研习被公认为是公共讲习所的特权，而且这一特权有可能被额外地授予某个知名的讲习所，即它还不是"公共"的。到了 14 世纪，选派享受神权俸禄的教会人员脱产教学和研习已成了公共讲习所特权性质的一个显著特征。

第二个与公共讲习所的地位有独特关系的是"普适教学权"（ius ubique docendi）③特权（也是在理论上才有的特权），④即毕业于公共讲习所的学位获得者，无需经过进一步考试就可以在其他任何大学任教。公共讲习所的教师拥有了在其他任何地方任教的许可证，从而使大学教师的自由流动成为可能，也使得欧洲范围内的学术界能够超越种族和地区去追求和传播知识。"拥有到各地自由任教的权利"这一共识，或许是自 13 世纪末以来公共讲习所最重要的法律特征，并且通常都包含在 14 世纪新建大学的特许状里⑤，但是，事实却并非如此。如果说这一共识对欧洲中世纪大学还有着不少约束力的话，那就更让人质疑了。

"拥有到各地自由任教的权利"的起源，可以追溯到颁发"教学证

① 拉什达尔：《中世纪的欧洲大学》，第 2 卷，第 91 页。有关这所 13 世纪学校的资料并不多。

② 伯杰（E. Berger）编：《英诺森四世档案》（*Les régistres d' Innocent IV*），第 1 卷，巴黎，1884 年版，第 2717 期。

③ "普适教学权"，即拥有到各地自由任教的权利。——译者注

④ 关于普适教学权，参见拉什达尔：《中世纪的欧洲大学》，第 1 卷，第 9—15 页；也可参见斯特灵-米肖的评注：《中世纪文艺复兴时期最后二十五年的大学发展史》，第 100 页。

⑤ 参见拉什达尔：《中世纪的欧洲大学》，第 1 卷，第 9—10 页；莱夫：《13 和 14 世纪的巴黎大学和牛津大学》，第 9—10 页。

书"(licentia docendi)①的垄断权力上。从 12 世纪起,主教学校的校长就在其限定的管辖区内行使这种权力。② 但是,拥有学位授予权力的大学的兴起扩展了这一做法的权限范围,即从公共讲习所毕业的硕士学位或博士学位持有者同样可以获得通用的教学证书。就最早的大学而言,实际上,这演变成为某种法定的权限——即像博洛尼亚大学和巴黎大学这样的高等教育中心所享受的特权。相对于不太有名的讲习所的毕业生,那些著名讲习所(学校)毕业的学生有着某种天然的优越感。但是,到 1233 年时,教皇格列高里九世(Pope Gregory Ⅸ)将"拥有到各地自由任教的权利"授予了图卢兹大学的毕业生时(图卢兹大学是受教皇之命建立的,拥有所有巴黎大学教师所享有的特权)③,"拥有到各地自由任教的权利"被划分成为两种类型:即博洛尼亚大学和巴黎大学的习惯类型的许可证以及新近授予的具有普世合法类型的许可证。在经过一段时间之后,又出现了第三种类型,也就是官方授予的"拥有到各地自由任教的权利"。除了上述几所知名大学外,其他学校都可以通用。例如,1255 年,亚历山大四世(Alexander Ⅳ)授予萨拉曼卡(Salamanca)的公共讲习所毕业生在除了博洛尼亚大学和巴黎大学之外的所有学校任教的权利④;1332 年,约翰二十二世(John ⅩⅩⅢ)把巴黎大学从"拥有到各地自由任教的权利"的条款中删除,而让卡奥尔大

29

---

① 教学证书,亦译为"任教许可证"。——译者注

② 关于这一话题,参见德尔西(P. Delhaye):《12 世纪的学校组织》(L' organization scholaire,au iie siècle),《传统》(Traditio),第 5 卷,1947 年,第 211 页之后的内容,尤其是第 253 页之后有关师范学校的内容。(Ecoles des malifres agrégés)。

③ 该敕令编入福尼尔(M. Fournier)所编的《自 1789 年创建以来法国大学的章程和特权》(Les Statuts et Privilèges des Universités francaises depuis leur fondation jusqu'en 1789),巴黎,1890—1892 年,第 1 卷,第 506 期。关于普适教学权的条款是这样表述的:为了方便教师在任何地方教学,允许教师在获得任教许可证后可以自由在任何大学任教而不必再接受其考核。

④ 见收录于丹尼弗尔和埃尔勒(F. Ehrle),弗莱伯格·伊·布莱斯戈(Freiburg im Breisgau)编:《文学史与基督教会发展史档案》(Archiv für Literatur-und Kirchengeschichte)中的亚历山大四世的敕令,第 5 卷,1889 年,第 170—172 页。对博洛尼亚大学和巴黎大学的限制于 1333 年废除,见拉什达尔:《中世纪的欧洲大学》,第 2 卷,第 78 页。

学（University of Cahors）取而代之。① 从这些例子中，可以清楚地看
到，公共讲习所的专业资格被限定为"拥有到各地自由任教的权利"。

当大学体系处于教皇和帝国执政当局管辖之下时，如何将公共讲
习所的专业地位和"拥有到各地自由任教的权利"摆在一个更加合理的
基础上就带来了压力。相对于依赖官方文件和通用教学证书而获得
"普遍"认同的公共讲习所而言，普通类型的大学的地位受到了影响。
1289 年，教皇尼古拉四世（Nicholas Ⅳ）正式承认蒙彼利埃大学
（University of Montpellier）为公共讲习所，并授予其博士学位持有者
"拥有到各地自由任教的权利"，而蒙彼利埃大学在过去很长时间里一
直被习惯看作是一所"公共的"（general）大学。② 1291 年至 1292 年，尼
古拉四世颁布了两个敕令，正式授予历史悠久的巴黎大学和博洛尼亚
大学"到各地自由任教的权利"。③ 1306 年，根据教皇克雷芒五世
（Clement Ⅴ）的敕令，奥尔良大学被授予图卢兹大学所享受的所有特
权，包括"拥有到各地自由任教的权利"，而奥尔良大学在 13 世纪中期
前就被公认为（即被习惯看作）是一个公共讲习所。④ 就帕多瓦大学
（Padua）而言，1346 年，克雷芒六世颁布敕令，确认帕多瓦大学公共讲
习所的地位及其所有特权。⑤ 然而，这一合理的实施进程完成得并不彻
底。但是，尽管如此，也不是没有特例。例如，牛津大学似乎从来没有

---

① 参见福尼尔收录的约翰二十二世敕令，《自 1789 年创建以来法国大学的章程
和特权》，第 2 卷，第 1425 期。

② 《自 1789 年创建以来法国大学的章程和特权》，第 2 卷，第 903 期。

③ 巴黎大学的敕令编入布莱乌斯（C. E. Bulaeus）所著的《巴黎大学史》（*Historia
Universitatis Parisiensis*）一书，第 3 卷，巴黎，1666 年，第 449—450 页，以及《巴黎大学
档案》中，《自 1789 年创建以来法国大学的章程和特权》，第 2 卷，第 578 期；博洛尼亚大
学的敕令编入萨迪（M. Sarti）所著的《11 世纪至 14 世纪博洛尼亚主教区的著名教师》
（*De Claris Archigymnasii Bononiensis Professoribus a saeculo xi usque ad saeculum
xiv*）一书，博洛尼亚，1769—1772 年，第一部，第 1 卷，第 59 页。

④ 参见福尼尔《自 1789 年创建以来法国大学的章程和特权》，第 1 卷，第 19 期。

⑤ 关于该敕令，参见里科伯纳斯（A. Riccobonus）所著的《关于帕多瓦大学》（*De
Gymnasio Patavino*），帕多瓦，1722 年，第 4、5 页。

得到过官方认可的"拥有到各地自由任教的权利",尽管爱德华一世（Edward Ⅰ）和爱德华二世（Edward Ⅱ）曾恳请教皇授予这种特权，但是没有成功。[①] 同样，昂热大学（University of Angers）虽然到了 14 世纪时，已被普遍认为是一个公共讲习所，但最终似乎也未明确获得教皇承认其"拥有到各地自由任教的权利"。[②] 尽管这些例子无不说明日益集权化的大学体制中普遍存在着的不一致性，然而，毋庸置疑，到了 14 世纪，拥有到各地自由任教的权利已成为公共讲习所最主要的法律上的标志，而一所学校若没有这种授予学位并赋予教学证书的资格，就被视为特定的讲习所（studium particulare）。[③] 或许，在法国和意大利，还有这样聘用大学毕业生来讲授高于基础文科水平的课程的"特定学校"（particular）。某些学校甚至可能尝试把毕业生组织起来。但是，除非他们依据惯例或依照教皇（帝王）授予的教学证书，并拥有"公共的"（general）地位，否则，按照 14 世纪的法律观点，这些讲习所就只能被归为"特定学校"。

如果认为"到各地自由任教的权利"为中世纪大学体制的运作提供了一个现实的模式的话，那就被误导了。大学教师组合的理想就是到欧洲的各个公共讲习所中自由任教，然而，这一理想却是很难实现的。尽管有关大学教师职业生涯的许多需求还有待挖掘，但是，有足够的证据表明，大学的地方性倾向于反对到各地自由任教的权利中所隐含的超越民族界限的内涵。这里，人们必须记住的是，到各地自由任教的权利是通过教皇或皇帝的敕令而人为地强加给大学的。因此，它是在回避公共讲习所之间在机构成熟度和社会认可度方面先天不平等的某种

---

① 参见莱夫：《13 世纪和 14 世纪的巴黎大学和牛津大学》，第 94—95 页。1317 年 12 月 26 日，爱德华二世给教皇去函，请求将"普适教学权"正式授予牛津大学。该信函编入《巴黎大学档案》，第 2 卷，第 756 期。也可参见哈斯金斯：《牛津大学和"普适教学权"》（*The University of Oxford and the "ius ubique docendi"*），《英国历史评论》，第 54 期（1941 年），第 281 页之后的内容。

② 拉什达尔：《中世纪的欧洲大学》，第 2 卷，第 154—155 页。

③ 参见《巴黎大学档案》，第 1 卷，第 101 期，第 34 页之后的内容。

尝试。试图将各种公共讲习所变成一种理想的、具有共同特征的组织，这是一种呆板的想法。毫无疑问，早期设立的大学必定不愿意遵从那种降低其高等教育领头羊地位的制度的。1233 年，教皇格列高利九世授予巴黎大学享有图卢兹大学所拥有的一切权利，包括教师到各地自由任教的权利，并且为了平息巴黎教师的不满，还不得已做出保证——巴黎大学原来的一切特权不会受到教会的干涉。[1] 巴黎大学教师的敏感反应并非无的放矢，因为获得图卢兹大学的特权预示着对最早大学垄断权利的逐步削弱，由此不可避免地出现大量的被授予具有普世教会合法性教学证书的公共讲习所。尽管早期设立的大学迫于压力通过寻求确认公共讲习所的地位和取得"到各地自由任教的权利"的方式作出理论上的从众姿态，但是，它们只会对预期的国际学术秩序给予有限的有效果的支持。

学位和教学证书相互承认的原则，即使在如巴黎大学和牛津大学的那些主要的大学也行不通。14 世纪早期，在这些主要的公共讲习所中，不断爆发一种类似于教学收费的冲突：除非这些毕业生参加其学校安排的考试，否则，各所大学都拒不承认和颁发任教证书给其他大学的毕业生。[2] 巴黎大学与牛津大学之间的冲突是最好的例证，最能说明这种在当时似乎很普遍的现象。许多大学在允许其他大学的毕业生为自己的学生上课之前，都会坚持要求他们参加考试。例如，蒙彼利埃大学、昂热大学和奥尔良大学等都明文规定，所有从其他大学来的任课教

---

①《巴黎大学档案》，第 1 卷，第 101 期。尽管图卢兹大学获得了"普遍教学权"，但巴黎大学依然对图卢兹大学的毕业生进行考试。也可参见史密斯（C. E. S. Smith）：《中世纪的图卢兹大学》（*The University of Toulouse in the Middle Ages*），威斯康星，1958 年，第 58 页。

② 参见吉布森（S. Gibson）主编：《中世纪牛津大学法令》（*Statuta Antiqua Universitatis Oxoniensis*）一书中的"引言"（*De resumentibus*），牛津，1931 年（1313 年前，波拉德（G. Pollard）时期重新修订），第 53—54 页："……为了解决经费不足带来的困难，牛津大学取消了入学限制，即恢复从巴黎大学或其他地方接纳学生的做法。"

师都必须参加学校安排的考试。① 由于中世纪大学并没有笔试制度,通常学位的授予是基于两个相辅相成的基本条件:一是完成课程的要求;二是必须参加一系列公开或非公开的口试以及完成难度各异的作业。当时,并没有多少固定的标准可供一所大学据以评估另一所大学毕业生的水平,而且他们也不进行调查。"到各地自由任教的权利"或许在理论上强制推行了一个统一的标准,但是,这一标准并不现实,而且这种状况似乎一直延续着。正如 1321 年奥尔良大学所强调的:"外国"的博士不受限制地进入一所大学,会给那些习惯于给自己在册学生上课的教师之间以及给那些只有为数不多的学生或根本就没有学生的教师之间带来尖锐的矛盾,引发不安定的因素。② 说得更明确一点,那就是,在收入上的考虑也会妨碍通用的教学证书的实施。从 13 世纪开始,南欧的一些大学以及后来发展到北欧的一些大学都实行了有偿讲座制度③,这一制度的发展对贯彻"到各地自由任教的权利"原则产生了两个主要影响:其一,学术流动的趋势受到了遏制,这是因为日益高涨的课酬诱惑使得教师在一个职位上一呆就是好几年;其二,当薪酬制度越来越稳固时,教书职位就不可避免地受限于少数大学毕业生。结果,对于许多人来说,获得硕士学位或博士学位的学生到各地自由任教的权利,其内涵仅仅成了有名无实的荣誉。一般而言,可以这么说,大学发展的方式并没有为实现到各地自由任教的权利营造必要的环境。大学制度并不鼓励一个到处游历的学者群的存在;个别学者为了一定的目的从一个学术中心流动到另一个学术中心是可以的,但不是一群人不停地

*32*

---

① 参见 1220 年蒙彼利埃医科大学的法令,收录于福尼尔主编的《自 1789 年创建以来法国大学的章程和特权》,第 2 卷,第 1194 期;关于昂热大学,参见拉什达尔:《中世纪的欧洲大学》,第 1 卷,第 14 页及注释 3;关于奥尔良大学,参见福尼尔主编的《自 1789 年创建以来法国大学的章程和特权》,第 1 卷,第 78 期中的 1321 年 6 月 20 日法令。

② 福尼尔主编的《自 1789 年创建以来法国大学的章程和特权》,第 1 卷,第 78 期。

③ 参见艾伦・B・科班:《中世纪的学生权力》(*Medieval Student Power*),《过去和现在》(*Past and Present*),第 53 期(1971 年),第 28 页之后以及第 47—48 页(包括注释)。

到处寻找任教职位和求学。实际上，到各地自由任教的概念对于大学历史而言有点偏离了主题。① 尽管从 13 世纪后期开始公共讲习所的地位就有极为重要的法律特征，但是，它所获得的社会关注还是少得可怜。因为客观环境决定的是某种学术保护主义的模式而非自由交往流动的模式，而这正是中世纪欧洲大学制度所走出的一条道路。教皇和帝国行政当局在迫使大学遵从普世教会一致性方面的相对失败，充分说明了中世纪大学发展中的一个明显特征就是其特立独行的个性。

　　或许，对于公共讲习所的准确涵义到底是什么，当代的人们还没有达成最后的一致见解。制定一个法律定义来把所有可能的与这个棘手问题有关的变量都包含在内，并非是轻而易举的。"studium generale"（公共讲习所）这一术语在 13 世纪上半期出现时是模糊不清的，到了 13 世纪末开始具体化，而在 14 世纪才被赋予更为严密的法律含义。本质上，公共讲习所是由教师、学生或师生组成的行会组织，具有高度的司法自治权，具有选举其领导人和制定学校法规的权利，拥有统一的印玺。它还具有从广大地区招收学生的能力。除了讲授文科科目外，它至少还要教授法律、神学或医学中的一门高级课程，并拥有一批著名教师来满足不同的教学需要。从 13 世纪后期开始，讲习所（studium）似乎必须要由教皇或帝国行政当局确认其"公共的"（generale）地位。也许，有这样一种情况，某个城市当局或统治者会声称要建立一个公共讲习所，但却未征求教皇或皇帝的意见②；然而，在 14 世纪，除非这所学校后来获得了教皇或帝国行政当局的认可，否则，该讲习所是得不到公共的地位的。与公共讲习所的地位相关的是一系列特权，包括两个最重要的特权：一是选派那些享受神职俸禄的教会人员到公共讲习所研习或讲学，而不必到岗履行自己的神职特权；二是拥有理论意义上的到各

33

① 德尔西在其另一篇优秀学术论文中并未对大学任教许可证的有效性提出质疑；参见《12 世纪的学校组织》，《传统》，第 5 卷，1947 年，第 268 页。

② 参见拉什达尔在《中世纪的欧洲大学》中的讨论，第 1 卷，第 11 页及注释 1（下接第 12 页）。

地自由任教的特权。这些特权赋予了大学某种有声望的光环,但并没有多少实际的好处。公共讲习所可以体现更多的特权,但是,必须明确区分公共讲习所(studia generalia)所共同拥有的一切权利与不是为公共讲习所的地位而授予的额外特权之间的差别。按照定义,公共讲习所所共同拥有的权利并不包括大学与外界当局建立的特殊关系。显然,欧洲的讲习所与外界机构的关系,不论是与主教、大主教、城市和王权的关系,还是与帝国的关系,都是多样复杂的。因此,不能将其变为一种简单的模式,也不能从公共讲习所这个一般意义的称谓上进行推断。例如,不受主教或大主教控制的自由,并不是14世纪公共讲习所的概念所隐含的权利;如果需要这样的自由,一所大学就必须获得教皇的明文授权。①

　　源于13世纪后期和14世纪欧洲大学所经历的理性化过程的系统文献资料,可以让我们深入了解教皇和皇权不得不应对的各种形势。如果一个人要通过教皇的法令来审视某些事项的话,那他会发现,教皇颁布的建立公共讲习所的信函或正式的敕令至少属于上述四类范畴之中的一种。② 教皇的法令可以建立一个以前从未有过的公共讲习所③;可以在一个古老衰落的、甚至消亡的公共讲习所的基础上建立一个讲习所④;似乎也可以建立一个新的与先前的学校没有什么关联的讲习

---

　　① 关于"公共讲习所"的特殊和共同的权力,参见艾伦·B·科班的评注:《中世纪后期剑桥大学的国王学堂》(*The King's Hall within the University of Cambridge in the later Middle Ages*),剑桥中世纪生活和思想研究,第3辑,第1卷,剑桥,1969年,第107页。

　　② 参见科班:《爱德华二世、教皇约翰二十二世与剑桥大学》(*Edward Ⅱ, Pope John ⅩⅩⅡ and the University of Cambridge*),《约翰·赖兰兹图书馆目录》,第47期(1964年),第49—70页;科班的《中世纪后期剑桥大学的国王学堂》被引用书中的第35—36页。

　　③ 参见准许布拉格大学(Prague)建立的敕令(1347—1348年),收录于迪特里西(Dittrich)和斯皮克(Spirk)主编:《布拉格大学历史文献》(*Monumenta Historica Universitatis Praguensis*),第2卷,布拉格,1834年,第219—222页;也可参见拉什达尔:《中世纪的欧洲大学》,第2卷,第215页。

　　④ 参见准许佩皮尼昂大学(Perpignan)建立的敕令(1379年),收录于福尼尔编:《自1789年创建以来法国大学的章程和特权》,第2卷,第1438期;也可参见拉什达尔有关"讲习所"早期历史的论述,《中世纪的欧洲大学》,第2卷,第96—97页。

所，尽管众所周知，在教皇法令到达之时，已有的一个讲习所正蓬勃发展①；最后，可以有一个公共讲习所，根据教皇法令承认其原先的条文，接着在大学校长要求提高大学地位的请求下，教皇颁布法令进一步确认该大学的地位。② 13 世纪时，有几所学校申请成为一个为外界认可的公共讲习所，但后来它们却发现自己的学校丧失了一定的自由并被剥夺了公共讲习所的法律地位。位于里昂（Lyons）和兰斯（Rheims）的学校可能就属于这一类。③ 很难解释这些学校的发展为什么受到阻碍，但是，位于法国和意大利的一些小规模的学校过去一直是心照不宣或明白无误地被认为是公共讲习所，后来却由于自身衰败或某些其他原因而不再被认为具备了一所成熟大学的合格条件。所以说，上述情况实在是在情理之中，不足为奇。值得一提的是，这类学校的存在必定会使人们注意到将 13 世纪的公共讲习所看作是只包括那些最终获得官方认可的大学。

相对于公共讲习所而言，特定的讲习所的概念基本上是一个被经常使用的意思相反的词语。因此，在"studium generale"（公共讲习所）成为 13 世纪 30 年代和 40 年代通用的术语之前，"studium particulare"（特定的讲习所）一词似乎还没出现。甚至在 13 世纪的后几十年里，该术语的使用频率也不高。国王阿方索十世（1256—1263）的《七编法》指出：一个特定的学术中心（estudio particular）可以由任何一个城市议会或主教建立起来，而建立一个公共学术中心（estudio general）则必须得

---

① 参见教皇尼古拉四世颁给蒙彼利埃大学的敕令（1289 年），收录于福尼尔编：《自 1789 年创建以来法国大学的章程和特权》，第 2 卷，第 903 期；也参见拉什达尔有关"讲习所"早期历史的论述，《中世纪的欧洲大学》，第 2 卷，第 119 页之后的内容，尤其是第 130 页。

② 参见教皇亚历山大四世颁给萨拉曼卡学院（Salamanca）的敕令（1255 年），收录于《文学史与基督教会发展史档案》，福尼尔编：《自 1789 年创建以来法国大学的章程和特权》，第 5 卷，第 168—169 页；也参见拉什达尔的论述，《中世纪的欧洲大学》，第 2 卷，第 77 页。

③ 拉什达尔：《中世纪的欧洲大学》，第 1 卷，第 8 页及注释 1，第 13 页及注释 1；第 2 卷，第 4 页和第 331 页之后的内容。

到教皇、皇帝或国王的法令才行。① 此外,再无进一步的解释。尽管有关公共学术中心的解释表明,与之相比,一个公共学术中心不具备由教师和学生组成的行会组织的功能,而且也远远不能提供与公共的(general)学校相比的教学设施,事实上一个特定的学术中心规模小的话可能只有一名教师。② 而且,"estudio particular"(特定的学术中心)一词似乎并不指代任何特定的学校,仅仅指各类学校——即从小学到一个相对高级的教育机构。根据定义,特定的学术中心的招生能力也不大,而且大多数特定的学术中心只能满足一座城市或某个特定地区的需求。许多地方特定的学术中心似乎一直在把从事本地区神职人员的教育作为其办学的目标,但是,也有一些特定的学术中心可能在向大学体制方向调整。例如,在意大利的一些大学,学生们攻读法律学位而无须完成文科科目,这一现象非常普遍,因为学生们在进入大学之前就已经拥有了良好的文科水平。③ 在一些城镇或城市具有较高层次的特定的学术中心里,肯定能够获得合格的文科教育,或许还有一些法律内容的教育;其中一些学术中心逐步成为大学生源的学校也不鲜见。但是,对于那些置身于地方教育并且完成使命的众多学校而言,认为特定的学术中心只是作为依靠大学而存在的附属机构的观点,那肯定是不符合事实的。

　　"estudio particular"(特定的学术中心)一词并不被 13 世纪讲习所的创立者们所看好。要想找到一些学校建立时直接使用该称谓的例子并不容易;相反,学校的创立者,无论是城市当局还是主教教区,都喜欢

---

　　①《智者阿方索法典七章》三卷本,选自《皇家历史学会》(*por la real academia de la historia*),马德里,1807 年,第 2 卷,第 31 册,第 1 节,第 340 页。

　　②《智者阿方索法典七章》三卷本,选自《皇家历史学会》,第 2 卷,第 31 册,第 1 节,第 340 页。

　　③ 参见斯特灵-米肖:《13 至 14 世纪博洛尼亚大学、罗马帝国以及教会在瑞士的渗透和影响》(*L'Université de Bologne et la pénétration des droits romain et canonique en Suisse aux xiii<sup>e</sup>et xiv<sup>e</sup> siècles*),引自《人文主义与文艺复兴》(*Travaux d'Humanism et Renaissance*),第 27 期(日内瓦,1955 年),第 81 页。

用"讲习所"（studium）或其他什么词来指代学校。他们根据学校建立的专业功能来描述学校，例如，文法学校（scolae grammaticales）或文科学校（scolae artibus）。有时，这类学校并不具备一种明确的实体，只要有聘用的教师来讲授必修的科目就标志着该学校成立了。① 这给人造成一种印象，即知名度不高的讲习所（studia）的创立者自己也不愿意用"studium particulare"（特定的讲习所）这一称谓；还有一种原因，那就是因为"特定的讲习所"这一术语的内涵低人一等，或是因为它在法律圈外并不受欢迎。

阐述中世纪大学的术语一直被某些非正常因素所困扰，这反映出法律权威在应对那场自发的、随意的活动时所采取的理性解释是不够全面的。在大学发展的初期，大学是一些非固定的建筑或外部标志以及财产留置权的行会组织等，而这些对于它们在 20 世纪的大学后继者们而言都是必备的。但是，如果剥去数百年积累的所有附属物，例如，臃肿的管理机构、财政事务、校舍以及其他转移了主要学术宗旨的影响因素，现代大学在本质上还是中世纪大学的直系后裔。在很大程度上，教师和学生依然是以团体协会的形式发挥着作用，学位的获得依然是某种竞争机制的最终结果，其标准和水平依然是教师行会的标准和水平，典礼仪式和专业术语等深刻地唤起了人们对中世纪历史的回忆。无论大学的规模和技术有多大差别，但是，从 13 世纪迄今，一些困扰着大学立法者思想和智慧的久而未决的核心问题依然存在。诸如组织结构和民主程序、校舍和学生纪律、课程、教学和学位授予、学生参与大学事务的程度、大学与社区的关系以及大学保持其独立性与校外当局的抗争等一些问题，这恰恰揭示了中世纪的公共讲习所与现代的大学之间千丝万缕的联系。通过对 20 世纪大学机构的跨越，人们最终找到了源于中世纪原始形式的派生物。

---

① 感谢我的研究生温特博特姆（S. Winterbottom）小姐所提供的 13 世纪在阿拉贡（Aragon）和巴伦西亚（Valencia）有关"特定的学校"（particular schools）的宝贵资料。

## 第二节　萨莱诺大学:大学的原型

　　萨莱诺大学有时被认为是欧洲最早的大学之一,这是由于 12 世纪 37
的萨莱诺学校在医学学科所享有的声誉与博洛尼亚大学在法律学科和
巴黎大学在神学学科所拥有的声誉齐名的缘故。[①] 但是,如果认为萨莱
诺学校是一个完全意义上的公共讲习所,那就大错特错了。尽管萨莱
诺学校是中世纪欧洲第一个、也是最知名的医学研究中心,并且这一中
心一直延续到 1812 年[②],但是,在当时它还远未达到人们通常认为的大
学要求。的确,除了医学科目外,萨莱诺大学还有一所文科学校,而且
在 12 世纪和 13 世纪时,这所文科学校是一所传播希腊和阿拉伯科学、 38
哲学的重要教育中心。[③] 尽管如此,萨莱诺大学除了医学科目外,没有
提供其他高级学科的教学。而且,作为一个医学研究中心,即使在 1231
年大学从皇帝腓特烈二世(Frederick II)那里获得了某种程度的法律认
可[④],但是,萨莱诺大学医生的学位授予权却被一纸皇家敕令给限制了。

------

　　① 就连克里斯泰勒(P. O. Kristeller)一篇出色的题为《萨莱诺学校:其发展及其
对学术史的贡献》的论文(*The School of Salerno*:*its Development and its Contribution
to the History of Learning*)(《医学史公报》,1945 年第 17 期,第 138 页之后的内容)也
认为,萨莱诺是"中世纪欧洲最早的学校";参见第 138 页和 145 页。

　　② 有关萨莱诺学校的大量的文献资料,见伊尔赛在《法国及外国的大学史:起源
与现状》一书中的论述,引自第 1 卷,第 99—110 页;拉什达尔:《中世纪的欧洲大学》,
第 1 卷,第 75—86 页;克里斯泰勒:《萨莱诺学校:其发展及其对学术史的贡献》,第 138
页之后的内容;辛格(C. Singer)引自《从魔术到科学》(*From Magic to Science*)(伦敦,
1928 年)中的《萨莱诺学校及其传奇》(*The School of Salerno and its Legends*),第 240
页之后的内容;布洛(V. L. Bullough):《医学的职业发展》,《从魔术到科学》,第 49 页
之后的内容。

　　③ 参见克里斯泰勒:《萨莱诺学校:其发展及其对学术史的贡献》,尤其是第 151—
163、169—171 页;参见劳恩(B. Lawn):《萨莱诺之问》,被引用书中的相关内容。

　　④ 参见休拉德-布莱霍(J. L. A. Huillard-Breholles):《弗里德里西二世外交
史》(*Historia Diplomatica Friderici* II)七卷本,巴黎,1852—1861 年,第 4 卷,第 150
页;克里斯泰勒:《萨莱诺学校:其发展及其对学术史的贡献》,第 171 页之后的内容。

直到 1359 年,萨莱诺大学才被授予在帝国全境内授予学位和颁发行医许可证的权力。[1] 从组织结构上看,萨莱诺大学在组织发展完善方面表现得极为缓慢。1200 年前,有关该大学组织结构的文献证据极为稀少。有一点似乎很清楚,那就是,直到 15 世纪后期才建立起一所授予博士学位的医学院(collegium doctorum)。[2] 尽管大多数中世纪大学的组织发展都不太系统完整,但是,就萨莱诺学校而言,这一发展进程似乎过于漫长,以至于它与一所大学的地位极不相称。

萨莱诺大学的劣势在于,即使是 12 世纪在它达到发展的顶峰时,它也没能将其医学和相关的学术成就与稳固的组织结构整合在一起,而完善的组织结构是向完整大学的行列稳步发展的保证。萨莱诺大学的发展受到抑制的特征,导致人们将其与 12 世纪的一些著名学校进行比较。那些著名学校因为种种原因最终没有转变成为公共讲习所。但是,如果将萨莱诺大学等同于一所未建成的赫里福德主教学校或兰斯主教学校的话,那是错误的,因为萨莱诺大学远不是一所失意的主教学校。更确切地说,它是一个组合的团体,一所在众多大学中自成一类的学校。它是一所愿望未能实现的大学,究其原因,或许是它被某些人看作是一个只有医科的公共讲习所,而不是一个综合意义上的公共讲习所,因而只获得了有限的承认(这听起来有些自相矛盾)。[3] 中世纪大学的历史进一步证实这样一个事实,即如果某项智力发展活动在取得学术成就后,相应的设施机构就必须迅速跟上。起初,缺乏正规的组织可能对自由的探究活动起到推动作用,但是,大学要想获得持久而有目的的发展,只有通过设立组织机构才能实现。12 世纪后期和 13 世纪早期是欧洲开始出现雏形大学组织机构的活跃时期,但是,萨莱诺学校除了某些构成中世纪大学医学课程主要内容的教材外,似乎对这一发展活

---

[1] 克里斯泰勒:《萨莱诺学校:其发展及其对学术史的贡献》,第 180—181 页。

[2] 克里斯泰勒:《萨莱诺学校:其发展及其对学术史的贡献》,第 186—187 页。

[3] 昂儒(Anjou)的查理一世(Charles Ⅰ)1280 年颁发给萨莱诺大学的法令中,将萨莱诺学校描述为一所医科"公共讲习所"。克里斯泰勒:《萨莱诺学校:其发展及其对学术史的贡献》,第 178 页。

动毫无贡献可言,①也没有证据表明萨莱诺大学引领了医科组织的发展。实际上,萨莱诺大学后来的自身组织特征很有可能是从已确立的大学那里派生出来的。

尽管萨莱诺学校是欧洲最古老的高等教育机构之一,并且它没有轻易融入中世纪的学术体系中,但是,它基本上还是一个医学研究的专业中心。萨莱诺学校虽然拥有某些大学的特征,但在技术层面上还不能称之为一个公共讲习所,尽管它常常被人们将之与巴黎大学、博洛尼亚大学、蒙彼利埃大学和牛津大学等归为一类。

萨莱诺学校的起源被陷于漠视和遗忘之中。但是,有一种观点认为,它是由4位教师共同创立的。在这四位教师中,一位是希腊人,一位是意大利基督徒,一位是犹太人,还有一位是阿拉伯人,尽管这一说法现在已被作为传说而弃之。② 然而,这一传说却生动地指出了不同文化交融的现象。这些不同的文化融合于意大利南部和西西里岛,并营造了一个使萨莱诺医学复兴赖以生存的环境。来自古希腊罗马世界的医疗实践活动,如同在其他地区一样,在大希腊地区(Magna Graecia)继续存在着。根据公元9世纪和10世纪的文献,意大利南部有许多医生的文献③,尽管这些文献并不能证明在萨莱诺有一所学校的存在。但是,编年史学者兰斯的里彻(Richer of Rheims)④的证据表明,萨莱诺作为一个知名的行医者中心在公元10世纪后期的法国北部非常有名。⑤萨莱诺学校可能早就存在了,但是,可以获得的不完整的证据只是在公元10世纪后半期才被发现。⑥ 在学校出现之际,萨莱诺大学早已成为

---

① 参见伊尔赛:《法国及外国的大学史:起源与现状》,第1卷,第109页;克里斯泰勒:《萨莱诺学校:其发展及其对学术史的贡献》,第158页。

② 该传说在辛格的《萨莱诺学校及其传奇》一书中论述过,参见第241—243页以及克里斯泰勒:《萨莱诺学校:其发展及其对学术史的贡献》,第143页。

③ 克里斯泰勒:《萨莱诺学校:其发展及其对学术史的贡献》,第143页。

④ 兰斯的里彻,10世纪法国修士和编年史学家。——译者注

⑤ 克里斯泰勒:《萨莱诺学校:其发展及其对学术史的贡献》,第143—144页。

⑥ 克里斯泰勒:《萨莱诺学校:其发展及其对学术史的贡献》,145页。

意大利南部一股主要的政治和教会力量。①

在萨莱诺学校存在的早期，它以实用的医学技能而非学术知识闻名。② 学校汇聚了一批医师，并大致开设了一些基础教学课程。但是，尚未发现与萨莱诺学校有关的正规教学或行会组织以及医学文献的资料。尽管萨莱诺学校获得了明确的世俗特征，但是，刚开始它的构成显然是混杂的。许多早期的医生被称为"牧师"，但是，后来被称为牧师的医师数量减少了，或许，这是因为从 12 世纪开始，医科逐步被神职人员所垄断，其他人都被禁止学医和行医。③ 在 11 世纪，出现了第一批医学文献，尽管有关文献的日期和作者的问题成堆。④ 在这些早期的论文中，有一篇富有争议的有关妇科医学的论文——《托洛都拉》，即《妇科疾病古今汇编》（Trotula）。由此人们推断，这篇论文是由 11 世纪的一位名叫托洛都拉（Trotula）的女医生（萨莱诺学校的女教师）写的。托洛都拉是萨莱诺的一位作家，她是教师马塔尤斯·帕特里斯（Matthaeus Patearius）的妻子。托洛都拉与丈夫一起撰写了《养身之道》（Regimen Sanitatis Salernitum）一书，这是一本有关医学的百科全书。⑤ 据称，还有一位讲授医学的女教师的存在。这引起了人们的推测——在萨莱诺有一群女医生和教师，即所谓的"萨莱诺公主"（Ladies of Salerno）。⑥ 尽管托洛都拉作为女医生的传统在医学文献中可以追溯到 13 世纪，但是，从找到的 11 世纪和 12 世纪文献来看，没有证据表明托洛都拉是一

---

① 关于萨莱诺的地位，在克里斯泰勒：《萨莱诺学校：其发展及其对学术史的贡献》中有很好的概括，见第 145 页及注释 27。

② 克里斯泰勒：《萨莱诺学校：其发展及其对学术史的贡献》，第 145 页。

③ 克里斯泰勒：《萨莱诺学校：其发展及其对学术史的贡献》，第 146 页及注释 29。

④ 克里斯泰勒：《萨莱诺学校：其发展及其对学术史的贡献》，第 146 页之后的内容。

⑤ 参见赫德-米德（K. C. Hurd-Mead）的观点：《托洛都拉》（Trotula），《伊西斯》（Isis），第 14 期（1930 年），第 349 页之后的内容。

⑥ 对《萨莱诺公主》（Ladies of Salerne）持怀疑的观点，参见辛格：《萨莱诺学校及其传奇》，第 243—244 页；也可参见科纳（G. W. Corner）：《12 世纪萨莱诺医学的兴起》（The Rise of Medicine at Salerno in the Twelfth Century），《医学史年报》（Annals of Medical History），新辑第 3 期（1931 年），第 1 页之后的内容至第 13—14 页。

位历史人物①,或至少是一位医生和教师;相反,有证据表明,她也是一位助产士和草药医生。"托洛都拉"可能根本不是指一个人,而是某位萨莱诺医生的著作选集,即《托洛图斯》(Trottus)。② 然而,对此也有人持相反的观点,其中一些人还相当认真。"托洛都拉"的身份依然还是一个有待揭开的迷。毫无疑问,在萨莱诺,有妇女从事助产士或从事简单的草药治疗和民间医术活动。关于她们的活动,在萨莱诺学校的几本教材中都有记载。③ 但是,这并不能证明她们是教师,或是医学论文的作者。从另一方面看,人们也不能忽视这样一个事实:即在 14 世纪早期,萨莱诺的职业妇女就被赋予了皇家许可证从事外科治疗活动。1422 年,科斯坦萨·卡伦达(Costanza Calenda)被命名为一位萨莱诺的医生。④ 根据后来的资料,早期存在的女医生这一事实是不能轻易忽视的。但是,如果把萨莱诺大学原型的早期辉煌都归功于一群知名的女医生,这一观点与其说是历史事实,不如说是历史小说更为恰当。

在萨莱诺发现的最早的文献中,更多的都是与医疗实践而非与医学理论思考有关的内容。它把流传下来的希腊和古希腊罗马医学的精髓与当时的医学技能结合起来,并不断地对教科书进行修改,所有这些都表明,这些修改是根据发展的医学经验而做出的。在 11 世纪,这种文献的增多或许与更为系统的教学安排有关;然而,并没有资料表明,萨莱诺大学有定期聘任的教师、固定的课程或学位授予仪式。

到了 11 世纪末,随着大量有关阿拉伯的科学和医学拉丁语版本以及被翻译成阿拉伯语的希腊医学著作的引入,萨莱诺医学学校又形成了一个新的充满活力的局面。这一学术成就主要归功于非洲人康斯坦

41

① 参见克里斯泰勒在《萨莱诺学校:其发展及其对学术史的贡献》中的评注,第148 页及注释 39。

② 参见辛格的观点,《萨莱诺学校及其传奇》,第 244 页;赫德-米德与之相反的观点,《托洛都拉》,第 356 页及注释 16。

③ 参见科纳:《12 世纪萨莱诺医学的兴起》,第 13—14 页。

④ 克里斯泰勒:《萨莱诺学校:其发展及其对学术史的贡献》,第 148 页及注释 39。

丁(Constantine the African)①的努力。② 他是一位阿拉伯后裔的学者，在移居蒙特卡西诺(Montecassino)隐修院之前，于1077年前后住在萨莱诺。他在1087年去世前，在蒙特卡西诺隐修院完成了大量的翻译工作。康斯坦丁似乎在蒙特卡西诺从事过医学教学工作，但是，不能确定他在萨莱诺任教过。在他从阿拉伯语翻译过来的著作中，最有影响力的医学论文是阿尔·迪沙法（Al Dschaafar）的《临终的圣餐》(Viaticus)。这是一本艾萨克·尤大乌斯(Isaac Judaeus)有关饮食、发烧和尿液的论文汇编。最为重要的是，哈里·阿巴什(Haly Abbs)③在150年前的巴格达撰写了大量的医学百科全书，主要包含有关解剖学、号脉、发烧、病症和危险期以及外科等内容。康斯坦丁将它命名为《医术大全》(Pantegni)。把阿拉伯的论著翻译成希腊语并不是什么创新的活动，因为在11世纪前已有希波克拉底（Hippcrates）、④盖仑(Galen)⑤和其他希腊医生的很多论著开始正式被广泛使用。然而，康斯坦丁翻译的希波克拉底的论著《箴言》(Aphorism)、《预言》(Prognostica)和有关治疗急性病的论文以及盖伦的注解和论文，对当时研究希腊医学起到了新的推动作用。非洲人康斯坦丁的译著极大地丰富了萨莱诺医生的医学知识，有力地促进了一场文学运动，其标志就是，在接下来的100年里，萨莱诺的医生们至少撰写了50篇医学论著。其深远的影响在于，这些译著使得希腊医学与阿拉伯医学的结合成为了可能。11世纪后期前，萨莱诺的医科一直直接用于临床，而未有理论的论述。但是，阿拉伯医学的特征则是系统规范的理论架构，这些有助于验证萨莱诺学校的经验，而无需破坏其医学机制的常识基础。⑥ 然而，阿拉伯医学的影响在12世纪后半期前的萨拉诺医学文献中并未反

*42*

① 康斯坦丁(1020—1087)，中世纪医学家。——译者注

② 关于非洲人康斯坦丁(Constantine the African)的著作，参见《萨莱诺学校：其发展及其对学术史的贡献》，第151页之后的内容；以及伊尔赛：《法国及外国的大学史：起源与现状》，第1卷，第104—106页；科纳：《12世纪萨莱诺医学的兴起》，第3页。

③ 哈里·阿巴什，波斯医生、心理学家，著有《医术大全》(Complete Book of the Medical Art)。——译者注

④ 希波克拉底(约前460—前377)，古希腊医师。——译者注

⑤ 盖仑(129—199)，古罗马医师、自然科学家和哲学家。——译者注

⑥ 参见科纳：《12世纪萨莱诺医学的兴起》，尤其是第5、11页。

映出来,甚至当时早期的医学传统也绝非被阿拉伯医学知识所淹没①;恰恰相反,它成了希腊与阿拉伯医学综合知识的一个组成部分,为理论研究提供了适合的材料。12世纪出现的由萨莱诺医生首次针对本地萨莱诺人发表的论文,以及后来针对康斯坦丁翻译的希腊和阿拉伯论著的评注,就是一个很好的尺度,衡量了萨莱诺的医学教学从临床到理论层面的进展程度。② 这包括采纳辩证分析和逻辑分类的"学术"方法。这种方法同样渗透到当时的大多数知识领域,例如,神学、法律和文法。康斯坦丁翻译的希腊和阿拉伯医学教科书,再加上这些数量不断增加的评注,就构成了12世纪后半期的大学建立医学课程的基础。因此,萨莱诺对大学发展的主要贡献似乎就是医学课程的建立,后来这类课程传播到巴黎大学,继而又传播到其他开设医学课程的大学。③

　　萨拉诺学校在12世纪的贡献不仅限于医学领域,它还包括希腊和阿拉伯科学和哲学。早期拉丁文版本的托勒密(Ptolemy)④的《天文学大成》(Almagest)一书是由萨莱诺学校的一名学生翻译过来的。⑤ 但是,丰富的哲学文献使人印象最为深刻的成就反映在萨莱诺学者卡拉布里亚的尤尔索(Urso of Calabria)⑥的论著中。⑦ 他似乎是西方最早广泛应用亚里士多德关于自然哲学论著的作者之一。他的一些医学论

---

① 克里斯泰勒:《萨莱诺学校:其发展及其对学术史的贡献》,第155页。

② 关于萨莱诺大学评注性论文的发展,参见克里斯泰勒:《萨莱诺学校:其发展及其对学术史的贡献》,第156—159页。萨莱诺大学最早(12世纪早期)的评注性论文是马赛乌斯·普拉凯瑞斯(Matthaeus Platcarius)对《尼古拉解毒药集》(Antidotarium Nicola)的评注。

③ 克里斯泰勒:《萨莱诺学校:其发展及其对学术史的贡献》,第158页。

④ 托勒密(约90—168),古希腊天文学家、数学家和地理学家。——译者注

⑤ 劳恩:《萨莱诺之问》,第31页;克里斯泰勒:《萨莱诺学校:其发展及其对学术史的贡献》,第160页;哈斯金斯:《中世纪科学史研究》(Studies in the History of Medieval Science),引自《萨莱诺学校:其发展及其对学术史的贡献》,第159、191页。

⑥ 卡拉布里亚的尤尔索(? —1225),意大利经院哲学家。萨莱诺大学的主要负责人,该大学最重要的理论家和亚里士多德派学者。有关中世纪萨莱诺大学著述的重要作者之一。——译者注

⑦ 关于卡拉布里亚的尤尔索的论著,参见克里斯泰勒:《萨莱诺学校:其发展及其对学术史的贡献》,第161—162页;劳恩:《萨莱诺之问》的索引及参考文献部分。

43　文与亚里士多德提出的一些观念紧密融合在一起。他与萨莱诺学校的同事一起在大学出现之前，有力地促进了亚里士多德的理论在西欧国家的传播。从理论医学来说，尤尔索在将医学建立在理性哲学的基础上做出了巨大的个人贡献。

萨莱诺学校到了 12 世纪发展到巅峰。它的医学文献当时被应用得最为广泛，一门正式的医学课程正在形成，知识的地平线向外大大拓展，吸纳了希腊和阿拉伯的自然科学与哲学。学校已成为知识传播的中心以及思想和学者的输出地。例如，曾在萨莱诺学习的科贝伊的吉勒斯(Gilles of Corbeil)[①]，1180 年前后成为巴黎大学第一位知名的医学教师。[②] 尽管萨莱诺作为 12 世纪最为重要的医学学校拥有显赫的地位，但是，依然没有可靠的证据来证实其组织结构是否得到发展，或者作为一所医学院是否拥有学位和毕业证书授予权。很显然，一些教师似乎是以私人组织的形式在为学生上课。或许，在萨莱诺的教师之间存在着某种非正式的合作关系，但是却没有任何朝着行会组织发展的迹象。

虽然我们对有关 12 世纪萨莱诺学校的教学方法知之甚少，但是，诸如一些很受欢迎的医学和外科教学的内容还是可以找得到的。生理学和病理学是以四大体液（即血液、粘液、黄胆和黑胆）的理论为基础的[③]，疾病是与病人的某种或多种体液拥有量出现的异常有关。[④] 通常是根据病人的疼痛、发烧、脉搏或尿液来诊断的。[⑤] 非洲人康斯坦丁的译著出来之前，萨莱诺的医生很显然已经拥有了初级的解剖课程教材，这些都是从盖仑有关解剖学的论文那里简化而来的。[⑥] 这些论文或许

---

① 科贝伊的吉勒斯，12 至 13 世纪法国皇家医生、教师和诗人。——译者注

② 伊尔赛：《法国及外国的大学史：起源与现状》，第 109 页和《科贝伊的吉勒斯的生平和论著》(*The Life and Works of Gilles of Corbeil*)，《医学史年报》，第 2 卷(1925年)，第 362 页之后的内容；克里斯泰勒：《萨莱诺学校：其发展及其对学术史的贡献》，第 158 页及注释 75。

③ 科纳：《12 世纪萨莱诺医学的兴起》，第 6 页。

④ 科纳：《12 世纪萨莱诺医学的兴起》，第 7 页。

⑤ 科纳：《12 世纪萨莱诺医学的兴起》，第 7 页。

⑥ 科纳：《12 世纪萨莱诺医学的兴起》，第 10—11 页。

都是通过动物解剖演示而撰写成的。[①] 但是,康斯坦丁的译著为萨莱诺人打开了一个充满生机的阿拉伯人理论解剖文献的知识宝库。这些文献都是由希腊和古希腊罗马流传下来的解剖资料构成的,进而形成一个完整的知识体系,类似于整个医学领域出现的知识建构。然而,这一解剖学的进步并没有在萨莱诺的整个中世纪时期持续下去。到了13世纪,这一推动力却传到了博洛尼亚大学和蒙彼利埃大学。在13世纪的大部分时间里,大学解剖学的研究都属于理论性质的。[②] 只是到了13世纪末,人们才发现了人类解剖方面的证据,而最早的证据就在1300年前后的博洛尼亚大学。[③] 或许,人类解剖一开始只是某种法律程序,作为必备的法医调查的组成部分而存在;随着时间的推移,死后检查成为解剖研究领域的一部分。[④] 到了14世纪的头25年末,人体解剖在博洛尼亚已相当普遍了,后来又扩展到帕多瓦和蒙彼利埃。[⑤] 博洛尼亚大学的教师,例如,佛罗伦萨的撒迪厄斯(Thaddeus of Florence)[⑥]即塔迪奥·迪·埃尔德洛托(Taddeo di Alderotto),和他的学生、一本解剖学教育开创性的手册《解剖学教程》(Anothomia,1316)的作者、著名的蒙迪诺·迪·卢兹(Mondino di Luzzi)[⑦]一起,将解剖学建设成为一门适用于大学研究和讲解的系统学科,而且稳固地将解剖学发展成为最终的证据演示方式。[⑧] 解剖学在萨莱诺的停滞发展体现了某种总

44

---

① 参见科纳:《12世纪萨莱诺医学的兴起》,第10—11页;克里斯泰勒:《萨莱诺学校:其发展及其对学术史的贡献》,第156、162页。然而,辛格认为,萨莱诺大学当时并未用动物开设解剖课程。辛格:《解剖学简史:从希腊人到哈维》(A Short History of Anatomy from the Greeks to Harvey),第二版,纽约,1957年,第68页。

② 辛格:《解剖学简史:从希腊人到哈维》,第70页。

③ 辛格:《解剖学简史:从希腊人到哈维》,第70页。

④ 辛格:《解剖学简史:从希腊人到哈维》,第70—71页。

⑤ 辛格:《解剖学简史:从希腊人到哈维》,第71、87、88页。

⑥ 佛罗伦萨的撒迪厄斯(1223—1303),又名塔迪奥·迪·埃尔德洛托,博洛尼亚医学教师。——译者注

⑦ 蒙迪诺·迪·卢兹(约1270—1326),萨莱诺大学知名医学教师。——译者注

⑧ 辛格:《解剖学简史:从希腊人到哈维》,第72页之后的内容;拉什达尔:《中世纪的欧洲大学》,第1卷,第236、237、245页。

体衰落的趋势,这一趋势似乎在 13 世纪超越了萨莱诺学校的发展,并导致了专业化的医学研究在欧洲新兴大学中的传播。

从留存下来的手稿资料来看,也可以推断出 12 世纪的萨莱诺学校在外科学方面的实践活动。康斯坦丁《医术大全》中有关外科学的章节为萨莱诺学校提供了教科书,但是,现存的本地最早的教科书可能是一本题为《班伯格外科术》(*Bamberg Surgery*)的资料汇编(约 1150 年),作者不详。[①] 这不是一本系统化的论文集;相反,它是一本不同作者联合撰写的注解、备忘录、处方和摘要的汇编。这本汇编还涉及理论论述、诊断、行医处方以及手术技巧等。专业治疗的疾病包括:外伤、骨折和脱臼、眼和耳外科损伤、皮肤病、痔疮、坐骨神经痛、疝气和放血术等。尽管可能常常有些模棱两可或缺乏准确性,这本书仍复制了很多现成的希腊和阿拉伯医学程序。当然,创新还是有的。例如,用桁架治疗腹股沟疝;用含有碘的物质治疗甲状腺肿;发明一种外科麻醉方法,即"催眠海绵"浸入由莨菪和罂粟做成的汁中起到麻醉作用,这些都是开创性的活动。由罗杰·弗加迪(Roger Frugardi)[②] 撰写的《外科术》(*Surgery*)一书,是一本接近当代的医学书[③],它是这位著名的外科医生在萨莱诺居住期间用自己的教案汇编而成的。1170 年,该书由逻辑学教师吉多·阿雷蒂诺(Guido Aretino)[④] 改写成一本专著。罗杰·弗加迪的《外科术》一书在整个中世纪被萨莱诺大学、博洛尼亚大学以及其他大学广泛使用。这本书部分取材于《医术大全》一书,而其余部分则以希腊医学为基础,与当时的外科行医实践密切相关。与《班伯格外科术》一书不同的是,罗杰的著作是一本有关手术和药疗外科的系统练习手册,具有很强的实用性,特别是对治疗外伤和头骨骨折非常有用。

45

---

① 关于《班伯格外科术》(*Bamberg Surgery*)一书,参见科纳:《12 世纪萨莱诺大学的外科术》(*Salernitan Surgery in the Twelfth Century*),《英国外科杂志》(*British Journal of Surgery*),第 25 期(1937—1938 年),第 84—89 页。

② 罗杰·弗加迪(1140 前—约 1195 年),萨莱诺大学外科医生。——译者注

③ 关于罗杰·弗加迪(Roger Frugardi)的《外科术》(*Surgery*),参见《英国外科杂志》(*British Journal of Surgery*),第 25 期(1937—1938 年),第 91—97 页。

④ 吉多·阿雷蒂诺,12 世纪意大利逻辑教师。——译者注

妇科和产科方面最普及的论著是现在所知的《妇科疾病古今汇编》,即《托洛都拉》一书,书中内容前面已有提及。在很大程度上,它可能是基于希腊产科学留存下来的一部分资料,加上引用康斯坦丁的译著编写而成,它并不是一本医学水平很高的论著。① 早期萨莱诺大学主要关注一些常识性的医药习惯做法以及民间有关健康、饮食、卫生和药物使用等,并一直将此作为希腊—阿拉伯医学学术核心内容的外在补充,所有这些都完整地体现在 13 世纪编撰的韵律汇编集中,如《萨莱诺学校》(Schola Salernitana)或《养身之道》。②

尽管 13 世纪见证了萨莱诺的医学垄断地位的逐步削弱,以及其医学研究中心吸引力的逐步转移,并为新兴的大学所取代,但是,人们还是发现了第一手明确的证明材料,即萨莱诺学校迟滞的组织机构发展痕迹。对萨莱诺学校最早的法律认可,体现在皇帝腓特烈二世 1231 年颁发的《梅尔菲》(Melfi)法令中。③ 萨莱诺学校被授予确认为意大利南部和西西里岛主要的医学中心地位;其他人禁止在萨莱诺学校之外的地方讲授医学或外科学,并且只有参加指定考试委员会组织的考试,才有资格被授予"教师"的头衔。这个考试委员会由萨莱诺学校教师和帝国官员组成。尽管帝国官员参与了考试过程,但是,"教师"的头衔(即任教必备的先决条件)好像是由学校自己授予的,尽管 13 世纪后期,在昂儒的查理一世统治下,这一头衔暂时要依据皇家的敕令才能颁发。④ 这有别于靠条例颁发许可证的做法。除了萨莱诺学校外,在其他地方行医的许可证最终成了国王手中的权力:申请许可证的人首先要接受萨莱诺学校教师资格的考试,然后获得一个能证明其忠诚和专业知识的证书,最后经过教师和皇家代表的签字才能到国王面前求得这

46

---

① 参见科纳的评注:《12 世纪萨莱诺医学的兴起》,第 13 页。

② 科纳:《12 世纪萨莱诺医学的兴起》,第 14 页。关于《养身之道》(Regimen Sanitatis)一书的出版日期和写作大纲,参见克里斯泰勒:《萨莱诺学校:其发展及其对学术史的贡献》,第 169—170 页。

③ 参见科纳:《12 世纪萨莱诺医学的兴起》,第 38 页及注释 1。然而,萨莱诺学校并未被称为"公共讲习所"。

④ 克里斯泰勒:《萨莱诺学校:其发展及其对学术史的贡献》,第 176 页。

一许可证。某种程度上，教师要获得资格证以及行医必须获得许可证等做法体现了皇家的干预权及其专制作风。这些是与萨莱诺学校的自治地位不相符的。萨莱诺学校这一自治地位直到 1359 年才取得。① 如果说萨莱诺学校的教师至少是从 13 世纪就开始与皇家代表组成事实上的考试委员会的话，那么，萨莱诺学校 1442 年作为一个法律认可的期望机构②——授予博士学位的医学院的永久地位直到 15 世纪后期才真正建立起来，成为一个完全独立的实体，拥有自己的法规和特权以及当时唯一的授予学位和毕业证书的权力。③

1241 年前后，腓特烈二世颁布了攻读医科的正规课程表，尽管并未提及萨莱诺学校的名字，但可以肯定的是，这一法令在当时是适用于萨莱诺学校的。④ 还有一个重要的发现是，在攻读五年制的医科之前，规定必须学习 3 年的逻辑。这也首次有证据显示，在萨莱诺学校，除了医科外，还正式开设另外一门科目。这应该是最早的文献资料，说明了逻辑与医学课程之间的密切关系，这一关系也成为中世纪大学一个非常突出的特征。到了 1277 年，萨莱诺学校出现了文科教师，建立起各种文科学位。⑤ 在萨莱诺学校和意大利其他大学，有一个普遍的做法，即一个文科学生须先成为一名合格的逻辑教师，之后再开始踏上攻读医科之路，最后成为一位医学教师。⑥ 从对萨莱诺学校的学位分析，可以看出，从 1473 年到 1811 年，最常见的学位是文科（哲学）和医学联合学位⑦。一般认为，萨莱诺学校和欧洲南部颁发的文科（哲学）或医学学位在学术上是不够完整的。文科是攻读法律或医学的预备科目，而攻读法律或医学必须有扎实的文科基础。萨莱诺医学院的历史很好地说明

---

① 克里斯泰勒：《萨莱诺学校：其发展及其对学术史的贡献》，第 180—181 页。

② 克里斯泰勒：《萨莱诺学校：其发展及其对学术史的贡献》，第 185 页。

③ 克里斯泰勒：《萨莱诺学校：其发展及其对学术史的贡献》，第 186—187 页。

④ 参见休拉德-布莱霍：《弗里德里希二世外交史》七卷本，第 4 卷，第 235—237 页；克里斯泰勒：《萨莱诺学校：其发展及其对学术史的贡献》，第 174—175 页。

⑤ 克里斯泰勒：《萨莱诺学校：其发展及其对学术史的贡献》，第 176 页。

⑥ 克里斯泰勒：《萨莱诺学校：其发展及其对学术史的贡献》，第 178 页。

⑦ 克里斯泰勒：《萨莱诺学校：其发展及其对学术史的贡献》，第 187 页。

了医学与逻辑以及自然哲学之间的关系,这对于中世纪大学的医学课程是至关重要的。

　　1280 年,在昂儒的查理一世颁布给萨莱诺学校的法令中,学校第一次被特别指定为医学的"公共讲习所"。[1] 不管这意味着什么,但有一点是很清楚的,即萨莱诺学校一直以来都只是一所很不完整的大学。萨莱诺学校远未达到完整意义上的中世纪大学的标准;即使发展到后期,它也只能尽量避开王权对其教学和行医的干涉。但是,作为将希腊—阿拉伯医学及科学文献传播到西欧的代理机构以及作为在其麾下聚集了中世纪大学医学课程主要内容的大学机构,其意义是值得重视的。萨莱诺学校的教师和医生为了学术理想而恢复、整合和扩大希腊、古希腊罗马、阿拉伯以及当代医学理论和实践的精华,并与世人共享。然而,谈到它对大学医学学科组织结构的影响,则可以说是微不足道的。事实上,中世纪大学所建立的组织机构最终反刍给了萨莱诺学校,并为其迟到的机构发展提供了样本。在欧洲的教育环境下,萨莱诺学校是作为中世纪最早的医学研究中心之一和专业学校而受到关注的;在某些方面,它是一个处于萌芽期的大学,却没能与大学创新机构的发展同步,而组织机构是管理人才队伍的必备条件,也是大学因此兴起的缘由。还有一些外在的因素,例如,1194 年,皇帝亨利六世(Henry Ⅵ)洗劫了萨莱诺这个城市;1224 年在萨莱诺学校附近创建的那不勒斯大学(University of Naples),也给萨莱诺学校带来了某些不确定的因素;特别是腓特烈二世与教皇的争斗,其结果导致意大利南部陷入连绵不断的战争,这些可能都是萨莱诺学校衰落的原因。但是,所有这一切都不是关键的因素。萨莱诺学校的主要弱点,在于它没有能够建立起一个保护自己和具有凝聚力的组织机构,从而维持其学术的发展。

47

---

　　[1] 克里斯泰勒:《萨莱诺学校:其发展及其对学术史的贡献》,第 178 页。

# 第三章 博洛尼亚大学:学生型大学

人们发现,作为最早大学之一的博洛尼亚大学(University of Bologna)最初是由平民创建的,其目的是为了满足平民学习罗马法及其今后生计的需要。基于此,那种认为中世纪的大学体系都是教会垄断和控制的产物的观点,显然完全是站不住脚的。直到 12 世纪 40 年代,教会法作为保护牧师、教师和学生的法律,在博洛尼亚大学作为一门学科才得以牢固确立;与之相同的还有罗马法。但是,在这两门法律学科确立之前,博洛尼亚人的"讲习所"基本上是平民性质的,主要体现在其成员的组成和办学的指导思想方面。① 这一方面是因为在西罗马帝国衰亡后的几百年里,城市生活一直延续着,从而使意大利北部的教育模式也得以延续,并凸显出城市和平民化的特征,即教育内容以文法和修辞为主,也经常会转向培养实际的法律技能,例如法庭诉讼和法律文件的汇编等。② 另一方面,11 世纪和 12 世纪欧洲城市生活的振兴,为意大利北部城市里那些受过罗马法训练的平民带来了广阔的就业机会;这一日益高涨的

专业需求还导致了从罗马到阿尔卑斯山地区,特别是拉文纳(Ravenna)、帕维亚(Pavia)和博洛尼亚(Bologna)等中心城市教育活动的繁荣。

但是,除了上述专业需求促进了意大利北部平民的教育生活外,从 11 世纪后期开始,授职权之争(Investitute Contest)带来的辩论纷争,有力地推动了平民的智力发展。由于罗马法是当时最容易获得的应对

---

① 参见 W·厄尔曼:《中世纪的治理和政治原则》(*Principles of Government and Politics in the Middle Ages*),第一版,伦敦,1961 年,第 228 页。

② 参见伊尔赛:《法国及外国的大学史:起源与现状》,第 1 卷,第 78—80 页;拉什达尔:《中世纪的欧洲大学》,第 1 卷,第 108—111 页;诺尔斯:《中世纪思想发展史》,第 158 页。

教皇僧侣统治的思想武器,因此,这一法律体系自然就成了平民创造萌芽期政治理论来驳斥教皇执政思想的渊源。① 然而,实践证明,罗马法本身由于基础过于狭窄,理论性又过强,因而,难以成为反对僧侣统治制度的有效武器。而经过数百年的发展和完善,僧侣统治制度已到了高度成熟和强大的阶段。② 然而,意大利北部的"讲习所"的平民学者在早期为形成一种有关世界秩序的平民观点所做的努力,奠定了未来可能发展的智力基础,这一基础为意大利的大学运动创造了先决条件。正是在这样一个专业和辩论活动极为活跃的背景下,人们自然会问:为什么是博洛尼亚的学校而不是帕维亚和拉文纳的学校赢得了早期的声望,成为欧洲最早的组织完善的大学呢?人们可能首先要提出地理的因素。显而易见,博洛尼亚所处的地理位置极为优越,位于意大利北部的交通枢纽,有大量的人员往来,包括那些定期聚集在那里准备去罗马的朝圣者。③ 由于伦巴蒂(Lombardy)平原几个世纪以来一直都是阿尔卑斯山北部的商人和带着拜占庭商品的意大利商人的重要的商品交易中心,因此,博洛尼亚大学从早期起可能就经历了社会和经济世界大一统的洗礼。

尽管地理优势对博洛尼亚学校的发展非常有利,但是,这还不可能成为关键的因素。人员和学术专业化的因素在决定早期的"公共讲习所"的地位方面的意义往往比环境因素要大得多。一个高度流动的学术社会不会特别在意地点问题,因为在社会流动快的环境里,人们往往不想禁锢在一个地方,面对不变的师生;只有当大学以某种特殊的方式逐步建立起来,地点的选择才会成为在它的发展过程中优先考虑的因素。而诸如是否有足够的住宿面积、足量的食物供给、适宜的气候以及

*50*

---

① W·厄尔曼:《中世纪政治思想史》(*A History of Thought:The Middle Ages*),鹈鹕丛书(Pelican Books),1965 年,第 118 页。

② W·厄尔曼:《中世纪政治思想史》,第 118 页。

③ 伊尔赛:《法国及外国的大学史:起源与现状》,第 1 卷,第 78 页;诺尔斯:《中世纪思想发展史》,第 159 页.

可以获得财政资源和合理稳定的环境等因素，总是最后进入决策的过程。[①] 博洛尼亚的法律学校似乎是从私人的教学机构发展而来的。这些私人机构是由一些著名教师组成的，他们使博洛尼亚大学实现了从以文科教育为主向罗马法专业教育的过渡。[②] 或许博洛尼亚大学超越其他意大利法律学校还有一个更重要的原因，那就是中世纪中期最著名的法学家伊尔内留斯(Irnerius)[③]曾于 1116 年至 1140 年在博洛尼亚大学教书。因为正是伊尔内留斯运用阿伯拉尔的《是与否》一文中所采用的批判分析法，对查士丁尼(Justinian)[④]的《民法大全》(*Corpus Juris Civilis*)进行了全面的注释，成功地为研习民法的学生提供了一种将既有的罗马公法(public Roman law)和罗马私法(private Roman law)综合为一体的教学方法，使学生掌握两者更加容易。[⑤] 因此，罗马法律的基本条文以适合专业学习的形式得以呈现，并成为高等教育明确界定的领域；罗马法以准课程基础的形式出现，与伊尔内留斯作为一位拥有超凡能力的教师是密不可分的。这确立了博洛尼亚大学作为民法研究中心的声望，汇聚了来自欧洲遥远地区的学生在那里研习。罗马法在博洛尼亚大学教学中的稳固确立，显然并未受到其带来的理论上的模

---

① 例如，地理位置是决定在佩奇(Pécs)建立一所大学的重要因素(1367 年颁布的准许创建大学的教皇敕令)。参见加布里埃尔(A. L. Gabriel)：《中世纪的佩奇大学和波若尼大学》(*The Mediaeval Universities of Pécs and Pozsony*)，法兰克福，1969 年，第 15 页之后的内容。关于创建大学一般所需的前提条件，见克拉森(P. Classen)：《中世纪最早的大学改革与大学的兴起》(*Die ältesten Universitäts-reformen und Universitätsgründungen des Mittelalters*)，《海德尔堡年刊》(*Heidelberger Jahrbücher*)，第 12 期(1968 年)，第 72 页—80 页。

② 参见海德(J. K. Hyde)新近的论著：《中世纪早期的博洛尼亚大学》(*Early Medieval Bologna*)；鲍德温(J. W. Baldwin)和戈德思韦特(R. A. Goldthwaite)《大学政治：从中世纪后期至现代早期的个案研究》(*Universities in Politics：Case Studies from the Late Middle Ages and Early Modern Period*)，巴尔的摩，1972 年，第 21 页。

③ 伊尔内留斯(约 1055—1130)，意大利法学家。——译者注

④ 查士丁尼(483—565)，拜占廷帝国皇帝。——译者注

⑤ 关于伊尔内留斯和博洛尼亚大学，参见拉什达尔：《中世纪的欧洲大学》，第 1 卷，第 4 章，第 87 页之后的内容；伊尔赛：《法国及外国的大学史：起源与现状》，第 1 卷，第 85—86 页；坎托罗维索(H. Kantorowicz)：《罗马法评注家研究》(*Studies in the Glossators of the Roman Law*)，剑桥，1938 年，第 2 章，第 33 页之后的内容。

棱两可的困扰。对查士丁尼而言,他在《法律全系》(*Omnem*)中曾寻求将法律教学限制在一些罗马的"皇家"(civitas regia)城市中,例如,罗马、君士坦丁堡和贝鲁特等。① 13世纪早期,博洛尼亚大学的法学家们却刻意回避了这一问题,因为他们坚持一种传说,即狄奥多西大帝(Theodosius Ⅰ)②曾授予博洛尼亚城为"皇家"城市的地位,而且这一历史诠释在阿佐(Azo)③和约翰尼斯·巴塞努斯(Johannes Bassianus)④时期曾经非常流行,并为奥多弗雷德斯(Odofredus)⑤所佐证。⑥ 从那时起,博洛尼亚就被视为是至高无上的皇家城(nutrix et mater legentium)。而这一观点更被现实所强化:由于政治和宗教的分裂局面,君士坦丁堡和贝鲁特的法律学校被迫关闭了,因而实际上对西欧产生的重大影响已不复存在。⑦

从12世纪40年代到50年代,通过引入与罗马法律思想相悖的主要学术思想,即教会法科目以及其后来的迅速发展,博洛尼亚大学浓厚的平民性质得到了充分验证。这一发展的主要标志是教士格雷田(Gratian)⑧的法典编纂成就。格雷田是博洛尼亚圣费里斯(San Felice)隐修学校的一位讲授教会法的教师。他于1140年前后完成的《教令集》(*Concordia Discordantium Canonum*,即 *the Decretum*)为教会法的教学起到了辅助作用,这就如同伊尔内留斯通过提供方便的综合法使

---

① 参见海德:《中世纪早期的博洛尼亚大学》,第27页。

② 狄奥多西大帝(347—395),罗马帝国皇帝。——译者注

③ 阿佐,中世纪意大利著名法学家。——译者注

④ 约翰尼斯·巴塞努斯,12世纪意大利法学家,据称是阿佐的老师。——译者注

⑤ 奥多弗雷德斯(?—1265),意大利法学家。——译者注

⑥ 参见海德:《中世纪早期的博洛尼亚大学》,第27页;也可参见 W·厄尔曼:《皇帝腓特烈一世"真正的惯例"——中世纪的解读》(*The Medieval Interpretation of Frederick I's Authentic Habita*),《欧洲与罗马法:纪念保罗·科沙克尔的研究》(*L's Europa e il diritto Romano:Studi in memoria di Paolo Koschaker*)米兰,1954年,第1卷,第101—114页及注释3。

⑦ 厄尔曼:《皇帝腓特烈一世"真正的惯例"——中世纪的解读》,《欧洲与罗马法:纪念保罗·科沙克尔的研究》,第1卷,第115页。

⑧ 格雷田,教会法学创始人。——译者注

罗马法讲授起来更加容易一样。① 伊尔内留斯或许曾有一个名叫佩波
(Pepo)②的若隐若现的前辈。③ 正如他曾帮助博洛尼亚成为 12 世纪罗
马法律学科的主要研究中心一样，格雷田同样使博洛尼亚大学成为几
乎与之齐名的教会法研究中心。因此，天主教会依赖于大批博洛尼亚
大学培养的精通宗教法规的人，而其中最优秀的人就会因为对教会法
贡献颇多而成为教会统治制度中的中坚力量。在博洛尼亚大学建立后
的两个世纪里，有相当多的教皇本身就是法学家，其中有几位还在博洛
尼亚大学或其他一些公共讲习所担任法律教师。④

显然，1158 年 11 月，由皇帝腓特烈一世(Frederick I)在龙卡利亚
(Roncaglia)颁布的敕令《真正的惯例》(*Authentic Habita*)一书⑤是博

---

① 关于格雷田和博洛尼亚大学，参见拉什达尔：《中世纪的欧洲大学》，第 1 卷，第 4
章，第 126 页之后的内容；伊尔赛：《法国及外国的大学史：起源与现状》，第 89—90 页。

② 佩波，11 世纪意大利博洛尼亚大学第一位法学教师。——译者注

③ 关于佩波，参见坎托罗维索和思莫里(B. Smalley)：《一位英国神学家眼中的罗
马法：佩波、伊尔内留斯和拉尔夫·尼格尔》(*An English Theologian's view of Roman
Law：Pepo，Irnerius，Ralph Niger*)，《中世纪及文艺复兴研究》(*Mediaeval and
Renaissance Studies*)，第 1 卷(1941—1943)，第 237 页之后的内容。

④ W·厄尔曼：《中世纪政治思想史》，第 119 页。

⑤ 关于《真正的惯例》，参见厄尔曼：《皇帝腓特烈一世"真正的惯例"——中世纪
的解读》；凯普勒(F. Koeppler)：《腓特烈·巴巴罗萨与博洛尼亚学校：评"真正的惯
例"》(*Frederick Barbarossa and the Schools of Bologna：Some Remarks on the
"Authentic Habita"*)，《英国历史评论》，第 54 期(1939 年)，第 577 页之后的内容；拉什
达尔：《中世纪的欧洲大学》，第 1 卷，第 143—145、180—181 页；丹尼弗尔：《中世纪至
1400 年大学的诞生》，第 45 页之后的内容；伊尔赛：《法国及外国的大学史：起源与现
状》，第 1 卷，第 90—91 页；海德：《中世纪早期的博洛尼亚大学》，第 32 页之后的内容；
伯威克(F. M. Powicke)：《博洛尼亚大学、巴黎大学和牛津大学：三所大学的中世纪生
活方式和思想》(*Bologna，Paris，Oxford：Three Studia Generalia in Ways of
Medieval Life and Thought*)，伦敦，1949 年，第 149—157 页；基布尔(P. Kibre)：《中
世纪的学术特权》(*Scholarly Privileges in the Middle Ages*)，美国中世纪学会
(Mediaeval Academy of America)，伦敦，1961 年，第 10—17 页；详见马罗尼(A.
Marogniu)对厄尔曼教授解读的批判性论述《有关"真正的惯例"的诠释》(*A proposito
dell' Authentic Habita*)，引自罗西(G. Rossi)主编《阿科尔西尼国际研讨会论文集》
(*Atti del convegno internazionale di studi Accursiani Accursiani*)，米兰，1968 年，第 1
卷，第 99—112 页；也可参见厄尔曼教授的回复，《阿科尔西尼国际研讨会论文集》，第
106 页之后的内容。

洛尼亚大学学者乞求的结果,后来这一敕令被编入《查士丁尼法典》(Codex)并得到教会的确认。《真正的惯例》一书通过中世纪一段时间法学家们灵活的诠释,远远超越了其最初的含义,逐步获得至关重要的学术意义。由于针对《真正的惯例》一书而不断积累的法律诠释最终导致了学者特权(privilegium scholarium)的形成,并与早已建立的教会特权并驾齐驱。① 从这一方面看,《真正的惯例》一书逐步被视为"学术自由"(academic freedom)的起源和源泉,就如同《英国大宪章》(Magna Carta)是英国人自由不可或缺的法律依据一样。但是,当《真正的惯例》于1158年首次颁布后(还有一种可能是《真正的惯例》草稿在1155年就已流传),腓特烈一世的敕令还有一个更为具体的目的,那就是:在格雷田的《教会法汇编》发表后,博洛尼亚大学的教会法研究的发展势头强劲,这对罗马法来说是一个严峻的挑战。而且,由于促进罗马(民法)法律学科对于有效地反击教皇僧侣统治制度主要宣传者——霍亨斯陶芬王朝(The House of Hohenstaufen,1138—1254)的政治意识形态至关重要,因此,有必要为那些非博洛尼亚籍的学习罗马法的学生提供足够的保护。这些聚集在博洛尼亚求学的学生数量很多,从法律上讲他们作为外来人不受城市法的保护。② 攻读教会法的神职人员已经受到了教会法的保护,但是,研习罗马法的平民学生却没有这些受保护的特权。③ 基于此,腓特烈一世试图通过《真正的惯例》,给予那些长途跋涉来到一个学术中心学习罗马法的外来学者以更大程度上的安全保护,使其在大学所在城市里免受羞辱或如债务拘押等不法行为。为此,《真正的惯例》规定:那些对学者实施犯罪行为的人和那些没能使赔偿生效的官员都会被处以重罚。随着时间的推移,《真正的惯例》一书的适用范围涉及到所有学科的平民学者。④ 帝国的恩赐给予"所有的学

① 参见厄尔曼的文章,《阿科尔西尼国际研讨会论文集》,第103—104页。
② 关于帝国出台《真正的惯例》的动机,最令人信服的解释见《阿科尔西尼国际研讨会论文集》,第104页之后的内容。
③《阿科尔西尼国际研讨会论文集》,尤其是第104页,第106—107页。
④ 在这个问题上,厄尔曼教授从法学角度谈了自己的看法,参见《阿科尔西尼国际研讨会论文集》,第132页;也可参见基布尔:《中世纪的学术特权》,第11页及注释28。

者，尤其是那些教授神圣的（世俗的）法律的人们，他们都是来求学的朝圣者"，这并不是什么新的发明，因为旅行安全在《查士丁尼法典》中就有规定。① 后来的法学观点赋予这一条款新的意义，即前往讲习所的学者免交过路费，尽管这一规定在《真正的惯例》中并没有找到。

霍亨斯陶芬王朝的思想深深地蕴含在这部法典中②，它明确指出，学习罗马法将使人们服从于上帝和皇帝。一种观点认为，皇帝是上帝的臣子或仆人，皇权直接源于上帝，而非通过教会这个中间人赐予的。这种帝国统治权的立场是这部法典所传达的中心思想，也必然使我们领悟到一种昭然若揭的利他主义动机，这部法典的出台正是源于这一动机。腓特烈一世想以此说明他基于民法（罗马法）且凌驾于教会法的世俗统治观念。

《真正的惯例》所赋予的最为宝贵的特权之一，是增加了学者对司法权威的选择。③ 当一位学者受到起诉时，他可以选择自己的老师或当地的主教作为法官。对市法官的司法选择依然不变，这是因为《真正的惯例》并没有剥夺其司法管辖权，而只是多了一种司法选择。到了 14世纪，学生的校长成为第四种司法选择。一段时间以来，《真正的惯例》的条文似乎不仅适用于涉及学者的刑事案件，而且还适用于涉及学者的民事案件。后来，《真正的惯例》的条文仅限于民事诉讼案件。④ 牧师身份的学者在讲习所受主教的管辖。⑤ 尽管腓特烈法令颁布的主要目的是与其心目中的罗马法学者有关，但是，一般法学界的观点都认为，

---

① 厄尔曼的文章，《阿科尔西尼国际研讨会论文集》，第110—111 页。

② 厄尔曼的文章，《阿科尔西尼国际研讨会论文集》，尤其是第108—110 页。

③ 关于这一点，参见《阿科尔西尼国际研讨会论文集》，第 123 页之后的内容。凯普勒（《腓特烈·巴巴罗萨与博洛尼亚学校：评"真正的惯例"》，第 604—605 页）认为，除去法律这一部分，腓特烈的特权是 1155 年授予的，而且为了应对博洛尼亚日趋恶劣的形势，1158 年又增加了这些法律条款。但是，1155 年授予的特权的相关证据仍有待补充。

④ 参见厄尔曼的文章，《阿科尔西尼国际研讨会论文集》，第 125—126 页；拉什达尔：《中世纪的欧洲大学》，第 1 卷，第 180 页。

⑤ 关于这一点的看法，参见厄尔曼的文章，《阿科尔西尼国际研讨会论文集》，第130—131 页。

该法令的颁布不仅对其他学科真正的学生有益,而且对他们的随身仆人、抄写员、书商以及各行各业为教育人员服务的人们都有益。这一权益的延伸基于《真正的惯例》里的规定:帝国的保护包括有关学者的新闻报道。①《真正的惯例》的这些司法安排逐渐拥有了某种普适性,并成为大学当局在整个中世纪时期管理学生权力的依据。随着时间的推移,主教插手大学事务的权力逐渐被削弱了,教会对大学的管辖权也转交给了大学法庭,而后者则成为审理学术案件的正常法庭。

54

《真正的惯例》对于 12 世纪中期的博洛尼亚大学组织结构的发展并没有副作用。尽管腓特烈一世的敕令是对博洛尼亚局势的反应,但是它只体现在一般意义上,无论是博洛尼亚大学还是其他学术中心都没有具体提及其组织结构的发展。人们可能会猜想,1189—1191 年间,教皇克雷芒三世签发的一封教皇信件中所想到的一个相当松散的教师和学生行会,很可能就是《真正的惯例》颁布时博洛尼亚大学的特征;②但是,即便如此,1158 年的皇帝敕令并未明确认可博洛尼亚大学,这也是事实。或许,从《真正的惯例》中获得的最为明确的权利,就是允许学生自主选择教师来作法官,从而使得教师对自己学生行使的司法管辖权得以稳固加强。或许,博洛尼亚大学的教师在早期并不想成为一个正式独立的团体。学术流动(academic mobility)的习惯根深蒂固,那种建立永久机构的想法并不能轻易加以改变。《真正的惯例》留给博洛尼亚"studium"(讲习所)的是一个结构松散的由教师个人和学生组成的社团,依靠着少之又少的统一组织延续着。

人们不能轻而易举地重新构建博洛尼亚大学所萌发的社会经济和政治环境,但是,他们可以将注意力转移到某种新的政治和社会组织的发展上。这些组织形式是对意大利北部帝国统治逐渐失效的反应,如浴火凤凰般重生。建立在后罗马帝国制度基础上的德国皇权,由于授职权之争而被大大削弱了。授职权之争给包括博洛尼亚在内的意大利

---

① 参见厄尔曼的文章,《阿科尔西尼国际研讨会论文集》,第 153—154 页。

② 教皇责令该信函必须每年向教区学校的学生们宣读。参见拉什达尔:《中世纪的欧洲大学》,第 1 卷,第 148 页及注释 2。

的几座城市带来了浩劫和内战。在这种几乎是无政府状态下，建立相互保护的联合团体，如校友会（Tower Society）和兄弟会（confraternities），其难度是可想而知的。为了应对日益恶化的局势，最为重要的集体反应形式是市镇。① 市镇源于城市或更为广大的地区，是针对地方权力的真空而迅速出现的一种自发组织，体现出民主和反封建的性质。最初，它是保护其成员的联合团体，但后来逐步担负起管理特定区域的责任。正是在逐步兴起的博洛尼亚市镇的影响下②，博洛尼亚的学校得以合法聚集，并以此建立了讲习所。初期的大学组织形式受到了周边环境因素的影响。因为一方面是博洛尼亚大学的学生想努力建立必要的保护组织；另一方面是博洛尼亚市的市民想寻求通过市镇这一形式取得集体防护，两者之间形成了默契。③

学生全面接管大学管理的模式，是由一批学习法律的学生倡议而建立的保护组织演变而来的，这也是欧洲最早的大学特别突出的特征。④ 人们考察 12 世纪后半期意大利北部学生生活的状况时，很容易理解学生组织权力的变迁。理解博洛尼亚这所学生型大学兴起的关键在于当时盛行的意大利公民权的观念。这一观念作为国家的宝贵财产逐步被市镇的发展所肢解。⑤ 作为一名公民理应享受人身和财产的保护，然而，一个没有公民权的人由于缺乏法律安全保护，在城市法面前则很容易受到伤害。从欧洲各地汇聚到博洛尼亚大学的学生都是合法的外来人员，因此，这就使得博洛尼亚教育机构的未来处于一种风险之中。在当时这个见证了城镇、手工艺和商业行会蓬勃发展的社会里，学

---

① 关于意大利北部市镇的特征，参见海德：《中世纪早期的博洛尼亚大学》，第24—25页。

② 该城镇似乎延续到 1116 年才消亡。相关证据论述参见海德：《中世纪早期的博洛尼亚大学》，第 29—32 页。

③ 关于双方各自需求保护的论述，参见海德：《中世纪早期的博洛尼亚大学》中的相关内容。

④ 中世纪的学生权力是《中世纪早期的博洛尼亚大学》第 7 章第 163 页之后的主要内容。有关博洛尼亚大学学生权力情况的部分论述，选自艾伦·B·科班：《中世纪的学生权力》，《过去与现在》，第 53 期（1971 年），第 28 页之后的内容。

⑤ 参见拉什达尔的论述：《中世纪的欧洲大学》，第 1 卷，第 150 页之后的内容。

习法律的学生自然会抱成一团建立自己的保护组织或"universitates"（称之为"大学"的组织）。后来,这一组织又分化为一个个同乡会团体,并推选自己的代表作为领袖。①

　　起初,在博洛尼亚大学学习法律的学生并没有共同的组织,仅仅与个别的教学博士（teaching doctors）②有协约。③ 后来才组建了行会（societates）,即通过集体负责其成员相关的债务而成为合法的松散的团体组织。④ 在这样一个早期阶段,对学生来讲,教师与生俱来的权威丝毫没有撼动。⑤ 但是,在这种不稳定的团体发展成为更高级的学生行会组织形式时,这种简单的师生关系发生了彻底的改变。学生行会建立的目的,在于行使更为有效的保护措施以抵御潜在的危险。

　　正如人们所看到的,在 12 世纪,学生与教学博士的关系是和睦的,有着抵御被市镇当局吞噬的共同利益。然而,1182 年,市镇当局试图强迫教学博士作出承诺,在 2 年时间里不许他们在博洛尼亚大学以外从事任何教学活动。⑥ 起初,这一做法获得了部分成功。但是,从 1189 年

56

---

　　① 关于城市行会对学生型大学可能产生的影响,参见拉什达尔:《中世纪的欧洲大学》,第 1 卷,第 161 页之后的内容;索贝利（A. Sorbelli）:《博洛尼亚大学史》(*Storia della Università di Bologna*),第 1 卷,博洛尼亚,1944 年,第 154—156 页;海德:《中世纪早期的博洛尼亚大学》中的相关部分。

　　② 当时,在博洛尼亚大学从事教学的都是一些博士,因此,其教师地位在英文版中都以"doctor"一词称之,中文均译为"教学博士"。——译者注

　　③ 关于博洛尼亚大学师生之间的合约,参见萨维尼（F. E. von Savigny）:《中世纪罗马法史》(*Geschichte des Römischen Rechts im Mittelalter*),第二版,海德尔堡,1834—1851 年,第 3 卷,第 254—260 页;也可参见斯特灵-米肖:《13 至 14 世纪博洛尼亚大学及其罗马教会的法令在瑞士地区的影响》(以下引述简称为斯特灵—米肖:《博洛尼亚大学》(*L'Université de Bologne*),第 26 页。

　　④ 参见罗西对行会的分析,引自《大学与市镇》(*Universitas Scolarium" e Commune*),《有关博洛尼亚大学历史的研究与回忆》(*Studi e memorie per la storia dell' università di Bologna*),（以下引述简称为罗西:《研究与回忆》(*Studi e memorie*)新辑第 1 卷,博洛尼亚,1956 年,第 175、186—187 页。也可参见斯特灵-米肖:《博洛尼亚大学》。

　　⑤ 罗西:《研究与回忆》,第 175 页。

　　⑥ 萨维尼:《中世纪罗马法史》,第 4 卷,第 312—314 页。

始,市镇当局又强迫教学博士发誓:他们的教学只限于博洛尼亚大学,并拒绝帮助那些到意大利其他地区学习的学生。① 市镇当局希望借此手段可以将大学永久性地安顿于博洛尼亚城里,同时从大学那里获得经济上和声誉上的好处。② 其实,这样的誓约只是一种确保教学和学生稳定的手段。市镇当局的誓约政策成为博洛尼亚局势的重大转折点。相对于市镇而言,正是从这个时候开始,教学博士们被逐步剥夺了独立的社会地位。③ 如果当时有一个强势的教师团体的话,博洛尼亚本地的教师和外来教师就可以共同抵御市镇当局在管辖上的侵蚀,那么,这个"studium"(讲习所)很可能走的就是一条完全不同的道路。但是,由于教学博士无法充当学术自由的保护者,这一守护的重任就落到了学生团体身上。学生们预计,一旦与市镇当局发生冲突,教师由于自身的利益必定会与市镇当局站在一起。在这种情形下,大约在 12 世纪末,可能是 1193 年前后④,外来学习法律的学生提出一项动议,授予自己的团体"学生大学"(universitas scolarium)的地位。之后不久,学生大学开始行使管理教学博士的权力。⑤ 早期由个别学生与教师之间达成的协议,现在被有组织的激进的学生行会所替代。学生行会的权力很大,并迫使教师服从其成员的管理。到 1204 年时,可能已经自行组成了 4 个学习法律学生的行会⑥;而且,截至 13 世纪中期,这些学生行会进一步

① 罗西:《研究与回忆》,第 189 页;斯特灵-米肖:《博洛尼亚大学》,第 27 页;12 世纪后期和 13 世纪早期博洛尼亚市镇当局强迫博洛尼亚大学教学博士履行誓约的例子,引自萨迪和法托里尼(M. Fattorini):《11 世纪至 14 世纪博洛尼亚主教区的著名教师》(*De Claris Archigymnasii Bononiensis Professoribus a saeculo xi usque ad saeculum xiv*),第二版,阿尔比希尼(C. Albicini)和马拉格拉(C. Malagola)、博洛尼亚,1888—1896 年,第 2 卷,第 26—27、31、33、240 页。

② 参见罗西:《研究与回忆》,第 181 页。

③ 参见斯特灵-米肖:《博洛尼亚大学》,第 27 页以及他的《中世纪文艺复兴时期最后二十五年的大学发展史》,第 110—111 页。

④ 罗西:《研究与回忆》,第 191 页,引述高登兹(A. Gaudenzi)的结论。

⑤ 有关学生大学发展研究最好的成果之一是由罗西完成的,参见《研究与回忆》中的相关内容。

⑥ 参见拉什达尔的论述,《中世纪的欧洲大学》,第 1 卷,第 154—156 页。

合并成两个社团,一个是由意大利半岛的学生组成的山南联盟(universitas citramotanorum),另一个是由非意大利学生组成的山北联盟(universitas ultramotanorum),每个联盟都推选了自己的学生领袖。① 应当说,学生型大学如果没有引起市镇当局过度直接的对抗,它还是能够存在下去的。但是,在 13 世纪的早期,学生型大学与市镇当局的关系逐步紧张起来。这种全面的敌意氛围导致学生 1204 年向维琴察(Vicenza)迁徙,1215 年又迁移到阿莱佐(Arezzo)。② 1217 年和1220 年,市镇当局试图强迫学生领袖作出保证,禁止学生离开博洛尼亚到其他城市学习。③ 但学生领袖拒绝服从,原因是这样的誓约将会剥夺大学的学术自由,威胁到学生组织的独立合法地位。但是,在经过一段混乱的时期之后,学生请求教皇进行干预,最终双方达成妥协:④表面上市镇当局得到学生代表的承诺,然而实际上这一承诺并没能阻止讲习所的学生往外迁徙的行动。从另一个方面看,持续的学生骚乱与学生卷入政治斗争有关,甚至包括与皇帝腓特烈二世(Frederick Ⅱ)的冲突。⑤ 学生骚乱迫使市镇当局采取更加怀柔的政策,根据 1250 年的城市法案,市镇当局大体承认学生已确立的地位,特别是学生领袖的管理权,但条件是这一权力不包括学生可以将讲习所搬到其他地方去。⑥1252 年和 1253 年,学生型法律大学的校规分别得到了市镇当局和教皇

58

---

① 关于博洛尼亚大学的同乡会,参见拉什达尔:《中世纪的欧洲大学》,第 1 卷,第154—161、181—183 页;基布尔:《中世纪大学的同乡会》(*The Nations in the Mediaeval Universities*),美国中世纪学会,坎布里奇,马萨诸塞州,1948 年,第 1、2 章。

② 拉什达尔:《中世纪的欧洲大学》,第 1 卷,第 169—170 页。

③ 基布尔:《中世纪的学术特权》,第 18—19 页。

④ 基布尔:《中世纪的学术特权》,第 19—20 页。

⑤ 关于博洛尼亚市镇与腓特烈二世的关系,参见弗戈蒂尼(G. de Vergottini)的相关研究,引自《博洛尼亚大学、罗马帝国与教皇》(*Lo Studio di Bologna,I' Impero,iL Papato*),《研究与回忆》,新辑第 1 期,第 19 页之后的内容及相关部分。

⑥ 罗西:《研究与回忆》,第 189 页及注释 2;斯特灵-米肖:《博洛尼亚大学》,第27—28 页。1245 年博洛尼亚市镇法令虽然禁止学生宣誓服从学生领袖指令脱离博洛尼亚,但却承认外籍学生选举学生领袖的权力。拉什达尔:《中世纪的欧洲大学》,第 1卷,第 172 页;基布尔:《中世纪大学的同乡会》,第 7 页。

的正式承认。① 截至 1245 年（或许是 1241—1242 年），根据城市法，外来学生也得到了重要的被保护权利②，即外来学生也享有公民权的好处；同时，也被免除了一些城市税赋。③

在 13 世纪的最初几年里，法律教师的地位是不稳定的。起初，他们没有共同的组织，无法以此使学生行会保持中立地位。事实是，许多教师都是博洛尼亚公民，他们已经拥有了足够的法律保护权，因此，在建立教师行会方面其态度大致是有保留的。追溯起来，13 世纪中期，一个由法律教师组成的大学开始崛起，其历史最早可追溯到 1215 年。④ 几乎可以肯定的是，在 12 世纪后期，就出现了一个雏形的教学博士行会。这样的行会是规范考试程序和获得教师资格所必须的；但是，或许是由于这是一个习俗社会，尚未发现可靠的文献资料来证明这一推论。然而，无论这一组织多么弱小，13 世纪的教学博士组织能够使得教学博士们保持举行考试和进入专业圈子的权力，尽管它很少能够改变学生们近乎垄断的管理大学事务的权力。事实上，把教师从学生行会中排除在外⑤（尽管也可能有例外），始终并非是学生一定要作出的决定。但是，教师们从一开始就对学生行会组织表现出了对立的情绪。⑥ 这部分是人为的因素造成的：学生行会的存在对教师在大学的主导地位产生

① 基布尔：《中世纪的学术特权》，第 24 页。

② 有关这一复杂问题的论述，见罗西：《研究与回忆》，第 219—220 页；也可参见拉什达尔：《中世纪的欧洲大学》，第 1 卷，第 172 页；基布尔：《中世纪大学的同乡会》，第 8 页。

③ 基布尔提供了很多有关非博洛尼亚市籍学生获得市民权利和豁免权的资料，参见基布尔：《中世纪的学术特权》，第 2 章，第 18 页之后的内容；也可参见厄尔曼：《皇帝腓特烈一世"真正的惯例"——中世纪的解读》，第 113 页。

④ 拉什达尔：《中世纪的欧洲大学》，第 1 卷，第 145 页之后的内容。

⑤ 见海德：《中世纪早期的博洛尼亚大学》，第 40 页；拉什达尔：《中世纪的欧洲大学》，第 1 卷，第 158 页及注释 3。拥有博洛尼亚市籍的教学博士（属于大多数人）事实上都不是大学的成员。

⑥ 教学博士对学生团体的敌视表现在 1215 年在博洛尼亚大学公布波康帕诺（Buoncompagno）的《古修辞学》（Rhetorica Antiqua）当中。参见罗西：《研究与回忆》，第 187 页及注释 4（在第 188 页上）。

了威胁。原本是一个具有凝聚力的学术共同体,现实情况却是学生与教师的分庭抗礼,以至于后者的天平朝着市镇当局倾斜。

尽管 12 世纪的教学博士们能够控制住考试程序和进入专业团体的关口,但是,尚未有任何证据显示其是否真正颁发过教学证书。颁发教学证书权力一直都是由教会当局控制的。① 无论情况如何,教会对教学证书的监督权是由教廷于 1219 年 6 月 28 日设立或确认的。当时,洪诺留三世曾颁布敕令:任何人在博洛尼亚大学从事教学活动都必须首先获得由博洛尼亚教区副主教颁发的教学证书。敕令还要求副主教对任教申请人进行全面考察。② 有一种可能是,该敕令的主要一点是关注到被人忽视的严格的考试制度。③ 副主教支持严格考试的目的,在于防止那些不合格的博士或有损博士头衔声誉以及将会误人子弟的那些人从事教学活动。还有一个截然不同的解释是,教皇敕令的中心意思是通过将博洛尼亚大学纳入到教会体制之中,并以此为契机与巴黎大学联合来终结教学博士们"无拘无束的自由"生活;同时,使博洛尼亚大学过上北欧那种浸透着教会教育的生活。④ 从平衡的角度看,这或许是一个过于戏剧化的观点,并未考虑到教会以往可能对大学事务施加的影响。尽管如此,1219 年的敕令明白无误地强调了博洛尼亚大学以往可能存在的与教会的联系,规定了博洛尼亚大学在教皇权力范围内的地位。博洛尼亚教区副主教逐步被称为大学的校长(chancellor);而且,尽管这是一个并不重要的人物,但他却占据着与博洛尼亚大学相似的社会地位,如同巴黎圣母院天主教堂的祭司占据着与巴黎大学教师

60

---

① 见拉什达尔:《中世纪的欧洲大学》一书的编辑们所添加的附注,第 1 卷,第 231—232 页。

② "……如若未进行全面审查,是不能获得许可证书的……"洪诺留三世颁布的敕令收录于萨迪和法托里尼:《11 世纪至 14 世纪博洛尼亚主教区的著名教师》,第 2 卷,第 15 页;也可参见拉什达尔:《中世纪的欧洲大学》,第 1 卷,第 586 页。

③ 马纳科达(G. Manacorda)的观点参见拉什达尔:《中世纪的欧洲大学》,第 1 卷,第 231 页。

④ 参见拉什达尔:《中世纪的欧洲大学》,第 1 卷,第 221—223 页。

行会相似的地位一样。除了 1270 年的一次争端外[①]，副主教与博洛尼亚大学的师生关系似乎一直是很友好的。

刚开始的时候，博洛尼亚大学的法律学生行会基本上是互惠的团体，也是慈善的团体，其主要目的是根据城市法最大限度地保护自己的成员，形成反对敌对派别的防御机制。学生行会这种互助友爱的性质，通过行会法令以及学监对德国同乡会的态度充分地体现出来。德国同乡会是"山南联盟"这所山南大学组织中最享有声誉的同乡会。[②] 博洛尼亚大学的学生运动在一开始时并未打算获得对大学及其教师的主导权。这里要特别指出的是，一个循规蹈矩的青年学生开始时总会按照某种固有的思想来管理大学事务。关于一所大学理想的管理模式是什么，尚未有现成的蓝图规划可循。针对这一问题，学生们可能从来就没有讨论过。但是，当他们发现自己处在一个微妙的且有时又是绝望的境地时，他们争取权利的行动就在情理之中了。为了生存的需求，得到某个行会的支持是无法避免的，这就激发了学生争取谋求自己在大学内部讨价还价的实力的平台。一旦达到这一目的，一旦有了组织的支持，则权力的势头就难以规避。在整个 13 世纪，学生的状态从被动到主导，最终使他们获得了管理大学事务的权力，也因而在历史上被形象地称之为"学生第一次掌管权力"。由于缺乏文献证据，因此，这一时期学生掌握管理权力的历史细节难以串联在一起。然而，总体来说，学生主导大学的尝试源于学生与其教师之间以及学生与市镇当局之间的对抗。

无论是市镇当局还是教师，都在挑战学生所声称的组成一个合法团体的权利、选举自己的管理人员、制定相应的法规以及拥有独立的合

---

① 拉什达尔：《中世纪的欧洲大学》，第 1 卷，第 222 页。

② 参见弗里德兰德（E. Friendlander）和马拉格拉（C. Malagola）主编：《博洛尼亚大学最早德国同乡会大事记》（*Acta nationis Germanicae universitatis Bononiensis ex archetypis tabularii malvezziani*），柏林，1887 年。该法令汇编（1497 年）的印刷版本第 1—15 页；相关论述起始于 1289 年，第 35 页之后的内容。也可参见拉什达尔：《中世纪的欧洲大学》，第 1 卷，第 159—161 页。

法地位。学生型大学的理念违背了教学博士们的职业内涵。[①] 一种普遍观点是,学生自身并不构成一个职业;而且,事实上也没有选举自己的代表或制定法规的合法的权力。学生仅仅是教师的学生(discipuli),理论上等同于学手艺的学徒;正因为如此,学生本身也缺乏职业地位。上述观点是由博洛尼亚大学知名的法学家约翰尼斯·巴塞努斯(Johannes Bassianus)、阿佐、阿库修斯(Accursius)和奥多弗雷德斯提出来的。例如,奥多弗雷德斯曾经指出:"那些从事职业的人选举法官,但学生却没有职业,因此,他们不能选举法官。"[②] 从逻辑上来说,将学生的地位等同于工匠本来是无可厚非的,但却忽视了他们所处环境中的物质差异;学手艺的学徒在经济上依赖于其师傅,而在大学的环境里情形则完全颠倒了过来:任课的教学博士成了学生的财政囚徒。教师不情愿给学生行会和大学管理权事实上的承认,只会加剧学生的好斗性;将学生代表的管理置于市镇当局的管辖之下的长期努力,只会挑起学生的激烈反应而最终被迫放弃。[③] 随着市镇当局的对抗短时间濒临崩溃,教学博士们在大学的组织结构中只能默然同意,因为他们很明显是在这一环境中被雇佣来作为学生仆人的。

　　这里有必要明确的是,在博洛尼亚大学里,很大一部分学习法律的学生年龄比我们现代大多数大学生的年龄要大。据知,他们的平均年龄在 18 岁至 25 岁之间,还有一部分学生 30 岁以后才进入大学学习。[④]

---

　　① 参见拉什达尔:《中世纪的欧洲大学》,第 1 卷,第 164 页。
　　② 萨迪和法托里尼:《11 世纪至 14 世纪博洛尼亚主教区的著名教师》,第 1 卷,第 93 页及注释 1。有关这次学术辩论,参见萨维尼引述的中世纪民法律师的评注,引自《中世纪罗马法史》(Geschiche des Römischen Rechits im Mittelalter),第 3 卷,第 21 章,第 174 页及注释 a;罗西:《研究与回忆》,第 191—192 页,以摘录的形式论述了巴塞努斯、阿佐和奥多弗雷德斯的观点。
　　③ 萨维尼:《中世纪罗马法史》,第 3 卷,第 175 页。
　　④ 斯特灵-米肖:《博洛尼亚大学》,第 81 页,以及《博洛尼亚大学及瑞士地区接受罗马帝国统治的初期》(L'Université de Bologne et la Suisse, à l'époque de la première réception du droit romain),《研究与回忆》,新辑第 1 期,第 561 页。

许多博洛尼亚大学的学生在攻读大学科目之前都已接受了高级文科训练；[①]而且，可以肯定的是，有相当一部分为就读博洛尼亚大学法学专业的学生都曾担任过教会职务或政府职位。[②] 学习年限可能是 5 年至 10 年或以上（如果因流动而中断，那学习年限则更长）。这种状况进一步体现了学生团体的成熟特性。在 13 世纪，有不少学生是平民，这也反映了 12 世纪 40 年代博洛尼亚的学校在确定教会法地位之前，其生源几乎是清一色的平民学生特征。这些平民学生有的很富有，带着随从住在租来的房子或公寓里，给城市社会带来了明显的影响。他们很多人都来自社会休闲阶层，是富有的资产者子弟；或如德国同乡会档案中所记载的，许多德国学生是贵族家庭的后裔。[③] 因此，可以说，在博洛尼亚大学学习法律的学生中相当数量的学生是一些拥有社会经验、乐于担当社会管理职责且家境殷实的年轻人。他们大都社会地位较高、年

---

① 《研究与回忆》，新辑第 1 期，第 561 页。

② 斯特灵-米肖：《博洛尼亚大学》，第 81、89—90 页，以及《研究与回忆》，新辑第 1 期，第 556 页；也可参见弗戈蒂尼：《博洛尼亚大学、罗马帝国与教皇》，《研究与回忆》，新辑第 1 期，第 88 页之后的内容以及第 93—94 页。早在 1218 年，博洛尼亚的巴塞罗那主教座堂就有教士在主持。1220—1221 年间，拉蒙·德·托雷拉斯（Ramon de Torrelles）（至少在 1233—1235 年间就是一位领唱人）是博洛尼亚大学的学生。参见桑斯（J. Miret i Sans）：《加泰罗尼亚学者对 13 世纪博洛尼亚的研究》（*Escolars Catalans al Estudi de Bolonia en la xiiiᵃ centuria*），《巴塞罗那皇家文史学院学刊》（*Boletin de la Real Academia de Buenas Letras de Barcelona*）第 8 卷（1915—1916 年），第 137—143 页，第 147 页。有关来自西班牙主教学校主要有杰隆纳（Gerona）和维奇（Vich）主教学校的教士、牧师和神职人员更多的例子，参见《博洛尼亚法律文库》（*Chartularium Studii Bononiensis*）十卷本，博洛尼亚，1909—1936 年，第 5 卷（1921 年），第 1575 期、第 1576 期；第 7 卷（1923 年），第 2372 期；第 10 卷（1936 年），第 3999 期。林汉（P. Linehan）也在其论著中提到 13 世纪博洛尼亚大学的西班牙学者，《13 世纪的西班牙教会和教廷》（*The Spanish Church and the Papacy in the Thriteenth Century*），《剑桥中世纪生活和思想研究》，第 3 辑，第 4 卷，剑桥，1971 年，第 78 页、第 139 页及注释 3、第 289 页及注释 4。

③ 有关博洛尼亚大学平民学生的情况，参见斯特灵-米肖：《博洛尼亚大学》，第 123—124 页，以及第 552、556、562 页。有关德国学生的情况，参见《博洛尼亚大学最早德国同乡会大事记》中的相关内容。

龄较长,而且其中有些学生曾参加过社会商业活动,所以,一旦时机成熟,上述这些条件是他们获得管理权力的有利条件和平台。

博洛尼亚大学的学生努力形成自主权利归属于学生团体的大学。[①]从理论上说,博洛尼亚大学相当民主,但是,正如下面所提到的,日常的管理事务都逐渐集中在一个个由学生领袖和助手构成的小型执行委员会里,他们都是被推选出来的同乡会代表。教学博士在 13 世纪大部分时间里都是学生的雇员,每年由学生选举一次[②],并依靠学费作为其在大学任教的收入;[③]学生一般在 10 月份每学年开始前几个月选举他们期望的老师。[④] 选举后,被选出的教师必须发誓,听从学生领袖对所有影响"studium"(讲习所)生活的事务管理。[⑤] 学生对教师的管理相当严厉,从团体角度来看,这种严格管理甚至达到了半专制统治的程度。

博洛尼亚大学现存最早的法规都是 1317 年制定的,1347 年进行了补充。[⑥] 如前所述,这些法规分别于 1252 年和 1253 年得到市镇当局和

---

① 拉什达尔重现了博洛尼亚大学的组织特征,参见《中世纪的欧洲大学》,第 1 卷,第 4 章,尤其是第 176 页之后的内容。

② 参见 1317—1347 间颁布的法令。该法令制定了学生推选教师担任讲座职位的程序,引自丹尼弗尔和埃尔勒主编:《文学史与基督教会发展史档案》,第 3 卷,柏林,1887 年(拓印版),第 40 期,第 304—308 页;以及马拉格拉主编:《博洛尼亚大学及其学院法令汇编》(Statuti delle università e dei collegi dello studio Bolognese),博洛尼亚,1888 年,第 36—38 页。也可参见文科和医科大学法令(1405 年),拓印版第 1 卷,引自《博洛尼亚大学及其学院法令汇编》,第 257—259 页。迄今未发现 13 世纪保存下来有关法令的文献资料。

③ 参见拉什达尔:《中世纪的欧洲大学》,第 1 卷,第 208 页;也可参见波斯特(G. Post):《中世纪大学的教师工资和学生学费》(Master's Salaries and Student-Fees in the Mediaeval Universities),《反射镜》,第 7 卷(1932 年),第 192 页之后的内容。

④ 文科和医科大学的教学博士每年五月推选一次。引自《博洛尼亚大学及其学院法令汇编》,拓印版第 1 卷,第 257 页。法学的教学博士推选安排大致相同。

⑤ 有关法律教学博士向学生法学领袖宣誓的论述,参见《文学史与基督教会发展史档案》,拓印版第 3 卷,第 42 期,第 308—310 页;也可参见《博洛尼亚大学及其学院法令汇编》,拓印版第 34 期,第 247 页。

⑥ 有关博洛尼亚大学法令,参见拉什达尔:《中世纪的欧洲大学》,第 1 卷,第 173—174 页。被引述的相关版本见注释 69。

教皇的认可。1317 年颁布的法令是由 14 名学生组成的委员会起草并在教会法专家约翰尼斯·安德烈(Johannes Andrea)的帮助下完成的。但是,这一法规并不是一个完整的法规,与 1432 年制订的法规极为相似。有理由相信,1317 年的法规完整地反映了 13 世纪学生管理制度的发展过程。也许,这些法规与其说是用来描述 14 世纪早期博洛尼亚大学的权力分配状况的,还不如说是用来诠释 13 世纪博洛尼亚大学运行状况的更为贴切。因为到了 1317 年,在市镇当局的干预下,学生主导大学的情况几经激烈博弈,最终大学恢复了教师型大学所拥有的部分特征。例如,1405 年建立的文科和医科大学其所颁布的法规就很好地佐证了上述说法。

在学生管理的体制下,尽管教学博士们经邀请可以作为观察员参加大会,但他们在大学教职员大会上并没有投票权。然而,所有的教师都必须遵守由学生大会(student congregation)通过的规章制度。学生参与教学的管理也是令人印象深刻的。博洛尼亚大学教师的生涯随时处在被罚款的焦虑状态之中,如果一位教师上课迟到 1 分钟或没有按照规定的时间下课,那他就会被处以罚款;事实上,如果出现后者的情况,学生可以毫不犹豫地离开教室。① 在每学期开学前,学生与教学博士将就课程教材以及全年授课的方式达成一致。② 在博洛尼亚大学,教材分成若干个章节或要点,每一章节都必须在 14 天之内讲完,这也意味着教师必须在学期规定的日期内讲完教材的要点。如果他没能严格执行这一规定,就会受到重罚。③ 可以有些夸张地说,13 世纪博洛尼亚大学的教学活动是由学生依据定量和定性的标准持续不断地进行评估

---

① 《文学史与基督教会发展史档案》,拓印版第 3 卷,第 44 期,第 313—315 页;《博洛尼亚大学及其学院法令汇编》,第 41—43 页(法学),拓印版第 41 期,第 253—254 页(文科和医科)。

② 《文学史与基督教会发展史档案》,拓印版第 3 卷,第 101 期,第 379—380 页。

③ 《文学史与基督教会发展史档案》,拓印版第 3 卷,第 44 期,第 313—315 页;《博洛尼亚大学及其学院法令汇编》,第 41—43 页(法学),拓印版第 41 期,第 253—254 页(文科和医科)。

的。一位教师如果忽视难点或没能对大纲所有的部分给予同等的关注,他也会因其缺乏讲课的专业技能而被处以罚款。① 而且,如果教师省略了某些讲课内容而对一些重要和深层次的内容闭口不讲,那么,学生有权要求他返还学生的部分或全部的学费,至于返还多少则取决于教师忽略内容的多少。② 教师必须在学期初到学生指定的城市银行里存入一笔钱,作为其教学行为的保证金。一个由学生主持的评估法庭将授权从这笔保证金中扣除因教师违反大学法令而被罚的款项。如果罚款的金额超过了第一笔保证金,那教师还必须在银行存入第二笔保证金。③ 拒绝执行这项规定是徒劳的,因为如果某位教师不支付罚款,那他就无权收取学费。这样,教师在大学任教的收入就会减少。在任何情况下,一位不服从法令的教师都会妥协,因为学生的罢课机制与学生型大学的具体运作是密切相关的。即使在正常情况下,规定每位教师的常规讲课必须至少有 5 名学生听课,额外讲课至少要有 3 名学生。不管在什么情况下,教师未能达到这一要求的,则被视为没上课或者付一笔额定的罚款。④ 学生的整个管理制度还受到一个秘密控告制度的支持,即秘密推选 4 名学生对教师进行暗中监视,并要求对教师该受到罚款的违规行为(诸如糟糕的讲课方法、没能讲完教材要点或没有开展足够的辩论等)进行报告。⑤ 学生领袖有权根据至少 2 名学生的控告,即"教师未能遵守法令应被罚款"而采取相应的行动。

　　几乎所有教师的行为都必须得到学生的认可。例如,在上课期间,

---

　　① 《文学史与基督教发展史档案》,拓印版第 3 卷,第 45 期,第 316—317 页;《博洛尼亚大学及其学院法令汇编》,第 43—44 页(法学)。

　　② 《文学史与基督教发展史档案》,拓印版第 3 卷,第 105 期,第 387—389 页。

　　③ 《文学史与基督教发展史档案》,拓印版第 3 卷,第 44 期,第 313—315 页;《博洛尼亚大学及其学院法令汇编》,第 41—43 页(法学),拓印版第 43 期,第 254—255 页(文科和医科)。

　　④ 这与城市法令相一致。见拉什达尔:《中世纪的欧洲大学》,第 1 卷,第 196 页。

　　⑤ 《文学史与基督教发展史档案》,拓印版第 3 卷,第 22 期,第 284 页;《博洛尼亚大学及其学院法令汇编》,第 23—24 页(法学),拓印版第 48 期,第 270 页(文科和医科)。

如果某位教师想离开博洛尼亚大学几天,他必须先征得其学生的同意,然后得到学生领袖以及管理人员的许可。一旦请假得到批准,教师必须在银行里存入一笔保证金,承诺在规定的时间内回校。① 学生可以以教师违反公共学术道德为由,控告那些擅自离校的或有违规行为的教师。可以想象,在这样一个教师必须对学生管理机构负责的情况下,无法分清一位教师的公共生活和个人生活之间的界限。在博洛尼亚大学,可以确定的是,学生的管理机制已侵犯到了与教师的公共身份没有多大关系的个人生活空间,而学生似乎并不关心在法定制度下的这些强人所难的行为。

那么,大学教师为什么甘于忍受这样的学生管理呢? 教师拒绝学生型大学的合法性,然而却又愿意去充当学生的帮手。即使我们认为学生管理的实际状况并非法定模式所描述的那样死板,但是,教师却愿意在这样一个几乎难以忍受的大学环境里任教,其中的缘由有待解释。

教学博士们屈从于学生权力的关键因素在于:在欧洲南部,学生拥有管理权是因为学生掌控了教师的经济命脉。在教师职位薪酬制之前,大多数教师的教学收入依赖于学生的学费。② 学生一旦罢课,学费这笔收入就会失去,因此,它就像一把悬在大学教师头顶上的达摩克里斯剑,不断地提醒着教师(其经济利益的来源)。其结果是,学生与教师的金钱关系决定了权力分配的格局。针对学生管理的不利因素,人们也不得不产生这样的想法:一位出色的教师在像博洛尼亚大学这样学生人数众多的大学里可以从学生的学费里获得相当可观的课酬。③ 尽管正如奥多弗雷德斯所形象论证的那样,学生并不总是非常情愿地支

①《文学史与基督教会发展史档案》,拓印版第3卷,第48期,第323页;《博洛尼亚大学及其学院法令汇编》,拓印版第47期,第109—110页(法学)。

② 参见波斯特:《中世纪大学的教师工资和学生学费》,《反射镜》,第7卷(1932年),尤其是第192页之后的内容。教学博士有时借钱给其学生,收取很高的贷款利息。参见萨维尼:《中世纪罗马法史》,第3卷,第257页。

③ 有关博洛尼亚大学的情况,见斯特灵-米肖:《博洛尼亚大学》,第44页。

付教师的薪酬。① 作为一个群体,大学教师安居乐业也并不是一件容易的事:许多人会在一所大学教一两年,然后,又流动到另一所能提供更好薪酬的大学去教书。他们当中似乎很少有人会把在大学教书当作永久的职业,因此,教师常常会在学术职业和非学术职业之间分配其精力,例如,在做教师的同时兼任市镇当局的特使。② 教师从一所大学迁徙到另一所大学或在大学之间和更大的市镇之间流动是很容易的,这从某种程度上说明教师为什么能够在某一段时间忍受学生的管理。然而,在中世纪的意大利,那些担任过公职的人,例如某些重要的市镇官员、从属官员、执政官以及司法官员,并不认为接受严格的管理是一种耻辱,而仅仅认为是一种合理的责任。③ 同样,作为大学的教师来说,因其有知识和专业特长而获得自身的权威和尊重;但是,作为某个被选举出来的官员,在学生行使对他们的信任权时,教师就必须对学生负责,这就如同他们在公共行政部门的同事那样必须对普通公民负责。

　　到了14世纪中期,博洛尼亚的形势发生了急剧的变化。在13世纪最后25年里④,博洛尼亚市镇当局建立了教师职位薪酬制,学生逐步

67

　　① "……学生都不想按时交学费,因为他们只想学习,不想交钱;所有人都想学习,但没人想付学费。"(奥多弗雷德斯)参见萨迪和法托里尼:《11世纪至14世纪博洛尼亚主教区的著名教师》,第1卷,第166页;萨维尼《中世纪罗马法史》,第3卷,第21章,第254页及注释c;波斯特:《中世纪大学的教师工资和学生学费》,《反射镜》,第7卷(1932年),第192页及注释4。

　　② 参见海德有关帕多瓦大学法律教学博士的论述,引自《但丁时代的帕多瓦大学》(Padua in the Age of Dante).曼彻斯特,1966年,尤其是第125、147页。有关14世纪后半期佛罗伦萨大学的教学博士任期,参见布鲁克(G. A. Brucker):《佛罗伦萨及其大学——1348—1434》(Florence and its University, 1348—1434);拉布(T. K. Rabb)和西格尔(J. E. Seigel):《近代早期欧洲的行动和信念》(Action and Conviction in Early Modern Europe),普林斯顿,1969年,第231页。有关博洛尼亚大学教学博士的校外活动,参见基布尔:《中世纪的学术特权》,第49—50页、第50页及注释、第154页、第155页。

　　③ 参见海德:《中世纪早期的博洛尼亚大学》,第41—42页。

　　④ 1220年,博洛尼亚市镇当局,曾计划引入薪金制,但没有实现。海德:《中世纪早期的博洛尼亚大学》,第44页。

失去了聘用教师的管理权。到1300年时,薪酬制教师职位成为博洛尼亚大学的组成部分。有一段时间,学生继续挑选教学博士来讲课,而由市镇当局支付薪酬;后来这一做法被市镇当局以直接任命教学博士的方式而取代,尽管学生依然有权提出教师候选人。然而,到了1350年,几乎所有的教学博士都由市镇当局聘用和支付薪酬。14世纪后半期,市镇当局对讲习所事务有着几乎是垄断的管理权。[1] 学生领袖的权威被大大削弱了[2],学生的层层管理制度最终变成了一个有名无实的空架子。在15世纪,学生型大学继续行使着某些对外事务的管理权,例如,博洛尼亚大学对相关书商、放款人和货币兑换商等事务的管理。[3] 然而,由教学博士们主导的学院却硬性控制了大学一些实质性事务,包括讲课的构成及安排、讲课内容和教学的方法以及学位授予的条件等。[4]

在博洛尼亚以及博洛尼亚模式的学生型大学里,管理权更倾向于集中在几个长期任职的执政官员手中,而非像巴黎大学模式那样管理权在所有的教师手中。即使是在博洛尼亚大学由学生主导大学事务的全盛时期,理论上的民主管理模式也被这样一种观点所抵消,即由学生领袖及其助手组成的小型执行委员会或议会起到了日常行政管理中枢机构的作用。这些学生领袖及其助手都是由同乡会推选上来的代表(德国同乡会称之为"学监")。在重大问题上,会召集全体学生来投票表决;但是,正是由于涉及到很多的学生,这一程序极为繁琐,要召开一次全体大会难度很大。反观巴黎大学,其教职员大会经常举行,教师行会的成员都会定期和踊跃地参加。其结果是,巴黎大学的教师对管理机构延续性的依赖并不是很大,行政人员的流动性比博洛尼亚大学要

---

① 参见罗西:《公共大学的学者》(*Universitas Scolarium e Commune*),第239页。

② 罗西:《公共大学的学者》,第240页。有关从1350年始学生权力的丧失,参见莱布拉斯(G.. Le-Bras):《博洛尼亚大学:中世纪的学术权力王国》(*Bologne: Monarchie médiévale des droits savants*),《研究与回忆》,新辑第1期,第16页。

③ 参见基布尔:《中世纪的学术特权》,第49页。

④ 参见基布尔:《中世纪的学术特权》,第49页。

快得多,尽管巴黎大学行政管理人员的任期从 13 世纪后期始慢慢延长了。总的来说,博洛尼亚大学展示的是一个框架清楚的管理体制,每个层面的行政管理人员都会接受具体严格的检查和评估,以确保最大限度的公信力。然而,尽管采用了极端的学术民主模式,但博洛尼亚大学的管理机制从有效权力的分配上来说却显得头重脚轻,权力过于集中。相反,巴黎大学及其他后来成立的大学在管理形式上采取了不过于教条和多样化的方式。在这样的管理模式下,权力被分配到整个管理体制的各个层面,形成的是一种真正的民主过程,尽管它有些步履蹒跚。

同乡会的执政机制被广泛地融入到中世纪的大学体制之中,博洛尼亚大学或许是这一体制的具体体现。[①] 起初,同乡会主要由非博洛尼亚市学习法律的学生团体组成,是学生早期为了共同自卫而自发形成的同乡会组织发展而来的,而且在 13 世纪早期就已有了稳定的形态。所以说,这些由外地学习法律的学生组成的学生行会,正是发端于这些早期的同乡会组织。到了 13 世纪中期,这些同乡会组织形成了两大社团——山北联盟和山南联盟。每个联盟都有自己的学生领袖和助手。作为学生型大学的组成部分,同乡会成立之初的宗旨是集体防御及为其成员谋福祉。正如前面所述,只有当法律学生行会主宰了大学的事务后,同乡会才成为表达基层学生有关教学和管理事务意见的渠道,当然希望这些意见通过同乡会代表和助手在学生全体大会上作为提案提出来讨论。[②] 即使如此,除了由非博洛尼亚市的学生通过其同乡会参加大会体现某种程度的民主外,在学生权力达到顶峰时期,大学真正的管理目标即决策权并不在同乡会手中,而是在由学生领袖及其助手组成的执行委员会手中。尽管博洛尼亚同乡会为疏导学生不满的情绪提供了一个平台,或许该平台在某种程度上对大学制定政策有所帮助,但是,

---

①　有关博洛尼亚大学的同乡会,参见基布尔:《中世纪的学术特权》,第 57 页及注释 4。

②　有关同乡会代表的助手,参见基布尔:《中世纪大学的同乡会》,第 10—14、43—46、49—50、52—57、59—60、63 页。

同乡会的主要意义不仅仅是互助友爱，而在于它还是大学行会的根基或基层单位的代表。① 如果博洛尼亚大学同乡会建立的宗旨不是给普通学生一个参加大学管理的基本机会，那么，这个自治团体的会议、两个法律学生同乡会的全体大会②以及后来的文科和医科大学的全体大会就不能在实质上扩大学生直接参加管理的实际程度。因为召开这样的全体大会会带来诸多行政上的不便，所以，除非不得已的情况，就不会采取这一方式。由于召开一次全体大会必须征得学生领袖及其助手的同意③，因此，立法的动议案都牢牢掌握在执行权力的人的手中。尽管每位学生成员都有权在这些大会上发言和投票，但是，新的提案很少，因为所制定的法律有效期为 10 年。④ 根据 1432 年的法令，这一期限延长到 20 年⑤，即使提出一个临时的法律更正案，大会仅仅是同意拿出详细提案先请学生领袖及其助手批准，然后，再由大学成员组成的提名委员会讨论通过。⑥ 在这种情况下，对于一个普通学生而言，全体大会只是一个他获得有关讲习所管理和教育生活信息的渠道而已；但是，尽管他可以在这些大会上发言并且秘密投票（用选票，或白豆和黑豆）⑦，大多数决策权依然归执行委员会。肯定地讲，这种大学自治团体往往看上去是一个相当无能的大会、一个被动反映议会管理的组织。

假如说非博洛尼亚市的普通学生并未直接参与讲习所的管理而只是受到学生管理大学理念启发的话，那么，他的同学（即博洛尼亚市的学生）则完全被排除在这种管理过程之外了。尽管作为城市的公民，博

① 参见基布尔：《中世纪大学的同乡会》，第 63—64 页，以及第 1 章和第 2 章的全部内容。

② 即山南联盟和山北联盟。——译者注

③ 拉什达尔：《中世纪的欧洲大学》，第 1 卷，第 183 页。

④《文学史与基督教会发展史档案》，拓印版第 3 卷，第 20 期，第 281 页。

⑤《博洛尼亚大学及其学院法令汇编》，第 76—77 页（法学）。

⑥ 拉什达尔：《中世纪的欧洲大学》，第 1 卷，第 189 页。

⑦ 有关博洛尼亚大学的投票程序，基布尔提供了许多令人振奋的文献资料，参见《中世纪大学的同乡会》第 2 章。

洛尼亚市的学生可能会获得某种从属地位,但却被剥夺了加入行会和同乡会成员的资格。① 被排除在外的原因,在于他们归市镇管辖(市民所必须遵从的),而接受这一管辖是与学术保护和特权不相符的。就博洛尼亚大学学生的管辖窘境,大学的行会和市镇当局都采取了强硬的立场。这是因为他们无需对学生领袖发誓,所以,博洛尼亚市的学生并未获得在大学全体大会上的表决权,也没有资格担任大学的管理人员。即使有学生在博洛尼亚居住了 10 年或更长时间而获得了博洛尼亚市籍,他以前在讲习所的权利和特权都将被剥夺。② 事实上,任何不接受大学的管理而转向市镇当局的管辖,其学生的特权都将被剥夺。③ 学生行会坚定地认为,他们的成员必须置于学生领袖唯一的管辖之下。市镇当局的态度在 1245 年的法令中被奉为神明:禁止博洛尼亚市的学生向学生领袖宣誓效忠,否则将被剥夺财产并逐出博洛尼亚。④ 然而,博洛尼亚市的学生有义务宣誓不伤害大学,这样他们的名字可以列在专业注册簿里。⑤

　　双重的学生制度使得博洛尼亚市学生不仅毫无管理权,而且几乎不被视为大学的成员,这可能进一步强化了讲习所的分裂性质。事实上,到了 14 世纪,尽管两所法律学生大学在法律上是有区别的,但却几乎融为一体,拥有共同的法规和共同的全体大会。⑥ 然而,在 13 世纪后半期当这个拥有 4 个同乡会的文科和医科大学形成时,也宣告了新的大学的诞生。除了所有的学生自 1219 年起从他们共同的校长博洛尼亚副主教那里领取学位这一事实外,这所新大学与前面的法科大学并

---

　　① 拉什达尔:《中世纪的欧洲大学》,第 1 卷,第 157—158 页。

　　② 基布尔:《中世纪大学的同乡会》,第 8 页。

　　③ 基布尔:《中世纪大学的同乡会》,第 8 页。

　　④ 基布尔:《中世纪大学的同乡会》,第 8 页;也可参见丹尼弗尔:《大学的兴起》(*Die Entstebung der Universitäten*),第 1 卷,第 144 页及注释 338。

　　⑤ 基布尔:《中世纪大学的同乡会》,第 8—9 页;拉什达尔:《中世纪的欧洲大学》,第 1 卷,第 158 页及注释 1。

　　⑥ 拉什达尔:《中世纪的欧洲大学》,第 1 卷,第 176 页。

没有法律上的联系。① 起初,法科的学生领袖试图对这所文科和医科大学行使管理权;但是,1316 年,医科的学生领袖的独立地位得到法科大学和市镇长官的承认。② "studium"(讲习所)这种机构上的分裂由于教学博士们主导的文科和法科联合学院的独立发展和后来出现的神学院而进一步加剧。1364 年前,当神学学科在博洛尼亚大学建立之时,神学教学主要放在与讲习所毫无官方关系的托钵僧隐修院学校里进行。③ 在这段时间里,巴黎大学和英国的大学以及从 1359 年开始④的意大利佛罗伦萨大学对神学学科的发展掌握着垄断权,博洛尼亚大学学习神学的学生不得不进入其中的一所大学学习才能毕业。尽管博洛尼亚大学建立了神学科,但是,在将神学科整合成为大学学术生活的主流学科方面却并无多大起色,因为尽管世俗子弟可以入学或成为教师,但教学和学科的设立依然是教会主导的议题。其结果是,由神学博士组成的学院依然与其他博士学院和学生型大学井水不犯河水,并在博洛尼亚主教的管理下运作。或许,正好适合一所以法律为主导建立的大学现状,博洛尼亚"studium"(讲习所)是一所受不同机构管理并由一系列独立组织所构成的大学,从整体上看它没有一个类似巴黎大学校长(rector)或牛津大学和剑桥大学校长(chancellor)式的核心人物。无论是博洛尼亚大学的学生领袖、博士们的学院,还是作为校长的博洛尼亚副主教,他们既不是讲习所团结的象征,也没有表达团结的意愿。在这样的"studium"(讲习所)里面,每个组成部分都比整体更为重要。

博洛尼亚大学学生领袖的管辖权源于行会法规赋予的权威,而行会法规是学生行会的所有成员都必须遵守的。这一点尤其体现在强迫

---

① 有关文科和医科大学,参见拉什达尔:《中世纪的欧洲大学》,第 1 卷,第 233 页之后的内容。

② 基布尔:《中世纪大学的同乡会》,第 13 页。

③ 有关博洛尼亚大学的神学学科,参见拉什达尔:《中世纪的欧洲大学》,第 1 卷,第 250—253 页;以及埃尔勒:《博洛尼亚大学神学院最古老的法令》(I più antichi statute della facoltà teologica dell' università di Bologna),博洛尼亚,1932 年。

④ 参见拉什达尔:《中世纪的欧洲大学》,第 2 卷,第 50 页及注释 1。

非博洛尼亚市的学生向学生领袖直接宣誓效忠上,当然,德国贵族和讲习所的博士们除外。① 根据罗马法,通过选举学生领袖,学生的行为如同已有的行业和职业那样,有权成立自己的团体并由自己推选出来的领袖进行管理。作为学生行会的主要执行官员,学生领袖可以毫无顾忌地对违法行为执行规定的惩处,包括一定额度的罚款,剥夺作为学生或博士的权利,直至开除。学生领袖未能按照行会的要求履行自己的职责,将会在任期结束时②受到专门任命的市政官的调查和处理。学生领袖有权审理涉及当事双方都是大学成员或大学行政人员的案件。另外,学生领袖还有权审理涉及当事人一方为学生的民事案件。③ 但是,市镇当局拒绝在原则上让步,结果是当大学法令与市镇法令在某些观点正好相左时,就会出现持续不断的冲突。④ 直至 15 世纪,学生领袖还获得了审理某些涉及大学生为当事人的刑事案件的权力。学生领袖的管辖权不仅包括行会本身,而且还包括大学的行政人员、抄写员、(书籍)装订工、(书稿的)装饰者以及其他在不同职位上为大学服务的手艺人。⑤ 还包括租借房子给大学成员的房东们。⑥ 这一扩大的管辖权是通过禁令或罢课权来实现的,大学通过行使这些权力来惩处那些违反法规条

---

① 关于教学博士向学生领袖的宣誓方式,引自《文学史与基督教会发展史档案》,拓印版第 3 卷,第 42 期,第 308—310 页;《博洛尼亚大学及其学院法令汇编》,第 39 页(法学)。有关博洛尼亚大学的学生领袖,参见扎卡尼尼(G. Zaccagnini):《13 至 14 世纪博洛尼亚大学师生的生活》(*La vita dei maestri e degli scolari nello Studio di Bologna nei secoli xiii e xiv*),《小说档案馆》(*Biblioteca dell'Archivum Romanicum*),第 5 卷,日内瓦,1926 年,第 1 章,第 9 页之后的内容。

② 《文学史与基督教会发展史档案》,拓印版第 3 卷,第 8 期,第 263 页;《博洛尼亚大学及其学院法令汇编》,第 11 页(法学)。

③ 有关学生领袖的法律权力,参见《文学史与基督教会发展史档案》,拓印版第 3 卷,第 5 期,第 264—266 页;《博洛尼亚大学及其学院法令汇编》,第 7、10、12—13 页(法学)。

④ 拉什达尔:《中世纪的欧洲大学》,第 1 卷,第 178—179 页、178 页及注释 5;基布尔:《中世纪大学的同乡会》,第 51 页。

⑤ 有关文具用品和图书贸易的立法,参见《文学史与基督教会发展史档案》,拓印版第 3 卷,第 19 期,第 279—281 页;《博洛尼亚大学及其学院法令汇编》,第 7、20—21 页(法学)。

⑥ 拉什达尔:《中世纪的欧洲大学》,第 1 卷,第 179 页。

令的人。

　　法科大学的学生领袖每两年选举一次，往往采用一种间接选举制度，即蜡版记票或投票方式选举。① 从 13 世纪后期开始，他们由各个同乡会按照固定轮流的方式推选，德国同乡会拥有每五年推选学生领袖的特权（1432 年它失去了这一特权）。② 学生领袖必须是神职人员，这样他们可以对神职人员身份的学生进行管理；还必须未婚，不许传播任何宗教信仰；有 5 年学习法律的经历，年龄至少 25 岁。③ 选举文科和法科大学校长的程序是相似的。校长都应该是比较有威望的人，但直到 15 世纪，他们的开销很大一部分是自己支付的。行政职位的经济负担导致人们都不愿意担任这样的职位④，而且接受这样的经济安排是合适的候选人的必备条件。⑤ 因此，行政职位经常都由一个出生贵族家庭的成员担任。⑥ 由于经济的困难以及学生权力在博洛尼亚大学的衰弱，从 14 世纪开始，就有将两所法科大学的校长职位合二为一的趋势。⑦ 到 1500 年时，这一趋势成为了一种规定。中世纪后期，随着学生实际管理权力的终结，校长职位在博士学院逐步成为一个受人尊重的、真正有权威的职位。

　　博洛尼亚"studium"（讲习所）的历史，突显出中世纪学生所处的生活和工作环境既动荡不安又四分五裂。可以说，合作是常态，而冲突则

<sub>73</sub>

---

　　①《文学史与基督教会发展史档案》，拓印版第 3 卷，第 4 期，第 258—259 页；《博洛尼亚大学及其学院法令汇编》，第 8—9 页（法学）。

　　②《文学史与基督教会发展史档案》，拓印版第 3 卷，第 5 期，第 259—260 页；《博洛尼亚大学及其学院法令汇编》，第 9 页（法学）。

　　③《文学史与基督教会发展史档案》，拓印版第 3 卷，第 2 期，第 256—257 页；《博洛尼亚大学及其学院法令汇编》，第 7—8 页（法学）。

　　④ 基布尔：《中世纪大学的同乡会》，第 47 页。在寻找有意愿担任学生领袖职位候选人的过程中，帕多瓦大学遇到了类似的困难。参见基布尔：《中世纪的学术特权》，第 74 页及注释 100（一段辉煌的个案历史）。

　　⑤ 拉什达尔：《中世纪的欧洲大学》，第 1 卷，第 186 页。

　　⑥ 基布尔：《中世纪大学的同乡会》，第 47 页。

　　⑦ 拉什达尔：《中世纪的欧洲大学》，第 1 卷，第 186 页。

是多数中世纪社会包括大学的个别状态。<sup>①</sup> 当这一判断应用到博洛尼亚大学时,就显得模棱两可了。因为在 13 世纪和 14 世纪,讲习所经受着长期的教学停顿和迁徙活动,其间还派生出几所新的大学,例如,1204 年的维琴察大学、1215 年的帕多瓦大学和 1246 年前后的锡耶纳大学,而 1343 年的比萨大学在很大程度上也归功于 1338 年博洛尼亚人的迁徙。究其原因,这种间断性的听课及后来教学博士和学生群体的迁徙,或源于与市镇当局的直接冲突,或源于市民骚乱使得安静读书变得很难,或源于对教皇政策的不满。尽管这样的情况不常发生,但有两次分别发生在 1286—1289 年和 1306—1309 年,由于教皇对城市的禁令,讲习所之后被迫关闭了 3 年。<sup>②</sup> 这么长时间关闭是不多见的。尽管如此,讲习所在 13 世纪和 14 世纪至少有 13 次被中断教学,有大约 6 次因瘟疫而停课。<sup>③</sup> 这些情况也可能还是最少的,因为有些教学中断可能未记录在案。无论如何,这些事件代表的仅仅是冲突的爆点,说明笼罩着博洛尼亚学术团体的潜在紧张和敌视发展迅速,大学时刻准备着以迁徙作为自己防御的手段。学术上的挫折、经济上的困境以及社会上的混乱所引发的代价,生动地表明了中世纪时期意大利的学习机构极不稳定的状态。为学术自由而战,是一个令人沮丧的长期斗争。大学必须保持永远的警惕,这是因为被授予的地位可能会在将来某个时候得不到市镇当局的承认。因此,不难得出这样的结论:冲突与和谐的并存在形成欧洲最早的"studium generale"(公共讲习所)的过程中发挥了显著的作用。

74

---

① 参见伯威克:《博洛尼亚大学、巴黎大学和牛津大学:三所大学的中世纪生活方式和思想》,第 167 页。

② 基布尔:《中世纪的学术特权》,第 34 页。

③ 停课和(或)迁徙分别发生在 1204 年、1215 年、1222 年、1258 年、1286—1289 年、1291 年、1301 年、1306—1309 年、1312 年、1316 年、1321 年、1338 年、1376 和 1377 年。布拉格大学的停课时间分别发生在 1348 年、1349 年、1372 年、1399 年、1400 年和 1401 年。数字源自基布尔:《中世纪的学术特权》,第 2 章;拉什达尔:《中世纪的欧洲大学》,第 1 卷,第 589 页。

# 第四章 巴黎大学:教师型大学

　　与博洛尼亚"studium"(讲习所)的情况一样,巴黎大学组织体制的逐步建立在很大程度上是某种抗争的结果。如果这些原型大学在初期能够得到平稳的发展,不受外部权力的约束和骚扰,那么,可以想象,这些大学会悄无声息地投入到市镇当局或教会的怀抱。然而,对于团体和个人形成更加敏锐的学术自由观念来说,与外部令人窒息的权力进行抗争的困窘是有益的,因为学术自由观念是中世纪大学独立发展的至关重要的基础。在欧洲北部,教会特别是主教参与大学事务成为这种抗争的焦点。这一冲突的压力提升了大学作为在精神领域和世俗领域之间形成某种独立的人文形象,具有积极的作用。

　　关于中世纪早期大学与教会的关系,我们可以引述英国编年史中的一个类比例子,用以区分早期充满怨恨的"帝国"时期和后来更加具有建设性的"英联邦"发展时期,这样做是颇有裨益的。① 中世纪后期的主教,或我们可以称之为"联邦"的主教,都逐步接受了这样的原则:一所大学的本质和核心是它的自治,尽管大学可以在丝毫不受外部权力影响的状态下持续发挥作用。但是,人们一般会认为,学术行会(academic guild)是某个处于教会统治之外的依法成立的自治实体。在这些因素的影响下,主教的责任就是呵护早期的大学朝着更加成熟的和完全独立的方向发展。有很多例子表明,主教的帮助是大学生存下来的主要因素。例如,如果没有获得主教们给予的持续不断的开明帮助,15世纪苏格兰的大学得以生存下来是很难想象的。在15世纪,苏格兰的主教们并没有想过永久控制教会所建立的大学。相反,他们无

---

　　① 这段话的中心思想源于我的《主教对中世纪北欧大学的控制》(*Episcopal Control in the Mediaeval Universities of Northern Europe*)一文,《教会历史研究》(*Studies in Church History*),第5期,莱顿,1969年,第1—2页。

偿地给大学捐赠财产并投入精力,为的是能够使大学行会有足够的资金和完善的组织结构,以此拥有完全独立的地位。从这一点来说,1413年建立的圣安德鲁斯大学、1451年建立的格拉斯哥大学和1494年—1495年建立的阿伯丁大学的主教们是那种宽宏大量和自由的教会观点的真正代表,而这种观点到了中世纪结束时已渗透到欧洲北部的大学校园之中。这与早期的教会态度形成鲜明的对比。因为在13世纪和14世纪,教会权威所施展的方向一直都是与大学行会法人独立的发展方向相对立的。这一动荡不安的帝国时代的特征体现了某种教会的观点,即倾向于将北欧的大学行会组织归入近似教会的"殖民地",大学几乎是当地主教及其代表的私有财产。大学不再被看作是发展的组织;相反,它们被看成是教会的天然附属物,只是教会庇护下的有待破土而出的最高层级的教育工具。正因为如此,大学被整合于当时的教会组织结构中,并遵从某个永久教会组织的管理。大学这种被动的和停滞的角色与教师及相关学者的独立思想和期望是完全格格不入的。由此可见,在很大程度上,大学与教会的关系史是与大学从"帝国"时期缓慢过渡到"联邦"时期本身所经历的复杂环境和暴风骤雨般的困境相关的。

面对教会的主导地位,巴黎大学在欧洲历史上为争取大学自治树立了一个最早的和最戏剧化的典范。就巴黎大学而言,教会直接阻止大学行使自由的是巴黎圣母院的副主教和全体教士,而巴黎圣母院学校可以追溯到11世纪,地处一个被称之为主教座堂区的封闭区域,是巴黎"studium"(讲习所)的前身。

在西堤岛(Ile de la cite)上主教学校读书的学生,起初住在巴黎圣母院教士的宿舍里,而早期的教师通常都是从他们当中挑选出来的。①

---

① 有关主教座堂区的学校,参见加布里埃尔:《巴黎圣母院主教学校和初期的巴黎大学》(*The Cathedral Schools of Notre—Dame and the Beginning of the University of Paris*);加兰迪亚(Garlandia):《中世纪大学史研究》(*Studies in the History of the Mediaeval University*),巴黎圣母院,印第安纳,1969年,第39—44页。有关12世纪巴黎的学校情况,参见弗奇尔(J. Verger)的新著:《中世纪的大学》(*Les universités au moyen âge*),巴黎,1973年,第25页之后的内容。有关巴黎大学的起源,参见拉什达尔:《中世纪的欧洲大学》,第1卷,第271页之后的内容;丹尼弗尔:《中世纪至1400年大学的诞生》,第655页之后的内容;伊尔赛:《法国及外国的大学史:起源与现状》,第1卷,第53页之后的内容。

这些学校都交由巴黎圣母院的副主教管理，由副主教行使主教授予的权力。随着学校的声誉越来越大，大量教区外的学生进入学校中来，这给主教座堂区带来了严重的骚乱。当主教和全体教士大幅度减少在主教区学校的学习机会时，学生就迁徙到塞纳河南岸的拉丁区（Latin Quarter）。① 尽管这一学术中心的吸引力暂时从西堤岛离开了，但是，位于巴黎圣母院前这一块被称之为"前院"（parvis）的地块里的学校依然占有相当重要的地位。

在 12 世纪，巴黎的学校分布很散，而且经常是昙花一现，开办不久就关闭了。这些学校体现了在某种无政府状态下动荡不安的情绪，而这是那个时期知识进步最基本的先决条件。除了那些以神学为专业的主教学校外，在塞纳河桥边的周围还建起了不少其他学校，尤其以文法和逻辑专业的学校居多，例如，小桥（Petit-Pont）地区的学校；在塞纳河南岸的圣热内维埃芙教堂联合会周围，坐落于圣热内维埃芙山，也出现了一些与圣维克多修道院的律修会修士联合开办的学校。与老的修道院教区不同的是，圣维克多修道院开办的学校接收外来的学生。然而，12 世纪后半期，圣热内维埃芙区大多数招收外来学生的学校都衰亡了。到了 1200 年前后，塞纳河南岸的多数学生又回到了西堤岛。西堤岛再次成为主要的教育中心。② 然而，到 13 世纪初期，又出现了大批文科学生迁往塞纳河南岸的现象。这一事件引起了巴黎圣母院副主教和圣热内维埃芙修道院院长之间的争执。圣热内维埃芙修道院院长声称，他有权给他管辖区内的文科学生颁发教学证书。这个问题显然通过极不情愿的妥协得以解决。③ 在 13 世纪，还有另外一个渠道，即从教师行会可以获得文科教学证书，这说明教师行会在挑战圣母院副主教的权力时具有相当大的优势。

从一般意义上来说，12 世纪末期，巴黎出现了大学，这可以看作巴

---

① 加布里埃尔：《巴黎圣母院主教学校和初期的巴黎大学》，第 42 页。
② 拉什达尔：《中世纪的欧洲大学》，第 1 卷，第 277—278 页及注释。
③ 拉什达尔：《中世纪的欧洲大学》，第 1 卷，第 340—341 页；加布里埃尔：《巴黎圣母院主教学校和初期的巴黎大学》，第 52—53 页。

黎城各类学校活动的升华,也是众多知名学者的重要学术成就的浓缩。这些学者们将巴黎大学推到了北欧学术活动的前沿。塞纳河南岸的学校通过许多诸如阿伯拉尔这样的教师的努力,使逻辑学科的地位上升到文科知识体系中的主导学科地位;由于圣维克多修道院的学校拥有诸如神学研究(mystical theology)和圣经注释(biblical exegesis)的精品学科,并有圣维克多的休(Hugh of St Victor)①及其门徒的讲解②,因而对巴黎大学建立前夕巴黎的神学的学术地位做出了独特的贡献。在此,也不应低估圣维克多的休的教育思想。③ 尽管圣维克多神秘主义者们优先考虑的绝对是人性忏悔的一面,但是,他们也深深植根于人文学科并努力通过掌握世俗知识来为神学和祷告服务,即通过长期而又集中的准备性学习,人们可以经过一系列精心设立的阶段达到神秘主义状态中的辉煌境界。由圣维克多的休在其《大纲提要》(Didascalion)一书中制定的圣维克多派的教学大纲在知识范围上是理想的百科全书式大纲;但是,如果圣维克多派将知识组合成相关而又分层的类别,再将其精炼后体现在高等教育课程体系中,那么,无论是在较为初级的或是更为现实的层面使12世纪的主教学校得以发展,这都将是一笔宝贵的财富。从理论上讲,人们会认为,巴黎大学是在逻辑和思辨神学的基础上建立起来的;如果人们能从一批知名教师中推选出一位为巴黎大学增光添彩的人物来的话,那么,这位被选出的人一定是令人瞩目的阿伯拉尔。

　　然而,如果没有巴黎圣母院充当着稳定器的作用,巴黎大学是否能够成为现实还是一个问号。12世纪,在巴黎大学所经历的各种世事变迁中,巴黎圣母院最终提供了唯一的持久的组织框架,而正是围绕着这一框架"studium generale"(公共讲习所)才得以形成。塞纳河南岸的学

79

---

　　① 圣维克多的休(1096—1141),法兰西经院神学家,首创奥秘神学。——译者注
　　② 参见思莫里(B. Smalley):《中世纪的圣经研究》(*The Study of the Bible in the Middle Ages*),牛津,1952年,第3、4章。
　　③ 关于圣维克多的休的教育思想,参见思莫里:《中世纪的圣经研究》,第86页之后的内容;也可参见佩尔、布鲁奈特和特伦布莱:《12世纪复兴运动:学校与教育》,第218—229页。

校在把巴黎建成为一个教师的城市和一个接收充满朝气的国际学生的东道主方面做出了很大的贡献；然而，它们过度地依靠个别对学生具有吸引力的教师，在这方面，它们与众多的北欧学校是类似的，包括诸如沙特尔(Chartres)、拉昂(Laon)、兰斯、图尔(Tours)、林肯(Lincoln)、约克(York)和赫里福德(Hereford)城市的主教学校。这些主教学校由于一支难以预料的流动教学大军迁徙，而经历了动荡不定的命运。在巴黎的主教座堂区和圣热内维埃芙山上，阿伯拉尔的辩论才华使得许多有抱负的学生涌入这个城市；但是，这是一个过渡性的知识现象，对产生一个永久性的机构并不利。作为一个学术中心，巴黎有许多的优势可以享用。① 按照中世纪的标准，巴黎是一个气候宜人的城市，环境优美，空间开阔，为大批聚集而来的教师和学生提供了便利的食宿条件。尽管中世纪的人口数量常常以不尽如人意的推测方式来评估，而且教育人口的数量在很大程度上也是推测出来的，但是，根据当时的估算，巴黎学术圈子的人数至少占巴黎总人口的 10%，而巴黎的总人口在菲利普·奥古斯都(Philip Augustus)统治时期介于 2.5 万到 5 万人之间；如果这些推测是可靠的话，那就意味着，在 1200 年前后，新生的巴黎大学拥有至少 2 500 至 5 000 名成员。② 大学位于皇室领地说明其拥有的巨大优势，因为卡佩王朝(Capetian)的国王们都对促进巴黎的经济、社会和政治发展有着既得利益，他们很快地意识到其周边学术人口的价值，而且他们在早期就对这些人采取了和善且积极的态度。对于巴黎"studium"(讲习所)以某种学术自由的表现方式而出现和生存来讲，这种态度具有非凡的意义。

　　整个 12 世纪，形势的发展明显倾向于合力催生一个永久的学术中

① 有关巴黎城的名胜古迹，参见加布里埃尔：《巴黎圣母院主教座堂学校和初期的巴黎大学》，第 40—41 页和《12 世纪期间在巴黎的英国教师和学生》(English Masters and Students in Paris during the Twelfth Century)，第 4—5 页。详见鲍德温(J. W. Baldwin)：《教师、王子和商人：吟唱者彼得及其阶层的社会观点》(Masters, Princes and Merchants: the social views of Peter the Chanter and his circle) 两卷本，普林斯顿，新泽西，1970 年，第 1 卷，第 63—65 页。

② 鲍德温：《教师、王子和商人：吟唱者彼得及其阶层的社会观点》，第 1 卷，第 72 页；第 2 卷，第 51 页及注释 52。

心：一批来自四面八方的教学人员，大批以四海为家的学生，优越的地理位置，法国王室的支持以及在欧洲享有盛誉的逻辑学科和思辨神学。回顾过去，似乎形势都必然地朝着创建一个"studium generale"（公共讲习所）的方向发展，但是，这必将会产生某种误导。如果没有巴黎圣母院的保护，那么，促使巴黎成为辩证法和神学的主要学术中心的知识活力也会消耗殆尽。① 如果没有主教学校机制的凝聚力，那可以想象，巴黎将会与中世纪的城镇一样，其教学活动离发展成为一个高等教育机构只有一步之遥，结果是过早夭折。然而，在巴黎，尽管巴黎圣母院为新生的公共讲习所这个机构提供了保护伞，但是，大学也不可能仅仅限于是圣母院主教学校的延伸。事实上，新兴的大学已远远超越了主教学校，并且成为一所在类型上与产生它的母体学校截然不同的学校。

　　在 12 世纪期间，巴黎的学校似乎在某种程度上已逐步摆脱了教会的控制，其教师和学生更认同自己巴黎城市社会的身份，而不是已有的教会机构的身份。② 这种趋势源于一种学术自由意识的觉醒，而这种意识被认为是与僵硬的教会控制不相符的。但是，无论如何，学术群体过于自由散漫，则很难与城市行业和专业生涯结为联盟，而在学术领域和非学术领域之间紧张与冲突不断的情况下，教师和学生逐步认识到：他们的利益依靠教会的监控和教会地位才能获得最好的保护。③ 卡佩王朝高兴地看到这一趋势的发展，因为教会担负着有效地内部管理巴黎学校的主要责任。教师和学生的教会地位可能是由 1194 年教皇切莱斯廷三世（Celestine Ⅲ）颁发的敕令④来授予并确认的。该敕令规定，

---

　　① 参见拉什达尔：《中世纪的欧洲大学》，第 1 卷，第 275—278 页；加布里埃尔：《巴黎圣母院主教座堂学校和初期的巴黎大学》中的相关部分；莱夫：《13 和 14 世纪的巴黎大学和牛津大学》，第 28 页。

　　② 弗奇尔：《中世纪的大学》，第 28 页。

　　③ 弗奇尔：《中世纪的大学》，第 29 页。

　　④《巴黎大学档案》，第 1 卷，引言部分及注释 15；拉什达尔：《中世纪的欧洲大学》，第 1 卷，第 291 页及注释 1；基布尔：《学术特权：罗马的渊源和中世纪的体现》(Scholarly Privileges: Their Roman Origins and Medieval Expression)，《美国历史评论》，第 59 期（1954 年），第 543—551 页。

凡是涉及到在巴黎的所有教师的世俗案件都必须在教会的法庭进行审理。更为具体的是，1200 年，菲利普·奥古斯都的特许状①确认了教师和学生的法律论坛的特权；后来教皇又授予了各种特权，包括教皇格列高里九世 1231 年颁发的《知识之父》（*Parens Scientiarum*）敕令等②，都进一步增强了教会对教师和学生的保护力度。③ 然而，尽管这把保护伞对于赢得某种基本安全措施是很有必要的，这一点通过巴黎主教和圣母院副主教在地方层面显得更为突出，但是，学术行会要获得完全的自由法人地位，所面临的威胁也更加明显。

教会控制的关键，在于副主教代表主教行使教学证书的授予权或控制权。没有教学证书，教师从事教学就是非法的。1179 年举行的第三次拉特兰会议（Lateran Council）上的教皇立法与主教学校有关，其宗旨部分是确保副主教可以免费向所有符合条件的候选人颁发教学证书。④ 这一立法是否将巴黎圣母院主教学校考虑在内，尚不能确定；但是，它特别涉及到巴黎教会副主教针对日益提高的教师和学生行会的地位问题，因为副主教对教学证书的垄断和控制及其在颁发教学证书上的勒索行为，是与教师们要求给每个符合要求并具备潜力的人免费颁发教学证书针锋相对的。这一冲突凸显了学术派和教会派在给予大学自主地位的问题上截然不同的立场。⑤

---

① 《巴黎大学档案》，第 1 卷，注释 1。

② 《巴黎大学档案》，第 1 卷，注释 79。

③ 参见弗奇尔：《中世纪的大学》，第 29—30 页。

④ 《巴黎大学档案》，第 1 卷，引言部分及注释 12。参见波斯特的开创性研究：《教皇亚历山大三世，普适教学权和大学的兴起》（*Alexander Ⅲ, the Licentia docendi and the rise of the universities*），引自哈斯金斯：《中世纪史的周年纪念论文集》（*Anniversary Essays of Medieval History*），泰勒（C. H. Taylor）和拉蒙特（J. L. LaMonte）编，波士顿，1929 年，第 255 页之后的内容。

⑤ 有关教师行会与巴黎主教和巴黎圣母院副主教的冲突，参见拉什达尔：《中世纪的欧洲大学》，第 1 卷，第 304 页之后的内容；基布尔：《中世纪的学术特权》，第 4 章；莱夫：《13 和 14 世纪的巴黎大学和牛津大学》，第 15—34 页；加布里埃尔在加兰迪亚的《中世纪大学史研究》（第 58 页）中降低了副主教反对教师行会发展所产生的影响，然而，并未引申出深层的观点。

到了 12 世纪的第三个 25 年,巴黎的教师协会在很大程度上可能已得到发展,并且可能之前已处于形成的进程中。[①] 1200 年菲利普·奥古斯都的特许状并未正式承认教师的法人团体地位,但是,却给予学生团体在与市镇当局打交道时具有教会的特权地位,并规定每个新上任的巴黎市长要在学生团体面前公开宣誓维护学生的特权。[②] 1208 年至 1209 年,教皇英诺森三世剥夺了教师作为一个团体的权利[③];但是,正如托马斯·贝克特(Thomas Becket)[④]和索尔兹伯里的约翰这些见证人所指出的,某个特别的拥有实际集体行动权利的教师团体很早以前就存在了。[⑤] 到 1215 年时,教师行会和与之相关的学生行会已获得了法人团体的基本特征[⑥],即拥有选举领袖、通过代理人上诉以及制定管理法规的权力。1215 年,由大主教代表罗伯特·德库康(Robert de Courcon)颁发给巴黎大学的教师和学生的法令[⑦],对于 13 世纪早期行会所达到的法人团体发展的阶段给予了最好的总结性评价。根据这些法令,教师们获得了制定自己法规的权利,并依法对谋杀或伤害学生的行为进行惩处或诅咒,获得了固定房租、服装、葬礼、讲座和辩论等权利,其条件是"studium"(讲习所)由此不能解散或关闭。这一规定非常

82

---

① 参见弗奇尔:《中世纪的大学》,第 31 页。

② 《巴黎大学档案》,第 1 卷,注释 1。参见拉什达尔有关特许状的论述,《中世纪的欧洲大学》,第 1 卷,第 294—298 页;以及基布尔的论述,《中世纪的学术特权》,第 86—87 页。

③ 《巴黎大学档案》,第 1 卷,注释 7;莱夫:《13 和 14 世纪的巴黎大学和牛津大学》,第 24 页。

④ 托马斯·贝克特(1118—1170),12 世纪中叶英格兰国王亨利二世的枢密大臣,后任坎特伯雷大主教。——译者注

⑤ 参见加布里埃尔:《12 世纪期间在巴黎的英国教师和学生》,相关的内容。

⑥ 有关教师合法团体地位的发展,参见波斯特:《巴黎教师的社团——1200—1246》(*Parisian Masterss as a Corporation，1200—1246*),《反射镜》,第 9 期(1934年),第 421 页之后的内容。波斯特认为,教师型大学是 1215 之前教廷法定承认的最早的合法社团。

⑦ 《巴黎大学档案》,第 1 卷,注释 20。有关这些法令,参见拉什达尔:《中世纪的欧洲大学》,第 1 卷,第 309、357、440—441、450、471—472 页;莱夫.:《13 和 14 世纪的巴黎大学和牛津大学》,第 25—27、138—139 页。

清楚地确认了教师集体作为一个行会或一个教师与学生行会（universitas magistrorum et scolarium）的权利，也就是说，教师行会被赋予了为其成员制定法规并使其遵守的权力。

这些法令也标志着，教师行会与副主教关系的一个重要转折点。在这些法令颁发之前，由教皇任命的一个裁决委员会曾于1212年至1213年作出裁决，试图限制副主教在某些重要方面的管辖权。① 根据立法的规定，一是副主教必须给神学、教会法和医学科的申请者颁发教学证书，条件是该申请者得到了这些科目大多数教师的推荐；二是必须给申请者颁发教学证书，只要他得到了6位文科科目教师的推荐。尽管副主教仍然独立地向教师颁发教学证书，但是，他已被禁止向任何人勒索费用或服从宣誓，并且（据说）被剥夺了可以囚禁任何教师或学生的权力。1215年的法令总体上体现了这些条例，并规定副主教必须无条件或免费颁发教学证书。尽管教师有教皇的支持，但是，巴黎的主教和副主教并没有放松他们遏制大学日益增长的法人独立的努力。经过长时期艰难困苦的冲突和旷日持久的诉讼，1231年教皇格列高里九世的敕令《知识之父》，有效地打破了地方教会凌驾于教师行会之上的格局。② 副主教的刑事管辖权实际上被取消了。在关于教学证书这个难题上，副主教必须给合格的申请人颁发教学证书；在申请人申请教学证书3个月内，副主教有责任向相关教师咨询有关该申请人的资格和品质；副主教禁止要求教学证书的获得者服从宣誓、警告以及支付酬金或作出承诺等。尽管与副主教的冲突持续了整个13世纪以及之后的一段时期，但是，回头来看，《知识之父》在确保巴黎教师的自治诉求、战胜主教和副主教消极而又狭隘的立场方面确实产生了决定性的作用。

教皇与卡佩王朝一起被认为是形成巴黎教师行会自治地位的主要力量。这是由于13世纪初期教皇对教师的庇护以及后来又颁布了约

83

---

① 《巴黎大学档案》，第1卷，注释16。参见拉什达尔：《中世纪的欧洲大学》，第1卷，第308—309页；莱夫：《13和14世纪的巴黎大学和牛津大学》，第25—26页。

② 《巴黎大学档案》，第1卷，注释79。拉什达尔针对该敕令进行了研究，参见《中世纪的欧洲大学》，第338—340页；莱夫：《13和14世纪的巴黎大学和牛津大学》，尤其是第31—33页；基布尔：《中世纪的学术特权》，第95—96页。

束和控制副主教行为的敕令所致。但是,除了这两个通过立法和干预方式来支持教师独立行会的庇护人外,教师们在与副主教任意使用颁发教学证书的权力的争斗过程中,拥有了强有力的武器,即获得了入行任教的授予权,也就是说允许或拒绝申请人进入行会的职业权。即便是巴黎的教师,他们也并不总能阻止副主教给不合格的申请人颁发教学证书;但是,他们可以有效地通过拒绝接受其进入教师行会而将这类不合格申请人逐出行门之外。因此,被允许进入教师行会逐步成了那些已获(副主教颁发的)教学证书并渴望进入教师行会的教师们必备的条件。① 需要强调的是,副主教与教师及相关学生由此形成两个完全不同的独立实体的情况是不可能发生的②,因为从巴黎出现"studium generale"(公共讲习所)之日起,副主教就被认为是它的领袖,尽管他与教师行会的准确关系我们尚不清楚。但是,随着副主教遏制教师行会发展的企图的失败,教师们成功地迫使其处于一个局外的和孤立的地位,副主教的权力逐步被削弱,而仅仅是讲习所(studium)名义上的领袖,保留了日趋正规的颁发教学证书的权力。

84

　　巴黎大学的主要特征之一,是文学院(faculty of arts)的规模以及它在讲习所里逐步占据的主导地位。文学院是师生人数最多的单一组织,约占 13 世纪巴黎大学总人数的三分之二。③ 相比之下,高级学科的神学院、教会法(民法于 1219 年被教皇洪诺留三世禁止)学院和医学院的人数加起来则不多。④ 正因为如此,文学院的教师似乎总是带头与主

---

　　① 参见拉什达尔有关巴黎大学学位授予仪式的评注,《中世纪的欧洲大学》,第 1 卷,尤其是第 283—287、305—306 页。

　　② 参见拉什达尔的编辑们引为鉴戒的评论,《中世纪的欧洲大学》,第 1 卷,第 306 页及注释 2。

　　③ 莱夫:《13 和 14 世纪的巴黎大学和牛津大学》,第 52 页。

　　④ 拉什达尔:《中世纪的欧洲大学》,第 1 卷,第 315 页。厄尔曼论述了菲利普二世为取得教皇禁止在巴黎大学讲授民法的敕令而产生的反抗帝国的动机,见《中世纪的治理和政治原则》,第 199 页之后的内容,以及厄尔曼:《洪诺留三世与禁止法学学科》(Honorius II and the Prohibition of Legal Studies),《法学评论》(Jurisdical Review),第 60 期(1948 年),第 177 页之后的内容。也可参见鲍德温:《教师、王子和商人:吟唱者彼得及其阶层的社会观点》,第 1 卷,第 87 页。

教管辖下的副主教进行角力。1219 年前，4 个学院的教师是作为一个团体而行动的；1229 年、1230 年至 1231 年、1237 年以及后来很多场合，他们也是如此。尽管如此，在 1219 年后，文学院的教师经常代表整个大学行事，开始逐步发展成为一个强大的法人团体，并最终成为讲习所里最强大的组织团体。① 文学院与众不同的地方，在于其教师（还可以延伸到其学生）分为 4 个同乡会，即法兰西、诺曼、皮卡底和英国—德国（English-German）同乡会，每个同乡会选出自己的首领（Proctor）。② 到 1249 年时，4 个同乡会只有一个领袖，或许他就是当时文学院的院长（尽管这一职位直到 1274 年才明确其称谓），并凭借文学院人多的优势以及文学院在大学事务方面与副主教、教士抗争中的带头作用，成功地以教师行会的共同领袖的姿态出现。③

因此，到 13 世纪中期，文学院发展成为有 4 个同乡会并获得了完全法人地位的团体，拥有共同的首领或领袖；除此之外，就是高级学院（superior facculties）。可以想象，这些学院从 13 世纪早期开始就自己单独管理，例如，自己选择科目，推荐自己的候选人申请教学证书等。但情况似乎是，当文学院的组织结构发展到成熟阶段时，高级学院的组织结构依然处在初级阶段。正是由于这种结构上的差异，文学院的院长（rector）就成了整个大学最合适的代表。由文学院院长负责召集和

----

① 拉什达尔：《中世纪的欧洲大学》，第 1 卷，第 315 页之后的内容。

② 有关巴黎大学的同乡会，参见基布尔：《中世纪大学的同乡会》，第 1、3 章；拉什达尔：《中世纪的欧洲大学》，第 1 卷，尤其是第 311—320、406—415 页；莱夫：《13 和 14 世纪的巴黎大学和牛津大学》，第 51 页之后的内容。有关德国同乡会，参见博伊斯（G. C. Boyce）所做的宝贵研究，《中世纪巴黎大学的德国—英国同乡会》（The English—German Nation in the University of Paris during the Middle Ages），布鲁格斯，1927 年。

③ 有关巴黎大学的院长，参见基布尔：《中世纪大学的同乡会》，第 1、3 章以及相关内容；拉什达尔：《中世纪的欧洲大学》，第 1 卷，尤其是第 312—320、325—334、402—406 页；莱夫：《13 和 14 世纪的巴黎大学和牛津大学》，尤其是第 60 页之后的内容；也可参见加布里埃尔：《1425—1494 年期间巴黎大学的英国—德国同乡会》（The English—German Nation at the University of Paris from 1425—1494），引自加兰迪亚：《中世纪大学史研究》，第 170—172 页。文科学生的同乡会与文学院并不完全相同，后者拥有自己的社团法令和管理机构，而且同乡会的活动占据着其大部分的事务。有关 1274 年直接承认学生领袖为文学院的首脑，参见《巴黎大学档案》，第 1 卷，第 447 期和第 485 期。

主持全校大会,并与同乡会和高级学院一起管理大学的财政。在同乡会首领的协助下,文学院院长还受理大学里的很多诉讼,行使大学成员的民事审判权,执行大学的法令。

只是在文学院院长确立了其事实上的领导地位后,高级学院才在13世纪后半期逐步发展了其内部的组织机构,有了自己的院长(dean)、会议制度、制定法规的权力等。[1] 文学院院长与高级学院院长之间的关系自然会很紧张;但是,文学院院长渐渐被作为大学领导而受到认可,到14世纪中期,无论是在事实上还是在法律上,这一过程都完成了。然而,即使文学院院长的领导地位被广泛承认了,他也不可能去干预高级学院的管理事务。高级学院依然维持着其独立和自治的地位。"studium"(讲习所)只是四个学部的联盟而已,即在全校大会上,文学院的每一个同乡会以及三个高级学院中的任何一个学院都有各自的一票,必须获得7票中的多数才能对问题进行裁决。在这些程序中,文学院院长的作用只是限于宣布全校大会的集体意志,即文学院院长自己不能投票,而且他在整个过程中只是一个中立的主持人而已。因此,不能把文学院院长的权力看成是问题的关键,院长们的任职期都很短(1个月或6周,后来延长到3个月),并且直接接受全校大会的监督和管理。但是,很显然,正是文学院院长才将复杂的大学组合在一起。文学院院长既是大学统一体的象征,又是大学统一体的体现。讲习所是由各种各样的部门组成的,包括低级的文科学院(它由4个同乡会组成,每个同乡会都有自己的首领和管理机构);高级学院(每个学院都有自己的院长和单独的组织机构);经常召开的具有法人独立地位的全校大会(由所有学院的教师组成);以及日常的讲课和辩论制度、复杂的大学管理和诉讼机制及众多的学院和学堂等。可以说,"studium"(讲习所)正如其过去所做的那样把各个学院很好地凝聚在一起。[2]

86

---

[1] 有关高级学科学院的地位及其组织,参见拉什达尔的论述,《中世纪的欧洲大学》,第1卷,第321页之后的内容。

[2] 参见伯威克的论述:《博洛尼亚大学、巴黎大学和牛津大学:三所大学的中世纪生活方式和思想》,第171—172页。

如前所述[①]，在博洛尼亚大学这种学生型大学里，撇开其表面的民主形式，与巴黎大学派生出来的教师型大学相比，在现实生活中其权力的行使多集中在某个小型执行委员会手里。甚至在博洛尼亚大学以学生为主导、如日中天的时期，日常的管理机制也都是由学生领袖组成的执行委员会及其助手来执行的。这些人由同乡会推选出来。由于在博洛尼亚大学这样一个人数众多的学生型大学里，召开法人团体大会很不方便（与巴黎大学经常举行全校大会相比），全校大会通常开得并不多，这促使教师行会的成员都能积极并定期地参加大学的管理事务。与博洛尼亚大学相比，巴黎大学的任职期都很短：院长们的在职任期从1个月或一个半月延长到后来的3个月[②]，而同乡会的首领是每月选一次，后来又延长到2或3个月选一次。[③] 在一个人员流动性很大的大学里，为了适应这种情况，就需要让行会中更多的成员担任管理职位，因此，对管理人员衔接的要求就不能太高。但是，博洛尼亚大学的情况就不同了，因为其权力的分布相对比较集中。尽管巴黎大学的组织机构与博洛尼亚大学严格的守法意识并无相似之处，而且在表达民主参与和管理方面的呼声远没有博洛尼亚大学那么高，但是，在实际运作中巴黎大学的民主程序渗透到了日常管理的各个方面，其在渗透的深度和广泛的程度上要远远超过博洛尼亚学生型大学日常管理过程中所显现出来的。

同乡会的组合意义或许对于博洛尼亚大学的诞生要比巴黎大学的形成重要得多。在博洛尼亚大学，两个法学行会是从同乡会合并而成的，而这些同乡会都是讲习所主要的创新成分。在巴黎大学，来自相同

---

① 参见伯威克：《博洛尼亚大学、巴黎大学和牛津大学：三所大学的中世纪生活方式和思想》，第3章。

② 基布尔：《中世纪大学的同乡会》，第106页。1266年，根据教皇使者西蒙·德·布里(Simon de Brie)颁布的敕令，学生领袖的行政任职延长至3个月，这一措施遏止了大学过于频繁更迭学生领袖而引起的骚乱。后来，3个月的任期成为惯例，沿用了300多年。

③ 基布尔：《中世纪大学的同乡会》，第69页及注释28、注释29。在暑假期间，选举通常是不进行的。

地区的教师和学生自愿组成行会,这在 12 世纪后期和 13 世纪早期是
有迹可循的。① 无论这些松散的互助会是否为文学院同乡会的前身(特
别是在 1222 年就提到的)②,但因为我们现在还缺少这些组织从非正式
向正式的机构过渡的文献资料,所以,都会产生一些问题。直到 1249
年才有准确无误的证据表明,文学院是由 4 个同乡会组成的:这一证据
是在法兰西同乡会与其他三个同乡会(皮卡底、诺曼和英国—德国同乡
会)之间签订的一项协议中发现的。该协议涉及到一次有争议的领袖
选举,而签订的协议上分别盖有 4 个同乡会的印章。③ 与博洛尼亚大学
的学生同乡会不同的是,巴黎大学的教师同乡会既有外来的教师又有
本地的教师。④ 尽管在神学院、法学院或医学院里没有同乡会,但是,攻
读高级学科的文学院教师也被看作是同乡会的成员,直到他们获得了
某一高级学科的博士学位或硕士学位。⑤ 比文学院教师还低一级的学
生是不符合同乡会正式成员资格的,他们似乎只有通过与任教教师联
合的方式才被行会所接受,但是,他们没有投票和参与学院或同乡会大
会讨论的权利。⑥ 与博洛尼亚大学的同乡会相对缺乏自治地位相比,巴
黎文学院的 4 个同乡会都获得了高度的自治地位。博洛尼亚大学同乡
会的身份地位只能借助法学行会获得部分的承认;而巴黎大学的每个
同乡会都形成了独特的法人团体,拥有自己推选的管理人员和首领、法
规及档案记录、财政、印章、学校、聚会地点和节日等。每个同乡会的独
立性和荣誉感都培养了一种对本同乡会而非文学院(作为整体的大学)
的忠诚感。这常常引起同乡会之间的恶斗,有时会发展到公开斗殴,严
重时曾一度中断办学。通常,产生这些争执的原因有两个:一是在为同

88

---

① 基布尔:《中世纪大学的同乡会》,第 16 页。

② 参见洪诺留三世的敕令,引自《巴黎大学档案》,第 1 卷及注释 45。教皇禁止学
生"根据同乡会推选任何曾给他们带来伤害的人担任同乡会领袖"。(基布尔:《中世纪
大学的同乡会》,翻译版,第 17 页)被推选为官员的性质仍不清楚。

③ 《巴黎大学档案》,第 1 卷及注释 187。

④ 基布尔:《中世纪大学的同乡会》,第 15 页。

⑤ 基布尔:《中世纪大学的同乡会》,第 15 页。

⑥ 基布尔:《中世纪大学的同乡会》,第 15 页。

乡会各自招募成员的区域上发生冲突；二是在同乡会领袖的选举上发生争执。① 在整个 13 世纪和 14 世纪，同乡会之间经常发生这样的纠纷，有时必须由教皇的使节或法国国王的干预才能解决。

巴黎大学的同乡会骚乱是法国省级大学中经常发生的事情，这使得行政当局和教会带着某种偏见来审视这些学术团体反复无常的表现，并且在某些地区尝试采取压制的行动。② 但是，尽管有时候表面上看同乡会的骚乱时有发生且是自我毁灭性的，但它们仍然是中世纪学术机构中最为基本的组织之一，其原因或许在于这些同乡会在大学生活的最初阶段是满足师生团体心理需求最为直接的组织机构。在阿伯丁大学的学生同乡会中，这种存在的组织结构最为相似，其推选领袖的间接方式是符合中世纪的民主程序精神的。③

巴黎大学同乡会的首领与博洛尼亚大学的学生领袖相比，前者更为强势。④ 在其管理职位上，他们不但要执行同乡会的条例和法规，而且还要执行文学院以及大学的条例和法规。因此，在将"studium"（讲习所）的各个部分组合成某种统一体方面，这些领袖都是关键的人物。从法律上来说，每个同乡会的首领可能都起着第一法庭的作用，并且与学生领袖一起来审理纪律案件和违法案件。同乡会首领负责召开同乡会会议，主持处理同乡会事务，代表同乡会参加文学院大会和全校大会。但是，在这些大会上，同乡会首领的作用仅仅是同乡会的代表，在这个意义上他是法人教师团体民主的代理人。例如，在博洛尼亚大学，同乡会的执行官员直接对同乡会大会负责；但是，在巴黎大学，同乡会由于其更加民主的性质及其更牢固的内部结构，与博洛尼亚大学相比，对被选举官员行使管理的力度及其成员个人参与民主的机会方面或许

① 有关巴黎大学的同乡会冲突，参见基布尔：《中世纪大学的同乡会》，第 21—27 页。

② 基布尔：《中世纪大学的同乡会》，第 185—186 页。

③ 基布尔：《中世纪大学的同乡会》，第 183 页；也可参见亚历山大（W. M. Alexander）：《阿伯丁大学的四个同乡会及其欧洲背景》（*The Four Nations of Aberdeen University and their European background*），《阿伯丁大学研究》，第 108 期，阿伯丁，1934 年，第 5—6 页。

④ 有关同乡会首领的许多资料，见基布尔：《中世纪大学的同乡会》，第 3 章。

要大得多。

　　博洛尼亚大学同乡会与巴黎大学同乡会最显著的差别在于:博洛尼亚大学的同乡会在参与大学教学规范的力度方面几乎无所作为;而巴黎大学的每个同乡会都拥有自己的文科学校(主要位于塞纳河南岸的稻草街上),而且大多数文科学校都很集中。同乡会都会定期严格监督这些学校,①每年都会给这些学校选派态度认真的任课教师,上课的学费则由同乡会首领负责收取。直到 15 世纪后半期,这些学校开设的都是文学院的核心课程。然而,到 1500 年时,同乡会的学校逐步被学院所取代。到了 16 世纪早期,学院成了"studium"(讲习所)文科教学的中心。② 同乡会除了管理各自的学校外,还统一被作为文学院的组成部分,制定有关文科课程的条例,例如课程内容、上课时间表、获得文科硕士学位的条件、颁发教学证书的安排等。上述种种条例都得他们预先审查。③ 而且,同乡会直接负责文学学士学位的颁发工作,规定必要的条件,推选考试官以及受理学位申请人的申请。④ 巴黎大学副主教并不关心学士学位的颁发,这项工作是在同乡会的管理下完成的。

　　至少直到 15 世纪中期,同乡会都是大学生活中的一种重要力量。但之后,它开始走向衰落。这部分是因为外地学生人数不断下降,而这种现象在 14 世纪后期已非常明显。百年战争⑤大大削弱了英国—德国同乡会:1383 年,该同乡会只剩下几名成员;而到 1438 年时⑥,记录中只有 2 位教师。外地学生人数减少,也是因为中世纪后期在法国的一

90

---

　　① 有关对其学校监管的详细情况,参见 1328 年法国高卢同乡会通过的立法,《巴黎大学档案》,第 2 卷,第 871 期。

　　② 基布尔:《中世纪大学的同乡会》,第 130—131 页。

　　③ 基布尔:《中世纪大学的同乡会》,第 97—98 页。

　　④ 基布尔:《中世纪大学的同乡会》,第 99—100 页。关于英国—德国同乡会学士的详情,参见加布里埃尔:《1425—1494 年期间巴黎大学的英国—德国同乡会》,引自加兰迪亚:《中世纪大学史研究》,第 176—178 页;也可参见《巴黎大学档案》,第 1 卷,第 202 期。

　　⑤ 百年战争,指法国和英格兰在 1337—1453 年间断续进行的长期战争。——译者注

　　⑥ 《中世纪大学史研究》,第 108 页。

些省份、德国、低地国家①、波希米亚、波兰、匈牙利、斯堪的纳维亚半岛、苏格兰和西班牙各地如雨后春笋般建立起来的大学。这些大学鼓励学者在自己家乡的国土上接受大学教育。结果是，巴黎大学逐步失去了作为一所国际大学的地位。这为 15 世纪大学实现服从君权控制形式的"国有化"奠定了基础。到 1499 年，当路易十二（Louis ⅩⅡ）颁布取消大学罢课权的法令时②，"国有化"的趋势达到了顶峰。大学罢课权是教皇格列高里九世 1231 年在其《知识之父》的敕令中赋予大学的特权，等同于现代工会以罢工为武器。巴黎的"studium"（讲习所）从一个生机勃勃的国际大都市大学降为一个各个方面都萎缩的大学，使得同乡会组织的作用越来越小。同乡会作为文学院内部一个基本组织的功能让位于一个变得越来越官僚化的角色，成为大学内部一个便于行政管理的单位。最终，根据 1793 年国民公会（National Convention）③的法令，取缔了同乡会。

这样，在 13 世纪和 14 世纪时，作为一种行政、教育和互助友爱组织，文学院的 4 个同乡会对巴黎"studium"（讲习所）的管理是至关重要的，为文科教师的生活和工作提供了直接的平台（而教学人员中绝大多数是文科教师）；正是通过文科教师，同乡会的利益被扩大到与之相关的文科学生，尽管其利益尚未知道有多大。同乡会在大学全体大会中起着举足轻重的作用，因为他们控制着全校大会的多数投票权（7 票中的 4 票）和主席的席位。作为一个依法管理机构的实践者，巴黎大学同乡会为文科教师民主参与大学事务提供了宝贵的机会。在这一过程中，被推选的行政官员对其成员负责，而短期任职的期限规定也限制了权力的过度集中。

到了 13 世纪中期，巴黎"studium"（讲习所）已经取得了相当程度的民主管理和自治。外来势力的干预已被降低到最小程度，主教委派

---

① 低地国家，指荷兰、比利时和卢森堡。——译者注

② 基布尔：《中世纪的学术特权》，第 225 页；拉什达尔：《中世纪的欧洲大学》，第 1 卷，第 430 页；弗奇尔：《中世纪的大学》，第 168 页。

③ 国民公会，指 1792—1795 年间的法国议会。——译者注

的副主教权力被最大程度削弱了,剩下的只是礼节上的职能。至此,法兰西王朝在推动大学的利益方面是善意的和积极的,特别是涉及到与市镇当局有关的事物时更是如此。与大多数大学一样,巴黎"studium"(讲习所)作为一个法人团体,曾寻求通过获得各种特权和赦免权来摆脱其他市民必须受到的约束和承担的义务,而且在这方面的努力获得了罕见的成功。尽管巴黎大学的教师摆脱了当地教会控制的枷锁,但是,他们仍然继续寻求教皇的保护,在这方面教皇曾经为确保他们的特权和自治地位做出很大的努力。然而,从 13 世纪开始,针对教师行会的地位出现了第二次巨大的挑战,这次挑战来自"studium"(讲习所)内部的托钵僧团(mendicant orders)①,旷日持久的冲突使大学受到了极大的创伤,这表明当一些事情涉及到普世教会更为广泛的利益时,大学不能再依靠教皇对其根本利益给予必然的支持。

　　本质上讲,与托钵僧的冲突主要是围绕着这些修道士与世俗教师在讲习所里所占据的地位而展开的。② 两个主要的托钵僧团——多明我会(Dominican)和方济各会(Franciscan)的教育活动是由各个层次的学校提供的。这些学校大多都是由多明我会教士发展而来,办学层次从初级到高级不等,讲授的科目也很广泛,包括文科、哲学和神学。据说,每个修道会都有一个分散的大学机构,主要满足本修道会多数成员的需求;但是,不可避免的是,巴黎大学神学的声誉使得各修道会都选派自己最有天赋的学生到巴黎大学去,在自己教会的教师指导下攻读

----

　　① 托钵僧团,亦译托钵修会,是天主教僧侣团体之一,以云游布道、托钵乞食区别于其他修道院僧侣组织。主要有方济各会和多明我会(多米尼克)两大派。——译者注

　　② 关于托钵僧的争论,参见拉什达尔:《中世纪的欧洲大学》,第 1 卷,第 370—397 页;莱夫:《13 和 14 世纪的巴黎大学和牛津大学》,第 34—47 页;弗奇尔:《中世纪的大学》,第 83—91 页;也可参见摩菲(J. C. Murphy):《巴黎大学早期的方济各会 "Studium"》(*The Early Franciscan Studium at the University of Paris*),引自《公共讲习所:关于埃斯特克·L·加布里埃尔的专题研究》(*Studium Generale:Studies offered to Astrik L. Gabriel*),多蒙科什(L. S. Domonkos)和施奈特(R. L. Schneider)主编:《中世纪教育史教材与学科》(*Texts and Studies in the History of Mediaeval Education*),巴黎圣母院,印第安纳,第 11 期(1967 年),第 159—203 页。

神学学位。这里,没有人想把大学整合起来,修道士们想的是在讲习所内部有自己一块独一无二的飞地。他们只想与神学院联合,拒绝所选派的学生选读文科课程。他们认为,自己选派的学生在进入大学之前已在所在修道会的学校学过文科科目;而且,在修道会的这些学校里,文科课程的讲授可以避免大学课程所遭受的亵渎神明的污染。因此,当文学院一度在大学管理中处于主导地位时,修道士忽视文学学位的做法则破坏了行会法人团体的整体感。更有甚者,通过这一做法,修道士们因而避免了向教师行会宣誓以遵守大学法令。问题是,教师行会的权力是要求所有享受大学特权的人都要进行服从宣誓;但修道士似乎更希望行使成员的特权而不想服从教师行会的权威。修道士们关心的主要是自己的事务,而不是大学的问题;他们只希望服从自己上级的决定,而不是教师行会的指令。除了原则上的问题以及修道士在"studium"(讲习所)搞分裂的情况外,尤其是当世俗教师们开始感到自己的生计受到修道士活动的威胁时,双方的紧张关系就进一步加剧了。1229年至1231年期间,大学处于分裂状态。修道士们都留在了巴黎,起初是受格雷蒙那的罗兰(Roland of Cremona)①的管理,后来又由圣瑟尔的休(Hugh of St. Cher)②的管理。多明我会开办的学校开始招收世俗学生。1231年,当世俗教师回来后,神学院的第一个多明我会讲座依然保留着,这一格局为修道士和其他宗教修道会渗透并最终垄断控制巴黎大学的神学教学奠定了基础。圣杰尔的约翰(John of St. Giles)③和哈尔斯的亚历山大(Alexander of Hales)④等著名的世俗神学家都被吸引来加入修道士的队伍,而越来越多的学生喜爱修道士的学校而非世俗神学教师的学校。1254年,世俗教师只在神学院的15席讲座中占有3席。

① 格雷蒙那的罗兰(1178—1259),多明我会神学家和早期经院哲学家,巴黎大学第一位多明我会任课教师。——译者注

② 圣瑟尔的休(1200—1263),法国多明我会修士,红衣主教和知名圣经注释者。——译者注

③ 圣杰尔的约翰(约1180—1259或1260),多明我会修士和医生,担任过英国多明我会教会学校的校长。——译者注

④ 哈尔斯的亚历山大(约1170或1185—1245),英格兰神学家、哲学家。——译者注

　　1253 年,教师行会要求所有学院的教师都要进行宣誓以服从并遵守大学的法令,参加教师行会命令的停止一切学术活动的行动,否则就要面临被开除的惩罚。① 在 1253 年的罢课活动期间,修道士们拒绝服从,并依然留在巴黎进行教学;最后导致他们被大学开除,于是他们就向教皇英诺森三世申诉。在接下来的 8 年里,双方的争执逐步到了白热化的程度。1254 年,世俗教师向教士和基督教社会的所有世俗学生发出了一封信②,在信中世俗教师带着感情比较详细地阐述了自己的不平。此外,世俗教师们还控诉了多明我会教士表里不一、采取欺诈的手段取得了自己的讲座的行径。他们指出,除非对这些教士加以管理并迫使他们服从大学当局的管理,否则教士们会对神学院的世俗生活构成威胁。教皇英诺森四世一般都倾向于世俗教师的观点,但是,他的继任者教皇亚历山大四世(Alexander Ⅳ)对教师行会的基本权力发起了全面攻击,试图剥夺教师行会 13 世纪前半期在教皇的支持下赢得的这些权力。他在 1255 年颁发的教谕《新的光明之源》(*Quasi lignum vitae*) 是一篇为修道士行为进行全面辩解的檄文③,其中,极少涉及对大学发展历程以及学术自由内涵的理解。根据该教谕,未来的罢课运动每个学院的人数须达到三分之二以上投票赞成才是合法的,这给了那些占神学院三分之一多的修道士们一个有效的否决权。而且,教皇以其愚昧的固执还宣布,副主教有权给任何他认为合适的人颁发教学证书,进而由教皇控制了神学院从各个修道会招生的权力。为了支持这些破坏教师行会自治根基的措施,亚历山大四世还在接下来的几年里巧妙地利用其手中的权力广泛地干预大学事务,将大学作为一个被教皇的政策滥用的工具,而不是作为一个孜孜追求学术的独立团体。亚历山大四世在其在位的后期,微调了自己对大学的态度,幸运的是,1261 年他死后,教廷的政策才有所松动。④ 尽管修道士们不再是文学院的成员

93

————————

　　①《巴黎大学档案》,第 1 卷,第 219 期。

　　②《巴黎大学档案》,第 1 卷,第 230 期。

　　③《巴黎大学档案》,第 1 卷,第 247 期。

　　④ 关于这次妥协过程的每个细节尚不清楚。参见拉什达尔:《中世纪的欧洲大学》,第 1 卷,第 392—393 页。

（这并未给他们带来太多的问题），但是，他们已再次进入到大学的核心；多明我会被允许持有两个神学讲座席位，而其他修道会则各占一个讲座席位。大学的特权得到了全面的确认。到 1318 年时，世俗教师的力量得到了加强，促使修道士们宣誓服从大学的法规。修道士们在没有任何明确反对的情况下宣誓服从，这样，关键的问题最终以世俗教师的胜利而得到圆满的解决。与修道士的争执在巴黎大学一直延续到整个中世纪后期，但是，这些争端并未完全呈现 13 世纪数量众多的冲突。①

对于 13 世纪的巴黎"studium"（讲习所）而言，大学与修道士之间的争执并不是一点益处都没有。这类争执后来在牛津大学和剑桥大学以更小的规模重现。② 组织尽可能大的反抗力量与修道士进行斗争的需求，最终带来的是大学内部凝聚力的进一步增强。文学院作为讲习所中最大的权力组织机构得以进一步加强；神学院由于面临着修道士的压力，被迫将其风俗习惯变成书面的法令条文，并与文学院教师更加紧密地联合在一起。冲突的巨大代价（例如，经常向罗马申诉以及后来的诉讼）使得大学制定了一个内部等级税收制度以及其他征收形式，这反过来提高了大学财政主管的权威。尽管如此，教廷特别是教皇亚历山大四世本人已表明，大学的特权并不是神圣不可侵犯的，学术自由也是瞬间即逝的资产，并非如校外组织（无论是教会还是中央集权王朝）的权力那样能轻易获得。

然而，巴黎"studium"（讲习所）与教廷的临时妥协并没有重现。从 13 世纪后期开始，大学逐步被法兰西国王所控制。③ 由于法兰西王室

---

① 参见拉什达尔：《中世纪的欧洲大学》一书的编辑们所添加的附笔，第 1 卷，第 396—397 页。

② 参见拉什达尔：《中世纪的欧洲大学》一书的编辑们所添加的附笔，第 1 卷，第 393—395 页；弗奇尔：《中世纪的大学》，第 90—91 页。

③ 参见弗奇尔：《中世纪的大学》，第 159—162、167—169 页以及《百年战争结束后的巴黎大学》(The Universities of Paris at the End of the Hundred Years' War)，引自《大学政治：从中世纪后期至现代早期的个案研究》，第 47 页之后的内容；拉什达尔：《中世纪的欧洲大学》，第 1 卷，尤其是第 425 页之后的内容；伊尔赛：《法国及外国的大学史：起源与现状》，第 1 卷，第 205 页之后的内容。

在性质上越来越集权化和神权化,教皇在法兰西的影响呈现出相应的衰微,大学也必然转向王室使其作为自己特权的守护神。随着大学失去了其国际性的特征,它开始趋向于依赖巴黎的最高法院,而不是教皇对大学案件的裁决。① 1446 年,查理七世(Charles Ⅶ)试图使这一发展得出某个合理的结论,即通过立法自动撤销所有上诉到最高法院的有争议的案件②,而这一强制性的因素却让讲习所难以忍受。在 14 世纪,巴黎大学已经卷入了法兰西政治。大学代表参加了三级会议(States General)③,有时(在大分裂期间)在一些政治问题上征求大学的意见,而且大学一般都会加入支持皇室政策的行列。但是,在 15 世纪阿马涅克派和勃艮第派之间的内战动乱期间以及依据特鲁瓦条约(Treaty of Troyes)设立的英国—法国"双君主"(double monarch)时期,大学扮演的角色则显得犹豫不决、左右摇摆,有许多决定其目的本身都是短期的权宜之计。在整个过程中,大学一直为维护其特权而焦虑,其奉行的一贯的和平主义政策并不是根据当时局势的政治现实而做出的,而是根据神学博士和教会法学家对传统神学观点的坚持以及战争对其学术自由和经济收入所形成的威胁做出的。④ 大学在 15 世纪政治环境中的软弱和失当,使得其本身易于受到王朝的控制。从皇家的观点来看,巴黎"studium"(讲习所)是 15 世纪时这个中央集权化的国家里某个不合潮流的怪物。因为大学远离民族主义情感和普遍关注的问题而高高在上,只关心甚至沉迷于自己的特权和法人社团的性质以及作为传统观念中基督教社会价值观守护神的作用。那种认为大学的特权是具有普遍意义的断言,不得不屈从于君主和神权政治的观点,即这些特权都是由王室的特许而授予的,并且须接受王室司法的直接控制。1446 年,查理七世的检察官判决如下:"创建法人团体的权力归属这个王国的国

95

---

① 参见莱夫:《13 和 14 世纪的巴黎大学和牛津大学》,第 49、71 页。

② 基布尔:《中世纪的学术特权》,第 213 页。

③ 三级会议,中世纪法国的等级代表会议,参加者有僧侣(第一等级)、贵族(第二等级)和市民(第三等级)的代表。——译者注

④ 参见弗奇尔的观点,《中世纪的大学》中的相关内容。

王,而不是教皇或其他人,因为他是这个王国的国王,无须屈从任何人。"由国王建立大学并赋予其特权,这才是合情合理的。大学是他的产物,就必须尊重他、敬畏他和服从他。① 随着大学在 15 世纪的发展,这是对大学和君主制之间关系的精辟概括。将大学置于皇室的严格控制下,通过查理七世、路易十一(Louis XI)、查理八世(Charles VIII)以及路易十二对大学事务的不断的(甚至经常是鲁莽的)干预而得以强化。当 1499 年路易十二取消了大学的罢课权力时②(该权力于 1462 年被教廷废除),巴黎"studium"(讲习所)失去了最后的讨价还价的平台。尽管巴黎大学的教师保留了其个人特权的精髓,例如,财政和服兵役赦免权等,但是,作为一个法人社团,他们已被剥夺了经过艰苦努力而赢得的自治地位。对大学的权力的否定不仅使得学术生活停滞和大批学者离开这座历史悠久的城市,而且最重要的是标志着,巴黎大学从一个令人痴迷的国际性大学、一个欧洲教师型大学的先驱变成了一个处处受到限制的国家机构、一个仅仅留下自身先前影子但又与中世纪后期更加稳定和更加地区化的大学模式相一致的大学。当对于建筑、物质以及国家声望等的评价高于学术自由以及自由自在并超越人为限制地追求学术时,大学进入了一个新的但或许不那么重要的发展阶段。但是,即使处于衰落的状态,巴黎大学仍是 20 世纪北欧的继承者们难以轻易模仿的一个学术场所。

---

① 引自弗奇尔:《中世纪的大学》(翻译版),第 61—62 页;弗奇尔:《中世纪的大学》,第 168 页。

② 参见弗奇尔:《中世纪的大学》,第 90 页及注释 1。

# 第五章　牛津大学、剑桥大学及其他大学

## 第一节　牛津大学

在整个 12 世纪,欧洲的教育中心从修道院转移到了主教学校,从而使世俗教育更加符合日益城市化的社会需求。由于巴黎大学是主教学校运动的直接结果,因此,人们也进而希望见到类似的英国大学运动。但是,巴黎大学的模式并未在英格兰生根开花——没有一座天主教城市产生一个持久的"studium generale"(公共讲习所),尽管可能有几座城市只差一步之遥。① 牛津大学和剑桥大学是在没有大教堂的城镇里建立起来的。或许,与欧洲大陆相比,主教学校运动在英格兰并没有开展得那么深入。很长时间以来,修道院生活主导着英国社会,比起欧洲大陆的大教堂,英国世俗的大教堂一直都不怎么富裕,影响力也不大。因此,它们在教育生活中所起的作用要小得多。在英国教育中,要想分离并归类出一个确定的主教学校阶段作为从修道院过渡到大学发展的时期,是并不容易的。

传说,牛津大学是由阿尔弗雷德大帝(Alfred the Great)、查理曼大帝或从特洛伊来的流亡者建立的,这都是一种易受欺骗的古董式学术研究的产物,很久以前就以神学领域为滋生的土壤。同样传说,剑桥大学是由亚瑟王(King Arthur)在公元 531 年建立的,或是由一个身份不

---

① 参见亨特:《12 世纪后期的英语学习》,《皇家历史学会会报》,第 4 辑,第 19 期 (1936 年),第 19 页之后内容的相关部分(修订再版),引自萨瑟恩编:《中世纪史论文集》(*Essays in Medieval History*),伦敦,1968 年,第 160 页之后的内容。

明、年代不确定的西班牙王子坎塔伯(Cantaber)创建的,当然这也没有多少真实性。① 牛津大学和剑桥大学如同博洛尼亚大学和巴黎大学一样,并没有具体的成立时间,而是经过一段时间形成的。一个 12 世纪的观察者如果将牛津或剑桥选为未来英国大学的落脚点,那一定是见识超人的。因为在 12 世纪,有各种各样的教育中心,而一个成熟的公共讲习所可以从它们当中产生。例如,林肯的主教学校到 12 世纪时已接近发展成为一个公共讲习所。② 到了 1176 年,林肯的主教学校似乎已拥有了法律中心的声誉,因为根据布洛瓦的彼得(Peter of Blois)③的信件,林肯的主教学校与博洛尼亚大学、巴黎大学和牛津大学一起成为法律研究中心;然而,到了 12 世纪末,神学可能已经赶上或超越了法律而成为主要的学科。埃克塞特同样对学习神学和法律的学生具有吸引力。④ 赫里福德特别令人关注,根据赫里福德教士西蒙·杜·弗雷内(Simon du Fresne)的诗歌(约 1195 年至 1197 年),那里不但在教所有"七艺"的科目,而且还教泥土占卜(geomancy)和法学科目。⑤ 约克的学校颇有知名度,而根据 1183 年威廉·费兹史蒂芬(William Fitzstephen)⑥的描述,伦敦的学校似乎专长于文科,包括书面修辞和口

① 有关牛津大学和剑桥大学的神秘起源,参见拉什达尔:《中世纪的欧洲大学》,第 3 卷,第 5—6 页、第 276 页及注释。

② 亨特:《12 世纪后期的英语学习》,《皇家历史学会会报》,第 4 辑,第 19 期(1936年),第 21—22 页(《中世纪史论文集》,第 107—108 页);也可参见爱德华兹(K. Edwards):《中世纪英国世俗主教座堂》(*English Secular Cathedrals in the Middle Ages*),第二版,曼彻斯特,1967 年,第 185—186 页。

③ 布洛瓦的彼得(约 1135—1211),法国诗人和外交家。——译者注

④ 亨特:《12 世纪后期的英语学习》,《皇家历史学会会报》,第 4 辑,第 19 期(1936年),第 28 页(《中世纪史论文集》,第 114 页);爱德华兹:《中世纪英国世俗主教座堂》,第 186—187 页;也可参见孔特纳(S. Kunttner)和拉思伯恩(E. Rathbone):《12 世纪的盎格鲁—诺曼底圣典学者》(*Anglo—Norman Canonists of the Twelfth Century*),《传统》(*Traditio*),第 7 期(1949—1951 年),第 279—321 页。

⑤ 该诗由亨特选编,见《12 世纪后期的英语学习》,《皇家历史学会会报》,第 4 辑,第 19 期(1936 年),第 36—37 页(《中世纪史论文集》,第 121—122 页)。

⑥ 威廉·费兹史蒂芬(?—约 1191),英国牧师,坎特伯雷大主教托马斯·贝克特(Thomas Becket)的管家。——译者注

语修辞。① 据称,北安普顿一时已被看作"studium generale"(公共讲习所),至少在亨利二世(Henry Ⅱ)统治时期短暂存在过。那时,它的地位与牛津大学一样重要,甚至可能更加重要。② 但是,无论如何,这些学校最终都未发展成为完全意义上的大学。到 12 世纪末,牛津大学在教育上已经取得了决定性的领先地位,并发展成为唯一的一个永久性的公共讲习所。

拉什达尔认为,牛津大学的学术领先地位尤其应归功于 1167 年从巴黎大学迁来的英国学者和学生。这次教师和学生的迁徙③缘于贝克特争论(Becket Controversy)④过程中的一个偶然事件。拉什达尔指出,在这之前,尽管有个别教师在牛津大学教书,但还没有证据表明当时牛津大学不只一位教师在那里教书。而在大量教师未确定在那里教书之前,牛津大学还不能被视为"studium generale"(公共讲习所)。但是,有证据表明,1167 年后不久,牛津大学有几位教师在从事多个学科的教学活动,并且吸引了周边广大地区的学生前来学习。为此,拉什达尔得出结论:牛津大学作为一个公共讲习所的真正开端,可以追溯到从巴黎大学迁来的师生在牛津城安顿下来之后。

拉什达尔的观点的依据,首先基于当时索尔兹伯里的约翰在流亡过程中于 1167 年写的一封信。在这封信中,约翰谈到了根据占星预言所实现的事件,包括从法国驱逐外来学者等;其次基于亨利二世(Henry

98

---

① 参见威廉·菲茨蒂芬(William FitzStephen):《伦敦纪事》(*Descriptio Londoniae*),引自罗伯逊(J. C. Robertson)主编、罗尔斯(Rolls Series)辑:《托马斯·贝克特历史文献》(*Materials for the History of Thomas Becket*),第 3 卷,伦敦,1877 年,第 4—5、9 页。

② 参见理查森(H. G. Richardson):《12 世纪北安普敦的学校》(*The Schools of Northampton in the Twelfth Century*),《英国历史评论》,第 56 期(1941 年),第 595 页之后的内容。

③ 关于该论文,参见拉什达尔:《中世纪的欧洲大学》,第 3 卷,第 11 页之后的内容;以及利奇(A. F. Leach)的评论和拉什达尔的书面回应,《中世纪的欧洲大学》,第 3 卷,附录 1 以及第 465 页之后的内容。

④ 贝克特争论或贝克特争端,指 1163 年至 1173 年之间发生在坎特伯雷大主教托马斯·贝克特与英格兰国王亨利二世之间的争吵。——译者注

Ⅱ)颁布的一系列针对贝克特跟随者的法令，其中包括英国的教师往来欧洲大陆必须获得皇家的许可，享有圣俸的英国教士想要保住自己的收入就必须在 3 个月内返回英国等条文。① 拉什达尔认为，英国的学者，包括一部分 1167 年从巴黎大学回来的学者，而且有相当数量的在巴黎大学学习并享受俸禄的英国教士为了保住自己的俸禄而返回了英国。尽管有关享受俸禄教师的敕谕日期难以确定，但是，拉什达尔认为，这一敕谕或许就是 1167 年的法令（在很大程度上的推测），并且这也是索尔兹伯里的约翰信件中提到的学者大批离开法国的主要原因。这一观点遭到了各方的质疑，而认为拉什达尔似乎夸大了 12 世纪中期在巴黎学校学习的英国享受俸禄教士的数量②：1167 年颁发的有关学者返回英国的敕谕并未在贝克特争论中任何的具体事件里获得有力的佐证（因为争论事件可以在一个特定时期来说明这个问题）。另外，拉什达尔也过于轻率地假定，大多数返回的学者都被牛津大学接受了，或许有学者在其他一些城镇短暂停留后并没有分散地去英格兰各地的学术中心以俸禄为生，而是回到了牛津城。但是，即使牛津大学吸纳了所有迁来的学者，这件事本身也是不可能的，因为有关的数量或许不足以明确提升牛津城学校的学术地位。为了证明牛津"studium"（讲习所）的起步是那些从巴黎大学艰难跋涉而来的学者形成的结果，拉什达尔低估了这一渐变过程的内涵，认为牛津大学正是通过这一过程获得了大学的地位。拉什达尔对牛津大学 1167 年突然明显地跃升为学术中心的印象深刻，并将这一发展归结为某种外在的原因。在大学历史发展的早期阶段，有很多的例子说明公共讲习所的形成是因为学者迁徙而造成的，因此，拉什达尔认为，牛津大学正是早期大学实例的最好验证。（这或许是欧洲大学历史上最早的因学者迁徙而形成大学的例子）尽管牛津大学在形成过程中有过一些调整，但是，其组织结构大部分都

① 有关索尔兹伯里的约翰的函件与亨利二世的法令，参见拉什达尔：《中世纪的欧洲大学》，第 3 卷，第 12—16 页及修正说明。

② 参见萨尔特（H. E. Salter）：《中世纪的牛津大学》（*The Medieval Universty of Oxford*），《历史》（*History*），第 14 期（1929—1930 年），第 57 页之后的内容。

是模仿巴黎大学的模式。由此,拉什达尔开始质疑大学循序渐进发展的模式,并假设牛津大学是由 1167 年迁徙到牛津城的学者通过全部照搬和引进巴黎大学的机构特征而建立的。①

拉什达尔的观点尽管在引发人们关注牛津城的学校由于迎来大批从巴黎大学迁来的学者而获得迅速发展方面极有参考价值,但是,如果考虑到 12 世纪众所周知的英格兰教育生活的各种变化,这一观点似乎就显得过于极端,而难以符合实际情况。尤其是,他的观点并没有注意到北安普顿学校的发展情况。在巴黎大学大批学者外迁之后的一个时期,北安普顿似乎已发展成为一个临时性的公共讲习所。理查森所列举的一系列证据②有力地说明,在亨利二世统治期间,北安普顿的讲习所一度接受林肯主教的管辖,使得牛津城的学校相形见绌。与牛津城的学校相比,亨利二世使北安普顿的讲习所成为其女儿西班牙王后的宠儿。③ 然而,从 1193 年起,由亨利二世支持的教士被派往牛津大学,而理查森在解释这一现象时提到了北安普顿学者的不安全感。由于国王理查一世(Richard Ⅰ)没有参加十字军东征,北安普顿的学者受到了来自敌对城市的威胁,后来一些学者迁徙到相对安全的牛津城,这次迁徙的日期大约是 1192 年。④ 如果理查森的观点准确的话,那么,这说明 1167 年巴黎大学大批学者外迁本身并不能使牛津城的学校转变成为超越所有其他的"studium"(讲习所)。因此,牛津大学或许是更为渐进发展的结果,北安普顿学者的迁徙是牛津大学形成的基石,而并非拉什达尔坚持认为的巴黎大学大批学者的外迁是牛津大学建立的主因。这是牛津大学在整个 12 世纪持续发展过程中的重要一环。

---

① 有关牛津大学摆脱巴黎大学的制度模式的程度,参见理查森:《12 世纪北安普敦的学校》,《英国历史评论》,第 56 期(1941 年),第 101 页之后的内容。

② 理查森:《12 世纪北安普敦的学校》中的相关内容。

③ 理查森:《12 世纪北安普敦的学校》,《英国历史评论》,第 56 期(1941 年),第597 页。

④ 理查森:《12 世纪北安普敦的学校》,《英国历史评论》,第 56 期(1941 年),第603—604 页。

　　牛津城的学校发展的一个重要因素是其有利的地理位置。[①] 的确，牛津城虽然并不是主教区所在地，但是，它的战略位置很重要。牛津城处于北安普顿与南安普顿之间英格兰王国中部的中央地带，是通往伦敦、布里斯托尔、贝德福特、伍斯特和沃里克等几个重要城镇道路的交汇点，往南部海岸的道路也很便利。因此，牛津城四通八达，可以通往英格兰大多数地方，从欧洲大陆过来也很方便。1100 年前后，亨利一世（Henry I）在离牛津城不远处建立了伍德斯托克皇宫。随着 1121 年圣弗里德维茨修道院和 1129 年奥森尼修道院的建立，牛津城开始受到来自政治和教会的影响。我们无法找出多少令人信服的证据，以表明在牛津城的学校与圣弗里德维茨修道院、奥森尼修道院、城堡中的圣乔治世俗教士教堂或其他宗教组织之间有着某种联系。[②] 如果它们之间当时存在着某种联系的话，那么或许教师和学生早已置于某个教会住持的管辖之下了。但是，前来领导学术行会的校长（chancellor）是教师自己推选的人，是教师中的一员，他行使着从林肯主教那里获得的代理权，而根本没有依靠牛津城中任何一个宗教组织。也没有证据表明，教师以前是归某个当地教会管理的，后来获得了自由。

　　12 世纪上半期，尚没有具体的证据表明牛津城有大学组织机构；但是，有确切的证据说明，牛津城的学校能够吸引具有国际声望的学者加

---

　　① 有关牛津大学早期的发展，参见拉什达尔：《中世纪的欧洲大学》，第 3 卷，附录 1，第 5 页之后的内容；霍兰（T. E. Holland）：《12 世纪的牛津大学》(*The University of Oxford in the Twelfth Century*)，引自伯罗斯（M. Burrows）主编：《丛书》(*Collectanea*)，第 2 卷，牛津历史学会（Oxf. Hist. Soc.），第 16 期（1890 年），第 137 页之后的内容；萨尔特：《中世纪的牛津》(*Medieval Oxford*)，牛津历史学会，约 1936 年，尤其是第 90 页之后的内容和《中世纪的牛津大学》，第 57 页之后的内容；马利特（C. E. Mallet)：《牛津大学史》(*A Hisotry of the University of Oxford*)，第 1 卷，伦敦，1924 年，第 1 章："牛津大学的起源"(*The Origins of Oxford*)，第 1 页之后的内容；斯特里克兰·吉普森（Strickland Gibson)：《牛津大学》(*The University of Oxford*)，《维多利亚郡史》，第 3 卷，萨尔特和洛贝尔（M. D. Lobel）主编，伦敦，1954 年，第 1 页之后的内容；莱夫：《13 世纪和 14 世纪的巴黎大学和牛津大学》，第 76 页之后的内容。

　　② 但是，萨尔特在其前面被引用的文章中强调，城堡中的圣乔治与学术有着某种联系，但并未与在圣玛丽教堂周围建立的牛津城的学校有直接的联系。

盟,能提供至少是不定期的法律和神学讲座。① 最早有文献记载的的教师是西奥博尔德斯·斯坦彭西斯(Theobaldus Stampensis)②,他于1117 年前(或许早在 1094 年)便开始在牛津城授课,而之前他似乎是在法国的卡昂任教。根据奥森尼修道院编年史记载,罗伯特·普伦(Robert Pullen)③这位曾在巴黎大学给索尔兹伯里的约翰讲过课的教师,于 1133 年开始在牛津连续教了 5 年神学;蒙默思的杰弗里(Geoffrey of Monmouth)④从 1129 年至 1151 年居住在牛津城;牛津城教区副主教、圣乔治修道院院长沃尔特(Walter)是杰弗里的赞助人,他自己也是一个小有名气的学者;罗马法学家威卡利亚(Vacarius)可能也于 1149 年在牛津城讲授过民法。最早有关牛津城的学校拥有几个学科以及大批学者和学生的具体证据出现在吉拉德·坎布伦塞斯(Giraldus Cambrensis)⑤的描述中,他在 1185 年前后面对聚集的学者朗读他的《爱尔兰地志》(*Topographia Hibernica*)一文,据说这一活动持续了 3 天。1190 年前后,牛津城的学校被一位当时在牛津读书的佛里斯兰(荷兰)的学生描述为一个"社团"(studium commune)。在"studium generale"(公共讲习所)这一术语获得专业的准确含义之前,"studium commune"是作为几个交替使用的术语之一⑥,因此,在当时似乎可以肯定地说,牛津已被看作一个传统意义上的公共讲习所,以文科、法律和神学为主。这一点,因 12 世纪末在牛津拥有不少知名学者,包括莫利的丹尼尔(Daniel of Morley)和内夸姆的亚历山大(Alexander of

*101*

---

① 关于这一段,参见前面有关牛津大学早期的发展所引述的参考文献。孔特纳和拉思伯恩论述了牛津大学的法律中心地位,参见《12 世纪的盎格鲁—诺曼底圣典学者》,《传统》,第 7 期(1949—1951 年),第 323—327 页。

② 西奥博尔德斯·斯坦彭西斯,12 世纪牛津大学的教师。——译者注

③ 罗伯特·普伦(? —1146),英国神学家。罗马天主教会的神职人员,牛津大学的创始人之一。——译者注

④ 蒙默思的杰弗里(? —1155),英格兰中世纪编年史家。——译者注

⑤ 吉拉德·坎布伦塞斯(约 1146—约 1223),中世纪威尔士的牧师和编年史学家。——译者注

⑥ 参见孔特纳和拉思伯恩:《12 世纪的盎格鲁—诺曼底圣典学者》,《传统》,第 7 期(1949—1951 年),第 24 页及注释 3。

Nequam)①等这个众所周知的事实而得到进一步验证。这些学者为这个新生的"studium"（讲习所）带来了知名度，从而有助于稳定其在英格兰教育生活中的突出地位。

很显然，牛津大学形成的日期是在 12 世纪。拉什达尔关于巴黎大学大批学者外迁的观点必须放在更广阔的环境中加以考察，而牛津的讲习所产生的过程是缓慢而又渐进的。考虑到北安普顿学校的情况，我们必须谨防过早地将牛津大学看作英格兰的主要学术中心。目前已知的是，牛津的学校并未有组织地去依赖牛津城中任何的宗教机构。从这一点看，牛津大学与博洛尼亚大学较为类同，而与巴黎大学的情况则有差异。

从一般意义上讲，巴黎大学的体制为牛津大学的建立提供了示范。尽管如此，它们之间仍存在着很大的不同，这与牛津大学的本土发展有一定的关系。它们之间最根本的差异是校长（chancellor）的地位。第一次提及校长一职是在教皇使节、图斯库卢姆大主教尼古拉斯（Nicholas）1214 年授予牛津教师的裁决书中。② 该裁决书为 1209 年大学关闭后重新开启其校门铺平了道路。这一特许状与 1200 年由菲利普二世颁发给巴黎大学师生的特许状是一脉相承的。同巴黎大学的情况一样，该特许状界定了大学成员的教会地位，给予他们一种相对于对平民管理的受保护地位。该特许状中 3 次提到了大学校长一职，尽管校长一词如此表述出来，但并不清楚校长一职是否已经存在而只是空着，或者是否依据该特许状正在设置，或者是否这只是将来某个时候准备实施的目标。③ 总之，这一措辞表明，校长职位是一个新的官职，而林肯教区的主教可能不久后会为教师任命一位校长。现在还不得而知，

102

---

① 内夸姆的亚历山大（1157—1217），英国学者和教师。——译者注

② 萨尔特再版的《牛津大学的中世纪档案》（*Mediaeval Archives of the University of Oxford*）两卷本，牛津历史学会，第 70 期，1920—1921 年，第 1 卷，第 2—4 页。有关该特许状，基布尔在其《中世纪的学术特权》一书中进行了论述，见该书第 268—269 页。

③ 最早的参考文献，参见以下论述：要根据（以下人）的建议："……选派令人尊敬的林肯教区主教休（Hugonis）以及他的继任者、当地的副主教、官员或者主教指派的学者去那儿担任大学校长……"

第一任校长是何时任命的,但很有可能是教师杰弗里·德·卢西
(Geoffrey de Lucy)在 1214 年 6 月 27 日和 1216 年 8 月的某个日子成
为校长的。他是牛津大学最早的校长之一,甚至可以说是第一任校
长。① 人们不能忽视 1201 年提到的"牛津学长"(magister scolarum
Oxonie)的说法②,这可能意味着牛津学长是牛津大学校长一职的早期
形式。③ 无论是什么样的情形,有一点可以确信,校长一职在 1209 年前
(在 1209 年至 1214 或 1215 年期间,牛津大学停办了)就已有了设立的
先决条件,并且到 1216 年 8 月时就已设立了。④ 林肯教区主教威尔斯
的休(Hugh of Wells)曾明确禁止一位早期的校长罗伯特·格罗斯泰特
(Robert Grosseteste)使用"校长"(cancellarius)的头衔,只允许他用"学
长"(magister scolarum)的称谓。⑤ 这或许是在涉及到校长一职的独立地
位问题上,林肯教区主教与教师行会之间发生严重管辖权争执的前兆。

　　起初,英国大学的校长都是由林肯教区和伊利教区主教选派的官
员来担任的,他们行使委派主教的管理权。⑥ 然而,在早期的时候,校长

103

---

① 参见切尼(M. G. Cheney):《牛津大学早期的校长——杰弗里·德·卢西牧
师》(Master Geoffrey de Lucy, an early chancellor of the University of Oxford)一
文,该文章虽经常不被重视,但却非常重要,《英国历史评论》,第 82 期(1967 年),第
750 页之后的内容。

② 萨尔特:《斯纳普的法令汇编和其他记载》(Snappe's Formulary and other
records),牛津历史学会,1924 年第 80 期,第 318 页;《中世纪的牛津》,第 93 页。

③ 拉什达尔:《中世纪的欧洲大学》,第 3 卷,第 38 页及注释 1。

④ 关于杰弗里·德·卢西任职可能截止的日期,参见切尼:《牛津大学早期的校
长——杰弗里·德·卢西牧师》,第 735 页。

⑤ 引自《斯纳普的法令汇编和其他记载》(Snappe's Formulary),第 52 页。罗伯
特·格罗斯泰特可能在 1221 年担任校长;斯特里克兰·吉普森:《牛津大学》,《维多利
亚郡史》(牛津),第 3 卷,第 2 页。

⑥ 有关牛津大学校长,参见斯特里克兰·吉普森:《牛津大学早期法规汇编》
(Statuta Antiqua),第 70—74 页;关于剑桥大学校长,参见皮科克(G. Peacock):《剑桥
大学法规的考察》(Obervations on the Statues of Cambridge University),伦敦,1841 年,第
17—18 页,尤其是第 18 页及注释 4 中的精彩论述;以及哈克特(M. B. Hackett):《最初
的剑桥大学法规:文本及其历史》(The Original Statutes of Cambridge University: the
Text and its History),剑桥,1970 年,尤其是第 104—118 页。

开始由教师推选,然后仅仅是将候选人提交主教确认即可。① 这样,教师进行着实际的选举(被视为是主教的"提名"),而主教则保留着法律上的任命权力。因此,校长从一个远离教师的高高在上的官员很快变成大学教师中的真正的一员——一个教师行会自治的拥护者和化身。主教并没有过度地去干预"studium"(讲习所)的日常管理,但这并没有取消他这样做的合法权力。尽管校长是教区主教的代理人,但是,主教有权在他认为合适的时刻取代校长行使权力。在英格兰,大学为自由而抗争主要集中在主教顽固坚持确认校长候选人的权力方面。经过旷日持久和激烈的斗争,牛津大学于 1367 年获得了这一斗争的胜利。当时,乌尔巴诺五世(Urban V)免除了主教的确认权力。1401 年,剑桥大学也赢得了类似的免除权力。1395 年,牛津大学获得了完全不受教会管辖的权利,而剑桥大学于 1432 年依据巴恩威尔斯大审判②(Barnwell Process)的裁决获得了与牛津大学一样的权利。③ 在整个抗争过程中,英格兰的大学校长们领导了大学摆脱教会控制的运动,并且通过这样的做法进一步加强了校长和行会之间的凝聚力。正是由于英格兰的大学校长和教师行会达成了一致且在维护和主张大学利益方面发挥了领导作用,最终使得英格兰的大学校长一职与巴黎大学的校长一职之间

---

① 参见斯特里克兰·吉普森:《林肯主教区有关牛津大学校长确认的档案》(*Confirmations of Oxford Chancellors in Lincoln Episcopal Registers*),《英国历史评论》,第 26 期(1911 年),第 501 页之后的内容;以及希尔(R. M. T. Hill):《林肯主教奥利弗·萨顿与牛津大学》(*Oliver Sutton, Bishop of Lincoln, and the University of Oxford*),《皇家历史学会会报》,第 4 辑,第 31 期(1949 年),第 1 页之后的内容;关于剑桥大学,参见拉什达尔:《中世纪的欧洲大学》,第 3 卷,第 280—282 页;哈克特:《最初的剑桥大学法规:文本及其历史》,第 107—108 页。

② 1432 年,根据一份伪造的教皇洪诺留一世(Honorius I)的特许证,剑桥大学在巴恩威尔斯大审判中成功地摆脱了伊利教区主教的控制,获得了独立自治。——译者注

③ 有关牛津大学与林肯主教持续的冲突,参见希尔:《林肯主教奥利弗·萨顿与牛津大学》,第 1 页之后的内容;有关牛津大学校长与林肯主教之间关系的众多具体论述,参见基布尔:《中世纪的学术特权》,第 4 章中的相关内容;有关剑桥大学,参见艾伦·B·科班:《中世纪后期剑桥大学的国王学堂》,第 108—111 页;有关主教对中世纪北欧大学的控制,参见希尔:《林肯主教奥利弗·萨顿与牛津大学》,第 16—21 页。

泾渭分明。与之相反,巴黎大学的校长则远离教师行会,偶尔似乎还成为巴黎大学发展和走向自治的主要绊脚石,英格兰的大学校长们则充当了大学和外界教会当局之间的缓冲器,并集中体现了学术团体的独立愿望。正因为如此,也因为没有出现权力真空,所以,在英国不具备出现一个单独的教师行会首领的动因。尽管文科在英国大学的管理中地位显赫,但是,它也没有机会取得与巴黎大学所获得的相等的主导地位。①

　　英国的大学校长们所行使的权力,要比巴黎大学校长或博洛尼亚大学学生领袖多得多。② 英国的大学校长一职是一个独一无二的官职,它集广泛的精神、民事和刑事管辖权于一身,使这些英国的大学校长拥有了比他们的欧洲大陆的同行更加集中的权威。精神上的管辖权源于教区主教,后来变为校长法庭的教会权力,因为校长法庭是依据教会法规来审理案件的。通过该法庭,校长可以对师生行使一定的司法管辖权,这就犹如"常规审判"(iudex ordinaries)或犹如副主教管理教士的权力。这些管辖权包括:纪律教育、道德教育以及在其管辖区内死亡的大学成员的遗嘱认证等。由于可以剥夺教师的学术特权、取消教学证书和逐出教会等,因此,校长的地位变得更加威严。依据一系列王国授予的权力,校长还有权审理许多涉及到学生和市民的复杂案件;作为一个住校的大学主管,他像一个现代大学的执行校长,最终要负责监督讲习所的教育和行政生活的方方面面。

　　英国大学与巴黎大学在制度发展方面的另一个本质不同在于,牛津大学和剑桥大学同乡会的作用相对不是很重要。③ 依据巴黎大学的示范,英国大学的教师同乡会是在文学院中产生的,尽管有关剑桥大学

────────

　　① 那种普遍认为牛津大学的文科教师在大学管理和生活中所获得的权力比巴黎大学的同行还要大得多的观点,我并不完全赞同。(莱夫:《13 世纪和 14 世纪的巴黎大学和牛津大学》,第 101 页)

　　② 参见莱夫:《13 世纪和 14 世纪的巴黎大学和牛津大学》,第 102 页及注释 7 中的参考文献。

　　③ 有关牛津大学的同乡会,参见基布尔:《中世纪大学的同乡会》,第 160—166 页,剑桥大学同乡会构成一节(第 166—167 页);也可参见莱夫:《13 世纪和 14 世纪的巴黎大学和牛津大学》,第 98—100 页。

同乡会的证据不多。但是，英国大学同乡会的发展时断时续。因为在英国这样一个与外界联系不多的环境里，对于这类集体防御组织的需求比起在一个大都市生存的大学来说远没有那么迫切和必要。起初，牛津大学也有 4 个同乡会（效仿巴黎大学的做法，但证据并不充分），但是，由于来自英伦诸岛之外的学者数量很少，基于岛内地理位置的划分，以英国北部和南部划分的两个同乡会的格局基本确定下来：一是来自奈内以北的教师①构成北方人或波利勒斯人同乡会；二是来自奈内以南的教师构成南方人或澳大勒人同乡会。（苏格兰人属于北方人同乡会，而包括威尔士人、爱尔兰人以及外国的学者则属于南方人同乡会）牛津大学的同乡会似乎并没有太多的自治地位，也没有选举学生领袖来领导自己的组织，它们对学术事务的影响力并不大。或许，只有在同乡会发生骚乱和同乡会之间出现纠纷时，英国大学的同乡会才会与巴黎大学文学院的同乡会有很多相同的地方。处于彼此竞争的学术团体之间打群架行为成了牛津和剑桥街头的顽疾，但是，这与巴黎大学同乡会之间的不和并没多少相似之处。1252 年，在波利勒斯人与爱尔兰学者之间激烈的争执后，签订了一份煞费苦心的调和协议，由此可见牛津大学同乡会骚乱程度之一斑。② 由于经常发生此类的冲突而且冲突不断升级，结果是，1274 年牛津大学所有的同乡会通过合并方式而全部被取缔。但是，即使对同乡会实施压制后，南北分歧依然是牛津大学生活中的一个基本特征，种族不和一直延续至 16 世纪。从更积极的意义来看，大学试图通过确保南北同乡会之间在大学管理机制的大多数层面拥有相同的代表权利，以使地方区域相互排斥的情绪理性化。例如，埃姆登（A. B. Emden）③曾指出，至少在 1509 年前，在两个学监中，总是

---

① 埃姆登（A. B. Emden）：《1509 年前牛津大学管理组织中的北方人和南方人》（*Northerners and Southerners in the Organization of the University to 1509*），《牛津研究丹尼尔·卡勒斯专辑》（*Oxford Studies presented to Daniel Callus*），牛津历史学会，新辑第 16 期，1964 年，第 1—5 页表明，奈内河而非特伦特河被认为是北方和南方的分界线。

② 该协议收录于《牛津大学早期法规汇编》，第 84—87 页。

③ 埃姆登（1888—1979），牛津大学历史学家，曾担任牛津大学圣埃德蒙德学院院长。——译者注

一个北方人和一个南方人;多达 34 名大学官员的任命(但不包括校长、棒持(bedels)①或注册官)都受到这一地理观念的影响。② 这一长期的政策生动地表明,中世纪的大学是通过疏导种族忠诚和偏见进入建设性的轨道来包容它们的,从而避免种族的歧视。

因此,有一点很清楚,那就是牛津大学的同乡会,似乎也包括剑桥大学的同乡会,只不过是巴黎大学同乡会苍白的仿制品而已。它们在大学机制中的作用并不大,由于它们没有持续存在的理由使自己拥有持久的生命力,因此,最终因在学术环境里没有多少与上层建筑的相关性而逐步萎缩了。

通过对牛津大学同乡会的压制,2 位学监与校长一起全身心地投入到大学的管理之中,而学监编制在巴黎大学是 4 位。③ 学监管理的内容众多,这使得他们成为大学日常生活中无所不在的人物。他们负责执行大学的公共事务,包括召开全校大会、制定校长的工作日程、监督学位授予活动、制定课程表、执行大学的纪律以及管理"studium"(讲习所)的财务等。由于校长和学监的手中集中了如此多的大学事务,由此可以说明一个事实,即牛津大学与巴黎大学不同的是,高级学院并不是竞争力很强的独立组织,也意味着重要的全校大会在牛津大学承担了许多巴黎大学高级学院和同乡会所担负的事务。牛津的讲习所因而更加集权化,管理更加单一,而不是巴黎大学的联邦式的管理机制。

牛津大学的最高权力机构是任课教师和非任课教师大会或全体大会,由各个学院的硕士和博士组成。④ 作为大学的最高立法机构,全体大会有权制定、废除和修改法令,并根据需要召开全体大会。由于牛津

---

① 棒持,牛津大学、剑桥大学校长权标的属员。——译者注

② 参见埃姆登:《1509 年前牛津大学管理组织中的北方人和南方人》中的相关内容。

③ 有关学监的作用,参见《牛津大学早期法规汇编》,第 74—77 页;潘廷(W. A. Pantin):《牛津大学的生活及其档案》(Oxford Life and Oxford Archives),牛津,1972 年,第 7 章;莱夫:《13 世纪和 14 世纪的巴黎大学和牛津大学》,第 100—101 页。有关学监的法规,参见《牛津大学早期法规汇编》,第 63—67、121—123、149—151、195—198 页。

④ 有关大学全体教职员大会,参见斯特里克兰·吉普森:《牛津大学早期法规汇编》,第 21—39 页;有关全体教职员大会的立法文献,参见《牛津大学早期法规汇编》,第 18—19、124—125、127—128、291—293 页。

大学的自治机构运作相当不便，因此，大学的日常管理是由任课教师大会或少数教师大会来负责的，该大会是由各个学院实际任教的硕士和博士组成的。该大会不能制定法令，其功能是将大学的法令应用于个别案例，在必要时加以解读。该大会保留下来的最早有日期的条例是在 1278 年。① 该条例与学位、颁发学位、法定豁免以及选举程序等事务有关，而且经常使用。② 第三种大会称之为文科教师大会或"黑衣大会"（congregatio nigra），体现了"studium"（讲习所）里文科教师在数量上占据优势。该大会先把文科教师的特权诉求形成习惯，并在立法提案中针对这些诉求单独加以斟酌商议，然后才送交大学的最高权力机构，即任课教师和非任课教师大会进行讨论。③ 至于黑衣大会有多重要以及多长时间开会都不清楚。到了 15 世纪，少数教师大会主要由任课的文科教师组成，并在处理大学事务方面取得了与全体大会同等突出的地位；这或许能说明中世纪后期文科教师大会逐渐衰落的原因。

如果将牛津大学制度看作巴黎大学制度稀释的翻版，那显然是简单化了。因为牛津大学校长的地位和作用、同乡会以及高级学院与巴黎大学这些人员和机构的作用有着很大的不同。由于缺少主教学校原有的根基以及牛津大学偏狭保守的学术声誉，因此，至少这两个因素使得牛津大学的发展体现了地方性的特征。的确，经过一些重大的调整，牛津大学复制了巴黎大学的学科课程和学位体制，但是，这并不足以降低牛津大学制度发展的特色。

正如博洛尼亚大学是以法律为主要科目、巴黎大学是以逻辑和思辨神学为主要科目一样，13 世纪前半期，牛津大学在数学和自然科学领域享誉整个欧洲。牛津大学的自然科学是以大量新的亚里士多德的文献为基础的，在 1150 年后的大约一个多世纪里，这些文献陆陆续续传

---

① 《牛津大学早期法规汇编》，第 106 页。

② 有关该大会的议事日程，参见现存最早的大会登记册：潘廷和米切尔（W. T. Mitchell）：《1448—1463 年间的大会登记册》（*The Register of Congregation 1448—1463*），牛津历史学会，新辑第 22 期，1972 年。该登记册的主要内容是任课教师大会的议事议程。

③ 参见《牛津大学早期法规汇编》，第 127—128 页。

入欧洲。① 如前所述,12世纪的英国人一直都在大张旗鼓地发掘科学
文献,而且他们在数学和自然科学领域开创性的进步为新生的牛津大
学找到了一个安身之地。12世纪的英国科学传统在牛津大学得到了全
面的发展,因为牛津的讲习所并未受到教皇在13世纪初期禁止巴黎大
学讲授新亚里士多德论著禁令的影响,这一禁令的目的在于保护巴黎
大学作为思辨神学的最重要堡垒的纯洁性。而且,牛津大学所设科目
并未见到多少思辨或辩证的痕迹,也没有阻止牛津大学对"四艺"科目
日益浓厚的兴趣。② 罗伯特·格罗斯泰特现在被认为是牛津科学运动
的主要代表人物③,曾于1235年至1253年担任林肯教区的主教,但显
然也是牛津大学早期的校长。他对大量的新的亚里士多德论著的翻译
以及将之吸纳为中世纪科学研究的两个具有恒久价值的程序原则奠定
了基础,即一是把数学作为一种描述和解释手段应用于科学;二是强调
观察和实验是检验一个特定科学假设的基本方法。这些原则改变了以
往用相当随意的方式来研究科学数据的做法,取而代之的是用综合的
数学探究方法来研究物理现象,以观察、假设和实验验证三个步骤循环
为基础。作为牛津大学方济各会的第一位讲师,格罗斯泰特将他的兴
趣和方法传授给了人数偏少的方济各会教士。这些人在1250年确定
了牛津大学在数学和科学知识方面的趋向。然而,13世纪后期,牛津大
学这一学术中心却被削弱了,一方面是因为这些修道士有周游列国的
习性,开始在牛津大学的学术生活中逐步增加了以巴黎大学为基础的
神学内容和研究方法;另一方面是因为在巴黎大学与牛津大学之间经
常的教师交往,对于英吉利海峡两岸更加追求知识的标准化产生了很

108

---

① 参见《牛津大学早期法规汇编》,第17页。

② 参见诺尔斯:《中世纪思想发展史》,第280—281页。

③ 有关格罗斯泰特的贡献,参见克龙比(A. C. Crombie):《罗伯特·格罗斯泰特
与实验科学的起源》(*Robert Grosseteste and the Origins of Experimental Science*);以
及克龙比:《格罗斯泰特的科学史地位》(*Grosseteste's Position in the History of
Science*),引自《罗伯特·格罗斯泰特:学者兼主教》,第98页之后的内容。也可参见莱
夫:《13世纪和14世纪的巴黎大学和牛津大学》,第272页之后的内容。

大影响。① 尽管如此，在 14 世纪的牛津大学，数学和科学研究依然常常与神学研究在更高的层面上融合在一起，托马斯·布雷德沃丁(Thomas Bradwardine)②以及默顿学院其他院士的学术生涯足以证明这一点。

　　一般而言，英国的大学受到的神学和政治纠纷的影响比起巴黎大学来要少得多，巴黎大学因而成为欧洲的学术缩影。③ 例如，与托钵修道会的争执在巴黎大学进行得如火如荼，但在牛津大学和剑桥大学却反应平平；从主教控制下获得自由的斗争在牛津大学属于较为温和的一种，但巴黎大学就要激烈得多。在剑桥大学，则更是风平浪静。"大分裂"(Great Schism)④对英国大学的直接干预无法与巴黎大学所处的纠结相比。尽管近来有资料表明，剑桥大学卷入的程度比以往想象的要深得多。⑤ 英国大学的生活节奏比起欧洲大陆要慢得多，也不容易因欧洲大陆出现的某次危机就会脱离原有的轨道。从 13 世纪到 16 世纪，牛津大学和剑桥大学从英国君主制的持续支持方面获益匪浅，有必要时也从教廷那里获益良多。这种一定程度上的安全环境使得牛津大学得以平稳地发展。

## 第二节　剑桥大学

　　众所周知，有关中世纪时期剑桥大学的资料与有关中世纪时期牛津大学已有的丰富资料相比，只有很少一部分被保留了下来。⑥ 即使如

---

① 诺尔斯：《中世纪思想发展史》，第 281 页。

② 托马斯·布雷德沃丁（约 1290—1349），英格兰基督教坎特伯雷大主教、神学家。——译者注

③ 参见伯威克：《博洛尼亚大学、巴黎大学和牛津大学：三所大学的中世纪生活方式和思想》，第 175 页。

④ 指 11 世纪东西方教会的大分裂。——译者注

⑤ 厄尔曼：《剑桥大学与大分裂》(*The University of Cambridge and the Great Schism*)，《神学研究》，第 9 期(1958 年)，第 53 页之后的内容。

⑥ 参见科班：《中世纪后期剑桥大学的国王学堂》，第 2 页。

此,直到最近①,剑桥大学的历史学家对自己大学的历史还是没有表现出应有的兴趣。其结果是,剑桥大学至少在 1400 年前的一段时期在欧洲的声誉很低,常常处于中世纪大学排行榜的末尾②,而且在大学发展的总体描述中经常被一笔带过。中世纪英国的学术史经常都是通过牛津大学的眼睛来考察的,而剑桥大学则被认为是牛津"studium"(讲习所)的低一等的派生物,在每个重要的方面都是以其母体为原型的。然而,过去 15 年的研究似乎对这些传统的观点进行了必要的修正,表明中世纪时期的剑桥大学对于英国学术历史的若干重要方面都具有重要的意义。

剑桥大学起源的证明文件是属于最不完整的那种资料。将这个讲习所看作剑桥镇 12 世纪文法学校发展的产物并受到伊利、克罗兰德和巴恩威尔教区教士活动的资助和支持的观点,其猜测成分太多,可信度也不高。③ 到了 1200 年,仍然没有证据表明,在剑桥有一个处于初创期的高等教育的"studium"(讲习所)的存在;这所大学似乎是在 1209 年牛津大学罢课后一批牛津大学的师生迁徙到剑桥后才得以出现的。因此,人们必须承认,剑桥大学的建立主要是归功于牛津大学大批师生的外迁。④ 一些外迁的教师可能以前就是剑桥人或东英格利亚人,这就为剑桥在 1209 年被牛津大学部分流亡师生选为目的地提供了假设的原因。⑤ 还有相当数量的教师与伊利主教尤斯塔斯(Eustace)有联系,而且他们中间的一些人都曾在牛津大学任教过,这也为外迁师生选择剑

111

① 有关中世纪剑桥大学史研究的新近成果,参见科班:《中世纪后期剑桥大学的国王学堂》,第 2 页及注释 1。

② 参见拉什达尔诽谤性的言辞,引自《中世纪的欧洲大学》,第 3 卷,第 284 页;但也可参见埃姆登对拉什达尔苛刻判断的定性,《1509 年前牛津大学管理组织中的北方人和南方人》,注释 2。

③ 参见皮科克:《剑桥大学法规的考察》,第 14—15 页;马林杰(J. B. Mullinger):《剑桥大学》(The University of Cambridge)三卷本,剑桥,1873—1911 年,第 1 卷,第 324 页;拉什达尔:《中世纪的欧洲大学》,第 3 卷,第 277 页及注释 1 和 3。

④ 参见哈克特的近作:《剑桥大学最初的法规:文本及其历史》(The Original Statutes of Cambridge University),第 44 页。

⑤ 参见哈克特:《剑桥大学最初的法规:文本及其历史》,第 45 页之后的内容。

桥提供了另一个原因。① 显而易见，在牛津"studium"（讲习所）1209 年至 1214 或 1215 年关闭期间，剑桥的学校建立了起来。到 1225 年时，已有了校长的记载②，这表明教师和学生已在伊利主教区建立了一个与众不同的社团。教廷最早承认剑桥大学似乎是 1233 年 6 月 14 日教皇格列高里九世颁发给"剑桥的校长和大学师生"的特许状。③ 该特许状赋予剑桥基本的大学司法特权，而这种特权巴黎大学于 1245 年、牛津大学于 1254 年才获得。④ 因此，很显然，到了 1233 年，剑桥的讲习所就正式获得了社团的司法实体地位，并在校长的领导下运作起来。其校长在 1250 年或更早以前是由任课教师推选出来的。现存最早关于剑桥大学的校长和教师的立法记载是 1246 年⑤；大学最早有记载的法令是 1276 年 3 月 17 日颁布的，剑桥大学很高的组织程度和先进的学术水平在法令中得到了体现。⑥

112 最近，贝内迪克特·哈克特（Benedict Hackett）博士在罗马的安吉拉图书馆发现了一份手写本，里面有很多未标日期的对开本，题目是《剑桥大学的组织条例》(Constituciones Universitatis Cantebrigiensis)。这对于了解 13 世纪剑桥大学组织发展的成熟度以及本土化的程度都有重要的意义。⑦ 哈克特博士认为，这份手写本是剑桥大学最初体制的唯一幸存的版本，人们由此可以重建其原始法令的条文。根据这些资料，他得出这样的结论：原始法令的条文编制于 1234 年至 1254 年期间。他提出，

---

① 参见哈克特：《剑桥大学最初的法规：文本及其历史》，第 45 页之后的内容。

② 哈克特：《剑桥大学最初的法规：文本及其历史》，第 47—48 页。

③ 奥夫拉伊（L. Auvray）：《格列高里九世登记册》(Register, Gregory IX)，巴黎，1896 年，第 1 卷，第 779 页，第 1389 期。

④ 参见哈克特：《剑桥大学最初的法规：文本及其历史》，第 53 页。

⑤ 哈克特：《剑桥大学最初的法规：文本及其历史》，第 55 页。

⑥ 有关该法令对于剑桥大学早期历史的意义，参见厄尔曼：《中世纪剑桥大学校长权威的衰落：一部重新发现的法令》(The Decline of the chancellor's authority in medieval Cambridge: a rediscovered statute)，《历史杂志》(Historical Journal)，第 1 期（1958 年），第 176 页之后的内容。

⑦ 哈克特博士的研究成果是以《剑桥大学最初的法规：文本及其历史》一书发表的，参见该书。

"截至 1250 年前后"是一个简便有效的时期。哈克特博士进一步认为，这些体制包含了一整套的法规，是中世纪大学的第一套大学规约。这些规约由 13 章组成，篇幅长短不一，内容涉及到大学的一些基本事务，例如，校长、院长(rector)、任课教师、棒持、评议会、司法程序、着装、纪律、寄宿舍和房屋租金、纪念捐赠者以及大学成员的葬礼等。特别有意义的是，还有一些有关招收攻读硕士学位学生的简短规章、有关讲座和辩论的条例以及学期制的章节等。遗憾的是，没有有关课程或规定教材方面的条例，只提到了文科、教会法和神学三门科目，但没有提及民法或医学科目的内容。

通过将这些体制与牛津大学以及其他 13 世纪"studia generalia"(公共讲习所)的早期法令进行比较，并追踪其截至 16 世纪的发展历程，哈克特博士收集到了大量的细节资料，描述了中世纪的剑桥大学在制度和学术方面的发展历程。剑桥大学在这些方面的发展充分说明，人们不能将剑桥大学的体制仅仅看作是一种派生结果，而必须把这个问题放在国际大学历史这个更大的范围里来考察。更有甚者，如果日期准确的话，那就使剑桥大学到 13 世纪中期已经是一个完善的、被习惯看作是公共讲习所的观点得到了印证。为此，哈克特博士增加了许多新的、具有说服力的证据材料。然而，尚不完全清楚的是，哈克特博士是否已证明了他的观点，即这些法令符合一个完整的成文法典，以及它是中世纪大学的第一部大学规约。[1] 很有可能，剑桥大学拥有早期的法令，但同样也有一些或许仅仅是成文的习惯而已，只是后来获得了法令形式。然而，这份手写本由于缺少体现编写意图的前言，条文在一些关键方面上过于简练省略，存在着有关条文、法律、学术以及日期等紊乱的问题，以及安吉拉手写本没有官方身份，可能是私下委托制定等情况，这必然使我们对哈克特博士让人无法认可的结论心存疑虑。

人们普遍认为，教皇约翰二十二世(Pope John XXII)于 1318 年正

---

① 参见我对哈克特博士这本极具价值的著作的评述，引自《英国历史评论》，第 97 期(1972 年)，第 167—168 页；也可参见厄尔曼更加详尽的评述，引自《基督教会史杂志》，第 22 期(1971 年)，第 134—139 页。

式授予剑桥大学"studium generale"（公共讲习所）地位。[①] 这种观点认为，在这之前，剑桥大学并未获得与牛津大学同等的地位，而牛津大学被习惯看成是"studium generale"（公共讲习所）的地位已有一个多世纪有余。但是，根据比以往使用的更为准确的资料来看[②]，重新审视教皇约翰二十二世的敕谕可以清楚地看到，教皇的授权仅仅是确认剑桥大学是一个公共讲习所，并未在任何方面对其地位有任何改变。对于这所中世纪大学的历史而言，这一点具有非常重要的关系。因为它说明，教皇任何时候都没有授予，更不要说是正式授予剑桥大学以"studium generale"（公共讲习所）的地位，而只是通过教皇的确认加强了其地位而已。从这一点可见，至少在 13 世纪某段时期和 14 世纪早期，剑桥大学已经在最广泛的意义上被公认为是一个公共讲习所（studium generale），而不仅仅是地区性的大学[③]（respectu regni）。这似乎是对哈克特博士的研究持支持态度的观点。由于剑桥大学并不是获得教廷认可的"general"（公共的）大学，因此，它肯定是根据习惯被认为是"general"（公共的）大学。所以，人们可能由此而认为，即使剑桥大学当时并没有像它的那个比自己更卓越、规模更大的英国同行一样在欧洲享有声誉，但它所享受的地位比牛津大学丝毫不逊色。的确，现在证明，剑桥大学与所有其他历史悠久的"studia"（讲习所）如巴黎大学、博洛尼亚大学、牛津大学、帕多瓦大学和奥尔良大学齐名，它们都是根据"一般习俗"（ex consuetudine）而不是通过教皇的立法获得了"studia generalia"（公共讲习所）的地位。有必要强调的是，作为对中世纪时期

---

① 丹尼弗尔：《中世纪至 1400 年大学的诞生》，尤其是第 352—353、375—376 页。（我以为，哈克特博士在其书中第 177 页里似乎歪曲了丹尼弗尔有关该教皇特许状的观点。）拉什达尔：《中世纪的欧洲大学》，第 3 卷，第 283 页；里奇（J. P. C. Roach）：《剑桥大学》（*The University of Cambridge*），《维多利亚郡史》（剑桥），第 3 卷，伦敦，1959 年，第 154 页。

② 科班对约翰二十二世这封信函进行了重新研究，参见《爱德华二世、教皇约翰二十二世与剑桥大学》（*Edward Ⅱ, Pope John ⅩⅫ and the University of Cambridge*），引自《约翰·赖兰兹图书馆目录》（B. J. R. L.），第 47 期（1964 年），第 49 页之后的内容、第 68 页之后的内容，该信函的修订版，见第 76—78 页的附录。

③ 此类学校授予的学位只在英格兰王国境内有效。——译者注

剑桥大学地位考证的补充,到 15 世纪初,剑桥大学似乎已经进入了欧洲知名大学的行列之中。为佐证这一点,我们可以举例说明当时的情形。例如,在 1417 年德国康斯坦茨大公会议(Council of Constance)结束之际,大主教们不辞辛苦地专门给剑桥大学发去一封函件,告知剑桥大学他们已推选了新的教皇。据目前所知,牛津"studium"(讲习所)并没有得到相似的函件。[①]

　　同样,在学院历史领域,剑桥大学也为英国的学术生活做出了不可忽视的贡献。第六章详细介绍了剑桥大学具有学术影响力的一些领域。在这方面,剑桥大学的国王学堂具有双重的意义。除了在一些重要学术领域具有开拓创新的特征外,剑桥大学在中世纪时期英国的众多学术团体中表现得与众不同。[②] 在剑桥大学校园内爱德华二世(Edward Ⅱ)礼拜堂的扩建中,可以找到剑桥大学起源的印记。两百多年来,国王学堂一直作为国王个人色彩极为浓厚的场所:国王学堂的社团支出全部靠皇家经费维系,而且后面继任的国王都保留着国王学堂保护人的身份,每个院士和院长都是由国王任命的。这些与众不同的体制特征,使得国王学堂与所有其他同皇家有关系的英国学院有所不同。可以毫不夸张地说,国王学堂的社团在英国大学的历史上具有里程碑意义。因为它不仅产生了英国大学校园里的第一个皇家教师团体,而且开启了皇家与英国大学之间最早的体制纽带。这种大学与政府的关系后来扩展到牛津大学和剑桥大学所有的"皇家"学院。但是,正是由于同皇家的这种独一无二的关系,国王学堂依然是整个中世纪时期大学与朝廷之间这种关系的最后希望。作为对中央政府的教育支持,国王学堂的社团的主要功能之一是为教会和政府部门提供教育人才的储备。值得注意的是,在所有高级学科中,民法是国王学堂的主要学术重点:从 14 世纪早期,英国国王就开始扶持国王学堂的民法学科。他们的成功还可以通过这样的事实加以证明:国王学堂是剑桥大学培

114
115

---

　　① 有关整个问题的详尽论述,参见厄尔曼:《剑桥大学与大分裂》,附有主教信函的文本以及第 75 页之后的内容。

　　② 该段落的结论,参见科班:《中世纪后期剑桥大学的国王学堂》中的相关内容。

养民法人才的最重要的摇篮。在皇家的直接保护和鼓励下,国王学堂想在英国大学法律学科的永存和复兴运动中发挥其中心作用,这一运动产生的一部分原因是要满足对法律人才日益增长的需求,而这种需求源于百年战争和欧洲教会会议至上主义(European Conciliarism)等运动,还有一部分原因是要营造一种法律思想氛围,从总体上有利于王权更为浓厚的神权政治方向。进一步的研究成果也表明,国王学堂只是王权在中世纪的英国促进民法学科发展所资助的几个研究中心之一。

近来的研究方向一直是去修正和大部分地否定剑桥大学在 13 世纪和 14 世纪的传统形象。无论是从组织发展和本土化演变程度的角度来看,还是从法律地位或者学院发展的意义、吸引知名学者的魅力的角度来看,剑桥大学都是中世时期英国学术生活中的一股重要力量。

## 第三节　中世纪后期的大学

在大学自发产生时期之后,有关中世纪后期大学的历史尚未有人来著书立说。① 这是一个犹如一幅不确定的镶嵌图案艺术的研究领域,其中粗略的概括与专题研究发现的结果很不协调地并存在一起。过去忽视这一主题的原因在于,人们一直认为,中世纪后期的大学已开始走下坡路了,而且都是欧洲原型"studia"(讲习所)的劣质翻版,显示出其组织和知识方面衰败的症候。但是,有差异并不一定就是衰落:中世纪后期的大学时刻调整自己以满足变化中的社会需求的做法表明,大学运动始终是一股强劲的力量,并没有固化曾经充满生命力的理想。如果仅仅是因为这些大学没有如法炮制在大学发展初期博洛尼亚大学、

---

① 有关中世纪后期的大学,参见伊尔赛:《法国及外国的大学史:起源与现状》,第 1 卷;拉什达尔:《中世纪的欧洲大学》,第 2 卷;弗奇尔:《中世纪的大学》,第 105 页之后的内容;科勒(H. Koller):《大学的建立》(*Die Universitäts-Gründungen des*),第 14 章;贾尔亨德茨(Jahrhunderts):《在萨尔斯堡大学的演讲》(*Salzburger Universitätsreden*),萨尔斯堡,1966 年,第 10 期。

巴黎大学、牛津大学、帕多瓦大学或蒙彼利埃大学所取得的地位，当代的人们或许不该把 14 世纪和 15 世纪的大学看作是衰落的展示标志，稀缺价值（scarcity value）的结果是更容易看出差异。如果在 1300 年有 15 至 20 所这样的大学，那么，到 1500 年时已有大约 70 所大学了。[①]那不管是什么标准，这都是大学形势十分乐观的标志。甚至考虑到历史较长的"studia"（讲习所）的学生数量会出现大量的重新分布，这种大规模的大学扩张可以推断，欧洲的学生人数[②]和教学人员都有相当大的增长。社会中崛起的这股学术力量在日益华丽的大学建筑上反映出来，而这样设计的目的是为了拥有永久的声望。由于与周围城市环境紧密地融合在一起，中世纪后期的大学再难轻易使用迁徙手段来加以威胁了。这也标志着，大学已根本脱离了那样的时代，即不稳定是大学生活的标志，不断的迁徙是学术职业的危险之一。知识人才散布在如此广泛分布的"studia"（讲习所），从而打破了历史悠久的大学垄断的统治地位；但是，这些讲习所在大都市的分散并不一定意味着大学标准的降低；这种情况引发的或许是在一个广泛的地域空间中所进行的某种调整。尽管这些问题难以估量，但是，人们也不该想当然地产生这样的想法，即因为原型的"studia"（讲习所）遭受了学生人数和学术方面的逆转，所以，新的大学的水平也一定是相应下降的。

　　研究中世纪后期大学的文献资料非常丰富，其中一些文献资料与研究历史较为悠久的"studia"（讲习所）的文献材料在类别上还有所不同。对原型大学历史的主要诠释思路，至少是在它们的形成阶段，应该在很大程度上是以官方的文件如法令、特许状、教皇敕令等为基础的，而且与对知名教师的学术评价结合在一起。对于新的大学而言，有关行政管理和事务性质的资料则更多，包括大学管理记录、账簿、招生名

---

　　① 参见拉什达尔：《中世纪的欧洲大学》中的"大学地图"（University Map），第 1 卷，第 24 页和格林（V. H. H. Green）：《西欧中世纪文明》（*Medieval Civilization in Western Europe*），伦敦，1971 年，第 264—265 页。统计大学数量的问题常遇到这样的情况，即总是不大可能弄清楚一些大学是否在某段时间处于开办状态或者在获得准许建立的敕令之前就已经存在一段时间了，于是情况就变得越加复杂。

　　② 参见弗奇尔：《中世纪的大学》，第 105 页。

单和授予学位名单等。这些文献资料辅以学院的记录、信函、布道以及法律的、教会的、国家的和城市的各类档案。这些资料和档案直接或间接地与大学有关联并且能够从一般意义上更好地洞察大学生活，而所能获得的 13 世纪有关讲习所的文献记载是做不到的。但是，考察和出版这些文献资料仍是不全面的，而综合研究迄今还未付诸实施。[①]

大多数 14 世纪和 15 世纪的大学都是由世俗统治者或城市当局建立，并得到了教廷的确认。例如，特雷维索大学（1318）、帕维亚大学（1381）、奥朗日大学（1365）和布拉格大学（1347—1348）都是由帝国当局建立的[②]（尽管布拉格大学仍然须由教皇批准）。尽管在建立大学的动机方面声望因素显得很突出，然而，除非拟建的大学基于真实的需求以及地理位置优越，否则大学存活的几率是不高的。1339 年建立的格勒诺布尔大学地处多芬地区，这一地区是罗马帝国与法兰西王朝之间有领土争议的地区，其结果是该大学从未发展起来并最终被瓦伦斯大学（1452）所取代。[③] 而且，实际上，大学在建立初期与大学真正进入运作阶段之间，经常有很大的差距。例如，南特斯曾计划建立一所大学，并先后于 1414 年和 1449 年获得了教廷的支持，但是，直到 1461 年大学才实际开办。[④] 另外，一些仍处于萌芽状态或完全是纸上谈兵的大学都得到了教皇的敕令授予其"studium generale"（公共讲习所）的地位。究其原因，其中大多数夭折的原因并不清楚。这类"studia"（讲习所）包括拟建的都柏林大学、卢卡大学、奥维多大学和赫罗那大学。[⑤]

在意大利、法国、西班牙、葡萄牙、德国、苏格兰和斯堪的纳维亚涌现的大学，极大地改变了欧洲的大学地理版图。这使得学生有更多的机会在本地上大学，从而有助于更加突出大学作为世俗政府代言人的

---

① 参见弗奇尔：《中世纪的大学》，第 106—109 页。

② 参见拉什达尔：《中世纪的欧洲大学》，第 2 卷，第 43—44、51—53、184—186 页以及第 213 页之后的内容。

③ 拉什达尔：《中世纪的欧洲大学》，第 2 卷，第 183—184 页；弗奇尔：《中世纪的大学》，第 140—141 页。

④ 拉什达尔：《中世纪的欧洲大学》，第 2 卷，第 203—205 页。

⑤ 有关"纸上大学"（Paper universities）的讨论，参见《中世纪的欧洲大学》，第 2 卷，附录 1，第 325 页之后的内容。

地位。正如中世纪后期的巴黎大学和博洛尼亚大学逐步接受国家的控制一样，一些新诞生的大学从一开始就体现着国家、地区和城市的利益。1409 年，布拉格大学发生了著名的外迁事件。其原因是占布拉格大学师生大多数的德国教师和学生，在听到国王瓦茨拉夫（Wenceslas）修改宪法以确保波希米亚教师在所有大学全体大会上拥有不正当的控制权力时，就立即离开了布拉格大学。这一著名事例只是表明了民族主义问题是如何开始渗透到欧洲"studia"（讲习所）内部的。① 大学失去了它的超越民族的性质，开始逐步成为政治领土不可分割的一部分，并被用来满足国家机构的需求，并为当地人带来好处。例如，在中世纪后期的德国大学，许多教师的地位都近似于国家官员的级别，而这导致专业知识的精神信仰与专业公务员的精神信仰紧密融合在一起。② 在一定意义上，一个国际性的学术大会，特别是与会人员中外国因素占了很大比例的这样一个学术大会的举行势必与世俗政府集权模式产生龃龉，而集权化的政府在中世纪后期是一个非常明显的趋势。尚无证据表明，大学展示出集体行动来反抗成为世俗当局被保护者的角色：它们肯定早已意识到，学术自由从任何法律意义上来说都是一个幻想，社会是不会容忍或在财力上支持学术团体而不谈相当的回报的。③ 在这种形势下，平民教师和学生的比例明显增加（特别是在意大利和法国南部的一些讲习所）也就不足为奇了，因为平民传统在这些地方一直是根深蒂固的。④

---

　　① 有关布拉格大学中的捷克人与德国人之间的争斗问题，参见拉什达尔：《中世纪的欧洲大学》，第 2 卷，第 222 页之后的内容；以及卡明斯基（H. Kaminsky）：《胡斯革命中的布拉格大学：教师的作用》（The University of Prague in the Hussite Revolution: The Role of the Masters），《政治中的大学》（Universities in Politics），第 79 页之后的内容。

　　② 参见勃姆（L. Boehm）：《学术自由与合法学生：中世纪学科的起源及其社会地位》（Libertas Scholastica und Negotium Scholare: Entstehung und Sozialprestige des Akademischen Standes im Mittelalter），《政治中的大学》，第 47 页。

　　③ 参见布鲁克（G. A. Brucker）所著的《佛罗伦萨及其大学，1348—1434》（Florence and the University, 1348—1434）一文中的"佛罗伦萨市镇当局对佛罗伦萨大学所采取的极为功利和善变的态度"，引自《近代早期欧洲的行动和信念》（Action and Conviction in Early Modern Europe），第 220 页之后的内容。

　　④ 参见弗奇尔：《中世纪的大学》，第 111 页。

如果说中世纪后期的大学受到了世俗当局控制的话，那么，与它们的前辈相比，它们在脱离教会控制而获得的自由方面则要大得多。15世纪的"studia"（讲习所）尤其如此。因为在当时与教会当局的艰苦斗争获得了胜利，"主教联盟时代"（commonwealth Episcopal era）已开启。① 在15世纪，大多数法国"studia"（讲习所），例如，艾克斯大学（1409）、多尔大学（1422）、普瓦捷大学（1431）、瓦朗斯大学（1452、1459）、南特斯大学（1460）和布尔日大学等（1464），几乎都完全摆脱了当地教会当局渗透和控制大学社团的企图。同样，14世纪后期和15世纪，主教控制在德国、波希米亚以及低地国家的大学里并不是一个真正的现实话题。这类大学的大多数，例如，布拉格大学（1347—1348）、维也纳大学（1365）、海德尔堡大学（1385）和莱比锡大学等，都将它们初期的发展归功于当地的统治者。② 其他的大学，如科隆大学（1388）和罗斯托克大学（1419）是作为城市的一项公共事业项目建立的。维尔茨堡大学（1402）是由主教建立的，而在这类大学中任命一位主教或大主教担任校长是相当普遍的。但是，如果这样任命的话，那么校长的权威在很大程度上只是一种形式，他的管辖权从一开始或在某个合适的早期阶段就被授予了大学管理机构，通常是由一个院长来代表的。③ 德国、波希米亚和低地国家的大学都是在极为世俗的环境里孕育而生的，这对

① 参见科班：《主教对中世纪北欧大学的控制》，尤其是第13—14页。

② 莱比锡大学的建立归功于绍森几亚的弗雷德里克和威廉·兰德格雷夫斯（Frederick and William Landgraves of Thuringia）。1409年，他们邀请部分从布拉格大学迁来的德国学者在绍森几亚建立了一所"大学"（studium）。

③ 早年在布拉格大学，由大主教担任校长一职，拥有相当大的权力。然而，1397年，大学完全摆脱了所有主教和大主教的管辖。（拉什达尔：《中世纪的欧洲大学》，第2卷，第218、220页）在维尔茨堡大学，主教担任校长一职，但根据大学创建者1410年制定的特权特许状，学生领袖获得了对所有学生在精神上以及临时性的管辖权。（拉什达尔：《中世纪的欧洲大学》，第2卷，第257页）1409年，梅泽堡主教被任命为莱比锡大学的校长，并在其任职初期行使着针对上至学生领袖下至普通学生的管理权；在莱比锡大学，副校长负责学位授予的职责。（拉什达尔：《中世纪的欧洲大学》，第2卷，第259页）1419年，罗斯托克大学的校长是什未林的主教，但到了1468年，学生领袖从该主教那里获得了广泛的管理权力。（拉什达尔：《中世纪的欧洲大学》，第2卷，第261页及注释2）

教会当局行使权力带来了很大的限制。如前所述,在苏格兰①,主教积极创建大学完全都是出于仁慈之心,因而这一动机对于大学必然发展成为一个独立社团是完全一致的。我们可以认为,对于 15 世纪斯堪的纳维亚半岛的大学而言,情况都是如此。②

　　第六章将对德国和苏格兰大学发展的焦点——学院—大学的演变进行论述;第七章将对法国的省级大学以及西班牙和意大利大学广泛的体制特点加以概述。因此,这几点无需在此赘述。

　　博洛尼亚大学和巴黎大学这些原型大学成了中世纪后期大学组织双重模式效仿的榜样,前者发展成为学生型的大学,后者则是教师型的大学。一般来说,欧洲北部的"studia"(讲习所)遵循巴黎大学的框架,而欧洲南部的大学则参照博洛尼亚大学的办学思想。但是,在复制这些大学模式时,每所大学基本上都做了调整和改进。甚至深受巴黎大学模式影响的德国大学,也表现出一些重要的不同。早期的这类大学,例如,布拉格大学和维也纳大学,起初都允许学生参与大学事务的管理,尽管这些博洛尼亚的元素后来被逐步淘汰了。③ 在德国的大学里,院长的地位不再那么重要了。它失去了巴黎大学那种与文科学院的关系,而院长可以从大学的任何部门来推选。有时,该职位授予一位年轻的贵族,在很大程度上是荣誉性质的,因为这样做可以鼓励贵族对大学实施保护,这对于许多德国大学来说是非常有利的。④ 有几所大学的发展体现了混合性的特征,构成了第三种类型的大学体制,其灵感源于将博洛尼亚大学和巴黎大学的模式加以组合。法国的一些省级大学就是

121

---

　　① 参见拉什达尔:《中世纪的欧洲大学》,第 76 页。

　　② 参见拉什达尔在著作中对乌普萨拉大学(1477 年)和哥本哈根大学(1478 年)的描述,《中世纪的欧洲大学》,第 2 卷,第 298—300 页。

　　③ 有关布拉格大学和维也纳大学的同乡会,参见基布尔:《中世纪大学的同乡会》,第 167—176 页;拉什达尔:《中世纪的欧洲大学》,第 2 卷,第 281 页。

　　④ 拉什达尔:《中世纪的欧洲大学》,第 2 卷,第 281 页;参见弗莱彻(J. M. Fletcher):《中世纪德国大学内部的贫富状况》(*Wealth and Poverty in the Medieval German Universities*),引自哈尔(J. R. Hale)、海菲尔德(J. R. L. Highfield)和思莫里(B. Smalley):《中世纪晚期的欧洲》(*Europe in the Late Middle Ages*),伦敦,1965 年,第 410 页之后的内容。

以这种模式建立起来的。大学体制的调整是多种多样的,对原型大学一系列的借鉴、改进以及既借鉴又改进的过程相当复杂,因此,总是难以画出一幅有关这几个后期"studia"(讲习所)体制发展的谱系图。同乡会组织在后期大学里的地位通常并不很重要,无法与 13 世纪大学的同乡会相比,或许这是大学的国际性地位逐步削弱的征兆。[①] 在一些大学,例如,奥朗日大学、多尔大学、卡昂大学、卡奥尔大学、佩皮尼昂大学、南特斯大学、波尔多大学、爱尔福特大学和科隆大学,就根本没有同乡会组织。[②] 而在其他的"studia"(讲习所),例如海德尔堡大学,即使有同乡会,但后来也很快被取缔了。[③] 如果同乡会能幸存下来的话,那么,它们主要是以行政事务单位为主,而不是以大学管理或教学单位为主。中世纪后期同乡会的人为性质和正规性质代表着某种妥协:一方面尊重同乡会是推动大学发展的一种基本的开拓力量;一方面是根据大学发展的需要而逐步淡化同乡会组织在大学图景中的中心地位。同乡会已经成为大学的一个沉重负担:从已过去的年代来看,它们成了民主尴尬的代表。同乡会的离心特点是不会被允许偏离中世纪后期正在形成的、更为单一的大学管理体制的轨道的。

---

[①] 有关中世纪后期大学的同乡会,参见拉什达尔:《中世纪的欧洲大学》,第 4 章和第 5 章。

[②] 拉什达尔:《中世纪的欧洲大学》,第 156、177 页。

[③] 拉什达尔:《中世纪的欧洲大学》,第 177 页。

# 第六章  欧洲的学院运动

中世纪大学的学院一直没有得到应有的重视。过去,学院史实际上经常是对学院创建者所制定的院规的某种评价,对其校友生平的纵览,以及对其建筑风格的描述而已。① 这项工作有时是由学院的一位前任成员来承担的,而该成员可能是一个历史研究业余爱好者。由于学院注定要在欧洲北部一些大学里占据主导地位,因此,它们值得获得更多的重视和研究。不幸的是专业历史学家有偏见地忽视学院研究带来的后果。这意味着,大量的文献资料一直从"虔诚的祭奠"(pious memorial)的研究角度着手;而且,在该研究领域,各种历史的变革力量却经常被忽视,而这种变革力量往往在很大程度上决定了重大事件及其走向。其结果是,诠释学院史的思路处处都受到狭隘研究的影响。以这种狭隘的研究方式呈现给人们的学院史,有点像一种自娱自乐的行为或一个祭祀神龛的仪式,而未能很好地利用比较文献资料,这更使学院史研究陷入一个大杂烩的泥潭中,阻碍了某种可靠的综合研究模式的形成,最终给对学院的研究带来了伤害。

中世纪大学的学院应该受到以往与修道院或男爵世家一样的密切关注,才是唯一正确的途径。因为建立这些学院是对那些攻读法律、神学和医学等高级学科学生的主要的世俗支持;而且,这些学院与托钵僧团一起,在大学里庇护了一代代有才华的和最有创造力的人才。或许,这些人才就是那些最具有潜在的社会和专业价值的学生。我们在合理地评价大学作为中世纪社会中的一个功能实体的场所之前,必须先去

---

① 参见潘廷的论述,《学院的档案:前页附注》(College muniments: a preliminary note),引自《牛津》(*Oxoniensia*),第 1 期(1936 年),第 140 页之后的内容。

了解更多的有关为学生提供庇护的学院的情况,而不是像我们现在这样只专注于中世纪大学而忽略对学院的研究。只有对学院组织和生活进行比较,在此基础上从更微观的角度去考察和思考,我们才有可能最大限度地去评价大多数攻读高级学科的学生,至少是北欧大学的这些学生的学习和生活状况。而且,还必须强调的是,学院初期的作用相对来说是微不足道的,但其后来的发展对历史悠久的大学(如巴黎大学、牛津大学和剑桥大学)的发展方向和性质等都产生了重大影响。因为在中世纪后期,巴黎大学和牛津大学的学院继承了"大学学院"(university schools)公共授课的体制,而这一体制由于不明原因逐渐退化了。学院作为一个自给自足的教育单位的出现,完成了教学中心逐步分散到各个学院的运动,这是英吉利海峡两岸世俗学术生活中引人关注的焦点。从这个阶段起,对巴黎大学和牛津大学历史的研究就与对学院运动的研究密不可分了。同时,几乎可以毫不夸张地说,14 和 15 世纪的大学如果不是因为它们拥有稳定的和富裕的学院的话,那德国和苏格兰的几所大学可能早就不存在了。因此,我们没有理由不去促进对学院的研究。对学院的研究应该获得与它们的历史作用相称的地位,而不是像平时那样受到漠视和草率的对待。

中世纪的世俗学院不仅仅是学堂或寄宿舍的高级版本。学院最成熟的形式是一个自治的、自我管理的和合法的实体,拥有稳固的捐赠以及自己的院规、特权和共同印章。[①] 但是,许多学院,特别是欧洲大陆的学院,却与这个定义有着相当大的距离。例如,如果一个社团被剥夺了增加新成员的权力或完全监督自己行政和治理事务的权力,那么,它的法人地位将会受到严重的限制。有很多的例子表明,巴黎大学和法国一些省级学院的创建者将学院的保护人地位和对学院的最终管理权都给予了外部的机构,例如,大主教、主教、某个宗教机构的首脑或大学董

① 参见加布里埃尔下的定义,《中世纪学院创建者的动机》(*Motivation of the Founders of the Mediaeval Colleges*),引自《中世纪知识分子形成的原因》(*Beiträge zun Berufsbewusstsein des mittelalterlichen menschen*),《中世纪论文集》,第 3 期,第 61 页之后的内容。

事会成员等。① 显而易见,中世纪大学的学术学院包含了各种类型的学院,从英格兰的自治、自我管理以及通常拥有土地的学院类型到法国和意大利的常常是机构简陋的学院,后者实际上只是为学生提供居住场所而已。这些各种类型的学院虽然差异很大,但具有一个共同的因素,那就是,它们都是依靠教育捐赠而建立起来的。学院受捐赠的地位决定了它与学堂或寄宿舍的不同,在大学内部建立起一个永久而又稳定的生存环境。正是这一捐赠因素,为上层的、高度组织化的和富裕的社团,如牛津大学的默顿学院、剑桥大学的国王学堂或巴黎大学的那瓦尔学院等,与那些在学院层面最末端的、数量众多的和原始的住宿性质的学院之间建立起了联系的纽带。

尽管学院运动的主要动因是大学的世俗需求,但是,贬低这一欧洲规模范围内的行动背后的精神和慈善动机将会对人产生一种误导。因为在某种程度上学院是牧师会主持的教堂发展的分支,而牧师会主持的教堂都是由世俗教士组成的,它们拥有附属的文法学校和唱诗班学校。学术性学院与牧师会主持的教堂之间的区别是其功能的侧重点不一样:世俗教士学院的主要利益是宗教为上,教育次之;而对学术性学院而言,不言而喻,这一情况正好相反。尽管如此,许多世俗教士学院都积极参与到小教堂的建设活动中。一般而言,大学学院的创建者,无论是国王、女王、高级神职人员和政治家还是平民贵族的富有的成员,都把建立一所学院看作是一项慈善的和虔诚的事情。学院会修建起一个永久的神龛以纪念他们的善举,并举行弥撒为他们以及他们亲属的灵魂祈祷。也就是说,学院的院士有义务承担起礼拜堂牧师的责任。还有一些学院显然是用来作小礼拜堂的而不是为了其他的用途。例

125

---

① 例如,巴黎索邦学院的最高管理层是由巴黎教区的副主教、主教管区秘书室的教士、神学院的博士、其他两个高级学科学院院长、学生领袖以及学监组成的(拉什达尔:《中世纪的欧洲大学》,第 1 卷,第 508 页);1243 年,维达·戈蒂埃(Vidal Gautier)在图卢兹创建的学院是由多明我会的主教和修道院的副院长负责管理的(福尼尔编:《自 1789 年创建以来法国大学的章程和特权》,第 1 卷,第 517 期);1319 年,维达·戈蒂埃的两个兄弟创建的蒙特莱佐学院是由不同的大学和教会当局联手管理的(福尼尔编:《自 1789 年创建以来法国大学的章程和特权》,第 1 卷,第 549 期和 699 期)。

如，在英国剑桥大学的国王学院①和圣凯瑟琳学院以及牛津大学的女王学院、新学院和众灵学院里，院士或学生都要履行很繁重的礼拜堂职责②；相反，剑桥大学国王学堂③的院规则对院士们的宗教义务安排得很少。④ 但是，个人的捐赠动机与创建者的愿望经常合二为一，其目的是进行一项具有长期的、重要影响的有意义的事业。欧洲第一批学院创建者是在 12 世纪后期和 13 世纪初期的巴黎大学产生的。他们创建学院的动机就是为了减轻贫困生的困苦。⑤ 一篇写于 1230 年至 1240 年的题为《论学生的纪律》(*De disciplina scholarium*)论文在大学里被广泛传读。该论文提倡，大学教师要担负起责任，以确保贫困不成为学生学业进步的障碍。⑥ 在学术界，人们越来越意识到，有必要去承担关心学生社会和经济福利的责任，而这是掀起并持续推动巴黎大学建立学院高潮的主要的思想动机。从仅仅想到学院为贫困生提供住宿场所到后来形成的更有积极意义的作为一个"学术中心"(academic centre)的理念，使来自某个特定地区或特定学习阶层的学生和睦相处，促进知识交流。⑦ 13 世纪学院的创建者所期望的模式，是建立一个体现精神

---

① 国王学院(King's College)，由英王亨利六世于 1441 年创建，延续至今。——译者注
② 为剑桥大学院士制定的礼拜堂规定，参见学院的法令，《剑桥大学及其学院的文件汇编》(*Documents relating to the University and Colleges of Cmabridge*)三卷本，王室法律顾问团编，伦敦，1852 年；有关圣凯瑟琳学院，参见《剑桥大学圣凯瑟琳学院文件汇编》(*Documents relating to St. Catherine's College in the University of Cambridge*)，菲尔波特(H. Philpot)编，剑桥，1861 年；有关牛津大学院士，参见《牛津大学学院院规》(*Statues of the Colleges of Oxford*)三卷本，王室法律顾问团编，牛津和伦敦，1853 年；有关大学环境下的该礼拜堂主题，参见哈里森(F. L. Harrison)的精彩论述，引自《伊顿唱诗集》(*The Eton Choirbook*)，《音乐年鉴》(*Annales Musicologiques*)，第 1 期(1953 年)，第 151 页之后的内容。
③ 国王学堂(King's Hall)，由英王爱德华二世于 1317 年创建，1546 年解散。——译者注
④ 参见国王学堂的院规. 引自劳斯·鲍尔(W. W. Rouse Ball)：《国王的学者与国土学堂》(*The King's Scholars and King's Hall*)(非正式出版)，剑桥，1917 年，第 65 页。
⑤ 加布里埃尔：《中世纪学院创建者的动机》，引自《中世纪知识分子形成的原因》，《中世纪论文集》，第 3 期(1964 年)，第 62 页。
⑥ 加布里埃尔：《中世纪学院创建者的动机》，引自《中世纪知识分子形成的原因》，《中世纪论文集》，第 3 期(1964 年)，第 62 页。
⑦ 加布里埃尔：《中世纪学院创建者的动机》，引自《中世纪知识分子形成的原因》，《中世纪论文集》，第 3 期(1964 年)，第 63—65 页。

的、道德的和学术卓越的基督教团体,为实现自己的理想捐赠个人财富是一种相当诱人的精神投资方式。

　　建立学院的慈善动机依然是中世纪时期持久不变的主题,但是,慈善动机转化为具体的目标是随着变化的社会和知识环境而变化的。一般来说,13世纪的学院制主要是促进文科和神学学科的发展,而14世纪和15世纪的学院制则为民法和教会法提供了更大的舞台。[①] 尽管此时在巴黎大学,法学的中心地位由于1219年教皇洪诺留三世禁止讲授民法而被大大地削弱了。在百年战争期间,无论是在法国还是在英国,一些学院创建者所关心的是动员学院的力量去填补世俗教士队伍出现的巨大空缺,并确保为教区提供合格的教师。[②] 当人文主义价值观渗透到大学时,15世纪后期和16世纪初期的学院创建者们逐步在他们的社团中反映了这种不同的文化。对于不同时期和不同地方的中世纪学院创建者而言[③],无论出于什么目的,在他们心中最为重要的是将主观的精神表达与客观的教育目标相融合,这也是学院运动最坚定的目标。

　　巴黎大学被认为是大学学院制的起源之地,因为学术性学院的类型在巴黎大学比任何地方都兴起得早。巴黎大学第一批学院创建者的共同目标是为贫困生提供免费的住宿,因为这些学生没有能力支付食宿费用。

────────────

　　① 有关中世纪巴黎大学学院教会法学者的招聘,参见加布里埃尔:《巴黎大学学院与教会法学者的招募》(*Les Colléges parisiens et le recrutement des Canonistes*),《圣典年鉴》(*L'Année Canonique*),第15期(1971年),第233页之后的内容;也可参见加布里埃尔:《14世纪大学的学院制》(*The College System in the Fourteenth-Century Universities*),引自厄特利(F. L. Utley)主编:《14世纪的激进运动》(*The Forward Movement of the Fourteenth Century*),俄亥俄州,1961年,第79—82页。

　　② 参见加布里埃尔:《中世纪学院创建者的动机》,第69—70页和《14世纪大学的学院制》,第79—82页。

　　③ 有关英国大学的情况,参见柯蒂斯(M. H. Curtis):《1558—1642年转型中的牛津大学和剑桥大学》(*Oxford and Cambridge in Transition 1558—1642*),牛津,1959年,第70—72、105—106页以及相关内容;麦康尼卡(J. K. McConica):《英国人文主义者与宗教改革的政治》(*English Humanists and Reformation Politics*),牛津,1965年,第4章,第76页之后的内容;西蒙(J. Simon):《都铎王朝时期英国的教育和社会》(*Education and Society in Tudor England*),剑桥,1966年,尤其是第81—89页。

据说,欧洲最早的学院是迪克斯—惠特学院,于 1180 年在巴黎诞生。①
这个非常初级的学院是巴黎圣母玛利亚医院发展的产物,称之为"圣灵医
院"(Hotel-Dieu),位于巴黎圣母院的附近。过去的习惯做法是,在这所医
院里为"贫困的教士"开设一个房间。而在 1180 年,一个名为伦敦的乔西
尤斯修士从耶路撒冷朝拜回来后买下了这个房间,并将它捐赠给 18 位贫
困的修士永久使用。这是学院的一个最为初级的形态。除了规定教士的
宗教职责外,显然没有其他有关内部管理或院内财政方面的规定。实际
上,只要有捐赠,这个机构就完全可以合情合理地称之为"学院"。尽管如
此,这所学院是中世纪在巴黎已知的大约 60 或 70 所学院中最早建立的
一所学院②,也是所有欧洲大学的第一所学院。

　　类似性质的学院很快就接连不断地建立起来,例如,圣托马斯学
院、圣奥诺雷学院和圣维克多学院。到 13 世纪中期,巴黎的大街小巷
散布着各种捐赠的学院,这些学院当时在体制上并未与巴黎大学有多
少联系。③ 巴黎的早期学院的创建者们似乎并未规定学习科目和学术
职责,就像迪克斯—惠特学院一样,几个这样的慈善社团都非常类似于
中世纪的医院;而且,其中的一些学院最初并不只限于资助学生,也为
那些不在大学学习的修士提供住宿便利。据目前所知,多数的早期学
院建立的目的,要么是扶助那些学习文法的学生,要么是扶助那些已完
成了文科训练并开始学习文科课程的年轻人。按照现代的说法,他们
都是高中生或大学本科生。

　　在欧洲学院史上,出现的一个全新的发展是路易九世(Louis Ⅸ)的
专职牧师罗伯特·德·索邦(Robert de Sorbon)④于 1257 年至 1258 年

① 该学院建立的特许状收录于《巴黎大学档案》,第 1 卷,第 50 期。有关该学院,加
布里埃尔《巴黎圣母院主教座堂学校和初期的巴黎大学》一文中有论述,引自加兰迪亚:
《中世纪大学史研究》,第 39—56 页。

② 有关巴黎大学各学院的一个推测性清单,其中包括各教派建立的学院,拉什达尔
在其《中世纪的欧洲大学》一书中有述,第 1 卷,第 536—539 页。

③ 有关这些早期学院的建立,参见拉什达尔:《中世纪的欧洲大学》,第 1 卷,第
501 页之后的内容。

④ 罗伯特·德·索邦(1201—1274),法国神学家,索邦神学院创始人。——译者
注

间建立的索邦学院。① 这所学院的一个新特点是,学院是为那些已获得文学硕士并准备攻读繁重的神学博士学位课程的毕业生规划建立的。正是索邦学院这所只有文学硕士毕业生的学院,后来造就了巴黎大学,为巴黎的学院和英国的学院之间建立了重要的联系。关于这一点,下文将详细论述。

我们可以认为,在 1300 年前,巴黎城里建起了大约 19 所学院②;而到了 14 世纪,这个数字大约翻了一番,至少是 37 所学院。14 世纪是西欧的学院大扩张的时期。③ 在 15 世纪时,建立了大约 11 所学院,但必须强调的是,这些数据或许并不完整;因为巴黎的学院情况并不稳定,有几所学院可能只是昙花一现,匆匆就消失了,而没有留下任何的文字记载。在 14 世纪巴黎城里学院建立的高峰时期,几乎每种社团都有其代表的学院。如前所述,一些学院是专为文法学生筹划的,一些是专为攻读文学学士课程的学生修建的,还有几所学院是专为文法教师和文学院教师建造的。有的学院只接受文学硕士毕业生,主要是攻读高级学科的课程;有的学院是混招的,如那瓦尔学院,本科生和文科硕士毕业生生活在一起,攻读不同层次的课程。我们也不应该忽视,在巴黎还有许多专为外国学生建立的学院。其中,最为突出的是由瑞典和丹麦主教座堂全体教士为资助其同胞而建立的学院,例如,乌普萨拉学院、斯卡拉学舍、林科平学院和达契亚学院。④ 为苏格兰和德国的学生以及

---

① 参见加布里埃尔:《罗伯特·德·索邦》(*Robert de Sorbon*),《渥太华大学学报》(*Revue de l'Université d'Ottawa*),1953 年第 23 期,第 473 页之后的内容;以及格洛里厄(P. Glorieux):《索邦学院的起源》(*Les Origines du Collège du Sorbonne*),《中世纪教育史教材与学科》,第 8 期,印第安纳圣母院,1959 年。

② 该数字以及后面的数字都是以拉什达尔推测出的巴黎学院的清单为依据的,参见拉什达尔:《中世纪的欧洲大学》,第 127 页及注释 1。

③ 人们一直认为,14 世纪的各个大学共建立了约 87 所学院,而在 13 世纪和 15 世纪只建立了约 58 所学院。加布里埃尔:《14 世纪大学的学院制》,第 82—83 页。

④ 参见加布里埃尔:《中世纪巴黎大学的斯卡拉学院》(*Skara House at the Mediaeval University of Paris*),《中世纪教育史教材与学科》,第 9 期,印第安纳圣母院,1960 年,第 15 页之后的内容。

其他民族学生建立的学院使得巴黎的学院呈现出多民族的色彩。而且，还有可能的是，有几所省级学院（provincial college）与巴黎的特定的学院（particular college）保持着联系。其中的一所学院是由奥伯特·德·吉格尼考特（Aubert de Guignicourt）根据1345年法令为攻读文法的学生在苏瓦松建立的。① 1349年，奥伯特设立了一个奖学金，专门为他的学生到巴黎的拉昂学院攻读高级学科提供资助。② 这些省级学院作为生源输送站到底为巴黎的学院输送了多少生源，这是一个值得进一步研究的课题。一般而言，中世纪巴黎的学院的主要特征是丰富的多样性、某种程度的不稳定性、多功能性以及喧闹作乐的特性。③

从体制角度来看，巴黎的学院与英国的学院差别很大。④ 一般而言，英国的学院都是自我管理和民主选举的社团。除了剑桥大学的国王学堂为特例外，学院的院士都有权决定增选院士职位以及竞选院长职位。⑤ 学院所有重大事项都是经所有院士投票，并由多数选票决定的。学院的管理权交由学院院长及一个由院士组成的小型委员会。这些独立的社团对自己的自治地位极为珍视，将外部教会或大学当局的干预权降低到最小程度。然而，在巴黎，有代表性的学院都不是一个独立的实体，其最高的管理职权大多来自外部一个或多个权威机构。例如，索邦学院的管理是由巴黎教区的副主教和教区秘书室的教士、神学博士、法律和医学学院的院长、大学的校长和学监负责。⑥ 巴黎学院内部事务的日常管理除了接受外部管理外，通常是委托学院内部的官员

① 参见佩格斯（F. Pegues）：《14世纪苏瓦松的奥伯特·德·吉格尼考特学院》（*The Fourteenth-Century College of Aubert de Guignicourt at Soissons*），《传统》，第15期（1959年），第428页之后的内容。

② 佩格斯：《14世纪苏瓦松的奥伯特·德·吉格尼考特学院》，《传统》，第15期（1959年），第434页。

③ 参见拉什达尔的论述，《中世纪的欧洲大学》，第1卷，第501页之后的内容。

④ 有关巴黎学院的主要特征，参见拉什达尔：《中世纪的欧洲大学》，第1卷，第511页之后的内容；以及加布里埃尔：《14世纪大学的学院制》，第89页之后的内容。

⑤ 有关英国的学院，参见《14世纪大学的学院制》，第132页之后的内容。

⑥ 加布里埃尔：《14世纪大学的学院制》，第124页及注释1。

负责,而外部权威机构则负责学院的任免权,即任命学院院长,增补院士空缺职位或安排学生住宿。学院的财产经常是全部或部分由外部管理。巴黎的学院和英国的学院的另一不同之处,在于前者接受大学监督的程度。因为在巴黎,大学通过副主教、学部或同乡会获得了对学院体制相当大的控制权,这体现在内部管理、免除不满意的人员、财产事务或任命的主管未采取补救措施造成学院生活不足等方面。无论是以副主教的身份还是以某个同乡会的身份作为代表,大学具有巡视学院的权力。没有理由认为这就是篡夺了学院的自治权,因为大学经常被学院的创建者自己或他们后来的代理人授予了大量的干预权。[①]　为了维护纪律并设法解决因捣乱斗殴和其他不安定因素而产生的大量问题,求助大学的帮助可以使学院的自治更容易妥协。

如同英格兰的学院一样,15世纪前巴黎的学院在大学里只为少部分学生提供食宿。13和14世纪,大部分学生要么住在由大学的任课教师监督管理的济贫院里,要么与住在被学生称之为"严格执行纪律的人"(Martinets)的市民家里。起初,学院是不管教学的,至少从严格意义上说,教学是属于学部和同乡会负责的事务。[②]　但是,如果说学院最初在巴黎的"studium"(讲习所)和英国的大学中所处的地位相对而言无足轻重的话,那么,到了宗教改革时期,其性质已完全变了。

很有可能的是,在巴黎的学院里开展教学活动的日期要比英国的学院早。[③]　这是因为本科生从一开始就是众多巴黎学院的组成部分,而英格兰大多数学院在15世纪前是不接受本科生的。以学术训练和雏形的讲座制度为形式的学院教学,被认为是对大学各学科任课教师教学的补充。但是,随着作为不领奖学金成员的本科自费生(pensioner

———————

① 有关这一点,参见对拉什达尔在《中世纪的欧洲大学》一书中论述巴黎学院的附笔,第533—536页;也可参见加布里埃尔:《14世纪大学的学院制》,第94页。

② 有关巴黎大学同乡会的学术作用,参见基布尔:《中世纪大学的同乡会》,第90—97页。

③ 参见加布里埃尔对14世纪巴黎大学和其他大学学院的辩论和课外活动阶段划分的论述,《14世纪大学的学院制》,第98—101页。

或 commoners)①以及前来求学的非寄宿生开始进入学院学习(14世纪时还只是部分,而到了15世纪其数量猛增)②,学院不得不扩大教学的设施规模,并最终超过了大学的公共讲座制度。例如,在15世纪,教会法课程在巴黎的几所学院粉墨登场。③ 尽管教会法学院的反应很焦虑并试图阻止这一发展,但到了16世纪,这一学科课程在学院里深深扎了根。④ 事实上,比起大学的一些学部⑤,许多学院的环境更为舒适,学术气氛更为热烈,这一点是不容轻易忽视的。由于越来越多的任课教师被招入学院,学院就变成了"studium"(讲习所)的教学中心。到16世纪时,大学的学部被大大削弱了,它在很大程度上只能作为某些正式活动,如学业结业和学位授予仪式的工具。⑥

在巴黎的学院和英国的学院,教学分散对各自所在的大学都产生了深远的影响。因为从那时起,大学的各个组成部分比大学的整体要重要;而且,大学除了作为一个组织通过校长颁发学位以及通过由学部教师组成的社团完成颁发学位的过程外,几乎已经衰亡了。然而,教学分散运动在巴黎的传播并没有在英国那么大。在牛津大学和剑桥大学,教学都由大多数学院的导师代理了,无论学院是大是小,其情况都是一样的。而在巴黎大学,本科生教学逐步都集中在几个规模较大的学院里。它们的差别或许在于:巴黎的学院之间在财政和作用方面有很大不同;英国的学院之间在这些方面差别要小得多。巴黎众多处于学院层面末端的简陋的寄宿舍,根本就没有能力聘请额外的教师来应

---

① 剑桥大学的自费生英文称之为"pensioner",而牛津大学的自费生英文则称之为"commoner",两者的意思相同。——译者注

② 拉什达尔:《中世纪的欧洲大学》,第1卷,第515页之后的内容。

③ 加布里埃尔:《巴黎大学学院与教会法学者的招聘》,《14世纪大学的学院制》,第242—243页。

④ 加布里埃尔:《巴黎大学学院与教会法学者的招聘》,《14世纪大学的学院制》,第243页。

⑤ 加布里埃尔:《巴黎大学学院与教会法学者的招聘》,《14世纪大学的学院制》,第242—243页。

⑥ 拉什达尔:《中世纪的欧洲大学》,第1卷,第520页(有关文科教学的评述)。

对大规模的校内教学任务。规模较小的学院(以及没有任何资助的济贫院)最终迫不得已选派它们的学生去听规模较大的学院举办的讲座。这些大的学院有能力聘用足够的任课教师,能在整个教育领域里招收自费学生。在牛津大学和剑桥大学,甚至一些小的学院通常也提供一些小规模的教学,并利用它们附近的较为富裕学院的资源作为补充。但是,总体而言,英国避免了巴黎的"两级学院制"(the two-tide collegiate system),即大多数学院在教学上都依赖于少数知名的学院。到 15 世纪末,巴黎能够提供完整文科教学的学院数量已减少到 18 所,大约是当时已知存在的学院的三分之一。[①] 与文科发展情况相同的是,巴黎大学的神学学科逐步集中在一些机构里,如宗教学院以及世俗的索邦学院和那瓦尔学院。[②] 中世纪后期,在巴黎这种两级学院制的教育体系里,从发展来看,或许在使用教室和资源方面比起英国那种相当独立的且封闭式的学院制更为有效。到了 15 世纪,令人不可思议的是,巴黎大学为了规范起见,在教学从大学过渡到学院的过程中,在学院和大学任课教师的相对地位上却出现了某种程度的混乱。但是,早在 1500 年前,学院的讲座似乎已经取得了公认的、与大学各学部的"普通"讲座同等的地位。[③] 这在以往都是大学各学部开设的主要课程的教学内容。尽管都是由学院院长提名的,但是,学院的任课教师还是要由大学学部来任命或免除。从这一点来看,大学依然在转变的教育体制中保持着监督职责,这一职责似乎延伸到具有检查学院教学质量的权力。[④] 在巴黎,大学对学院进行控制这一点上与英国的情况形成了另一个不同之处:英国的学院大都发展成了一个个教学孤岛,来自大学的干预非常少。

132

---

① 有关巴黎大学的跨学院制,参见拉什达尔:《中世纪的欧洲大学》,第 1 卷,第 528—529 页。

② 拉什达尔:《中世纪的欧洲大学》,第 1 卷,第 528 页。

③ 拉什达尔:《中世纪的欧洲大学》,第 1 卷,第 530—531 页。

④ 拉什达尔:《中世纪的欧洲大学》,第 1 卷,第 531 页。

巴黎的学院在法国大革命爆发时受到了压制,而且大学再也没有回到学院制的体制。巴黎学院史这种混乱不堪、斑驳陆离的性质,反映了这所伟大的中世纪大学动荡不定、危机四伏的状态。但是,英国的学院制却体现了有序和保守的特性,反映了英国的大学环境更为寂静、稳定和与世隔绝。如果说巴黎的学院匆忙建立起来只是权宜之计的话,那么,所有的英国学院建立之初就是为了永久存在。有太多的巴黎不同学院的院规尚未公布于众,因此,迄今为止,对巴黎学院史提出一个确切的观点是不可能的。最近出版的一本有关奥顿学院的三个中世纪院规的学术论著①中,已促使我们对在巴黎由红衣主教皮埃尔·贝特朗(Cardinal Pierre Bertrand,约 1280—1348)建于 1341 年的这所学院赋予更加重要的地位,而这在以前是存有质疑的。在这本书中,该书的作者令人信服地指出,1341 年的院规和 1345 年的院规(1491 年的院规主要涉及到纪律事务)都被 14 世纪和 15 世纪巴黎的几所学院作为范本来使用。这正好说明一点,即巴黎学院史领域还有大量院规有待发现。与巴黎的学院相比,英国的学院是在英国大学生活中较晚出现的现象。当学院真正出现时(而且一直持续到 15 世纪后期),除了极个别的学院外,大多数学院主要是为拥有特权的少数硕士院士建立的,而本科生进入学院的时间则相对晚一些。如果不理解这一点,那对英国大学史的认识就将是模糊的。英国的学院绝对不是属于与牛津大学和剑桥大学同时代的产物。学院一开始就不是大学体制中至关重要的组成部分,而且它们也不是一开始就招收、教育和训导本科生的。

最初,牛津大学和剑桥大学并没有多少、甚至根本就没有财产,可以说是一群教师及相关的学生住在他们所能住的租借来的房屋里。一般而言,学生能够居住的方式有三种:一是在一家客栈找到住处,或租借市民私人住房居住;二是如果他很有钱,就可以为自己和随从租下一

---

① 桑德林(D. Sanderlin):《巴黎大学奥顿学院的中世纪院规》(*The Mediaeval Statutes of the Colleges of Autun at the University of Paris*),《中世纪教育史教材与学科》,第 13 期,印第安纳圣母院,1971 年。

幢房子,但这种情况在当时的英国似乎不太常见;三是对于那些家境贫寒的本科生来说,还有学堂或寄宿舍①,即经常由大学的文科教师从城里的房东那里租借一套有一定租期的房子。② 租借这套房子有双重目的,为学生提供住宿以及有限的教学场地,仅获得很薄的利润。学堂或寄宿舍成了所有学生常见的住宿形式,但最贫困生或最富有的学生以及最不善交际的学生除外。③ 学堂或寄宿舍也是大学当局最支持的一种住宿方式。因为大学所面临的长期问题是如何控制和管教分散在整个城市里的那些毫无约束的学生。首先,是让每一个学生都必须在一个特定教师花名册上登记自己的名字,而这位教师举办的普通讲课是他们在学部中必须参加的;然后,教师就可以随时保护、管教和约束该

---

① 英国的大学在使用学术术语所指方面有所不同。在牛津大学,(通常)由硕士生舍长(graduate principals)管理并接纳自费生所居住的出租房屋被称之为指定学堂;在剑桥大学,这类出租房屋则称之为寄宿舍(hostel)。埃姆登:《中世纪的牛津大学学堂》(*An Oxford Hall in Medieval Times*),牛津,1927 年,第 43—45 页。有关学堂主要特征的概述,参见萨尔特:《中世纪的牛津大学》,《历史》,第 14 期(1929 年),第 57—59 页;潘廷:《中世纪牛津大学的学堂和学院:重建的努力》(*The Halls and Schools of medieval Oxford: an attempt at reconstruction*),《牛津研究丹尼尔·卡勒斯专辑》(*Oxford Studies presented to Daniel Callus*),牛津历史学会,新辑第 16 期,1964 年,第 31 页之后的内容。有关剑桥大学的寄宿舍,也可参见斯托克斯(H. P. Stokes):《剑桥大学的中世纪寄宿舍》(*The mediaeval Hostels of the University of Cambridge*),剑桥大学古物学会(Cambridge Antiquarian Society),奥克塔乌出版社(Octavo Publication),第 49 期,1924 年。

② 牛津大学直到 1432 年才立法确立了寄宿舍舍长的研究生地位,参见《牛津大学早期法规汇编》,第 243—244 页。在大学发展的早期阶段,舍长(hall principals)一职似乎也可以由伙食管理员,甚至一些学生的仆人来担任,但是,这些人在 1380 年前后担任此职则是不可能的,参见《牛津大学早期法规汇编》,第 182—183 页。然而,从 13 世纪起,大多数舍长可能都是研究生,尽管也有部分舍长或许只有学士学位。

③ 1410 年前后,牛津大学规定,所有学生都必须住在学堂里。1420 年,根据亨利五世(Henry V)的法令,这一规定得以确认,参见《牛津大学早期法规汇编》,第 208—209、226—227 页。这是大学希望消除"寝室执事"(Chamberdeacon)现象所采取的措施之一。所谓的"寝室执事",是指那些居住在未经许可的房屋里,脱离了大学的管制并根据 1410 年的法令被归为白天睡觉,而一到了晚上就逛酒馆和妓院,企图抢劫和杀人的学生。

学生的行为。[①] 但是,事实证明,大学的这种个人管理制度是无效的,因为教室能提供的仅仅是一段短暂的和偶尔的管教时间。大学当局逐步意识到,大学可以通过给本科生所居住和学习的房屋颁发许可证的形式,来实施更大力度的管理。[②] 这样,维护学生良好行为的责任重担就从教师的肩上转移到学堂或寄宿舍的舍长身上。随着学生人数的大量增加,这些寄宿舍开始逐渐接受绝大多数的本科生。通过这种手段,牛津大学和剑桥大学对这些潜在的、不稳定的社团增强了一些管理能力,比较成功地遏制了13世纪所特有的经常性的学生骚乱、暴力和谋杀等泛滥。然而,显而易见,尽管学堂和寄宿舍成功地吸纳了大量的本科生,但它们为硕士生所能提供的有限生活条件,对于解决宗教改革前大学社团所面临的最为紧迫的问题几乎是无济于事或毫无办法的。

在一个没有国家资助研究生奖学金的年代,一个生活窘迫的文学学士或文学硕士想留在大学里继续攻读法学、神学或医学等高级学科,在经济上常常是不可能的。问题在于攻读高级学位的课程期限很长。例如,在剑桥大学,神学博士学位从学生第一次进入大学起需花大约16年时间才能获得。[③] 由于高级学科课程期限长、费用高,因此,在13世纪和14世纪,迫切需要为那些有能力在获得第一学位后继续攻读学位的世俗学生提供住宿和财政支持。这是英国中世纪的学院最初存在的理由,同时与欧洲第一所只招收硕士生的世俗学院模式(即索邦学院)有了本质上的联系。此外,建立这些学院机构的主要目的是促进英国大学的高级学科的发展:建立这些学院不是提供普通的文科教育,而是提供一个与特定专业需求相关的高级学科教育,为那些智力超群的学生提供一个深入研究某个特定学科领域的机会。每所学院的生活条件

135

---

① 参见1231年的法令,《牛津大学早期法规汇编》,第82页;有关这一议题后来的立法,参见《牛津大学早期法规汇编》,第60—61、83页。

② 有关这一点,参见潘廷的论述,《牛津大学的生活及其档案》,第2—3页。

③ 伊丽莎白登基前,剑桥大学的神学博士最短学习年限似乎是16年。整个过程如下:从入学到攻读文学硕士:7年;从文学硕士到神学学士:5年;从神学学士到神学博士:4年。参见皮科克:《剑桥大学法规的考察》,附录A,第46期,注释1。

根据学院创建者的兴趣或偏好而有所不同。牛津大学率先于 1264 年建立了默顿学院,使其成为宗教改革前英国"研究生"(graduate)学院的原型。① 接着是 1280 年前后建立的大学学院和 1282 年创建的巴利奥尔学院。② 而在剑桥大学,在 13 世纪,只有由伊利教区主教休·德·巴尔夏姆(Hugh de Balsham)于 1284 年建立的彼得豪斯学院。

典型的英国中世纪学院是一个根据民主原则建立的、自我管理的院士共同体。除了剑桥大学的国王学堂外③,根据院规,1500 年前建立的每所学院的院士都有自己选举院长(warden,master,president 或 provost)④的权力。尽管这类选举经常需要得到一个外部权威的确认,例如教区的主教或大学的校长,但即使如此,通常会有特别的规定,外部权威的确认也只是走形式而已。⑤ 同样,大多数英国学院院规的条文

① 这里有必要指出的是,主教布里德波特(Bridport)于 1262 年在索尔兹伯里创建的德沃学院在某种程度上被视为英国的"第一所大学学院"。参见爱德华兹:《德沃索尔兹伯里学院》(*College of de Vaux Salisbury*),《维多利亚郡史》(威尔特郡),牛津,1956 年,第 3 卷,第 369—371 页;详情见利奇(A. F. Leach):《温彻斯特学院史》(*A History of Winchester College*),伦敦,1899 年,第 86 页。1279 年,由索尔兹伯里主教座堂副主教和助理主教共同签发的一份许可证表明,当时的索尔兹伯里具备了一所"公共讲习所"或大学所需的大多数基本要素。参见爱德华兹:《索尔兹伯里的主教座堂》(*The Cathedral of Salisbury*),第 3 卷,第 169 页;以及《中世纪英国世俗主教座堂》,第 194 页。很显然,这所新兴大学并未持续办下去,而德沃学院一直延续到 1524 年才解散。在其整个历史发展过程中,据说该学院有相当一部分院士都拥有牛津大学和其他大学的学位。有关该学院的详细情况,参见爱德华兹:《索尔兹伯里的主教座堂》,第 3 卷,第 369—385 页。

② 尽管约翰·德·巴利奥尔学院的院士在 1266 年 6 月前才在牛津大学安顿下来,但是,学院作为法人团体的日期则从 1282 年颁布其第一部院规算起。参见戴维斯(H. W. C. Davis):《巴利奥尔学院史》(*A History of Balliol College*),第二版,由戴维斯(R. H. C. Davis)和亨特主编。

③ 有关国王学堂院长的地位,参见科班:《中世纪后期剑桥大学的国王学堂》,第 148—149 页。

④ 在牛津大学和剑桥大学,学院院长的英文称谓都不太一样,但指向是一样的。——译者注

⑤ 根据众多的实例,参见斯坦普(A. E. Stamp)出版的迈克尔豪斯学院院规,引自《迈克尔豪斯学院》(*Michael House*)(非正式出版),剑桥,1924 年,第 46 页;参见《三一学院院规》(*Trinity Hall*),引自《剑桥大学及其学院的文件汇编》,第 2 卷,第 421 页。

都有解除不称职院长的内容。具体条款因不同学院的院规而异①,但是,有一点基本上是相同的,即为管理目的而建立一种组织结构机制,而且可以通过学院院士将它运作起来。选举学院院长以及解除其职位,都是一些不可更改的法定权力。这些权力归属于一个委员会,即一个由学院董事会所有成员组成的集体组织,构成了中世纪自我管理的英国学院社团拥有的三个不可或缺的先决条件之一。第三个权力是学院成员增补的权力。法国的学院那种将任免权置于外部机构的做法至少在英国的三所学院里一度有所反映,但并不严重。② 约翰·德·巴利奥尔(John de Balliol)③的遗孀德沃尔吉拉(Dervorguilla)1282 年为巴利奥尔学院制定的院规,将学院的院长和学生置于两个外面的代理人监管之下,一个是方济各会修士,另一个是世俗文科修士。④ 尽管他们的权力逐步被削弱了,但是,代理人(后来称之为院长)的地位一直延续到 15 世纪末。而且,根据 1507 年颁布的新院规,不免除他们的职位。同样,彭布罗克(Pembroke)伯爵夫人玛丽·德·瓦伦斯(Mary de Valence)在她为剑桥大学彭布罗克学院制定的首个院规中,将该学院置于每年选举一次的两个外部代理人的管理之下。这两个人拥有有限的巡视权,并被授予接纳新选出来的院士的职责。但到了 15 世纪后期,再也没有见到这些代理人的身影。⑤ 同样的情况,也出现在彼得豪斯学院。伊利主教作为学院的创建者为自己保留了学院的任免权;然

---

① 参见卡莱尔学院和三一学院的院规,引自《剑桥大学及其学院的文件汇编》,第 2 卷,第 128—129、426 页。

② 有关巴黎大学学院制对 13 世纪牛津大学学院的影响,参见海菲尔德(R. L. Highfield):《牛津大学默顿学院的早期花名册》(*The Eearly Rolls of Merton College, Oxford*),牛津历史学会,新辑第 18 期(1964 年),第 67—68 页。

③ 约翰·德·巴利奥尔(? —1268 或 1269),诺曼人出身的苏格兰权贵,牛津大学巴利奥尔学院创建人。——译者注

④ 拉什达尔:《中世纪的欧洲大学》,第 3 卷,第 181 页;亨特:《巴利奥尔学院》(*Balliol College*),《维多利亚郡史》(牛津),第 3 卷,第 82 页。

⑤ 阿特沃特(A. Attwater):《剑桥大学的彭布罗克学院》(*Pembroke College, Cambridge*),罗伯茨(S. C. Roberts)编,剑桥,1931 年,第 9 页;拉什达尔:《中世纪的欧洲大学》,第 3 卷,第 305 页。

而，在 1338 年，这一权力中有一部分转给了院长和院士。① 从这些具体的做法中可以看出，很明显，法国的学院对英国的早期学院发展的影响都只具有过渡的性质，而且极不受欢迎，不久就抛弃了巴黎的学院"外部管理"的特征，取而代之的是本国默顿学院内部自我管理的模式，即院士拥有增补成员的权力。从宗教改革前英国学术历史的大范围看，可以认定，在任免权安排方面，剑桥大学的国王学堂是最后一所与法国的学院相一致的学院。因为从 1317 年前后建立国王学者社团（Society of the King's Scholars，该社团于 1337 年成为独立的学院，即国王学堂）到该学院于 1546 年被解散，任免权完全由英格兰国王掌控，他通过御玺诏书形式任命每一位院士和院长，这样就阻止了学院朝着完全独立的法人社团的方向发展。②

　　尽管中世纪英国学院的最终自治权归某个机构或社团的院士所有，但是，其日常行政事务通常都是由院长和一个由选举出的院士组成的委员会共同负责的。在大多数学院社团中（尽管不是全部），这样的组织结构使得大多数院士无论在学院的任期有多长，在聘用期间某个时候都可以在学院事务中发挥作用，不管其作用有多大。例如，牛津大学女王学院的院规规定：除了院长、神学博士和教会法博士外，所有其他院士每周都要轮流担任学院事务的执事。③ 新学院也有类似的安排④，剑桥大学的国王学院也是如此。⑤ 国王学堂（King's Hall）的院士民主"参与"学院管理的程度不可能如英国的普通学院那样广泛，但是，通过对一年一选的执事委员会的认真研究，可以发现⑥，尽管执事的人选相对倾向于这个皇家社团里的高级成员，然而在该学院的整个历史

---

① 巴特菲尔德（H. Butterfield）：《彼得豪斯学院》（*Peterhouse*），《维多利亚剑桥郡及伊利岛史》（*Victoria History of the County of Cambridge and the Isle of Ely*），第 3 卷，里奇主编，伦敦，1959 年，第 335 页。

② 参见科班：《中世纪后期剑桥大学的国王学堂》，第 150—151 页。

③《牛津大学学院院规》，第 1 卷，第 4 章，第 25 页。

④《牛津大学学院院规》，第 1 卷，第 5 章，第 42 页。

⑤《剑桥大学及其学院的文件汇编》，第 2 卷，第 533 页。

⑥ 参见科班：《中世纪后期剑桥大学的国王学堂》，第 181—182 页。

上，人员的合理轮换防止了寡头统治的出现。一般而言，英国的学院都设法确保学院内外的行政事务由学院的广大院士平均分担。英国的学院院士从一开始就在制度上享有学院管理过程的参与权：学院院长的权力主要围绕着检查和平衡来展开，而且总的说来，院士似乎默认这种由学院创建者制定的契约式分享权力的形式，并根据实际经验不断发展和调整。① 学院日常事务由人数不多的院士委员会负责处理，但是，如果涉及到大笔的经费支出、困难问题或难以定夺且对社团生活产生深刻影响的事务，那就要召开学院会议，通常所做的决定必须获得多数院士的同意。将最后的威慑手段（即学院大会）与行政官员选举的操作原则结合起来，这就确保了这种负责任的管理体制在大多数中世纪英国的学院中深深扎下根。

相对于牛津大学和剑桥大学的师生人数，对学院在中世纪的英国大学里所占据的地位而言，可以通过考察 14 世纪欧洲的学院运动的高峰期的一些详细数据来加以评价。

在 14 世纪，剑桥大学 8 所学院的院规设置了总计 137 名院士的职位，具体分布如下：②彼得豪斯学院 14 名、迈克尔豪斯学院 6 名、国王学堂 32 名、卡莱尔学院 19 名、彭布罗克学院 24 名、冈维尔学院 20 名、三一学院 20 名和圣体学院 2 名。然而，除了国王学堂、迈克尔豪斯学院、圣体学院，或许还有彼得豪斯学院外，根据实际拥有的院士人数，这些法定的院士职位数都是不确切的。卡莱尔学院的院士人数或许从来未超过 13 名，冈维尔学院平常的院士人数似乎一直是 4 名，而三一学院的院士人数大致相同，甚至更少。在 14 世纪中期，彭布罗克学院只有大约 6 名院士，到了 15 世纪初才达到 9 名。把这些实际院士人数加上国王学堂、迈克尔豪斯学院、圣体学院以及彼得豪斯学院的法定职位数，更为准确的总数记载应该是大约 80 个院士职位，这是 14 世纪剑桥大学的学院所提供的院士职位。这个院士职位数高于 1379 年前牛津大学所提供的院士数量。根据计算，在 1379 年新学院建立后院士职位

① 科班：《中世纪后期剑桥大学的国王学堂》，第 168 页。
② 有关这一段以及随后的一段，参见科班：《中世纪后期剑桥大学的国王学堂》，第 44—46 页及注释。

数翻一番之前,牛津大学 6 所世俗学院总共只提供了 63 名院士职位。尽管在英国大学里住校教师的数量始终莫衷一是,没有最终的答案,但是,从上述数字可以清楚地看出,学院里的教师数量可能只占大学全部教师中的很少一部分。由于牛津大学的规模在 14 世纪有了扩大,并且剑桥大学的学院设置了大量的院士职位,由此可见,剑桥大学的学院院士与大学住校教师之比一定比牛津大学的这一比例要大。因此,在 1379 年前,剑桥大学的学院在"studium"(讲习所)占据的地位似乎要比牛津大学的学院地位突出得多。

　　根据这些修正的院士职位数字,国王学堂在 14 世纪时似乎提供了剑桥大学大约 40% 的学院院士职位。对于一所学院而言,这么高的院士比例还是值得人们注意的,而这一比例只有牛津大学的默顿学院能与其比肩。在 1379 年前,默顿学院拥有牛津大学总计约 63 个院士职位中的 30 个还多,很显然,无论是国王学堂还是默顿学院,每所学院所拥有的院士职位几乎是所在大学的院士职位总数的二分之一强。实际上,国王学堂当时是剑桥大学学院中规模最大且最有声望的学院,直到 15 世纪后半期,它在"studium"(讲习所)的地位才被国王学院赶上。一直让人难以理解的是,在牛津大学的新学院建立之前,国王学堂和默顿学院是英国最为成功的大规模实现世俗学院理想的样板。默顿学院的声誉缘于它的院规成为"研究生"学院的原型以及它持续培养出许多知名的学者;国王学堂则因其皇家血统和特性、它的办学规模以及与国王和朝廷的特殊而持续的关系而与众不同。

　　1379 年,威克姆的威廉(William of Wykeham)①创建了牛津大学的新学院,就其规模(即院士职位数)②和建筑的宏伟及布局而言③——这近似英国学院史上的一个里程碑,该学院超越了以往任何一所学院。过去,威克姆经常被看作是英国第一所招收大量本科生作为学院永久

---

　　① 威克姆的威廉(1324—1404),英格兰主教和政治家,牛津大学温切斯特学院和新学院创建人。——译者注

　　② 新学院是为院长和 70 位院士而建立的。《牛津大学学院院规》,第 1 卷,第 5 章,第 2 页。

　　③ 史密斯(A. H. Smith):《牛津大学新学院及其建筑》(*New College, Oxford, and its Buildings*),牛津,1952 年。

组成部分的学院创建者而闻名。[1] 但是，现在人们知道，从 14 世纪初期开始，国王学堂已为定期招收本科生做好了准备，而这些本科生将成为该学院社团整体一个不可或缺的组成部分。[2] 这样，通过使整个教育领域从事研究的大学学者（从本科到博士）联合在一起，国王学堂使它自己成为最早的混合型学院社团(the mixed collegiate society)的原型，这也成为宗教改革后英格兰学院的主要特征。人们一直强调的是，依照默顿学院招收"研究生"的思路建立起来的大学社团，导致了以学院为家的高级硕士生成员与分别居住在寄宿舍、客栈或私人住宅中的大批本科生之间的分道扬镳。[3] 更为重要的是，国王学堂和后来的新学院预示着一场大的运动的到来，通过这场运动默顿学院的传统被转变为 16 世纪时产生各种混合的或平衡的学院社团的途径。当然，把那些经过长时期证明行之有效的做法归功于一二个机构将是不现实的，而且无论如何，在很大程度上这都是在客观的经济和社会变革力量的作用下所产生的结果。

本科生从学堂或寄宿舍零零星星地转移到"研究生"学院，这在很大程度上是一场由宗教改革完成的运动。[4] 学堂或寄宿舍的主要劣势在于，它们都是没有外来资助的团体，一旦超过了租借日期就没有了安全感。因此，它们是一些不稳定的单位，是一个因负责管理的舍长为了

---

[1] 史密斯：《牛津大学新学院及其建筑》，第 16 页。对威克姆作为教育改革家的论述，参见拉什达尔和雷特(G. R. Rait)：《新学院》(*New College*)，伦敦，1901 年；里奇：《温彻斯特学院史》(*A History of Winchester*)；波特(G. R. Potter)：《14 和 15 世纪的教育》(*Education in the fourteenth and fifteenth centuries*)，《剑桥中世纪历史》(*A History of Winchester College*)，第 8 卷，普雷维特-奥顿(C. W. Previte-Orton)和布鲁克(Z. N. Brooke)主编，1936 年，第 688 页之后的内容；麦克马洪 (C. P. McMahon)：《15 世纪的英格兰教育》(*Education in the Fifteenth Century England*)，转载自《约翰斯·霍普金斯大学教育研究》(*Johns Hospkins University Studies in Education*)，第 35 期，巴尔的摩，1947 年。

[2] 参见科班：《中世纪后期剑桥大学的国王学堂》，第 53 页之后的内容。

[3] 史密斯：《牛津大学新学院及其建筑》，第 16 页之后的内容；科班：《中世纪后期剑桥大学的国王学堂》，第 48 页。

[4] 有关这一段的论述，我要感谢萨尔特和埃姆登，是他们开创性的研究揭示了本科生逐步融入学院的原因。参见埃姆登：《中世纪的牛津大学学堂》，序言部分。

争夺自费本科生而进行不光彩的和唯利是图的竞争而导致环境恶化的地方。在这种情况下,学堂或寄宿舍试图用纪律来约束大学这些年轻而又任性的成员已证明是难以胜任的任务。人们逐步认识到,一劳永逸的解决办法是将这些本科生置于学院的管理之下,但这并不是一蹴而就的。而且,经济的压力迫使学院最终采取接受这些本科生进入学院的行动方针。15 世纪后期和 16 世纪早期,通货膨胀的趋势迫使过去主要依靠固定租金获得收入的学院寻找其他办法来加强学院的财政。其中的一个办法,就是向本科生敞开社团大门——可以想象采取这一步引发了多少反省和后果。尽管如此,财政因素战胜了院士们躲进小楼成一统的情结,尤其是当他们认识到他们可以通过收取辅导费用来增加收入时,更是如此。尽管在牛津大学,学堂讲座(the lectura aularis)至少从 14 世纪开始就由舍长或他们的硕士生助理来举办①,但是,许多学堂与学院相比并不具备辅导的条件,因为它们不仅有欠稳定,而且缺乏一支数量足够的、有长期合约的硕士生教学队伍。但是,学院最终依靠所能提供的辅导优势成功地吸引到大批稳定的本科生生源。

　　然而,人们既不能过早预言学堂或寄宿舍减少的速度,也不能夸大学堂或寄宿舍减少的速度。如果我们来计算一下牛津学院已知的详细数字,就会清楚地看到,学堂或寄宿舍的减少是渐进式的。② 1444 年,大约有 69 所学堂;1469 年,大约有 50 所学堂;1501 年,大约有 31 所学堂;1511 年,大约有 25 所学堂;1514 年,大约有 12 所学堂;1552 年,大约有 8 所学堂。由此可以看出,学堂减少的主要时期是 15 世纪后半期和 16 世纪初期。在此期间,教学活动越来越集中在学院,其中几所学院兼并了若干学堂并负责接收学堂的成员。但是,即使学堂在大学生

141

---

　　① 潘廷:《牛津大学档案中的牛津生活》(*Oxford Life in Oxford Archives*),第 36 页。
　　② 这些数字源于潘廷博士的研究成果,并在最近一篇由麦康尼卡针对卡尼(H. Kearney)的《学者与绅士:工业革命前英国的大学和社会,1500—1700》(*Scholars and Gentlemen: Universities and Society in Pre-Industrial Britain 1500—1700*)(伦敦,1970 年)一书的书评中全文发表,《英国历史评论》,第 87 期(1972 年),第 124 页。卡尼有关学堂历史方面的论述具有误导性,并且其有关学院制发展的观点缺乏说服力。有关更为概括的论述,参见潘廷:《牛津大学档案中的牛津生活》,第 10 页。

活中属于少数,但截止到 16 世纪中期,牛津大学保留下来的 8 所学堂在 1550 年前后所拥有的学生人数超过了 200 人;而与此同时,大学名下的 13 所学院所拥有的学生总数则少于 450 人。①

尽管至少在 16 世纪中期前,牛津大学规定,学生必须参加公共讲座的听讲,但随着学堂教学条件的改善,本科生逐渐不太愿意去听由大学各学部的任课教师开设的普通讲座②,在这种情况下,作为英国"studia"(讲习所)诞生之日起就一直是大学主要教学方式的"公共教学任课制"(regency system of public instruction)逐步被搁置起来。对大学教学体制的最后一击,来自"学院讲座制"(college lectureships)的建立。③ 学院的院士或院外的院士受聘在学院内部开设特定课程的系列讲座,课酬由双方约定。这些得到资助的学院讲座尽管不总是公共性质的,但对大学所有前来听课的人开放的这种系列讲座大多是公共性质的,成了 1479 年至 1480 年牛津大学莫德林学院引入学院讲座制这个教学机制后英国大学学院制的一个永久的特征。④ 从此,几乎每所新建的学院都为开设讲座做好了准备。与此同时,多数历史较久的学院都修改了自己的院规,以适应这一新的发展趋势。⑤ 事实上,从伊丽莎白女王(Elizabeth)登基开始,学院或多或少已成为自成一体的教学组织。事实证明,大学为苦苦支撑的、行将衰亡的大学教学体制所做的努力是无效的。⑥ 一系列有利于学院的发展趋势已不可逆转。到了 16 世纪 70—80 年代,学院已经成为大学中有效的教学机构。

---

① 潘廷:《牛津大学档案中的牛津生活》,第 10 页。

② 潘廷:《牛津大学档案中的牛津生活》,第 36 页。

③ 有关学院讲座制,参见潘廷:《牛津大学档案中的牛津生活》,第 36—37 页;柯蒂斯:《1558—1642 年转型中的牛津大学和剑桥大学》,第 102—105 页;科班:《中世纪后期剑桥大学的国王学院》,第 80 页之后的内容。

④ 《牛津大学学院院规》,第 2 卷,第 8 章,第 47—49 页;德诺姆-扬(N. Denholm-Young):《莫德林学院》(Magdalen College),《维多利亚郡郡史》(牛津),第 3 卷,第 194 页。

⑤ 参见科班:《中世纪后期剑桥大学的国王学堂》,第 81 页及注释 3;也可参见潘廷:《牛津大学档案中的牛津生活》,第 36—37 页及注释 16。

⑥ 有关这次几乎流产的运动,参见柯蒂斯:《1558—1642 年转型中的牛津大学和剑桥大学》,第 101 页;科班:《中世纪后期剑桥大学的国王学堂》,第 81—82 页。

相对来说,有关 1500 年英国的学院教学组织情况研究的成果并不多。特别是很难梳理出导师制的发展轨迹,而且 16 世纪导师制在学院广泛开展时,只能对其略知一二。在学术团体中,资深成员帮助、鼓励和指导年轻的同伴是自然规律,这已成为英国的早期学院中的规程。例如,1270 年默顿学院的院规规定:从高年级学生中选拔教师来辅导年龄较小学生的学业,规范他们的道德行为。[1] 剑桥大学的彼得豪斯学院也实行类似的院规。[2] 一般来说,资深院士有义务在道德层面教育和影响社团中的年轻成员,这是大多数英国的早期学院的普遍做法。可以看出,这里所展示的是最基本的导师制形式,即非正式的、免费的和只限于学院成员的教学方式。但是,随着威克姆在新学院中建立有薪酬的导师制,学院产生了一个新的特征,即从学院基金中划出一笔经费用来支付那些作为社团年轻成员导师的院士或高年级学生的报酬。[3] 但尚无证据表明,这种导师制惠及到非学院成员。而且,也没有资料表明,威克姆新学院的本科生学费都付给了作为他们导师的院士或高年级学生。还有一点需要指出,对本科生财务的管理逐步成为学院导师的一项主要责任,而且最终也是英国完善的导师制的一个主要内容。

现在,还不清楚国王学堂是否曾有过威克姆的新学院意义上的有薪酬的导师制。但是,有足够的证据表明,从 15 世纪 30 年代开始,该学院就开始招收非本院的自费生。[4] 已知的是,那些为从院外招来的学生作导师的院士,代表院方用学生的学费来支付所需的费用。这里所显示的一种安排是,几名院士以代理父母的身份来负责管理学生的财

143

---

① 《牛津大学学院院规》,第 1 卷,第 2 章,第 12 页;有关 1220 年前后牛津大学早期院外导师制安排的实例,参见潘延:《牛津大学档案中的牛津生活》,第 37 页。有关英国导师制发展至 20 世纪的简要回顾,参见摩尔(W. G. Moore):《导师制及其未来》(*The Tutorial System and its Future*),牛津,1968 年,第 1 章。然而,该书作者并未将其研究注意力延伸到剑桥大学。

② 《剑桥大学及其学院的文件汇编》,第 2 卷,第 12 页。

③ 《牛津大学学院院规》,第 1 卷,第 5 章,第 54 页。

④ 有关这些自费生的情况,参见科班:《中世纪后期剑桥大学的国王学堂》,第 67 页之后的内容。

务。这种情况与当时对无人资助的学堂采用的最初的导师制的情况是一致的，但据知这种情况为数并不多。15世纪早期，至少在牛津大学的一所学院里，那些把舍长看作是自己导师或放款人的本科生都把财务交由导师来控制，导师还代表他们支付开销并逐项报账。① 在英国的学院中，迄今为止国王学堂提供了最早有关这种导师组织形式的确切证据，即将学生的财务归于某个院士管理（即由导师负责），这成为宗教改革后一段时期英国的学院舞台上的一个主要特征。但是，在15世纪时，在国王学堂采用这种方式为学费而招收自费生作为正式学院制的一个组成部分是不可能的。② 因为学院作为一个整体成为这一做法的推动力量是不可能的。尽管学院有可能鼓励这一趋向，但断断续续的证据表明，朝着这一趋向发展的动力源于希望用讲课报酬来增加收入的个别院士。根据后来相似的例子，可以判断，院士导师与家长或监护人达成私下协议，将学生交由导师照顾并转交一笔资金，在规定时间里以学生的名义开支。③ 前面所描述的情况表明，每一个硕士生院士都有可能成为导师候选人，只要有能力或意愿都可以招到学生。这意味着，指导学生已变成一个公开的竞争市场，而且院方也没有制定详细规定来限制指导学生的各项要求只能由几位院士负责。宗教改革后剑桥大学的相似情况表明，16世纪后半期，任何院士都可能成为导师，负责一个或更多的学生。④ 从15世纪30年代起，这基本上是国王学堂实行的做法。到了17世纪，这种灵活但又杂乱无章的导师组织形式就让位于更加集中的和学院控制的导师教制度了，但这依然是"牛桥"

---

① 参见埃姆登有关教师约翰·阿伦德尔（John Arundell）逻辑笔记重要性的论述。《中世纪的牛津大学学堂》，第193页。很有可能的是，学习法律的学生由于比文科学生较为成熟，通常由自己管理自己的开支。关于这一点，参见萨尔特：《1424年的牛津学堂》(An Oxford Hall in 1424)，引自《献给普尔的历史文集》(Essays in History presented to R. L. Poole)，戴维斯主编，牛津，1927年，第421—433页。

② 科班：《中世纪后期剑桥大学的国王学堂》，第70页。

③ 有关17世纪牛津大学学院的此类安排，参见韦克林（G. H. Wakeling）：《雷齐诺斯学院专题论文集》(Brasenose Monographs)，第2卷，第1部分，牛津历史学会，第53辑（1909年），第11期，第14页。

④ 参见科班：《中世纪后期剑桥大学的国王学堂》，第71页及注释1。

(Oxbridge)一景中的神圣标志之一。

国王学堂招收本科自费生(严格来讲是半费生)是一个具有非常重要的教育意义的事件。随着学院从 14 世纪早期定期招收本科生并将他们完全纳入学院的成员中,学院的本科生成分从 15 世纪 30 年代因为有了自费生的出现而得到了加强并呈现多样化,这是非常可观的。有时,可以这样认为,招收本科自费生是韦恩弗里特(Waynflete)[①]主教于 1448 年在牛津大学建立的莫德林学院的创举。在创建者于 1479 年至 1480 年制定的院规中,有条文规定可以招收不超过 20 个自费生,并允许他们在导师的指导下自费食宿在学院。这些自费生都是达官显贵的子弟。[②] 根据这种情况,可以得出结论:"从这一新的发展趋势来看,莫德林学院可以称得上是中世纪学院中的最后一个,也是现代学院中的第一个。"[③]但是,现在弄清楚的是,无论韦恩弗里特的"自费生"安排对于英国的学院生活影响有多大(仍有待考证),这些做法在 15 世纪早期的剑桥大学国王学堂里确实早已出现了。在本科自费生从 15 世纪起开始完全进入英国的学院之前,一般的自费生常常都是属于成熟的且具有硕士地位的一类人。[④] 英国的大多数学院似乎都准备招收一定数量的、不依靠领取奖学金求学的学生。这样的学生可以称之为"准院士自费生"(ex-fellow pensioners),包括已经去职但仍然住在学院作为自费生支付自己食宿的院士。第二类人包括那些从未领过奖学金的、被招入学院的自费生或半自费生。自费生需要支付自己的全部食宿费用,而半自费生则只需支付较低水准食物一半的饮食费用。国王学堂的自费生分为两种不同的等级,即自费生和半自费生,这充分说明自费生分层制度的源头可以追溯到 14 世纪上半期。[⑤] 对这些外来学生的称谓术语,在中世纪时期可以说是五花八门的,甚至到了混乱不清的地步。在

145

① 韦恩弗里特(约 1398—1486),牛津大学莫德林学院的创始人。——译者注
② 《牛津大学学院院规》,第 2 卷,第 8 章,第 60 页。
③ 德诺姆-扬:《莫德林学院》,第 195 页。
④ 参见萨尔特有关中世纪自费生的论述,《中世纪的牛津》,第 100 页。
⑤ 科班:《中世纪后期剑桥大学的国王学堂》,第 275 页。

牛津大学的大学学院,可以找到"commensales"和"commorantes"(寄宿者)。① 在奥里尔学院,"寄宿者"在 15 世纪被称为"commorantes",在16 世纪被称为"commensales"、"communarii"或"batellarii"。② 在坎特布雷学院,"房屋租借者"被称为"commorantes"。③ 在埃克塞特学院和女王学院,用的是"communarii"和"commensaes"。④ 在默顿学院,"communarii"有着特殊的用途⑤,而在伊顿学院,"commensals"是指有特权的自费生,享有免除学费的待遇,条件是他们需支付自己的食宿费。⑥ 在国王学堂,自费生的称谓各种各样,可以称之为"commensales"、"sojournants"、"commorantes"、"communarii"、"semicommunarii"以及"perhendinantes"。⑦ 最后一个称谓"perhendinantes"是剑桥学院的院

① 奥斯瓦德(A. Oswald):《大学学院》(University College),《维多利亚郡史》(牛津),第 3 卷,第 63 页。

② 潘廷:《奥里尔学院和圣玛丽学堂》(Oriel College and St. Mary Hall),第 3卷,第 120 页;也可参见《奥里尔学院教务长的花名册,1446—1661》(Dean's Register of Oriel,1446—1661)一文引述的参考文献,理查兹(G. C. Richards)和萨尔特主编,牛津历史学会,第 84 期(1926 年),第 51、56、61—62 页;有关"commonrantes",参见《奥里尔学院档案》(Oriel College Records),沙德韦尔(C. L. Shadwell)和萨尔特主编,牛津历史学会,第 85 期(1926 年),第 52、55—56 页。

③ 拉什达尔:《中世纪的欧洲大学》,第 3 卷,第 213 页及注释 1。

④ 萨尔特:《中世纪的牛津大学》,第 100 页。在 14 世纪后期女王学院的自费生中,有约翰·威克利夫(John Wycliffe)、尼古拉·赫里福德(Nicholas Hereford)、约翰·特里维萨(John Trevisa)等人。参见霍奇金(R. H. Hodgkin):《牛津大学一个 600年的学院》(Six Centuries of an Oxford College),牛津,1949 年,第 27—38 页。

⑤ 默顿的自费生似乎一直都是年轻人,他们靠着履行特定的职责来抵消在学院几年的生活费用。因此,这些自费生的生活都是依靠默顿学院的财政支出来维系的,而在其他学院,自费生常常是学院收入的来源。《1483—1521 年默顿学院注册簿》(Registrum Annalium Collegii Mertonensis),萨尔特主编,牛津历史学会,第 76 期(1923 年),第 15—17 页。

⑥ 麦克斯韦·莱特(H. C. Maxwell Lyte):《伊顿学院史:1440—1910》(A History of Eton College 1440—1910),第四版,伦敦,1911 年,第 19 页;有关"commensales"相关法令条文的分析,见附录 A,第 582 页。

⑦ 见科班:《中世纪后期剑桥大学的国王学堂》,第 260—261 页。

规在 14 世纪和 15 世纪使用最为普遍的称谓,指的是"寄宿者"①,但在同一时期,牛津大学的学院院规中没有出现过这一称谓。在剑桥大学基督学院 1506 年的院规中,"pensionarius"的称谓第一次取代了"perendinans"的称谓。② 此后,在 16 世纪的院规中,"pensionarii"和"commensales"通常都在使用。③ 有可能的是,在 16 世纪剑桥大学的学院里,"pensionarius"使用得非常广泛,以至在宗教改革后都在使用这一称谓,来指那些不依靠奖学金的本科自费生群体。④

　　无论哪一种情况,准确地界定术语使用的确切意义并不是轻而易举的。在很多情况下,我们对这些寄宿者的了解只局限在他们的姓名、居住时期以及食宿收费标准。⑤ 在那些可以确认的自费生中,相当一部分人都是享有俸禄的神职人员,他们都是获得教会的许可来大学学习的,或许经常是在不久的将来获得教会的晋升。这类自费生要么攻读文科高级学位,要么攻读高级学科学位;但是,另一些人到大学来似乎仅仅是在志趣相投的气氛中从事"进修"课程的学习。学院院士的亲戚或朋友有时也来学院作为自费生小住一段时间,但是,其目的常常是交际而不是来学习的。在 1500 年之前的学院,偶尔也会有那些有着高贵

147

----

① 参见《彼得豪斯学院院规》,引自《剑桥大学及其学院的文件汇编》,第 2 卷,第 27 页;《女王学院院规》,引自《剑桥大学及其学院的文件汇编》,第 3 卷,第 37 页。

② 《剑桥大学及其学院的文件汇编》,第 3 卷,第 208 页。"自费生或寄宿生"(pensionarius)一词是在 16 世纪第一个 25 年里出现在最早的冈维尔学堂的会计簿上。参见维恩(J. Venn):《早期的学院生活》(*Early Collegiate Life*),剑桥,1913 年,第 68—69 页,书中列出了 1513 年"自费生或寄宿生"的清单。

③ 更多的例子,参见《1551 年卡莱尔学院院规》,引自《剑桥大学及其学院的文件汇编》,第 2 卷,第 164 页;也可参见《1552 年剑桥大学三一学院爱德华时期的院规》,三一学院图书馆,第 16 章,第 0.6.7 节,第 20—21 页。然而,"perendinant"一词有时被用作法令中一节的标题,参见《16 世纪早期耶稣学院院规》,引自《剑桥大学及其学院的文件汇编》,第 3 卷,第 120—121 页。

④ 等同于牛津大学的自费生(commoner)。有关剑桥大学宗教改革后的自费生(pensioner),参见温斯坦利(D. A. Winstanley):《未改革的剑桥大学》(*Unreformed Cambridge*),剑桥,1935 年,第 200—201 页。

⑤ 有关国王学堂的自费生和半自费生(非编外院士自费生)的论述,参见科班:《中世纪后期剑桥大学的国王学堂》,尤其是第 273—279 页。

血统的自费生①，尽管他们作为一个群体或许直到 16 世纪才出现。

通过对 15 世纪国王学堂准院士自费生的考察②，我们得出了对这一令人困惑的学术课题的研究具有普遍意义的信息。大多数准院士一旦获得有俸圣职就空出了院士职位，其中一些院士后来获得了主教的许可在大学里学习数年。这类准院士自费生一年中大部分时间都住在学院里攻读学位课程。其他的准院士在国王学堂作为自费生期间还参与了教区的管理，担任诸如主教司铎、助理主教、副主教或他们的助手等职。关于准院士自费生在担任有俸圣职的同时是如何在学院和他们的职位之间分配时间的，我们所知甚少。研究发现，享有俸禄的准院士自费生并没有因长时间住在国王学堂里而忽视自己的生计：时间和精力在学院和生计之间是不能对等分配的，在某些情况下，自费生的身份只是在延续有俸圣职任职期间的一段过渡时间的落脚点。因为对于大多数准院士而言，作为自费生的生活并非目的本身，而被看作是一种方式，前任院士通过它可以在大学求学期间很方便地住在学院里，或者作为提供一个好的住处的途径，保留给那些热心从事教会管理的人偶尔使用。

一般来说，学院对招收外来学生是非常谨慎的。大多数学院的院规都很谨慎地强调，潜在的自费生是否合适以及是否可以信任。③ 因为学院院方必须防范那些可能会是学院的经济负担或可能把纷争带进学

---

① 有关国王学院的贵族自费生，参见科班：《中世纪后期剑桥大学的国王学堂》，第 276—277 页。诸如贵族寄宿生的其他例子，还有奥里尔学院的托马斯·阿伦德尔（Thomas Arundell）、女王学院的理查德·考特尼（Richard Courtenay）、巴利奥尔学院的威廉·格雷（William Gray）和乔治·内维尔（George Neville）以及大学学院的约翰·蒂普托夫特（John Tiptoft）。

② 参见科班：《中世纪后期剑桥大学的国王学堂》，第 266—268 页。

③ 《迈克尔豪斯学院院规》，参见斯坦普：《迈克尔豪斯学院》，第 44 页；彼得豪斯学院、卡莱尔学院和国王学堂的院规，引自《剑桥大学及其学院的文件汇编》，第 2 卷，第 27、136—137、534—536 页；默顿学院院规，引自《牛津大学学院院规》，第 1 卷，第 2 章，第 13 页（1270 年）、第 26 页（1274 年）；巴利奥尔学院、奥里尔学院、女王学院和新学院的院规，引自《牛津大学学院院规》，第 1 卷，第 1 章第 20 页，第 3 章第 8 页，第 4 章第 18 页，第 5 章第 43 页。

院的人进入学院。有时,有这样一种说法,即英国的学院把宗教改革前的自费生看作是增加它们收入的渠道。① 毫无疑问,在英国大学里招收自费生背后的利润动机是千真万确的,巴黎大学也是如此。但是,从我们所掌握的有关诸如国王学堂和牛津大学的女王学院等的自费生制度具体的运作过程资料(并不是非常广泛的)来看,实际上不可能赢得很多的利润。② 自费生制度管理的效率在学院和学院之间可能不尽相同。然而,平均来看,似乎招收成熟的自费生并不是有利的做法,最多只能获得很少的利润。可能随着时间的推移,除了赚钱外,其他的因素逐步占据了主导地位:学院的创建者也逐步认识到,谨慎地使学院的生源多样化是有好处的。让院士居住在一个完全与世隔绝的环境里并不一定健康。适度地与更多的志趣相投的流动同伴进行精神和社会上的联系,只会带来开拓视野和有益健康的影响。正因为如此,如罗伯特·沃德拉克(Robert Wodelarke)③认为的,自费生应该从一开始就成为 15世纪 70 年代建立的剑桥大学圣凯瑟琳学院不可或缺的一部分。④

　　研究中世纪英国和欧洲大陆的学院的成年自费生或自费生阶层,是深入研究英国学院的一个重要领域。自费生阶层是学院与更广泛的社会相互联系的主要桥梁之一。它是人们去探讨中世纪的大学与当代社会的结构相容不悖的方面的方法之一。或许,研究处于学术边缘的自费生的资料绝对还未到枯竭的地步。

　　中世纪学院特定的慈善功能有别于其典型的慈善性存在的理由,前者在历史上并没有得到应有的关注。在英格兰,似乎在慈善方面并没有像巴黎的学院运动那样广泛。英国的几所学院的确为一些贫困孩

---

① 参见卡尔(W. Carr)的论述,《大学学院》(University College),《学院史辑》,伦敦,1902 年,第 49 页;有关巴黎的学院,参见加布里埃尔:《14 世纪大学的学院制》,第93 页。

② 参见科班:《中世纪后期剑桥大学的国王学堂》,第 272—273 页;霍奇金:《牛津大学一个 600 年的学院》,第 28 页及注释 1。

③ 罗伯特·沃德拉克(? —1479),剑桥大学圣凯瑟琳学院的创始人。——译者注

④ 参见科班:《起源:罗伯特·沃德拉克和圣凯瑟琳学院》(Origins:Robert Wodelarke and St. Catharine's),引自《圣凯瑟琳学院 1473—1973》(St. Catharine's College 1473—1973),里奇(E. E. Rich)主编,利兹,1973 年,第 18—20 页。

子提供了有限的文法教育，这些学生要么住在学院里，要么住在城里。很明显，学院创建者普遍都有这样一种大致的观念，即应该在学院里提供某种具有慈善性质的文法教学。但是，这似乎一直是补贴性质的。如果比较各种院规，那人们对院规优先考虑什么就一目了然了。由此获得的总体印象是，有关指导年轻学生的条文经常都是事后补充上去的，或作为传统慈善的一种表示而已。必须强调的是，这些有关"文法"的条款只有在学院资金允许的情况下才有效，也就是说，正如我们可以随意界定的那样，文法的因素往往会因学院硕士生成员的需要而被牺牲掉。例如，彼得豪斯学院的院规规定，学院的慈善基金只可以资助二三个文法学生，条件是学院的财政状况允许。根据优异的学习成绩，他们可以继续待在学院里学习；如果学习成绩差，他们就会被学院除名。①同样，沃尔特·德·默顿（Walter De Merton）②也安排教师为学院创建者亲戚的一些失去双亲的贫困孩子上课：如果学院的经费充裕，他们将接受初级课程教育，其中最有潜力的孩子将可以获得正式学生的身份。③ 类似的情况也发生在剑桥大学的卡莱尔学院。该学院 1359 年的院规计划资助 10 名来自学院所属教堂教区的男孩：他们以不同于学院成员的方式生活在学院里，并接受歌唱、文法和辩证法等课程的教育，到 20 岁时，他们要么被拒绝，要么被赋予正式学生的身份。④

英国的学院总的情况似乎是，即使是最乐观的学院院规，为贫困男孩提供的文科教学也只有在学院财政许可的条件下才可以实施。还有一点很清楚，那就是，除了默顿学院的做法外，这些学习文法的学生"领地"并不是学院不可或缺的一部分，而是以一种慈善附属物的方式与学院团体有所区别。由于中世纪英国的大多数学院都难以维系自己学院

---

① 参见《剑桥大学及其学院的文件汇编》，第 2 卷，第 24—26 页。

② 沃尔特·德·默顿（约 1205—1277），牛津大学默顿学院的创始人。——译者注

③《牛津大学学院院规》，第 1 卷，第 2 章，第 6 页（1264 年）、第 17 页（1270 年）、第 36 页（1274 年）。有关中世纪的学院为近亲和较远的亲戚提供资助的文献，参见斯奎布（G. D. Squibb）：《创建者的亲属：特权和家谱》（*Founder's Kin：Privilege and Pedigree*），牛津，1972 年，第 1 章。

④《剑桥大学及其学院的文件汇编》，第 2 卷，第 140—141 页。

150

全部的法定院士的生计,因此,衡量经费安排的孰重孰轻,这些"文法学校"的规模必然不会太大,而且,在某些情况下,法定的条文在很大程度上或根本就不会执行。有关牛津大学女王学院的做法,有一个极端的例子或许可以说明这一点。该学院的院规允许为多达 70 名贫困孩子提供生活费用①,但实际情况却是:"……在中世纪,受到资助的孩子人数很少超过一二个人;而在 16 世纪,则是三四个人。"②

如果说中世纪英国的学院的慈善性质的文法教学是在一个不被重视的情况下艰难地进行的,那么,在巴黎,对贫困生或受惠生(beneficiarii)的生活资助则要广泛得多。迄今为止,尚未对受惠生做过相关研究,但是,这种做法似乎是由索邦学院率先引入的,随后被巴黎许多后来建立的学院所采纳。③ 例如,阿韦玛丽亚学院资助了在学院里学习的 2 名受惠生和在另外一个寄宿舍里学习的 6 名受惠生,而这整个活动都得到了院士的大力支持。但是,阿韦玛丽亚学院的慈善活动④已不仅仅是资助受惠生了。该学院的创建者休班特的约翰(John of Hubant)⑤还为 10 名贫穷的老年妇女和 10 名贫穷的老年男性建造了房屋,并用学院的资源来赡养他们。另外,他还要求学院的院士给巴黎的穷人每日分发热汤和面包,捐献所有并非是完全必须的衣物和鞋子,而且每年去巴黎的监狱给犯人捐钱。这些规定背后的想法是,应该在知识群体与社会之间建立持续不断的、谦卑的交往。通过这种日常的接触,让学生意识到社会上那些穷人的需求。阿韦玛丽亚学院的实验

① 《牛津大学学院院规》,第 1 卷,第 4 章,第 30 页。

② 霍奇金:《女王学院》(*The Queen's College*),《维多利亚郡史》(牛津),第 3 卷,第 132 页。

③ 参见加布里埃尔:《中世纪巴黎大学阿韦玛丽亚学院的学生生活》(*Student Life in Ave Maria College, Mediaeval Paris*),《中世纪研究文集》(*Publications in Medieval Studies*),第 14 卷,印第安纳,1955 年,第 110—111 页。

④ 有关详情,参见加布里埃尔:《中世纪巴黎大学阿韦玛丽亚学院的学生生活》,《中世纪研究文集》的相关部分;也可参见加布里埃尔:《中世纪时期巴黎大学的慈善活动:阿韦玛丽亚学院》(*The Practice of Charity at the University of Paris during the Middle Ages: Ave Maria College*),《传统》,第 5 期(1947 年),第 335 页之后的内容。

⑤ 休班特的约翰,14 世纪巴黎大学阿韦玛丽亚学院的创始人。——译者注

或许并不能完全代表巴黎的学院的整体情况，但它表明，慈善理念在欧洲大陆的学院中获得了更为广泛的发展。而在英格兰，很久以来，慈善动机都是出于维护硕士生院士受资助质量的利益。假如在学院开设免费课程科目的方面可以扩大，那是应该鼓励的。因为在建立世俗学院的各种功利因素中，学院作为社会中慈善孤岛的地位是绝不会湮灭的。

尽管学院对巴黎大学、牛津大学和剑桥大学都产生了深远的影响，但是，它们却并未在意大利或法国的省级大学获得类似的体制或教育意义。总的来说，意大利和法国的学院起初主要是学生的寄宿舍，并很少作为教育单位。甚至由红衣主教吉尔·阿尔沃诺斯（Gil Albornoz）于 1367 年前后在博洛尼亚建立的宏伟的西班牙学院[①]也不被看作是一个教育机构，尽管该学院似乎开设了一些神学讲座。该学院建立的目的是招收 30 名西班牙或葡萄牙籍的学生，其中，8 名学习神学，18 名学习教会法，4 名学习医学。[②] 到了 15 世纪末，博洛尼亚所拥有的学院不到 6 所，而只有西班牙学院的影响时间比较长。直到 1363 年，帕多瓦才建立了第一所学院；而在 16 世纪前，所建的学院规模都很小。但是，它们对 16 世纪和 17 世纪的帕多瓦生活都具有极其重要的意义。这种情况似乎与意大利的"studia"（讲习所）差不多。在法国的省级大学里，图卢兹大学、维达戈蒂埃大学（1243）、蒙特莱佐大学（1319）和维代尔大学（1337）等早期的世俗学院在欧洲学院发展历史上具有体制上的突出地位。[③] 尤其是维达戈蒂埃学院可以被看作是一种相当高级的世俗学

---

　　① 有关西班牙学院，参见拉什达尔：《中世纪的欧洲大学》，第 1 卷，第 198—203 页，以及马蒂（B. M. Marti）：《14 世纪博洛尼亚大学的西班牙学院》（*The Spanish College at Bologna in the Fourteenth Century*）；也可参见格洛（C. H. Clough）：《红衣主教吉尔·阿尔沃诺斯，博洛尼亚大学的西班牙学院与意大利文艺复兴》（*Cardinal Gil Albornoz*，*the Spanish College in Bologna and the Italian Renaissance*），《阿尔沃诺斯研究》（*Studia Albornotiana*），第 12 期（1972 年），第 227 页之后的内容。

　　② 马蒂：《14 世纪博洛尼亚大学的西班牙学院》，第 32 页。

　　③ 参见福里（J. Faury）撰写的一篇很有启发性的文章：《13 世纪图卢兹的院校》（*Les collèges à Toulouse au xiii* siècle*），引自普瓦维特（E. Private）主编：《13 世纪朗格多克的大学：方诺账目》（*Les universités du Languedoc au xiii* sièlce*，*Cahiers de Fanjeaux*），第 5 期，图卢兹，1970 年，第 274 页之后的内容。

院的样板。该学院的创建时间比巴黎的索邦学院早 14 年,比牛津大学和博洛尼亚大学的第一批学院早大约 20 年,比剑桥大学最早的学院早大约 40 年。在西班牙,除了一些知名的学院如 1401 年建立的萨拉曼卡学院(全称萨拉曼卡的圣巴尔托洛梅市长学院)外,其院规所体现的都是一所学生型大学的法令①,在 16 世纪前的西班牙"studia"(讲习所)里,学院并没有什么突出的表现。

16 世纪前,欧洲南部大学里的学院作用相对不大,这种现象是令人费解的。一般来说,与欧洲北部的学生相比,意大利、法国南部以及西班牙的学生比较富裕且成熟。这可能限制了大学早期发展阶段中的学院运动。或许,高度组织化的学生同乡会拥有很强的独立自主能力,形成了更为牢固的和永久性的财政和互助友爱的平台,而这是欧洲北部大学所没有的。这样,就减少了对一个更为强大的学院机构的需求。而且,在 13 世纪和 14 世纪早期的欧洲南部,学生管理大学非常盛行,表现在各个方面,这也给潜在的学院创建者带来了阻碍作用。对学生管理机构的投资很难成为一个令人感兴趣的话题。值得注意的是,欧洲南部大学所经历的有限的学院发展最终结果是教学博士重新夺回了大学的管理权。

作为大学的一个组成部分,任何的学院组织常常会折射出大学生活各个方面的发展趋势,也正因为如此,它们是未来重要的研究领域。通过考察法国省级"studia"(讲习所),可以说明这一点。法国省级大学的学院很多,而且大多数学院都是由教会创建的,有一些学院是专门为宗教教派成员设立的。② 教皇、红衣大主教和主教都赫然出现在学院创建者的名单上。如果学院是平民创建的,那该学院通常也是委托给一个教会组织或一个由教会和大学成员共同组成的机构来管理。即使我们对法国主教牢牢控制法国省级"studia"(讲习所)的动机一无所知,但是,通过对学院的研究,我们对教会主导大学的力量有了大致的了解。

---

① 拉什达尔:《中世纪的欧洲大学》,第 2 卷,第 89 页及注释 4。
② 有关这些法国的省级学院,参见科班:《主教对中世纪北欧大学的控制》,《基督教会历史研究》,第 5 期,莱顿,1969 年,第 1—16 页及注释。

对法国省级大学的学院制最简单的评价，无疑是教会对大学控制的力度很大，这可能反映在整个法国省级大学组织结构的各个方面。法国的学院在争取大学自治和摆脱教会主导的斗争中发挥不了任何作用。与之相反，学院在各方面所起的作用则是竭力强调无处不在的教会权威，而且在大学赢得自由后的很长一段时间里，学院一直作为教会最后一个主要的和令人窒息的堡垒而延续着。法国的学院更像是教会对大学态度的被动反映者；而在英国的情况也是如此，学院是教会权威渗透大学的程度的指示器。

一种观点认为，牛津大学的学院与法国省级大学的学院较为相似，而与剑桥大学的学院则不同。① 这源于一种观点，即牛津大学的学院受到教会的影响比较大，而位于沼泽地②的剑桥大学的学院则不然。从13世纪到15世纪，牛津大学共建立了10所世俗学院，其中至少有7所是由教会创建的：5所学院是由主教创建的，1所学院是由大主教创建的，还有1所学院是由候任大主教创建的。同一时期，剑桥大学创建了13所学院，其中只有3所是由主教创建的，2所学院即冈维尔学院和戈兹豪斯学院是由出身卑微的修道院院长创建的。其余8所学院创建者包括2位国王、1位女王、2位富有的平民赞助人、爱德华二世（Edward Ⅱ）的财政大臣、国王学堂的院长以及剑桥镇上的行会。而且，与巴黎的学院做法相同的是，牛津大学的学院创建者都将他们的学院置于教会的监督之下。③ 这与剑桥大学的情况形成了鲜明的对比。在剑桥大学，通常的做法是把巡视的权力授予大学的校长或执行校长，而不是教会当局。校方的干预权主要是围绕检查和评估而展开的，除非是碰到

---

① 有关这一段，参见科班：《主教对中世纪北欧大学的控制》，《基督教会历史研究》，第5期，莱顿，1969年，第18—19页及注释。

② 原文是"Fenland"，意指"沼泽地"。剑桥大学最初就建立在一片平坦、潮湿的沼泽区里，现在属于剑桥郡的管辖区。剑桥郡辖区有五个非都市区，其中之一是芬兰区（Fenland District）。——译者注

③ 林肯的主教是奥里尔学院和林肯学院的巡视员；温彻斯特主教是新学院和莫德林学院的巡视员；约克大主教是女王学院的巡视员；而坎特伯雷大主教是众灵学院的巡视员。

最为异常的情况,在一般情况下学院的运作是不会受到干扰的。① 从一开始,剑桥大学的学院就非常珍视他们的独立地位,与牛津大学的情况不同的是,他们对待大学和教会当局的态度是坚决将其拒之门外。

从学院的状况来看,人们可能认为,对于牛津大学的学院院士而言,教会的影响是一个始终存在的现实。而在剑桥大学,实际的教会控制几乎对学院院士的日常生活不会带来多大影响。牛津大学与剑桥大学在学院制上的差异,可能会对英国大学争取大学自治斗争的力度产生某些影响。② 剑桥大学争取自治权的步伐缓慢,并不一定是剑桥大学的教师惰性的结果。如果把学院的文献资料作为依据,似乎教会控制的问题在剑桥大学更多地体现在理论观点上,而牛津大学则不然。如果是这样的话,那剑桥大学的教师就是没有很强的动机来反抗仁慈的和遥远的主教权威,因为这种权威对大学的日常生活影响甚微。然而,可以理解的是,14世纪后期在牛津大学摆脱了教会控制而赢得自治权后,剑桥大学的教师也渴望获得伊利主教和坎特布雷主教的最后决断。这不仅可以使他们与牛津大学相一致,而且也可以使他们与欧洲大陆大学发展的主流相一致。但是,对剑桥大学而言,摆脱教会的控制从头到尾似乎只是一个让人感到麻烦的理论定义问题,实际操作起来既没有牛津大学的热情,也没有牛津大学的实质性内容。

通过对法国省级学院和英国的学院的讨论所得出的一个总的观点是,在考察大学的主要问题时,学院的情况是不容忽视的。学院不能起到大学生活缩影的作用,这是因为学院在各个方面都不具有代表性,但是,它们有时可以为我们深入洞察大学事务提供机会,而这从正式的大学档案中可能是得不到的。

在德国和苏格兰中世纪大学中,学院运动一个突出的特征是形成了一种组织体制,我们可以称之为"学院大学"(the college-university)。

①　参见科班:《中世纪后期剑桥大学的国王学堂》,第87页。
②　有关剑桥大学解放的主题,参见科班:《中世纪后期剑桥大学的国王学堂》,第20—21页。

这是一种组织上的变更,即学院与大学实际上融为一个单一的实体。这是一种具有重要意义的体制发展,因为它为北欧"studia"(讲习所)里永恒的教授会的发展做出了重要贡献。

在13世纪和14世纪欧洲南部的大学里,逐步实行了有薪酬的讲座职位。这产生了双重作用:一是减少了讲课教师在经济上对学生学费的依赖程度;二是提高了教授在校教学的稳定性,使得过去教师在大学之间来回流动以及在大学与社会兼职之间精力分散的情况大为减少。① 北欧"studia"(讲习所)里出现了一批有薪酬的教师,这是后来发展的结果,但它们依赖必要的任课制来招聘教师是其弱点,因为任课制鼓励了教师的过度流动,促使大学倾向于招收年轻的和没有经验的教师。这种必要的任课制实际上是一种省钱的招聘教师方法,因为根据这一制度,每一位新的文科教师、神学博士或法律博士都必须承担教学任务约2年,即他们毕业的那年再延续一年。如果由此就认为北欧"studia"(讲习所)完全都依赖新毕业的硕士或博士充当教学师资,那就错了。除了"必要的任课教师"外,还有一些教师已在大学里任教多年。他们得到了学院的奖学金、教会的神权职位或由一个宗教教派的资助。尽管如此,这些"强制性"的任课教师成了北欧大学教学人员的核心,而且这种情况一直延续到中世纪后期。

拥有一批精力充沛的教学人员会有很多优势。教师会相互竞争以吸引足够的学生,因为学生的学费是他们维持生计的依靠。但是,一般来说,在一所缺少资助讲座职位的大学里,教书是无利可图的,这迫使许多年轻的任课教师一旦其义务讲课期限结束后就会到社会上寻求其他合适的工作。那些对教书职业不感兴趣的教师以及那些对强迫压下来的教学任务感到不满的、急切想找到一份薪酬丰厚的工作的教师,对大学越来越不满意,最终选择离开。毫无疑问,这对大学这个学术共同体而言,并不是什么大的损失。但是,由于经济所迫以及不安全感不得已离开大学去寻求一份大学外的职业而流失的很有潜力的教师,不仅

---

① 参见科班:《中世纪后期剑桥大学的国王学堂》,第3章。

是一种智力流失，而且也是最让人感到无奈的。随着南欧一些大学的有薪酬的教师职位成为常态，那种靠着教学人员自由流动所建立的、毫无计划可言的任课制的不足，越来越清晰可见。这促使中世纪后期在北欧创建的大学在其体制发展初期就开始改进其教学安排，并使其更加合理。

　　要获得更加稳定的教学人员可以有不同的方法。城市当局可以给教师直接发放工资，可以是短期的或长期的，也可以将当地教会神职人员的俸禄作为资助教师的一种办法。而越来越多的学院也可以起到增加教师的作用，以便使他们在一个学术中心任职相当长一段时间。[①]　在一些大学里，各种资助形式如薪酬、俸禄和学院奖学金，或上述三种资助中的任何两种，都可以为长期合约的教师任教生涯提供组合的优越条件。这些有益的措施后来在北欧创建的大学中得到广泛的采用。同时，在其他学术中心，例如，维也纳大学、爱尔福特大学、海德尔堡大学、科隆大学、莱比锡大学、罗斯托克大学、鲁汶大学、格赖夫斯瓦尔德大学、弗赖堡大学、巴塞尔大学、因戈尔施塔特大学和图宾根大学等，也都可以看到这些措施的存在。在德国和苏格兰大学里，学院是遏制教学人员过度流动的主要手段。在 14 世纪后期和 15 世纪的德国大学机构里，学院创建的主要目的是为大学提供有资助的讲师职位。[②]　许多学院的创建都是创建者最初计划的一部分，即使当初没有这方面的考虑，后来也都很快补上了。在德国的大学中，有一段时期学院和大学的教学活动并存，但是，两者之间的区别渐渐开始模糊起来，因为学院和大学的教学逐步演变成由同一位教授来承担。[③]　通过这一办法，德国大学拥有了一支固定的教学力量，而这支教学力量是通过将无资助的教师从所有有影响的领域中排挤出后留下来的。这种情况在 15 世纪的 3

---

　　① 有关中世纪后期欧洲北部"studia"的资助讲师，帕克特(J. Paquet)撰写了一篇很有价值的文章《15 世纪鲁汶大学教师的薪酬》(*Salaires et prébendes des professeurs de l'université de Louvain au xvᵉ siècle*)，引自《鲁汶大学研究》(*Studia Universitatis Lovanium*)，第 2 期，利奥波德维尔，1958 年。

　　② 参见拉什达尔：《中世纪的欧洲大学》，第 2 卷，第 283 页。

　　③ 拉什达尔：《中世纪的欧洲大学》，第 2 卷，第 283—284 页。

所苏格兰大学中可见一斑。在圣安德鲁斯大学和格拉斯哥大学，最初是没有学院社团的。有人辩称，如果不是因为后来建立的学院，这几所苦苦挣扎的大学就会衰落和破败，因为它们没有足够的资助，而且因争抢学生的教师争执以及大学没能留住一些高水平的核心教师而造成严重的内部纠纷。[①] 学院的创建在稳定大学地位方面贡献很多，并最终为大学提供了大部分的教师。[②] 尽管在圣安德鲁斯大学和格拉斯哥大学，学院和大学之间的融合非常好，但是两者从来没有彻底合为一体；而在阿伯丁大学，学院和大学之间的融合一开始就是其创建者计划中不可分割的一部分。[③] 从 1494 年至 16 世纪早期的几年里，主教埃尔芬斯通（Elphinstone）就把学院和大学看作是阿伯丁大学的基石，目的是为了

---

[①] 参见汉内（R. K. Hannay）：《圣安德鲁斯和格拉斯哥早期的大学机构：比较研究》（*Early University Institutions at St. Andrews and Glasgow: A Comparative Study*），《苏格兰历史评论》（*Scottish Historical Revue*），第 11 期（1914 年），第 266 页之后的内容；坎特（R. G. Cant）：《圣安德鲁斯大学》（*The Univeristy of St. Andrews*），爱丁堡，1946 年；邓洛普（A. I. Dunlo）：《圣安德鲁斯主教詹姆斯·肯尼迪的生平和时代》（*The Life and Times of James Kennedy, Bishop of St. Andrews*），《圣安德鲁斯大学文集》（*St. Andrews Univesity Publications*），第 16 期，爱丁堡和伦敦，1950 年；美奇（J. D. Mackie）：《格拉斯哥大学 1451—1951》（*The University of Glasgow 1451—1951*），格拉斯哥，1954 年；夸萨克（J. B. Coissac）：《从圣安德鲁大学建立后直至 1410—1560 年改革成功的苏格兰大学》（*Les universités d'Ecosse depuis la foundation de l'université St. Andrews jusqu'au triomphe de la réforme 1410—1560*），巴黎，1915 年，尤其是第 1—6 章；苏格兰（J. Scotland）：《苏格兰教育史》（*The History of Scottish Education*）两卷本，伦敦，1969 年，第 1 卷，第 4 章。

[②] 有关这些早期的学院，除了前面注释中所引述的论著外，参见赫克莱斯（J. Herkless）和汉内：《圣伦纳德学院》（*The College of St. Leonard*），爱丁堡和伦敦，1905 年；坎特：《圣萨尔瓦托学院》（*The College of St. Salvator*），《圣安德鲁斯大学文集》，第 17 期，爱丁堡和伦敦，1950 年。

[③] 参见拉什达尔《中世纪的欧洲大学》一书中对阿伯丁大学的论述，第 2 卷，第 318—320 页；雷特（R. Rait）：《阿伯丁大学在苏格兰学术历史中的地位》（*The Place of Aberdeen in Scottish Academic History*），《阿伯丁大学评论》，第 20 期（1933 年 3 月）；麦克法兰（L. J. Macfarlane）：《威廉·埃尔芬斯通》（*William Elphinstone*），《阿伯丁大学评论》，第 39 期（1961 年春季）；苏格兰：《苏格兰教育史》，第 1 卷，第 30—32 页；夸萨克：《从圣安德鲁大学建立后直至 1410—1560 年改革成功的苏格兰大学》，第 123—125 页。

避免在大学发展的初期阶段出现困扰新兴的圣安德鲁斯大学和格拉斯哥大学的缺陷和软肋。随着阿伯丁大学实验的成功,格拉斯哥大学后来也采取了学院和大学融合的办法。而在圣安德鲁斯大学,两者的融合程度略微弱一些。① 阿伯丁大学成熟的学院—大学体制,后来在 1499 年创建的阿尔卡拉大学②似乎也获得了成功。这一模式是基于预先计划且符合逻辑的一种尝试,其目的在于建立一个有计划的综合大学的共同体,使其更具平衡和统一的师生比,而不是在某种偶然的发展状况下运作的大学模式。在中世纪后期,德国大学和苏格兰大学这种权力集中的模式与牛津大学、剑桥大学和巴黎大学的权力分散的模式形成了鲜明的对比。从长远来看,德国和苏格兰的"studia generalia"(公共讲习所)在组织结构上对它们所面临的内部不稳定和教师短缺等重大问题所做出的反应,导致了学院—大学模式的产生,结果证明,对持续到中世纪末及以后的大学发展来说,其所产生的深远影响比英格兰和巴黎的大学各自的变革更为广泛。

20 世纪从档案馆和大学档案中详细筛选出来可以参阅的中世纪学院文献资料,并没有人们想象得那样丰富。因为颇具倾向性的文献很多。皇家或主教赐予的创建特许状、教皇的敕谕、契据、公证文据等,是填补一所大学外部关系史不可或缺的文献资料。有了这些文献资料,历史学家们可以详细说明获得某块地及其扩建的各个阶段的情况,追溯学院与周围地主、机构和大学当局之间的交易。然而,这类文献资料只是偶尔有助于认识和了解某所学院社团内部的运作方式。正因为如此,学院史学家参阅了大量的中世纪的早期学院的院规。一些较大的学院的院规篇幅长且详细,可以收集到大量的信息。③ 但是,在大多数

① 参见雷特:《新学院》,第 108 页;苏格兰:《苏格兰教育史》,第 1 卷,第 32 页。

② 拉什达尔:《中世纪的欧洲大学》,第 2 卷,第 106 页。

③ 参见索尔特马什(J. Saltmarsh)对剑桥大学国王学院长篇而又详尽的院规所做的精彩引用,引自《国王学院》(*King's College*),《维多利亚郡史》(剑桥),第 3 卷,第 382—385 页;也可参见琼斯(A. H. M. Jones)对新学院院规的引用,引自《新学院》(*New College*),《维多利亚郡史》(牛津),第 3 卷,第 154—158 页。

情况下,能够收集到的信息还是少得可怜,只能隐约勾勒出学院机构的大致轮廓;即使如此,也可能是不完全可靠的。早期的学院院规很容易带来误导,在很大程度上,它们只是学院创建者理想的宣言而已,并不是用于现实的运作程序。这是因为早期的大学(学院)缺乏足够的资助,致使这些经济窘迫的学院在院规法定条文和日常的现实安排之间左右摇摆,而走上一条截然不同的发展道路。随着财富的增加,这些学院社团能够使自己的组织结构更加趋向于创建者最初的目标。但是,这往往是中世纪后期甚至宗教改革后期发生的变革。

只有当学院与有关的官方、法律和法定的文献材料以及大量的学院内部记录(如账目或财务清单)相得益彰、相辅相成时,我们才有可能对学院的组织和生活进行深入的研究。或许,从与欧洲的学院有关的文献资料中,我们可以得出两个结论:一是除了保存下来的极少几篇篇幅很长且内容价值宝贵的系列记载文献外,许多早期的学院文件都是零星的,以至于很难从中抽出具有一般价值的资料;二是许多学院的记录主要是与地产管理有关的,显然不能指望这些文献资料能为我们提供有关学院内部生活和学术团体自身的经济状况的信息。而在英国的情况是,我们必须依靠由诸如牛津大学的坎特布雷学院和剑桥大学的国王学堂提供的主要有关学院内部事务的文献记载,来研究相关问题。① 即使是这类长篇累牍的文献,所记载的资料也并不丰富。但是,我们只有依靠这些文献记载进行研究,才能使学院研究朝着最为有效的方向发展。在这方面我们所需要做的,就是比较研究中世纪欧洲的学院体制、管理、经济和事务安排。当然,这不仅是一种理想,而且可以朝着既定的方向有所进展。然而,由于这方面的研究资料也很有限,因此,对学院的研究可能没过多久就达到了极限。而且,不得不依赖有限的流水账式的文献记载来进行研究,这会带来各种各样具有典型性的

---

① 参见《牛津大学坎特伯雷学院》(*Canterbury College*)三卷本,潘廷主编,牛津历史学会,新辑(1946—1950 年);科班:《中世纪后期剑桥大学的国王学堂》。

问题,而这些问题并不是容易解决的。例如,剑桥大学国王学堂的记载
要详细到什么程度才代表了一种学院的标准呢？鉴于国王学堂的皇家
血统以及它一直保留着源于宫廷风范这一事实,国王学堂所处的地位
介乎于 14 和 15 世纪普通的学院社团与同时期向有利可图的贵族标准
看齐的学院社团之间。在这样的情况下,很难对以下各种学院事务取
得一个统一的学院标准,例如,院士的生活费和服装开支、向非学院成
员提供住宿的收益率、院内成员的工资标准、为院士配备私人仆人的负
担开支、导师制的教学设施和学院讲师职位等。人们常常被迫将学院
账目的研究发现与蕴含于相对稳定的学院院规的研究发现进行比较。
尽管从严格意义上讲,这两者之间的可比性并不强,但是,它可能是迄
今为止唯一的研究方式。即使我们手里有类似的账目来进行比较,但
是,一旦做起来就会发现,由于资料分布不均,因而致使研究困难重重:
也就是说,在每一个系列账目中,所揭示出的某个历史时期的信息内容
却与某个研究领域的切入点相背离,而且又可以被另一类资料所取
代。① 因此,在比较系列账目时,资料的类别可能不是按照年代阶段来
编排的。鉴于上述种种困难,在不同系列账目之间进行严格比较是一
种难以把握的追求目标,而折中的方式可能是最终的解决方法。

　　仅仅把学院史囿于某所特定的大学是不够的;要获得最大的研究
价值,就必须依据研究的规模和掌握的资料把学院史放在地区、国家甚
至国际学术史的框架里来加以考察。学院史的主要价值在于,它为阐
明影响中世纪大学生活的各种问题做出了贡献。这促使历史学家把考
察中的特定学院作为研究活动的基点,而不是作为顶礼膜拜的对象。
换句话说,研究应该超越机构本身。学院并没有因此而失去自己的身
份,而研究所关注的重点是学院的特征。无论这些特征是大是小,它们
都具有普遍的学术意义。这种研究方法与考察学院史的细枝末节是完

---

① 有关引用对国王学堂流水账式的论述方面所出现的问题,参见科班的论述,
《中世纪后期剑桥大学的国王学堂》,第 4 章。

全相符的：事实上，只有在全面分析所有可以获得的学院文献资料的基础上，才能获得有价值的东西。但是，在最后的呈现过程中，选择过程应该将什么是作者判断下的狭隘的东西与什么是更为广泛的引述的东西分开。由于学院是形成中世纪后期大学社会、道德和学术生活的主要影响力量之一，因此，学院应该成为研究的重点，而不是研究的边缘领域。

# 第二部分

# 第七章　中世纪学生的权力[①]

　　了解学生权力(student power)的概念,对于理解宗教改革前时代的大学发展是至关重要的。有组织的学生抗议与欧洲南部大学的兴起实际上是同步的,它持续了两百多年。在一些方面,引发中世纪学生反抗的动机与20世纪后半期的学生运动有异曲同工之妙。但是,在其他方面,两者之间则毫无相似之处,如果硬将它们进行类比,那只能起误导的作用。中世纪大学对社会中的大学功能的看法极具功利性,而这一点是不可能赢得某些现代学生的尊重的。在中世纪环境下发生的革命性的学生运动很少是以已有的社会秩序为目标的:它们要么是一种防御机制,要么是学生为了在大学的组织结构中赢得更多的参与大学事务的权利。然而,到了1500年,学生权力运动开始衰退,没有了往日的影响力。自此以后,教师型大学在欧洲处于主导地位。只是在最近几年,学生型大学的魅影才被提出来用于挑战教师型大学的组织概念。

　　很难搞清楚学生自己所考虑的中世纪大学的教学目的是什么。在15世纪人文主义论著如雨后春笋般出现前,具体的、有内容的教育论著和有一定水平的评注很少。从1200年至1400年期间保留下来的论著中,有相当数量的论著都是很有价值的,或别出心裁,或精心撰写,但缺乏的是那种现实的完整性,而正是这一现实的完整性对于历史学家认

---

① 本章许多内容选自我的文章《中世纪的学生权力》(*Medieval Student Power*)一文,《过去和现在》,第53期(1971年),第28页之后的内容。

识一名普通学生的教育过程具有极高的价值。[①] 然而，我们所积累的文献资料，包括大学的文献资料及学生的档案材料和有关学生的信函、布道文献资料等，都说明在普通学生阶段，涉猎广泛的学习并不是学习目的本身。对于大多数学生而言，教育是一项非常实际的活动。究其原因，是由于西欧中世纪的教育所获得的经费资助少得可怜——几乎没有多余的经费用来攻读任何形式的非职业课程。普通的学生尽管可以靠父母、监护人或资助人缴纳学费，但是，能全力以赴地获得第一个学位[②]，已感到是万幸了。由于学生不得不应对持续不断的艰难和危险，因此，他们对社会的态度也不得不进行调整。毫无疑问，中世纪的学生

---

　① 例如，博韦的文森特（Vincent of Beauvais）的教育思想和皮埃尔·迪布瓦（Pierre Dubois）1309 年的教育计划其本身都很有价值和吸引力，然而，他们对 13 世纪和 14 世纪早期普通学生的态度却未做多少研究。参见加布里埃尔：《博韦的文森特的教育思想》（*The Educational Ideas of Vincent of Beauvais*），《中世纪教育史教材与学科》，第 4 期（印第安纳圣母院，1956 年，1962 年再版）；斯泰纳主编（A. Steiner）：《有关博韦的文森特的贵族儿童的教育问题》（*The 'De eruditione filiorum nobilium'of Vinvent de Beauvais*），《美国中世纪学会会刊》（*The Mediaeval Academy of America Publication*），第 32 期（马萨诸塞州，坎布里奇，1938 年）。也可参见皮埃尔·迪布瓦教育计划的翻译版，引自桑代克（L. Thornlike）：《中世纪的大学档案和生活》（*University Records and Life in the Middle Ages*），《哥伦比亚大学文明档案》（*Columbia University Records of Civilization*），第 38 期（纽约，1944 年），第 138 页之后的内容；以及兰洛伊斯（C. V. Langlois）主编：《圣地的收复：皮埃尔·杜布瓦的条约政治》（*De recuperatione Terre Sancte: traité de politique générale par Pierre Dubois*），巴黎，1891 年，尤其是第 49—53、58—72 页。《论学生的纪律》（*De disciplina scholarium*）一文写于 1230 年至 1240 年之间，其作者可能是英国人特金汉姆的伊莱亚斯（Elias of Trikingham），也曾被误以为是波伊提乌（Boethius）所写。该书为学生的行为和价值观提供了更为切合实际的指导，在中世纪大学受到广泛推崇。参见《论学生的纪律》，引自《拉丁教父集》（*Petrologia Latina*），米涅（J. P. Migne）主编，第 44 期（巴黎，1860年），第 1223—1238 页，以及加布里埃尔的论述，引自加兰迪亚：《中世纪大学史研究》，第 147 页。《神职人员的颂歌》（*The De commendatione cleri*）（1347 年至 1365 年间）可能是由巴黎大学的一名德国学生写成的，但该书在某些方面使人失望，因为该书的可靠性让人怀疑。参见桑代克：《中世纪的大学档案和生活》的翻译版，第 201 页之后有拉丁文章节的内容，附录 1 以及第 409 页之后的内容。
　② 有关中世纪学生的生活状况及其方方面面，参见哈斯金斯：《中世纪文化研究》，第 1—3 章。

对社会结构是有想法的;他们会对他们那个时代的有关神学和政治等
主要问题进行辩论,他们也会有机会参加教师关于公众关注问题的辩
论①,他们还会批判现行的社会秩序;但是,在大学读书期间,他们却很
少有兴趣去改变他们所生活的世界。学生压倒一切的想法,就是成为
这个现有的社会结构的一部分。例如,在他们以后的生涯中,他们的技
能可以在为教皇、帝国或王室的服务过程中用于意识形态冲突中的宣
传战。② 从这一点来说,大学生最终卷入了促进社会秩序调整的运动。
但是,在大学阶段,学生的世界观趋于保守的思想模式。

在很大程度上,中世纪的大学大都是职业类型的学校。③ 他们训练
学生掌握某些领域的知识,以便从事诸如法律、医学或教学等世俗职业
以及为教会服务。神学,即人们所谓的"高深科学的夫人"(Madame la
haute science)是一门只供少数人攻读的学科,是大学中那些最为聪明
的人追逐的目标;然而,对于大多数学生而言,神学过于冷僻且耗时极
长。对于多数学生而言,上大学的目的似乎是为了毕业后在就业市场
上找一份薪酬高且稳定的工作。但是,这往往带来激烈的竞争。对学
生而言,由于供求关系的不确定性以及缺少国家的经济资助制度,普通
学生的愿望是在既有社会秩序的安全范围内寻找有利可图的工作。对
中世纪学生的职业分析,似乎证明了这一点④;而且,在当代文学资料

---

① 有关 13 世纪后期的辩论问题清单,参见利特尔(A. G. Little)和佩尔斯特(F.
Pelster):《牛津大学的神学和神学家——1282—1320》(*Oxford Theology and
Theologians c. 1282—1320*),牛津历史学会,1934 年,第 104 页之后的内容。

② 关于意大利法律学校与世俗和教廷执政当局之间的密切关系,参见厄尔曼:
《中世纪的治理和政治原则》,第 290 页。

③ 参见莱夫:《13 世纪和 14 世纪的巴黎大学和牛津大学》,尤其是第 1—11、116—
118 页。

④ 有关英国大学的情况,参见埃姆登:《至 1500 年牛津大学人名登记簿》(*A
Biographical Register of the University of Oxford to A. D. 1500*)三卷本,牛津,
1957—1959 年;《至 1500 年剑桥大学人名登记簿》(*A Biographical Register of the
University of Cambridge to A. D. 1500*),剑桥,1963 年。有关博洛尼亚大学瑞士学生
生涯的详情,参见斯特灵-米肖:《博洛尼亚大学及瑞士地区接受罗马帝国统治的初
期》,《研究与回忆》,新辑第 1 卷,博洛尼亚,1956 年,第 547 页之后的内容;对博洛尼
亚大学外籍学生的分析,可进一步参见第 547 页上的注释。

中,这一观点得到了充分的支持。例如,在 13 世纪的布道文学中,学生的功利主义观点是经常出现的主题。① 尽管有其宣传的偏见,但是,对于这些布道式的猛烈攻击和前后一致的态度,我们很难视而不见。在 1241 年加兰的约翰写的诗歌论著《学者的道德》(*Morale Scolarium*)中,学生组织的世俗性就已经被作为例子受到讽刺和抨击。② 加兰的约翰的谴责代表着少数启蒙评论家对中世纪学生的众多非议和责难。这些启蒙评论家追求某种超越短期利益及短期消费的教育观念,并试图使之保持生机。

人们可能会认为,有的学生并不适应现行的社会制度,有的学生过着流浪的生活是为了抗议社会的基本准则。因而,所谓的吟游学者派(Order of the Wandering Scholars)和高里亚斯派(Goliards)③广受关注。高里亚斯派是高里亚斯(Golias)④的信徒,是恶习、庸俗唯物主义(ribald materialism)、违法和反对独裁的代表。在中世纪社会,修士⑤到处流浪、放荡不羁的问题是当时社会固有的特征,而教会当局不断立法试图使其就范。⑥ 但是,至今还没有证据表明这些流浪修士形成了一个教团。⑦ 在他们的队伍中,可能还包含有学生。但是,从 13 世纪起,

---

① 参见哈斯金斯收集的资料,《中世纪文化研究》,第 2 章。哈斯金斯的很多论点源于勒夸·马希(A. Lecoy de la Marche)的《中世纪法国大学里的讲座职位:以 13 世纪为例》(*La chaire francaise au moyen âge, spécialement au xiii⁰ siècle*),第二版,巴黎,1886 年,也是我有关这一主题的参考文献。

② 《中世纪文化研究》,第 1 章,第 18 页。

③ 高里亚斯派,一帮 12 世纪至 13 世纪的牧师,以其拉丁文讽刺性诗歌赞美酗酒而著称。他们主要是当时就读于法国、德国、西班牙以及英格兰大学里的神职学生,用其歌曲、诗歌以及行动对教会内部越来越多的问题,如十字军东征的失败及贪腐等表示不满。——译者注

④ 高里亚斯,传说中高里亚斯派的创始人。——译者注

⑤ 沃德尔(H. Waddell):《吟游学者》(*Wandering Scholars*),伦敦,1954 年,相关部分;汉福德(J. H. Hanford):《高里亚斯的先驱》(*The Progenitors of Golias*),《反射镜》,第 1 期(1926 年),第 38 页之后的内容。

⑥ 雷比(F. J. E. Raby):《中世纪世俗拉丁诗歌历史》(*A History of Secular Latin Poetry in the Middle Ages*),牛津,1934 年,第 2 卷,第 339 页。

⑦ 雷比:《中世纪世俗拉丁诗歌历史》,第 2 卷,第 339 页。

这些流浪的学生可能并不被看作大学的真正成员(bona fide)。① 他们似乎生活在学术团体的边缘,而令人难以捉摸。当然,这些学生的状态并不能被当作学生规范的体现。中世纪的学生大规模抗议运动都有着具体的目标,而并非是压抑着的反政府情绪的突然爆发。似乎也没有证据表明,大学内部学生的直接行动指向是朝着最终对更广泛社会改革的目标。因此,不能按照这种方式去思考和设想中世纪的学生已形成了那种"大学是社会的缩影"(university as a microcosm of society)的想法,否则将是时代的错误。中世纪学生的权力还未体现出这种自我意识的觉醒。

假如学生们试图通过抗议运动对教学大纲或课程内容进行选择,那么,他们的抗议运动与大学课程的内容是没有关系的。中世纪的学生并不像现代的学生一样,面临着令人困惑的各种课程的选择。在中世纪大学,有一些被普遍认同的核心课程,这些课程都是从一系列历史悠久的教科书中获得的。学习是通过以评论、辩论和提问的方式对某些规定的论著进行评判和讨论的形式进行的。② 由于最终的真理超越了人类的理解能力,因此,学习和辩论式的探究才有助于在某种"先验"(a priori)的思想体制中加以阐明。掌握一门深奥的学科,使批判能力更强,能够进行逻辑思辨,以及认真消化已有的知识,这些都是普通大学教育的基本特征。教学和学习是天生保守的过程,而且对于一个普通学生而言,提问是作为训练的方式在公认的知识框架内进行的。只有在大学的最高层次上,我们才能找到与宽泛基础的教育理想相一致的东西,而这种理想是中世纪教育的理论基础。在很大程度上,大学所提供的本科教育是为了使一种教义永恒化,而不是去培养学生的独立

*167*

---

① 大学从早期就开始立法,将那些没有追随一名固定教师或攻读一门固定课程的学生排除在他们的团体之外。因此,那些过着漂泊生活、没有一个严肃教育目标的人,想利用一个真正学生团体的学术特权变得越来越困难。很显然,13 世纪爱尔福特的学校也面临着区分真学者和假学者的问题。参见博伊斯(G. C. Boyce):《13 世纪爱尔福特的学校和学者》(*Erfurt Schools and Scholars in the Thriteenth Century*),《反射镜》,第 24 期(1949 年),尤其是 11—12 页。

② 参见莱夫:《13 世纪和 14 世纪的巴黎大学和牛津大学》,第 5 页。

思考能力。学生上大学是学习摆在他们面前的教材,很大程度上是以做大量的笔记和死记硬背为基础的。罗伯特·德·索邦对于学生如何在 13 世纪的大学获得成功的建议,说明了这一被动的功能。这位著名的巴黎索邦学院的创建者曾敦促学生要合理地分配时间,集中精力听讲,做大量的笔记,记住基本的内容,与同学讨论问题并最终祈求成功。① 按照现在的教育设想,中世纪的学生似乎都是默然接受这样的学习方式的。没有人把拓宽知识或使大纲现代化作为抗议的目标。直到 15 世纪和 16 世纪,大批贵族子弟涌入大学,与此同时大学受到了人文主义知识的影响,这方面的改革才成为现实。②

有关中世纪学生的社会背景,我们所知的并不多。由于地域问题以及 300 多年的历史,要推断出可靠的模式是极为困难的。究其原因,并不是因为缺少对中世纪学生数量的研究。例如,在过去 30 多年里,有关学生背景的主题就有很多论著问世③,这些都是非常宝贵的研究成果。但是,对于这些研究成果尚未有统一的观点;而且,仍然有大量的"人口地理学"(human geography)研究领域有待考察。如果在没有大学录取册的情况下进行深入考究,那将会更加困难,而且难免会出现大片的空白。除了学生背景的问题外,近年来,通过大量的专著和文章以及对不同国家学生状况方方面面的探讨,对中世纪学生生活的了解也得到了丰富。④ 尽管取得了上述进展,但是,依然不可能准确地了解中

① 勒夸·马希:《中世纪法国大学里的讲座职位:以 13 世纪为例》,第 453—454 页;哈斯金斯:《中世纪文化研究》,剑桥,1929 年,第 56 页,引自罗伯特·德·索邦:《三天路途的良心》(*De Conscientia et de tribus dietis*),尚邦(F. Chambon)主编,巴黎,1903 年。

② 有关贵族阶层对英国大学的影响,参见柯蒂斯:《1558—1642 年转型中的牛津大学和剑桥大学》,牛津,1959 年,尤其是第 4 章;以及查尔顿(K. Charlton):《文艺复兴时期英格兰的教育》(*Education in Renaissance England*),《社会历史研究》(*Studies in Social History*),伦敦和多伦多,1965 年,第 5 章。

③ 参见斯特灵-米肖:《中世纪文艺复兴时期最后二十五年的大学发展史》,第 121 页及注释等。

④ 斯特灵-米肖:《中世纪文艺复兴时期最后二十五年的大学发展史》,第 123 页及注释。

世纪大学的学生招生情况，人们只能试探性地进行一些一般性的探究。

很明显，13 世纪和 14 世纪的大学并不是贵族大学。由于大学是卓越的职业培训中心以及通往赚钱生涯的大门，因此，那些上大学的人们读书的主要目的是出于社会紧迫感和实现专业抱负的需要。在欧洲南部的一些大学里，人们从入学记录中发现有少数贵族学生。这些"studia"（讲习所）与欧洲北部的大学相比，或许与贵族社会阶层有着千丝万缕的联系。尽管如此，在中世纪后期之前，将它们贴上贵族乐园的标签也是不明智的。从 14 世纪后期开始，贵族阶层的成员进入大学的数量急剧增加，但他们上大学的动机并没有完全被搞清楚；尽管大学逐步接纳了人文主义学科，但对于那些并不把教育看作专业生涯训练的阶层而言，大学成为一个好的去处。① 到了 1500 年，贵族子弟成为欧洲大学持续的和重要的生源。但是，这一发展超越了学生权力运动有效的持续期限。迄今为止所收集的资料表明，在 13 世纪和 14 世纪时，大多数本科生来自社会的中下层，包括骑士和专业人士、商人、自由民、手工艺者、自耕农等子弟。② 一些学生来自社会的最底层，他们是作为本地主顾的随从来到大学的。到了 15 世纪，许多新建立的大学都制定了具体的立法条文，为那些能证明自己贫困的学生免除所有的应缴费用。这类学生在德国大学的文学院特别多。③ 而在社会阶层另一端的是较为富裕、有着上层或贵族关系的学生，这些人通常都比较集中在欧洲的南部。直到大约 15 世纪和 16 世纪，这类学生的分布才在南欧和北欧趋于均衡。通常，欧洲南部的学生相对于欧洲北部的学生更加成熟。欧洲南部学生主要攻读法律或医学，并且在上大学之前都有过社会工作的经历。学生权力正是从这部分大学生中孕育出来的。

中世纪的学生常常是以群体的而非个体的形式出现在我们面前④，

---

① 斯特灵-米肖：《中世纪文艺复兴时期最后二十五年的大学发展史》，第 120 页。

② 斯特灵-米肖：《中世纪文艺复兴时期最后二十五年的大学发展史》，第 119 页；拉什达尔：《中世纪的欧洲大学》，第 3 卷，第 408 页。

③ 参见斯特灵-米肖：《中世纪文艺复兴时期最后二十五年的大学发展史》，第 119—120 页；也可参见弗莱彻：《中世纪德国大学内部的贫富状况》，第 14 章。

④ 参见哈斯金斯的论述，《中世纪文化研究》，第 72 页。

这一局限性还延伸到那些在大学策划并参与抗议的学生以及作为代表参与大学管理的学生。我们对他们在大学环境外的社会生存状况了解甚少，难以从一般的考察中得出任何的结论。学生抗议事件本身都是以最简单的文笔被记录下来的，试图详细复原事件的过程是徒劳的。学生领袖的名字不为人知，参与抗议活动的学生人数也难以估算。是否可以在抗议的学生队伍中找到任课教师的影子是另一个有待揭开的谜。我们也难以详细追踪那些努力把学生参与确定为大学生活一种永恒特征的学生代表的命运。除了这些困难外，有关中世纪学生权力的主题依然是意义非凡的，值得我们在文献资料允许的情况下进行深入研究。

12 世纪自发生成的大学，即博洛尼亚大学和巴黎大学，都是确立了中世纪大学双重组织模式的原型大学：前者孕育了由学生管理的大学概念，后者产生了由教师管理的大学概念。人们早就认为，欧洲历史上第一次学生运动是在 13 世纪早期的博洛尼亚大学形成的。由学生行会管理大学事务并使教师处于从属地位的想法与欧洲人的思维是格格不入的，这种情况已历时 500 多年。然而，其中的一所原型大学却在一百多年时间里是由学生主导的机构，而且成为大多数欧洲大学的原型。这些大学要么部分受到学生的控制，要么完全由学生控制。

前面已经讨论过博洛尼亚大学学生权力这一现象产生的原因，而且对学生管理的广泛体制也进行了阐述。[①] 从 12 世纪末到 14 世纪前半期，博洛尼亚"studium"（讲习所）作为一个鲜活的大学例子显露其光芒。在这所大学里，学生通过其选举的代表控制着所有对学术共同体发展方向至关重要的事务，并使得教学博士处于法定的从属地位。或许，学生行会的法令所体现的理念倾向性过于明显，体现宣示意图的法律条文与实际的日常安排之间存在着某种程度的差距。总之，学生在吸引和留住那些处于流动的、在教学领域最有才干的教师方面具有既得利益。或许，这一体制并不像其法令所蕴含的那样严厉苛刻。但是，就凭这一点，学生在 13 世纪博洛尼亚大学主导的力量已铭刻在西欧的教育史册上，并书写了光辉的一页。

---

① 参见弗莱彻：《中世纪德国大学内部的贫富状况》，第 3 章。

在大学运动（university movement）到来之际，博洛尼亚大学的学生以自身的需要而行事，并非按照传统思想观念中学生在大学事务中所扮演的角色来行事。后来，学生的这一既得权力地位开始趋于合理化。学生型大学的出现是解决经验问题的一种尝试，它并不是作为梦想中的欧洲大学组织进化而来的。只是当人们发现，在博洛尼亚大学，松散随意的教师管理制度难以有效地保护非博洛尼亚市的学生团体时，学生管理才应运而生。由于在博洛尼亚大学学习法律的学生年龄都偏大，再加上他们许多人来大学之前都在社会上担任过一官半职，有了宝贵的经验基础，这些都使得他们在设计可行的大学体制时能够得心应手。大学的体制正反映了他们共和体制环境的特征。

使"studium"（讲习所）的教学博士处于从属地位，反映了自己作主的学生团体的力量和信心。学生团体按照自己的意愿行使着招聘和解聘任课教师的权力。然而，教学博士在体制上的从属地位并未使他们的专业技能和学识失去应该获得的尊重。大多数意大利的教学博士被要求根据他们自己的直接或间接经验来承担某些具体的公共事务；这种弥漫于公民社会的克制和控制的社会风气，在某种程度上减轻了学生权力机构表现出的任何约束而令人不快的感觉。或许，学生的权力唯一能够在博洛尼亚大学得到制衡的方式是博洛尼亚"studium"（讲习所）非博洛尼亚市籍教师广泛实行的罢课。但是，实际情况是，许多博洛尼亚大学的教师都是博洛尼亚市人，他们可能会阻止这样的罢课行动取得任何的进展。而且，很明显，并没有多少教师的个人收入多到足以在经济上向学生提出强有力的挑战，而学生的经济力量是其在大学组织中的权力地位的基础。一些教师似乎并不过分关注他们对学生的经济依赖。事实上，有的教师可能会反对由学生学费支付课酬的制度向设置有薪酬教师职位制度的过渡，因为这可能导致教师收入的减少；而在一些大学，包括博洛尼亚大学，学生的学费支付制度和教师的薪酬制度在 13 世纪后期和 14 世纪早期同时并存。

博洛尼亚大学的学生管理的具体性质、对人文事务细节的关注以及为每一个可以想到的情境进行立法的意图，这些都反映了学生法学家的法律心态，而他们正是学生型大学概念的设计师。但是，学生组织

171

公正执法的严厉程度对学生官员和教学博士不偏不倚、一视同仁。学生行会对教学博士要求的专业诚信与对自己成员要求的严格遵纪守法的严格程度是一样的。教学博士一旦被推选担任教师职位，他就成为学术诚信的守护者，只能为学生团体的利益着想。学生学费的零碎性质再加上罢课制度，所起到的经济杠杆作用可以用来向教师发出严厉警告，迫使他们全力履行其责任。尽管这些方法有时令人讨厌，但是，至少在意图上学生组织是高度原则化的。后来建立的大学发展的历史表明，在教师型大学里，教学人员中的腐败行为世人皆知。

在中世纪的意大利大学里，帕多瓦大学与博洛尼亚大学的模式是最为接近的。帕多瓦大学作为一所"studium generale"（公共讲习所）的时间，似乎与从 1222 年博洛尼亚大学迁徙而来的时间相一致。① 1228 年，有一大批帕多瓦大学的学生迁至维切里，导致帕多瓦大学一蹶不振；但是，1260 年后，帕多瓦大学又恢复了元气。14 世纪早期，从博洛尼亚大学新迁来的学生推动了帕多瓦"studium"（讲习所）的发展，保留下来的最早的法典是 1331 年的法学家们②制定的。这些法典表明，至少有一所大学是按照博洛尼亚大学的模式建成的，这一点反映在各个重要的方面。帕多瓦大学复制了博洛尼亚大学学生管理的所有领域，只在一两个方面做了进一步调整。③ 因为在博洛尼亚大学，教学博士首先是由学生选举产生的。④ 到了 14 世纪，尽管一些博士从市镇当局领取薪酬，但是，在决定支付标准方面，学生似乎依然保持着很大的讨价还价的权力。在帕多瓦大学，学生管理讲课制度也与博洛尼亚大学相似，即教学博士必须在银行存一笔押金作为他的学术行为的保证金，而

---

① 有关帕多瓦大学早期的历史，参见拉什达尔：《中世纪的欧洲大学》，第 2 卷，第 9 页之后的内容。

② 收录入《文学史与基督教会发展史档案》，第 6 卷，丹尼弗尔和埃尔勒主编，弗莱伯格·伊·布莱斯戈(Freilburg im Breisgau)，1892 年版，第 379 页之后的内容。

③《文学史与基督教会发展史档案》，第 6 卷，第 2 本，拓印版第 4 期、第 8 期，第 423—424、428 页；第 4 本，拓印版第 2 期，第 469—471 页。

④《文学史与基督教会发展史档案》，第 6 卷，第 2 本，拓印版第 1 期、第 2 期，第 416—418、519—520 页。

这是由学生管理的条例所规定的。① 教学博士违反条例规定而受到的惩处制定得非常详细，这是博洛尼亚大学所不能相比的。这些惩处包括小额罚款、取消薪酬、中止授课直至开除。对教师违法进行不公开谴责的制度，是帕多瓦学生型大学的一个重要组成部分。② 如同博洛尼亚大学的情况一样，法令文本或许更能反映 13 世纪的大学状况，而非中世纪后期的大学状况。博洛尼亚大学与帕多瓦大学有一个不同点值得说明一下，那就是，后者在其初期就在很大程度上受到市镇当局的监督。这一监督权是由 4 名平民（trattatores）或律师（sollecitatores）组成的委员会来行使的。他们与学生领袖一起共同管理与"studium"（讲习所）相关的各方面事务，并组成了一个咨询委员会，成为学生与市民之间的调解人。③ 由此可以看出，市镇当局通过推选的市民参与大学事务的管理实践证明是对学生事业有益的，而且在 13 世纪，这并没有妨碍学生机构的运转。

博洛尼亚大学的学生权力的出现，是学生在恶劣环境下争取生存过程中的一个副产品。帕多瓦大学的学生权力则烙上了有意识模仿的印记，这体现了博洛尼亚体制所依据的设想。帕多瓦大学的模式是一种信念的体现，即博洛尼亚大学的模式应该作为欧洲南部大学组织结构的原型。有计划地采用博洛尼亚大学的组织结构有助于支持这样一种观点，即大学的核心和实质是学生行会。教学博士必须是附属的、由学生推选的，并不断地受到评价、监督和惩处。知名的学者会给大学带来声誉，学生应该尽一切努力去吸引这些最具才干的教师，尊重他们的学术才能和专业水平。在大学组织机构里，知名学者是理所当然的学术顾问，拥有特殊的待售"商品"，然而却得不到任何的行使权。从任何

---

① 《文学史与基督教会发展史档案》，第 6 卷，第 2 本，拓印版第 4 期、第 8 期，第 423—424、428 页；第 4 本，拓印版第 2 期，第 469—471 页。

② 《文学史与基督教会发展史档案》，第 6 卷，第 1 本，拓印版第 22 期，第 409 页。在北欧，德国大学的教师有时采用"告密"系统来报告那些在教室或寄宿舍里讲本国语而非拉丁语的学生。参见《学生手册》(Manuale Scholarium)，西博尔特(R. F. Seybolt)翻译和选编，马萨诸塞州，坎布里奇，1921 年，第 66 页、注释 4 和第 7 页、注释 2。

③ 有关帕多瓦大学的平民或律师委员会，参见基布尔：《中世纪的学术特权》，第 59、61、71、79—80、329 页。

角度来讲,这是一种法定的典范,是学生自主共和体制的缩影,体现的是教师直接对学生群体负责的基本原则。

在学生权力行使的过程中,教师保持沉默的原因前面已经提到过了。① 面对依赖学生学费的严酷现实,再加上学生罢课的持续不断的威胁,教师成了学生团体的经济囚徒,直到建立了作为补偿方式的有薪酬的教师职位,他们才得以解放。但即使如此,学生的学费还是有一定吸引力的:因为在一所人数众多的意大利大学里,由于听课的学生很多,一位出色的教师是有可能获得可观收入的。而且,大学教师从一所大学迁徙到另一所大学或在大学与社会职业之间交替流动的趋势,也可能在某种程度上减轻了学生权力对个别准备提交有限任期申请的教师的全面影响。然而,这不可能是唯一的因素。短暂的任期和人员快速流动并不是欧洲南部"studia"(讲习所)才有的情况。随着强制性的教学任课制的实施,这些情况在欧洲北部的大学也很普遍,而且一直延续到中世纪后期——但并没有形成什么学生权力。尽管如此,更为重要的问题是,不稳定的教学人员或许确实为学生权力落地生根提供了某种适宜的环境。另外,对行政公职应担负的具体责任感深深地根植于意大利的公民生活之中。把这一原则迁移至学术舞台,则是以一个教师的责任来关爱学生,这一点从逻辑上来讲是无懈可击的。尽管学生型大学笼罩在令人困惑的律法主义阴霾之中,但是,他们事实上赢得了市镇当局和教学博士并不心甘情愿的承认。

如果对从博洛尼亚大学发展而来并在帕多瓦大学生根的学生型大学模式不加任何改良而全盘照搬,那就是走了极端。在意大利的几乎任何地方,人们普遍认为,学生可以适度地参与大学的管理。某种程度上,学生的愿望得到了很大满足。② 但是,学生型大学的完整概念很快

① 参见基布尔:《中世纪的学术特权》,第65—66、170—171页。

② 除了博洛尼亚大学和帕多瓦大学的同乡会外,有关意大利其他大学的同乡会,参见基布尔:《中世纪大学的同乡会》,第123—129页;然而,该作者并未分析论述学生权力的情况。除了博洛尼亚大学,拉什达尔还论述了意大利的其他大学,引自《中世纪的欧洲大学》,第2卷,第1—62页;丹尼弗尔所著的《中世纪至1400年大学的诞生》一书中的相关内容。

就被妥协的模式取代,成了一个混合的体制机构,其权力由学生、教学博士和市镇当局共享:这一模式成了中世纪意大利大学的共同模式。例如,佩鲁贾大学、比萨大学、佛罗伦萨大学、帕维亚大学和费拉拉大学等,都体现了这种三权分立(tripartite division of power)的模式,尽管情况各有不同。1387 年佛罗伦萨大学的法令以及 1320 年至 1472 年的补充法令条文,特别详细地说明了由学生管理、教学博士和市镇当局分权的这一混合模式。① 1395 年帕维亚大学的法令引人注目,这是因为尽管法令保留了学生管理的外在形式,但是,具体条文表述却是笼统和含糊不清的,这反映了 14 世纪的学生已逐步接受其参与度被大大分化的事实。② 甚至某些昙花一现的大学,例如维琴察大学、维切里大学和皮亚琴察大学等,似乎都属于这种"混合"管理的一类大学。另一方面,那不勒斯大学和罗马教廷大学却自成一体,不属于任何公认的模式——这些大学本身都是一些权威机构,是与学生权力不相容的。③

在意大利,学生权力的削弱在很大程度上缘于两个相互关联的情

---

① 《1387 年佛罗伦萨大学的章程》(Statuti della Università e Studio Fiorentino dell'anno 1387),附有 1320 年至 1472 年的文件附录,吉拉迪(A. Gherardi)主编,佛罗伦萨,1881 年。有关学生的管理,参见诸如拓印版第 25 期(第 34—35 页)、第 45 期(第 54—55 页)、第 44 期(第 60—63 页)、第 50 期(第 63—64 页)、第 59 期(第 72—73 页)。大多数教学博士的推选工作是由市镇当局任命的一个由官员和执政官组成的机构来负责的,学生也有权推选 4 名特定讲座职位的候选人,而且这些讲座也是由市镇当局资助的。参见拓印版第 41 期(第 50—52 页)。市镇当局鼓励学生领袖和学生投诉他们认为不满意的教学博士。如果投诉是事实的话,那么,被投诉的教学博士就会受罚,罚款从其薪金中扣除。(文件附录,第 36 期,1366 年 4 月 20 日,第 145—146 页)每个月至少 3 次,市镇当局的官员都必定会从学生那里秘密了解教学博士的表现。(文件附录,第 41 期,1366 年 9 月 28 日,第 149—151 页)

② 参见《1361—1859 年帕维亚大学的章程与法令》(Statuti e Ordinamenti della Universita di Pavia,1361—1859),弗朗奇(L. Franchi)编,帕维亚,1925 年。有关学生管理的事例,参见拓印版第 28 期(第 32—34 页)、第 36 期(第 37—38 页)、第 68 期(第 58—59 页)、第 75 期(第 62 页)。

③ 有关那不勒斯大学的权威性质,参见莫尔(C. G. Mor):《博洛尼亚奇迹》(Il "Miracolo" Bolognese),《研究与回忆》,新辑第 1 期,第 170—171 页;基布尔:《中世纪大学的同乡会》,第 128—129 页。有关罗马教廷大学,参见拉什达尔:《中世纪的欧洲大学》,第 2 卷,第 28—31 页。

况：一是市镇当局逐步控制了大学；二是建立了有薪酬的教授职位制度。除了博洛尼亚大学外，大多数意大利的"studia"（讲习所）将其生存的权利归于市民单方面或与从另一所大学迁徙来的一批批师生联合采取的行动。正是拥有了这一主导地位，城市当局急切想拥有对大学事务永久管理的影响力。具体说来，这意味着，教授和学生不得不依靠市镇当局才能生存。而达到这些目的最为有效的方式，就是市镇当局为大学教师发放薪酬。

　　薪酬制在欧洲的第一次出现，或许是在 13 世纪第一个 25 年位于帕伦西亚的卡斯蒂利亚大学。在这里，薪酬经费源于教区的什一税，是教廷支持王室动议的结果。[①] 1224 年，皇帝腓特烈二世试图通过提供特权和可以称之为薪酬的方式吸引教师到那不勒斯大学任教。[②] 图卢兹大学的薪酬制似乎是从 1229 年的契约开始的。根据该契约，图卢兹的雷蒙德伯爵七世（Count Raymond Ⅶ）同意为一些教师支付津贴，期限为 10 年。后来，教师们发现这位伯爵并没有真正把他们的经济利益放在心上，于是，教廷不得不施压，迫使这位不情愿的捐赠者履行自己的承诺。[③] 因此，意大利的大学不能被看作是设立有薪酬教授职位的先驱，但是，他们是首批倡导市镇当局设立学术薪酬想法的大学，其目的

176

　　① 桑·马丁（J. San Martin）：《帕伦西亚大学的前身》（*La Antigua Universidad de Palencia*），马德里，1942 年，第 27、31—32 页。引文源自记载薪金制的西班牙年代史编者，参见第 17 页及注释 2。1220 年 10 月 30 日，洪诺留三世颁布教谕，确认教区什一税可以用来支付教师薪金，参见附录 1，第 77—78 页。有关重要年代史证据，参见托莱多（Toledo）主教希门尼斯·德·拉达（Jimenez de Rada）、罗德里戈（Rodrigo）所著的《特殊的作品》（*Opera Praecipua*），引自非正式出版的《托莱多众多现存的作品》（*Toletanorum quotquot extant opera*），第 3 卷，马特提，1793 年，第 174 页上的第 34 章；也可参见卢卡斯·塔登西斯（Lucas Tudensis）或唐·卢卡斯·德·图伊（Don Lucas de Tuy）：《世界编年史》（*Chronicon Mundi*），引自斯科特斯（A. Schottus）所著的《西班牙图示》（*Hispaniae Illustratae*），第 4 卷，法兰克福，1608 年，第 109 页。亦可参见拉什达尔：《中世纪的欧洲大学》，第 2 卷，第 66—67 页；波斯特：《中世纪大学的教师工资和学生学费》，第 187 页。

　　② 休拉德-布莱霍：《弗里德里西二世外交史》，第 2 卷，第 451 页。

　　③ 丹尼弗尔：《中世纪至 1400 年大学的诞生》，第 326 页之后的内容；史密斯：《中世纪的图卢兹大学》，尤其是第 32 页和 57 页之后的内容。

是吸引和留住最知名的教师并希望削弱学生的经济控制权力。1228年，维切里市镇当局设立了薪酬制；1250年和1262年，锡耶纳（Siena）设立了薪酬制；1250年至1260年，摩德纳（Modena）设立了薪酬制；帕多瓦于1260年至1262年设立了薪酬制；维琴察于1261年设立了薪酬制。① 而博洛尼亚是最后设立有薪酬教师职位的市镇当局之一（时间大约是1280年）。这或许是该城市学生运动力量的一个标志。②

任课教师在经济上摆脱了对学生的依赖，其代价也是很大的。他们所付出的代价是将意大利大学的自治权拱手转给了市镇当局。在14世纪和15世纪期间，市镇当局对大学事务所拥有的权力和家长式的管理得到很大的增强，意大利的许多"studia"（讲习所）都是置于由市镇当局任命的官员的管控之下③，由于缺少了经济实力，学生权力成了市镇当局政策的牺牲品。学生权力作为一项运动在意大利持续徘徊，但已没有什么实质性的内容；到了1500年，学生运动就销声匿迹了。

意大利的学生权力运动主要还不是关于大学该如何组织的观点和概念上分歧的结果，尽管这一分歧必然会成为13世纪和14世纪大学发展进程中的一个问题。在中世纪的意大利，学生权力的主要困境似乎是学生权力要么过于强大，要么过于软弱，难以在大学政治中成为一个永恒的力量。在一些"studia"（讲习所），例如博洛尼亚大学和帕多瓦大学，学生权力过大使得一所完整大学的概念难以被接受为一种普遍的模式。在意大利的大多数大学里，学生参与大学管理的权力分化得越多，就使得学生越容易受到市镇当局的影响。从长远来看，市镇当局

177

---

① 详见波斯特：《中世纪大学的教师工资和学生学费》，第193—194页。

② 波斯特：《中世纪大学的教师工资和学生学费》，第194—195页及注释7；罗西：《公共大学的学者》，第239页。也见上述被引用书中的第3章及注释88。有关中世纪大学教师薪金支付的实例，参见蒙蒂：（G. M. Monti）：《金雀花王朝时期》（L'Età Angioina），引自《那不勒斯大学史》（Storia della Università di Napoli）那不勒斯，1924年，第78—87页；帕克特：《15世纪鲁汶大学教师的薪酬》，引自《鲁汶大学研究》，第2期，利奥波德维尔，1958年，第9页（这是一个具有很高价值的研究成果）；参见布鲁克：《佛罗伦萨及其大学——1348—1434》，第230—232页及注释等；丹尼弗尔的《中世纪至1400年大学的诞生》一书中的相关部分。

③ 拉什达尔：《中世纪的欧洲大学》，第2卷，第60页。

不会允许自治的学生共和体制在意大利落地生根。他们决心要消除与他们竞争管辖权力的这一尴尬的形式。一种使教学博士和市镇当局都满意的妥协之道规避了中世纪意大利大学学生的权力。回头来看，意大利大学的这种学生权力似乎对大学的综合发展起到了推动作用。但是，作为西欧学生渴望的某种具有鼓舞性的理想，意大利大学学生的开拓性进展也许是不能过高估计的。

然而，否定中世纪学生权力运动的存在在某些方面类似于当代学生运动，那也是错误的。这种学生权力运动体现了人们对于大学管理的不同看法以及学生与大学教师在合作伙伴的基础上参与大学管理的动机。我们似乎在 13 世纪后期和 14 世纪的法国省级大学里找到了这一运动的证据。这些学生运动与大学逐步摆脱教会当局控制的进程是密不可分的。[①]

到了 15 世纪，北欧的教会逐步接受了这一原则，即大学的生命线是自治。尽管大学可能很少受到一个外在权威的监督，但是，这种监督必须是与学术行会的实际自治地位相一致的。早期的观点一直是有分歧的。如前所述，北欧的大学生活其早期阶段一直有着教会世界观的标志——倾向于把大学行会作为教会的"殖民地"。大学被看作是一个静态的有机体，等待着成为现行教会框架的一部分，或多或少屈从于教会的永久庇护，而这一理念与教师行会的意识形态是完全相左的。[②]

在大学—教会关系这一方面，存在着一个令人困惑的问题，即去揭示教会的权力在北欧一些大学里持续了很长时间，而在其他地方的大学里却相对很快就消失了。对中世纪的法国大学这一问题的调查表明，学生权力运动在一些法国省级大学里常常是大学自治的关键所在。

中世纪的法国省级大学的组织模式犹如万花筒，可谓多姿多彩，是任何其他大学组织难以匹敌的。到了 15 世纪早期，法国的大多数

---

① 有关下面讨论法国省级大学以及摆脱教会控制包括学生权力运动等内容，参见我写的《主教对中世纪北欧大学的控制》一文中更加详尽的讨论以及引述的文献，引自《基督教会历史研究》，第 5 期（莱顿，1969 年），第 1 页之后的内容。

② 参见科班：《主教对中世纪北欧大学的控制》，《基督教会历史研究》，第 5 期（莱顿，1969 年），第 1—2 页。

"studia"（讲习所）都形成了以巴黎大学和博洛尼亚大学为原型的混合体制结构。这种折中的体制结构在大学与大学之间的差异也是相当大的。例如，北部的卡昂大学深受巴黎大学模式的影响，基本上是教师型大学。① 而南部的普罗旺斯地区艾克斯大学是完全按照学生型大学模式建立起来的。② 然而，法国的典型的"studium"（讲习所）所形成的是一种在教师和学生之间对大学管理竞争诉求采取更加平衡的体制结构——这一形成过程伴随着激烈的暴力。法国几所历史较为悠久的大学，例如蒙彼利埃大学、奥尔良大学和昂热大学，都在 14 世纪经历了一定的暴力冲突，使得这些大学不得不对明显的教师型组织机构进行调整。如同意大利的大学一样，法学在法国的省级大学里占据着主导地位，而医学在一二所省级大学里处于次要地位。③ 文学院在处于主导地位的法学面前相形见绌，学生在上大学之前先在大学之外的学校接受文科教育④，就像意大利的大学一样。这一情况的结果是，法国省级大学的学生平均年龄比那些拥有较大规模文学院的大学学生年龄大出很多。如果说法国城市当局对"studia"（讲习所）的控制比意大利少得多的话，那教会对大学的控制则完全不同。在法国，早期的讲习所与众不同的是它们屈从于教会控制的程度。⑤ 在 13 世纪，主教的权威无所不在。但随着时间的推移，这一权威逐步开始懈怠，并在一些地方受到了强有力的挑战而削弱。然而，在其他地方，教会对大学的牢固控制一直持续到 15 世纪。

令人不解的是，主教的权力居然在一些早期的法国省级大学里延续了如此之久。人们可能会认为，法国省级大学的教师和教学博士可

*179*

---

① 有关卡昂大学的政制安排，参见拉什达尔：《中世纪的欧洲大学》，第 2 卷，第 197 页。

② 拉什达尔：《中世纪的欧洲大学》，第 2 卷，第 189 页。1420—1440 年的法规收录于福尼尔主编的《自 1789 年创建以来法国大学的章程和特权》，第 3 卷，第 1582 期。

③ 拉什达尔：《中世纪的欧洲大学》，第 2 卷，第 209 页。

④ 拉什达尔：《中世纪的欧洲大学》，第 2 卷，第 209 页。

⑤ 参见拉什达尔的论述，《中世纪的欧洲大学》，第 2 卷，第 208 页；也可参见科班：《主教对中世纪北欧大学的控制》，《基督教会历史研究》，第 5 期（莱顿，1969 年），第 4 页。

能是在追随着巴黎大学引领的道路去赢得在教会控制下的独立地位。但是,法国省级大学的教师似乎不太愿意发起针对主教的反抗活动,而这是其巴黎同行最为典型的特征。这并不意味着,他们对当地教会或其所代表的广泛管辖权无动于衷。他们对教会无处不在的影响力是感到困惑的。在整个法兰西,教会管辖从诸多方面悄无声息地渗入到大学事务之中,例如,入学许可证的颁发以及大学法令的制定等。然而,不可否认的是,这一渗入是在痛苦中缓慢进行的,而面对教会的权力,教师和教学博士明确地表现出来的保守性是法国省级大学历史上一个最为引人注目的特征。①

我们该如何解释这种屈从于教会主导地位的现象呢?可以说,法国省级大学的教师和教学博士与他们巴黎大学、牛津大学和剑桥大学的同行一样,关心着大学的自由。但问题是,他们处在进退维谷之中:教师仍对教会权力的干预表示不满,但他们更担心学生运动的力量。博洛尼亚大学的学生同乡会模式很快渗透到法国省级大学中②,其结果导致学生要求更多地参与大学事务的管理。正是在这样一个微妙的问题上,在早期的法国"studia"(讲习所)里,学习法律的学生及其教师之间的关系有时紧张到要决裂的地步。这一点也不令人感到惊讶,因为学生和任课教师在关于大学管理的性质上是存在异议的。

在法国,学习法律的学生的目标不是取得对于大学管理的垄断控制③,而是他们所展现出的那种发生在意大利学生中的过分做法。无论是在蒙彼利埃大学、奥尔良大学、昂热大学或阿维尼翁大学,学生寻求的仅仅是在大学管理中的与教学博士和教师的伙伴关系。然而,从教师的角度来看,任何有组织地寻求学生管理权力的行动都是一种需要全力抵御的发展倾向。法国的教学博士和教师把学生在意大利的胜利看作是叛逆,而绝不允许其在自己的大学领域里成为某种既定的特征。

---

① 科班:《主教对中世纪北欧大学的控制》,《基督教会历史研究》,第 5 期(莱顿,1969年),第 4—5 页。

② 基布尔:《中世纪大学的同乡会》,第 129 页之后的内容。

③ 接下来的三个段落,参见科班:《主教对中世纪北欧大学的控制》,《基督教会历史研究》,第 5 期(莱顿,1969 年),第 5—8 页。

为了挫败学生的意图,他们引述了意大利教师曾经采用的所有法律观点,来证明学生缺乏必要的专业地位。法国的教师决心遏制学生运动的浪潮,结果是双方的态度都变得强硬起来。或许,正是教师与学生之间这种相互反感的情绪到处蔓延,从而极大地阻碍了法国大学朝着大学自治的地位迈进。

到了 14 世纪,法国的省级大学处在一种动乱状态之中:教会当局与学术行会的教师之间、教师与学生之间以及学生与教会和教师两者之间的关系,都是相当紧张的。在这种不稳定的情况下,教学博士和教师被迫在令人不快的选择中做出抉择。如果他们与学生并肩反对教会当局,法国省级大学可能会更早获得自治地位。由教学博士、教师和学生组成的联合战线,再加上曾在巴黎和意大利的"studia"(讲习所)中所采用的证明有效的教师可能迁徙的威胁,对于推动大学的独立都是一种致命的武器。然而,结果是,教师和教学博士选择了保守的路径——与教会当局形成共识,从而显示出教师主导的大学管理模式偏爱在教会监督之下,而非与学生共享的自治的大学管理模式。

尽管教学博士和教师表现出强烈的保守态度,但是,在 14 世纪的几所法国大学里,他们成功地挑战并削弱了主教的控制。学生反对主教的控制,似乎只是在于他们反对任何抵御学生参加大学事务运动的权威机构。在这些大学里,主教的控制受到挑战并被打破,而发起这些运动的不是任课教师而是学习法律的学生。通过简要地考察一些个别例子,这一点得到了最好的说明。[①]

蒙彼利埃大学(约 1230 年)作为一所法律大学,从一开始就屈从于马格劳那(Maguelone)主教全方位的监督。这种压迫性的体制无法激起教师和教学博士进行一场有组织的反抗。但是,到了 14 世纪早期,学习法律的学生却掀起了反抗主教的高潮,因为主教和教师试图遏制学生同乡会的发展,而同乡会建立的目的之一就是促进学生参与"studium"(讲习所)事务的管理。学生反抗的浪潮方兴未艾,到 1339

----

① 有关这些案例更加详细的论述以及参考文献,参见科班:《主教对中世纪北欧大学的控制》,《基督教会历史研究》,第 5 期(莱顿,1969 年),第 8—13 页。

年时,已发展到了教廷不得不对大学内部的形势进行反省的地步。其结果是,蒙彼利埃大学于1339年制定了新的法令,这被看作学生的一次有限的胜利,因为这个法令给予学生相当大的参与大学事务管理的权力。尽管主教的权威并没有被立即排除在大学之外,但是,主教权力的主要内容被不可逆转地削弱了。最为重要的是,这归功于有组织的学生运动的发起。

13世纪早期,一场同样的学生运动形式也在昂热大学出现了。尽管该大学打破主教垄断地位的时间比蒙彼利埃大学要晚,但是,发起这场运动的主要动力同样来自学生的反抗。如同在蒙彼利埃大学一样,主教对大学拥有至高无上的权力,并通过他的代表——校董(scholasticus)来实施控制。校董实际上起着"studium"(讲习所)首脑的作用,在教师和教学博士的协助下对大学进行管理。学生同乡会或许是从13世纪开始形成的,但是,直到1373年,法律博士们还是拒绝让学生同乡会参与大学事务的管理。到了14世纪后期,学生开始反抗校董和教学博士组成的大学权威管理模式。这种争端于1398年通过制定新的大学体制结构才得以解决。根据该体制结构,学生获得了大学管理的参与权。但是,主教和校董的权威并不能在一夜之间都消失,现在回过头来看,似乎学生的反抗行为成了该大学朝着摆脱教会控制的方向进程中的决定因素,到了15世纪,该大学的自治成为了现实。

奥尔良大学在13世纪早期经历了同样的系列事件。14世纪早期,有组织的学生运动在削弱教会权力方面发挥了作用。有文献表明,比起早期法国大学的法律博士,奥尔良大学法律博士在争取行会自治的过程中担任起了更为积极的角色。在奥尔良大学,为了反抗主教的统治,学生与教学博士之间甚至建立了暂时的联盟,这在当时的法国是较为罕见的。

但是,学生运动并未在法国的省级大学都取得成功。例如,学生运动在阿维尼翁大学就遭到了明显的失败。在14世纪后半期,阿维尼翁大学的学生两次起来反抗反动的教会管理机制,甚至将教学博士都排除在外。然而,在这样一个隶属于教皇的特殊飞地里,教会当局所拥有

182

的获得保障的资源,再加上教学博士们的支持,能轻易地粉碎学生的反抗运动。直到 1495 年,法律学生才得以在大学管理委员会中占有一席之地。

学生权力与为争取大学从教会控制下解脱出来的斗争之间的联系,在 15 世纪新建的法国大学里并不是一个持续性的现象。一般而言,15 世纪的主教已逐步接受了这样一个现实,即大学的本质是自治,大学有责任去推动自己的发展和独立。由此,后来的法国大学与主教之间的那种紧张关系相对消除了,而这种紧张关系对于早期的大学生活是苦不堪言的。然而,似乎 14 世纪的学生民主运动对后期的大学发展产生了某些影响。可以肯定的是,一种微弱的学生民主之脉构成了 15 世纪法国大学场景中的一个特征。例如,艾克斯大学(1409 年)、多尔大学(1422 年)、普瓦捷大学(1431 或 1432 年)、瓦伦斯大学(1452—1459 年)、南特斯大学(1460 年)和布尔日大学(1464 年)等,都发生了不同规模的学生运动,尽管人们很难说清楚参与大学管理权是否在名义上比实质上更为重要。① 无论是哪一种情况,可以初步认为,14 世纪的学生运动胜利营造了一种舆论氛围,有利于人们去谨慎地接受学生有限地参与大学管理事务的原则。

关于学生权力在法国大学的总体情况,可以简要地总结如下。14 世纪时,在几个法国省级大学里,学生针对大学教师和教会当局的联合统治掀起了反抗运动。例如,在奥尔良大学和昂热大学,不管怎么样,学生活动分子似乎在很大程度上包括了那些 20 岁或 20 岁以上的学生,特别是学习法律的学生或领有开业许可证的法律学生、文学硕士。② 学生反抗运动并未在所有大学获得成功,但是,只要是反抗获得成效的

---

① 有关这些大学体制的论述,参见拉什达尔:《中世纪的欧洲大学》,第 2 卷,第 186 页之后的内容;也可参见基布尔:《中世纪大学的同乡会》,第 152—156 页。基布尔有关多尔大学和南特斯大学的论述(第 156 页)似乎有些误导。事实上,尽管同乡会划分的依据不够充分,但这些大学的确拥有混合的体制,不应该被视为单一的教师型大学。

② 这是由我的研究生斯卡斯(A. J. Scarth)提供的资料。他目前在写一篇有关中世纪法国省级大学的论文。

大学,例如蒙彼利埃大学、奥尔良大学和昂热大学,反抗运动所引发的结果是大学被迫制定新的体制,而学生以此获得了参与大学事务管理的权力。与此同时,成功的学生运动给了教会控制大学事务以致命一击。毫无疑问,即使没有学生的反抗运动,在适当的时候,大学的独立也一定会得到发展;但是,在某种程度上,学习法律的学生通过加速这一进程而被认为是法国几所省级大学自治的设计者。

很难准确说明中世纪法国大学的学生参与大学管理的形式。依据学生运动后产生的修改过的大学体制①,学生的参与度似乎极为广泛,在一些地方甚至达到了与大学教师形成伙伴关系的程度。学生的参与是否朝着今天称之为"相称的位置"(appropriate areas)的方向发展,尚难以说清楚。总的来说,新的体制结构并未规定学生的代表权限仅仅限于某些特定的领域,因为法令条文中并没有确定大学事务中应保留的内容,尽管这一点也绝对不是结论性的。在 15 世纪法国建立的大学里,学生的参与度是很小的,但这并没有给予明确的界定。无论学生的参与度怎样,在法国和意大利,这种参与到 16 世纪时几乎就不存在了。而在同乡会还存在的大学里,同乡会依然是一个便于管理的单位,但已不再作为一个学生权力机构而存在。

在欧洲其他的"studia"(讲习所),有关西班牙大学对于学生权力这一主题具有某些兴趣。西班牙的大多数大学都是由王室创建的,其目的在于为其历代王朝增添荣耀。② 从这个意义上讲,它们的功能是与皇帝腓特烈二世建立的那不勒斯大学(1224 年)相似的。毫无疑问,该大学为西班牙的统治者带来了灵感上的样板。在一些大学里,通过给"studium"(讲习所)任命一名王储担任校长的方式,来加强大学与王室

① 参见蒙彼利埃大学、昂热大学、奥尔良大学的政制,引自福尼尔:《自 1789 年创建以来法国大学的章程和特权》,第 2 卷,第 947 期;第 1 卷,第 430—437 期、第 22 期。也可参见科班:《主教对中世纪北欧大学的控制》,《基督教会历史研究》,第 5 期(莱顿,1969 年),第 9、10、11 页。

② 有关西班牙大学的主要特征,参见拉什达尔的概述,《中世纪的欧洲大学》,第 2 卷,第 64—65 页。也可参见基布尔:《中世纪大学的同乡会》,第 156—158 页;威罗佐斯基:《中世纪大学:教师、学生和知识》,第 91—94 页。

的联系。而且,西班牙有几所大学与主教座堂或其他教会保持着密切联系。这些主教座堂或教会在当地主教或主教学校的校长(或牧师会主持)对大学行使管理权力时具有发言权。让人感到费解的悖论是,鉴于这种王室与教会共同管理的西班牙大学的体制结构,有几所大学中居然还存在着以博洛尼亚大学为例而设立的大学内部体制。

在本尼迪克特十三世(Benedict XⅢ)1411 年颁布法令之前,人们对于萨拉曼卡大学(约 1227 年至 1228 年)的体制结构知之甚少。① 根据该法令,允许学生在一定程度上参与大学的管理。很明显,大学的权力在学生与主教学校校董之间分享。一个被推选出的学生领袖和执行委员会代表着学生的利益,校董有时则以大学校长自居。然而,教学博士们并不是无足轻重、不起任何作用的。他们从来没有像他们在博洛尼亚大学和帕多瓦大学的同行那样,他们的地位在学生权力如日中天之时降低到屈从的地位。而且,马丁五世(Martin V)1422 年制定的新的体制结构严重地削弱了学生的民主,增加了校董和有薪酬的教学博士在大学管理体制中的分量。② 巴利阿多里德大学(约 1250 年)至少从15 世纪早期起就是一所改良的学生型大学,它的法令是在萨拉曼卡大学法令的基础上制定的。③ 该大学在 16 世纪获得了新的法令。而令人特别感兴趣的是,这些法令曾一度允许学生永久地民主参与大学事务的管理,而在当时的意大利的"studia"(讲习所)和法国的省级大学里,学生民主参与大学管理的势头却在衰退。④ 根据该体制结构,大学的管理委员会是由一个学监(而非学生)、校长、一半有薪酬的教学博士和 8名学生组成的。但是,最令人关注的是,有薪酬教师职位的选举权落在

184

---

① 有关萨拉曼卡大学,见拉什达尔《中世纪的欧洲大学》第 2 卷第 74 页之后的内容;基布尔:《中世纪大学的同乡会》,第 156—157 页。1411 年的法规是现有最早的法规,收录于丹尼弗尔编:《文学史与基督教会发展史档案》,第 5 卷(1889 年),第 167 页之后的内容。这是一项非常好的法令,很多内容借鉴了博洛尼亚大学的法令,但也有内容做了较大的修改,例如,大学的权力归属主教座堂的学校。

② 拉什达尔:《中世纪的欧洲大学》,第 87—88 页。

③ 有关巴利阿多里德大学,见拉什达尔:《中世纪的欧洲大学》,第 2 卷,第 69 页之后的内容。

④ 详情见拉什达尔:《中世纪的欧洲大学》,第 2 卷,第 72—73 页。

了学生手里,他们在聆听了这些职位候选人的试讲课后推选出他们的人选。① 如果这些法令反映的是一种真实情况的话,那么,巴利阿多里德大学在 16 世纪欧洲大学中就占据着相当重要的地位。由阿拉贡国王詹姆斯二世(James Ⅱ of Aragon)于 1354 年建立的莱里达大学②同样在学生管理上作出了某些妥协,尽管大学的校长也是由国王任命的。1354 年,该校一场争端的解决说明了学生在推选他们的教师方面所发挥的参与作用。③ 实际上,该争端几年前就萌生了——起因是在关于由城市当局任命的选举有薪酬教师的决定者是否有义务与学监和学生代表协商后再作出决定的问题上,城市当局与学监和学生之间爆发了冲突。争端诉至国王后,国王任命拉蒙·巴斯(Ramon Bas)④为争端的裁决人。在裁决过程中,拉蒙·巴斯确认了学生要求与城市当局的代表共同协商推选教师的权利诉求。莱里达的这个"studium generale"(公共讲习所)曾有过一段盛衰无常的历史,似乎到了 15 世纪初期就进入严重的衰退状态。尽管如此,它的许多法令条文仍被 1350 年建立的佩皮尼昂大学和 1354 年建立的韦斯卡大学所效仿。

1208 年至 1209 年间建立的帕伦西亚大学是西班牙最古老的大学,与巴黎大学的类型相似,是一所教师型大学。萨拉格萨大学并非一所完全的教师型大学。15 世纪的大学,例如巴塞罗那大学(1450 年)、帕尔马大学(1483 年)、锡古恩萨大学(1489 年)、阿尔卡拉大学(1499 年)和瓦伦西亚大学(1500 年),都不太容易分类,但是,它们似乎都未保留学生的权力。

---

① 拉什达尔:《中世纪的欧洲大学》,第 2 卷,第 73 页。

② 有关莱里达大学,见拉什达尔:《中世纪的欧洲大学》,第 2 卷,第 91 页之后的内容;基布尔:《中世纪大学的同乡会》,第 157—158 页。有关莱里达大学的文献资料,参见丹尼弗尔编:《文学史与基督教会发展史档案》,第 5 卷(1888 年),第 253 页之后的内容。

③ 有关该案例,参见高亚·马萨特(R. Gaya Massot):《莱里达大学总学科讲座席位的设立》(*Provisión de Cátedras en el Estudio General de Lérida*),引自《神圣塔拉哥纳文集》(*Analecta Sacra Tarraconensia*),第 30 期(1957 年)。

④ 拉蒙·巴斯,莱里达方济各会修道院的读经者,受到当局与学监和学生的高度尊敬。——译者注

　　除了萨拉曼卡大学可以称之为"伟大的欧洲大学"外,其他的西班牙大学都是国内大学,称不上世界性的大学。这些大学趋向于保守的权威组织,尽管几所大学似乎都能容忍学生一定程度的民主参与权,但它们似乎都不是明显的学生极端主义的滋生地。也没有证据表明,在意大利或法国的省级大学发生了类似的学生骚乱后,学生的权力被夺回。西班牙大学学生的权力在多大程度上得到落实而不仅仅是一种体制的形式,这一直是一个争论不休的问题,仅仅依靠当前有限的资料是难以解决的。但是,由于西班牙的"studia"(讲习所)所处的权威环境以及其没有世界性大学动荡不定的性质,因此,表明它们不会成为学生民主的重要载体。

　　在西欧的"studia"(讲习所),恢复教师型大学体制结构的愿望是与不断增长的不安情绪联系在一起的,而这种不安情绪就是对于学生权力的担忧。在 14 世纪,人们对给予学生社团以正式地位的做法普遍存在着忧虑情绪。世俗政权和教会当局在削弱学生的组织能力、化解学生的好战心态方面,目标是一致的。1312 年,法国国王菲利普四世(Philip Ⅳ)禁止奥尔良大学的学生同乡会举行大会,因为它们是大学的分裂势力,经常引发受伤甚至死亡事件。[①] 8 年后,马格劳那主教因为同一原因试图镇压蒙彼利埃大学的学生组织。[②] 除了认为学生组织对学术及城市安定构成实际的或可能的威胁外,还有一种普遍的抱怨是:学生在大学管理过程中的表现要么很糟糕,要么很冷漠。很多传言认为,学生领袖常常是那种没有能力来维护大学法令或对学生团体实施管束的人。[③] 毫无疑问,学生领导层也一定存在着腐败的现象。有实

186

---

　　① 福尼尔:《自 1789 年创建以来法国大学的章程和特权》,第 1 卷,第 36 期;基布尔:《中世纪大学的同乡会》,第 133 页。

　　② 福尼尔:《自 1789 年创建以来法国大学的章程和特权》,第 2 卷,第 923 期;基布尔:《中世纪大学的同乡会》,第 133 页。

　　③ 有关学生领袖职位的缺陷,参见拉瓦尔(V. Laval):《阿维尼翁大学档案》(Cartulaire de l'Universitè d'Avignon),阿维尼翁,1884 年,第 1 卷,第 25 页的注释;有关学生领袖的"恶行",引自阿·纳达(Abbe Nadal):《瓦朗斯大学史》(Histoire de l'Universitè de Valence),奥雷(M. Aurel)主编,瓦朗斯,1861 年。

例表明，一些学生领袖试图操纵连任活动或采取非常随意的方式来裁决酗酒斗殴的团伙等。① 尽管更为负责任的学生组织不停地废黜那些庸人骗子，但是，其结果总是不太理想。

当然，也不只是学生领袖的现状让人担忧，普通学生代表的行为也受到了批评。据说，学生代表有时全副武装地参加全体大会，并以喧闹和不得体的杂耍行为来扰乱大会的进程。② 因此，必须用立法来遏制这种行径。这一事实也说明，在反复指责学生不负责任的行为的过程中有了实质性内容。在 15 世纪的图卢兹大学，教师们拥有一个共同的想法，那就是，剥夺学生执行委员会委员（councillor）法定的参与权。图卢兹大学的最高法院定期审理大学的案件，同时还明确地提醒教师的法律责任——即接受学生代表在大学全体大会中的地位这一事实。③ 我们仍然不清楚，究竟是由于学生的不良行为直接促使教师采取行动，还是大学的一般政策逐步限制了学生的参与机制。学生代表在推选空缺的教师职位过程中似乎发挥着主要的作用，但是，他们却不被允许对候选人的学术文凭作出评价。④ 或许，这种发生在学生与教师之间的断断续续的争斗，是中世纪后期拥有不同体制结构的法国大学常见的特征。在这场学术职权的斗争中，学生的参与权逐步变成一种毫无实质内容的形式。

不能认为只有学生组织不负责任，这种情况在大学教师中似乎也相当普遍。我们听到了买卖圣职的抱怨，这意味着，教师职位给予了出

---

① 有关佛罗伦萨大学的一些突出实例，参见布鲁克：《佛罗伦萨及其大学——1348—1434》，第 227 页。

② 科班：《主教对中世纪北欧大学的控制》，《教会历史研究》，第 5 期（莱顿，1969年），第 7 页及注释 2。

③ 福尼尔：《自 1789 年创建以来法国大学的章程和特权》，第 1 卷，第 858 期、第 860 期、第 868 期；史密斯：《中世纪的图卢兹大学》，第 188、189、192 页；皮热（J. Puget）：《14 至 15 世纪的图卢兹大学》（*L'Université de Toulouse au xiv^e et au xv^e siècles*），《法国南部编年史》（*Annales du Midi，xlii*），1930 年，第 362—363、365—366 页。

④ 福尼尔：《自 1789 年创建以来法国大学的章程和特权》，第 1 卷，第 858 期。

价最高的但却完全不符合职位要求的人。① 在 13 世纪后半期,的确有不少博洛尼亚大学的教学博士试图将大多数教师职位留给自己家族的成员,换句话说,就是建立世袭制的教师职位。所幸的是,这一企图并未得逞。② 学生常常指控一些教师漏讲部分课程内容③,省略必要次数的辩论(因为能力差的教师认为这些辩论对自己来说是个麻烦)以及滥用其他教师代替自己讲课等,对教学义务玩忽职守。④ 1486 年,图卢兹大学的最高法院剥夺了 2 名教师的职位,理由是他们已经二三年没有讲课,而且甚至连代课的教师都未请。⑤ 同样,学生对教学博士忙于大学所在城市或邻近城市的生意而旷课的行为也表示不满。例如,1280年前后,博洛尼亚大学的学生担心:太多的教师热衷于从事市镇当局的事务,从而损害了他们的教学义务。⑥ 15 世纪中期,帕多瓦大学的教学博士因一系列违法行为而受到批评。1457 年,威尼斯元老院(Venetian Senate)(帕多瓦大学当时隶属于威尼斯)指称,帕多瓦大学的学生数量下降主要是因为教学博士玩忽职守。据称,教学博士对讲座内容极为粗心,不按要求完成规定的教学时间,因为他们缺课而跑到其他城市去

---

① 例如,在图卢兹大学。福尼尔:《自 1789 年创建以来法国大学的章程和特权》,第 1 卷,第 858 期、第 860 期、第 868 期;史密斯:《中世纪的图卢兹大学》,第 188、189、192 页;皮热:《14 至 15 世纪的图卢兹大学》,第 364 页。

② 参见拉什达尔:《中世纪的欧洲大学》,第 1 卷,第 214—215 页。

③ 有关佛罗伦萨大学多姿多彩的文献资料,见布鲁克:《佛罗伦萨及其大学——1348—1434》,第 233 页。有关图卢兹大学,参见福尼尔:《自 1789 年创建以来法国大学的章程和特权》,第 1 卷,第 858 期;史密斯:《中世纪的图卢兹大学》,第 188 页;皮热:《14 至 15 世纪的图卢兹大学》,第 363—364、375 页。

④ 有关图卢兹大学,参见福尼尔:《自 1789 年创建以来法国大学的章程和特权》,第 1 卷,第 860 期、第 866 期;史密斯:《中世纪的图卢兹大学》,第 189、190 页;皮热:《14 至 15 世纪的图卢兹大学》,第 364 页。参见 1430 年禁止在帕维亚大学使用代课教师的法令,引自《帕维亚大学的章程与法令》(Statuti e Ordinamenti della Universita di Pavia),第 149 页。

⑤ 皮热:《14 至 15 世纪的图卢兹大学》,第 375 页。

⑥ 萨迪和法托里尼:《11 世纪至 14 世纪博洛尼亚主教区的著名教师》,第 1 卷,第 245 页。

忙于生意。他们所提供的代课教师根本就没有得到学生的批准。①

188 　　教师不负责任和腐败的程度以及学生与教师之间是如何分担结果的，我们还无法用量化的方法进行评价。把指控与反指控区分开常常是不可能的。在这些大学里，学生与教师在争夺大学权力的过程中是对手，因此，任何一方在宣传上都有歪曲对方的现象。尽管如此，西欧的社团或者至少是其机构的成员基本上都认为，大学管理是大学教师的领地，可以有校外机构的帮助，也可以没有校外机构的帮助，而学生应该归于听众和学习者的行列。肯定还有人认为，教师中的腐败堕落可以通过持续不断的警醒和矫正行为来进行纠正。但是，将学生权力制度化更是一个难以解决的问题。作为一种制度，它已经经受了相当长的一段时间的检验，并被证明是不合格的。学生的权力逐步被视为大学和城市社团中一种或多或少具有破坏性的永久力量。不稳定和不切实际的理想或许说明了大学发展的早期阶段，但是，这种理念是与中世纪后期有序社会的权威教义相悖的。从机构角度来看，似乎只有一种解决办法，即压制学生参与的那些重要形式，重申教师型大学的理念。欧洲南部大学的组织结构不得不与欧洲北部大学的管理体制保持一致，尽管这剥夺了西欧大学生活中的多样化特征。无论是对还是错，欧洲大学的共同经验表明，专业的成熟度是大学的稳定发展更有希望的领导力量，而不是年轻人反复无常的不确定性。

　　在反思学生权力衰亡的过程中，至关重要的是区分发展完善的学生型大学与拥有一定程度学生参与的大学体制之间的区别。自治的学生型大学是一种了不起的实验形式，但是，这种形式作为在一定的学生范围内被接受的模式是可能的，而在中世纪欧洲超越了这一范围让所有人心甘情愿地接受则是不可能的。当代的人们将博洛尼亚大学和帕多瓦大学的学术状况看作一种偏离正常轨道的现象、一种与自然规律相悖的情况，最终，在适当的时候这种失常的情况又会被调整到正常的轨道上。毫无疑问，博洛尼亚大学和帕多瓦大学这两个极端的例子成189 了一种永恒的学生理想的样式。但是，从现实的政治架构来看，它们几

---

① 基布尔：《中世纪的学术特权》，第76—77页。

乎没有以其纯粹的形式长久生存的机会。它们为大学教师的专业情感带来了太多的暴力，是在管理上对国家权威的某种持续不断的挑战。很少有人会把这些学生的共和体制看作是教师组织的永久的替代机构。当各地大学出现了有薪酬的教师职位时，很少有人为它们的消亡感到遗憾。从学生型大学中重生的涅槃凤凰就是学生参与运动。这似乎赢得了教师和校外权威机构某种程度的容忍，即使这种容忍度自始至终伴随着激烈的冲突。欧洲南部大学有限的学生参与运动风起云涌，使其成为大学组织一个被认可的永恒原则。有限的学生民主拥有了发展完善的学生型大学从来没有过的长久希望。然而，最后在社会等级制度的压力下，这种有限的学生民主也分崩离析了。应该站在何种角度来强调学生参与权的消亡呢？难道是学生管理大学太无能以至于在给他们自己的运动掘坟墓吗？或者，这仅仅是出于某种宣传的便利用来支持把权力重新赋予寡头政治的全体大会吗？难道教师的管理就明显优于学生的管理吗？难道无论何种情况下学生权力（无论其管理成效如何）都已成为有薪酬的教师职位、国家对大学的逐步控制以及中世纪后期僵化的社会和政治等级制度环境合力绞杀的猎物了吗？这些都是学生权力问题的组成部分。但是，它们的相对权重却是无法计算的，因为我们所掌握的文献资料零星散乱，毫无系统可言。而这样的文献资料使得我们能够看到中世纪学生权力的方方面面，但却常常无法让我们借助理想的详细资料来对某个特定的场景寻根究底。在这种情形下，似乎进一步分析学生权力衰落的因素或过于强调其中的某个因素都是不可能的。我们只剩下折中的观点，即一种马赛克式的矩阵，其中每个部分的轮廓清晰可见，但它们很快就融汇成了一个充满猜想的领域。

　　中世纪的学生权力主要是欧洲南部大学的一个现象，根植于意大利的大学和部分法国省级大学，以及在某种程度上根植于西班牙的大学。它是由相对成熟的学习法律的学生发起和领导的。在欧洲北部的大学，例如英格兰、苏格兰、德国、波希米亚、低地国家和斯堪的纳维亚半岛等地的大学，学生权力并没有对教师的主导地位形成严重的挑战。在这方面，通过初步的解读，可以总结出一两个一般性观点，尽管只有在每个大学地域环境中对其发展进行最为缜密的研究，但是能够把整个发展格局转变成一个确定的焦点。

显而易见，在欧洲北部的大学中，文学院在"studium"（讲习所）的地位比起在欧洲南部的大学里的作用更大和更重要。有时，它们仅次于法学或医学学科。欧洲北部的大学把很多精力都花在培养年轻人上，而对于其中的多数人而言，获得学士学位是他们所能达到的最终目标。① 由于年龄和社会阅历等原因，这些年轻人尚不具备组织和领导学生的反抗运动。与欧洲南部大学的学生相比，欧洲北部大学的学生在政治上和法律上一般都不够成熟，也没有很高的积极性。因为出身相对卑贱，他们很有可能把大学看作是为数不多的或唯一的取得一定的社会地位的途径。② 这些因素，再加上年轻，使得他们预先就有了具有建立大学所基于的等级制度观念的意向，并且面对着教师行会对本科生实施的纪律条文，虽然有着年轻人的叛逆思想，但还是选择保持沉默。与之相反的是，欧洲南部大学的许多学生来自富裕家庭，有些人甚至具有贵族血统。他们中的相当一部分人已经 20 多岁，甚至更大一些。有些人在进入大学之前都在社会上担任过重要职位。对于这类学生，欧洲北部"studia"（讲习所）的纪律条文是不合适的。欧洲南部大学的成年学生对待大学的观念更加具有法律和契约意识，而这一点在欧洲北部大学则淡薄得多。在欧洲南部，大学是与组织化的专业生活需求密切联系在一起的，学生把大学和任课教师看作是可以利用和聘用的代理机构，可以为自己的便利和未来专业的利益提供最好的服务。在一个浸透着独立行会组织理念的社会里，学生试图将独立社团的理念移植到大学环境里，作为适合和满足自己需求的机制，这并没有什么

---

① 欧伦贝格（F. Eulenberg）在 19 世纪后期推测，14 世纪后期和 15 世纪的大多数德国学生都没有获得学位，数字引自拉什达尔的《中世纪的欧洲大学》的编辑们，第 3 卷，第 334 页。

② 有关中世纪北欧学生的年龄，参见拉什达尔：《中世纪的欧洲大学》，第 3 卷，第 352—353 页。也可参见雅各布（E. F. Jacob.）：《中世纪英国大学的职员：生活费问题》（*English University clerks in the later Middle Ages: the Problem of Maintenance*），《约翰·赖兰兹图书馆目录》，第 29 期（1946 年），第 308—309 页。

可惊讶的。学生提出的具有很大争议的诉求,是他们应该拥有与校外专业活动完全一样的专业地位。这一鼓舞人心的想法或许很难引起欧洲北部大学普通学生的共鸣,因为欧洲北部大学的学生并不是非常习惯于这种自觉的法律意识,而且他们眼前可能并没有什么紧迫的法律问题。因为在欧洲北部的"studia"(讲习所)里,教师行会的保护功能可以延伸到相关的学生组织,同样的事实是,教师常常带头成功地抵御了外来敌对势力[1],这使得学生避免了很多欧洲南部大学的学生所面对的危险,从而减少了掀起学生权力运动的理由。在欧洲北部,师生混合的同乡会随处兴起,甚至偶尔会出现学生单一的同乡会,但它们作为权力单位大都没有太大的影响力。[2]

　　王室或城市当局给予欧洲北部大学持续不断的支持,这也可能对欧洲北部大学的学生权力运动产生消极的影响。众所周知,像巴黎大学、牛津大学以及剑桥大学等古老大学得以健康独立地发展,在很大程度上归功于王室。对于巴黎的教师行会在 13 世纪的关键几年里赢得自治地位来说,卡佩王朝历代君主的支持是至关重要的。14 世纪和 15 世纪,大学越来越陷入王室的监护之下。[3] 同样,牛津大学和剑桥大学从 13 世纪至都铎王朝时期(Tudor Age)一直都受到王室的保护。相同的情况也发生在 14 世纪后期和 15 世纪北欧建立的大学。[4] 其中的布

---

　　① 例如,巴黎大学文学院的教师率先起来反对巴黎教区主教和巴黎圣母院主持阻止大学摆脱控制的企图,而牛津大学和剑桥大学的教师行会也在为从教会的管辖下解放出来展开抗争。所有这三所教师型大学如同大多数北欧的大学那样,都为自己的学生谋得了一个相对于市民享有特权的地位。

　　② 例如,在布拉格大学和维也纳大学出现了混合的同乡会。基布尔:《中世纪大学的同乡会》,第 169、175 页。莱比锡大学的同乡会属于教师同乡会;在海德尔堡大学,同乡会很快就解散了;而科隆大学或爱尔福特大学却尚未形成类似的同乡会。基布尔:《中世纪大学的同乡会》,第 177 页。在 15 世纪的苏格兰,圣安德鲁斯大学的同乡会起初并不接纳学生;格拉斯哥大学和阿伯丁大学也有学生组织,但这些学生组织似乎并没有多少可以行使的权力。基布尔:《中世纪大学的同乡会》,第 182、183 页。

　　③ 参见莱夫:《13 世纪和 14 世纪的巴黎大学和牛津大学》,尤其是第 27—51 页。

　　④ 有关中世纪后期的德国的大学、波希米亚的大学和低地国家的大学,参见拉什达尔的论述,《中世纪的欧洲大学》,第 2 卷,第 9 章。

192

拉格大学（1347年至1348年）、维也纳大学（1365年）、海德尔堡大学（1385年）和莱比锡大学（1409年）的创建和健康发展，都得益于国王和当地统治者的动议。其他的大学，例如科隆大学（1388年）和罗斯托克大学（1419年），也都是城市当局努力的成果。一般而言，中世纪后期的欧洲北部"studia"（讲习所）从一开始就得到了王室或城市当局的保护，其目的在于将大学树立为具有国家、省或城市声望的象征，与此同时又可以从大学那里获得最大的经济利益。评估这一复杂的管理体制可能对学生权力问题带来的影响，那是极为困难的。或许，人们可以得出的结论是，为出现一个可以保障相对安全的仁慈统治者创造条件，更容易使大学的各个团体凝聚在一起和形成一个紧密团结的社团。当这一点安全感都缺失的话，如同欧洲南部常常出现的状况，其后果或许是加剧"studium"（讲习所）里可能的分裂势力，因为学生和教师都会为自己单独寻求某种安全保障，而这就会产生组织化的学生权力。如果国王或皇帝都是遥不可及的人物，而且地方当局又采取敌意的态度，那么，学生必然会依靠自己的资源，但这种情况在欧洲北部大学通常是不必要的。一位仁慈统治者的直接介入或遥不可及，都可能成为学生权力的晴雨表，而这仅仅是一个未证实的假设；但是，研究中世纪大学的具体情况可以表明，这种假设就欧洲北部和南部而言至少是具有普遍意义的。

在考察学生权力发生的概率时，或许一所大学在多大程度上属于世界性的学术中心是必须加以考察和研究的。在14世纪后半期和15世纪，由于在德国、低地国家、苏格兰和其他地方的北方大学扩张迅猛，因此，学生获得了在自己家门口上大学的机会。学生无需再长途跋涉到欧洲最早的大学去求学，这意味着这些大学不可避免地失去了它们的国际化特征。① 新建立的大学深深根植于本地区，或多或少地满足了本国或本地区的需求，而不是广泛的国际需求。巴黎大学是欧洲北部国际化大学最重要的中心，但是，随着中世纪后期新建大学在各处涌

---

① 参见基布尔的论述，《中世纪大学的同乡会》，第185—186页。

现,其生源大大减少了。① 另一方面,英国的大学从来都没有享有国际化大学的声誉,因为它的生源主要来自不列颠群岛。② 除了巴黎大学之外,一般可以确切地说,欧洲北部大学在国际化方面与西班牙之外的欧洲南部大学相比要逊色一些。尽管学生权力并没有在巴黎大学的国际环境中生根开花,但是,更加本土化的欧洲北部大学的学术团体就其本质而言,并不太有利于学生权力的产生和发展,而欧洲南部大学的那种动荡的、跨国境的大学全体大会则有利于学生权力的发生和发展。这样的说法还是有一定道理的。必须牢记的是,博洛尼亚大学的学生权力一直是由非博洛尼亚市的学生形成的;因为在相当长一段时间里,博洛尼亚当地的学生是被排斥在学生行会之外的。但是,欧洲北部大学的当地学生组织可能起到了阻止学生权力运动发生的作用。

最后,在思考学生权力运动为什么没有在欧洲北部大学出现的问题时,可能有必要去关注一个主要制度,即永久的教授制的发展过程。在欧洲北部的"studia"(讲习所)里,这一突破是由德国和苏格兰的大学首先引领的。③ 这特别与创建学院为大学教师提供永久的资助资源的政策有关。在某些情况下,例如,在阿伯丁大学,学院作为创建者计划中不可分割的一部分,从一开始就与大学融合在一起。④ 将当地教会的牧师俸禄纳入也被证明是一个成功资助教师的方法,在一些地方两种体制并存。⑤ 确实,尽管巴黎大学和英国的大学曾在任课教师快速流动

---

① 有关巴黎大学学生人数变化的推算,参见拉什达尔:《中世纪的欧洲大学》,第3卷,第330—331页。到了中世纪后期,巴黎大学的国际化程度毫无疑问是减弱了,但是,其招生人数并未减少多少。这一点通过近来分析1425年至1494年间1535名英国—德国同乡会学生的生源地得到了很好佐证,分析表明巴黎大学的生源分布还是相当广泛的。参见加布里埃尔:《1425—1494年期间巴黎大学的英国—德国同乡会》,引自加兰迪亚:《中世纪大学史研究》,第169—170页。

② 参见拉什达尔:《中世纪的欧洲大学》,第3卷,第336页;基布尔:《中世纪大学的同乡会》,第160—161、166—167页。

③ 拉什达尔:《中世纪的欧洲大学》,第2卷,第221、283—284、320、323页。

④ 拉什达尔:《中世纪的欧洲大学》,第6章,第156—157页。

⑤ 帕克特:《15世纪鲁汶大学教师的薪酬》,引自《鲁汶大学研究》,第2期,利奥波德维尔,1958年,关于这一话题,相关部分提供了很多有益的文献。

的不利条件下艰难前行，但是，它们逃避了学生控制的趋势。然而，欧洲北部大学所建立的长期契约教师职位，对于进一步强化大学组织的教师型性质来说是一个进展，正如城市当局在欧洲南部大学里广泛建立有薪酬的教师职位以抵御学生力量一样，这也是一个行动举措。

尽管学生权力在欧洲北部大学里不明显，但是，学生权力在 12 世纪的巴黎主教学校里似乎已处于萌芽状态。沙特尔的提埃里（Thierry of Chartres）①曾抱怨说：有些教师为了赢得学生的喜欢，主动讨好学生，为钱出卖他们的职业能力。② 但是，教师的学术自由概念已在巴黎大学盛行，而且清晰地铭刻在孔什的威廉（William of Conches）③的话语中——他对我们说，巴黎的主教学校拒绝使学生作为（有权让学生遵守讲话和沉默规则的）教师的法官。④ 这是一段有趣的小插曲，其蕴含的信息比字面表达的还要多。而且，它的确预示了欧洲北部大学未来学术权力分布的趋势。巴黎大学从 12 世纪开始所采取的立场是制定专业行为准则，这成为了整个中世纪时期欧洲北部大学教师的示范标准。

学生权力的意识形态在 13 世纪的意大利法律土壤中有过诞生前的阵痛。在这片土地上形成的愿景是：建立一个摆脱了外来政权的束缚，有一批教学人员讲课，由学生选举并对学生组织负责的自治学生共和体制。作为一种思想，它是欧洲南部学生团体在争取大学机构参与权运动中获取灵感的有魅力的源泉。而与实践中的理念最为接近的模式是在博洛尼亚大学和帕多瓦大学实现的，尽管这一模式只存在了一段有限的时间。博洛尼亚大学和帕多瓦大学学生运动的极端做法并不

---

① 沙特尔的提埃里（？—1155 或 1150 前），12 世法国哲学家。——译者注

② 参见赖斯尼（E. Lesne）：《8 世纪至 12 世纪末法国教会所属的学校》（*Les écoles de la fin du viii$^e$ siècle à la fin du xii$^e$ in Histoire de la propriété ecclésiastique en France*），里尔，1940 年，第 5 期，第 163 页；也可参见加布里埃尔：《巴黎圣母院主教座堂学校和初期的巴黎大学》，引自加兰迪亚：《中世纪大学史研究》，第 57 页。

③ 孔什的威廉（约 1100—1154），法兰西经院哲学家。——译者注

④ 赖斯尼：《8 世纪至 12 世纪末法国教会所属的学校》，第 501 页；加布里埃尔：《巴黎圣母院主教座堂学校和初期的巴黎大学》，引自加兰迪亚：《中世纪大学史研究》，第 57 页。

代表中世纪意大利大学的整个情况,因为其特征体现在极为有限的学生民主参与权上。在 14 世纪和 15 世纪的意大利,学生权力处处受到市镇当局的束缚以及随之而来的教师薪酬制设立的打击。然而,如果将中世纪的学生权力与意大利大学的单独情况划等号的话,那必将是一种误导。至少应该对法国省级大学的学生成就予以相同的关注。中世纪的学生权力运动最终失败了。完全以满足社会职业需求为导向的大学开始逐步反思它们所服务的这个社会。在 14 世纪和 15 世纪,学生权力的不稳定性质以其罢课和迁徙为武器,对大学所努力追求的更有秩序和稳定的生活方式构成了极大的威胁。社会期望对大学的投资有一个丰厚的回报,社会的投资形式包括资助教师职位、独立学院、永久性的校舍等。但是,这一回报却被学生的政治意图置于危险的境地。学生在大学管理方面的平庸表现或许被宣传所夸大了,为社会提供了一个更加直接的理由,逐步将作为西欧大学里一支重要力量的学生参与排除在大学管理之外。中世纪有关学生权力的教训,并不一定与 20 世纪有着直接的关联。但是,那些关注大学管理的人如果仅仅是回头去考察中世纪时期学生的抱负和行为,那肯定是行不通的。

195

# 第八章 学术团体

　　如果将知识分子看作一个整体，人们首先可以将他们分为两部分，即获得资助的人和未获得资助的人。一般而言，人们对学术共同体中获得资助的人的了解远多于那些未获资助的人，这是因为那些在固定机构中过着稳定生活的人的相关文献资料通常要比那些居无定所、生活无着落的人多。正因为如此，研究学术团体所遇到的最为困难的问题之一，就是难以了解那些大批居住在大学城客栈或寄宿舍里未获得赞助的学生的社会地位和生活状况。

　　那么，中世纪时期典型的本科生是真正意义上的贫困生吗？难道中世纪时期普通的学生必须靠乞讨、借债或偷窃来完成其大学学业吗？有没有相关法律条款来确保贫穷不会成为获得能力的最终障碍呢？能够用于探究这些基本问题的主要文献资料之一，就是当时大量优秀学生的信件。这些信件是专业导师（dictatores）的范文汇编以及写作手册内容的组成部分。① 即使大多数学生信件不是一手资料，但也是由信函写作专业人士所撰写的范文。这些固定老套的写作意味着，其内容通常代表着普通学生所遇到的日常问题。从这些信件汇编中可以看到，当时最为常见的主题是缺钱②，大多数相关的"苦难"，也都源于缺钱的困境。考虑到写作艺术中的修辞润色效果，从这些信件中我们可以了

解到学生遇到的食品、衣物、寝具、书籍、羊皮纸等的短缺问题。他们抱怨天气寒冷、经常生病、有时被抢走仅有的一点钱或受到贪婪房东的勒索，甚至在与市民发生争吵后被投入监狱等。③ 如果承认中世纪的学生

---

　　① 参见哈斯金斯的开创性研究，《中世纪文化研究》，第1章，第1页之后的内容。

　　② 哈斯金斯：《中世纪文化研究》，第1章，尤其是第7—14页及注释。

　　③ 有关学生可能合法或非法遭拘禁的频率，参见13世纪、14世纪和15世纪巴黎大学的详情，引自基布尔：《中世纪的学术特权》，第4章、第5章、第6章。

经受着一定程度的贫困和不安全感的话(按照 20 世纪知识分子容忍的程度,这种贫困和不安全感将会造成严重的后果),那么,人们在全盘接受所有这类信件资料时,至少会产生疑问。这一疑问会对学生贫困的概念有着直接的影响。随之而来会产生困惑,因为贫困常常是在没有充分注意到缓解因素的情况下提出的。如果某个学生在给亲戚或赞助人的信函中诉说缺钱,这并不一定意味着他已穷困潦倒或发生类似的情况。因此,必须记住,中世纪时期常常会出现货币短缺的现象。① 如果货币短缺又恰逢歉收年份和物价飞涨,那么,学生就会发现自己的生活一时处于极为尴尬的境地,但是,也绝不会到贫困煎熬的地步。除了需要在中世纪时货币流动的大环境下考察学生缺钱问题外,还有其他一些因素可以解释学生为何暂时缺少钱。一种原因可能是因为家长或赞助人不愿意及时提供接下来的款项,想通过延迟一段时间来鼓励学生抑制个人浪费,避免养成大手大脚花钱习惯;还有一部分原因或者是因为亲戚收到了学生行为不良记录和学习缺乏进步的通知使得他们延缓提供进一步的经费支持;或者是因为家里经济困难而无力支付相关资金;②更或者是因为如果学生住在大学的寄宿舍里,可能是由于寄宿舍舍长管理经费的规定而手上没有现钱。文科学生的收入经常都是交由舍长管理的,而舍长有意识地收紧学生的支出。③ 这样,尽管学生信件的主要特征是要钱,但是,手上经常缺少现金并不一定意味着大多数学生过着真正贫困的生活,而可能只是经济上的暂时困境而已。那种

198

---

　　① 参见雅各布:《中世纪英国大学的职员:生活费问题》,《约翰·赖兰兹图书馆目录》,第 29 期(1946 年),第 304 页之后的内容至第 306 页。

　　② 有关学费滞纳的各种原因实例,参见哈斯金斯:《中世纪文化研究》,第 14 页之后的内容;雅各布在《约翰·赖兰兹图书馆目录》的第 307 页上刊登了一封信,其内容是:学生因行为不端,校方拒收学费。也可参见《影响牛津大学历史的法令汇编,1204—1420 年》(*Formularies which bear on the History of Oxford*,1204—1420)两卷本,萨尔特、潘廷和理查森主编,牛津大学历史学会,新辑第 4 期和第 5 期(1942 年),第 2 卷,第 360—361 页。

　　③ 雅各布:《中世纪英国大学的职员:生活费问题》,《约翰·赖兰兹图书馆目录》,第 29 期(1946 年),第 306—307 页;也可参见萨尔特:《1424 年的牛津学堂》,引自《献给普尔的历史论文集》,第 422 页。较为成熟的法律学生或许能够管理自己的财政。

认为典型的中世纪学生都过着在生存边缘挣扎的日子的观点，现在普遍不被人们接受。大多数学生都属于中间社会阶层①，他们的经济状况或许反映了处于中等社会地位的特点。

这一点还可通过一些大学详细的数字得到证实。从 1425 年到 1494 年，在巴黎大学的英国—德国学生同乡会里获得学士学位的 1535 人中，以伯萨（bursa）为单位（即每个学生支付一周生活开支的金额）②，只有 270 人（占 17.58%）没有支付任何伯萨，被列为贫困学生；719 人（占 46.84%）支付了最低水平的伯萨；413 人（占 26.91%）支付了中等水平的伯萨；133 人（占 8.67%）支付的伯萨属于富裕阶层才有的支付水平。③ 这样，贫困学生和富裕学生只占学生总数的 26.25%，剩下的 73.75% 的学生所支付的伯萨在最低水平到中等水平之间。其他大学的情况也大致相同。例如，从 1377 年至 1413 年，在维也纳大学录取的 6 579 名学生中，只有 1 629 人（占 25%）被视为贫困学生；在莱比锡大学，从 1409 年到 1430 年，这个比例只有 19%④；在弗赖堡大学，从 1508 年至 1514 年，大约 17% 的学生被视为"贫困"学生。⑤ 对于中世纪的大学而言，这些样本数据都具有相当的一致性，说明大多数学生有能力为他们一周的开支或食宿支付合理的费用，绝不是徘徊在贫困线上的人。当然，毫无疑问，他们也不得不紧缩开支，并且经常会遇到经济紧张的时候。然而，在中世纪的大学里，却有相当比例的真正的贫困学生，他们大多都是文学院里的年轻成员。他们当中最穷的学生住不起寄宿

---

① 参见拉什达尔的论述，引自《中世纪的欧洲大学》，第 3 卷，第 408 页。

② 加布里埃尔：《1425—1494 年期间巴黎大学的英国—德国同乡会》，引自加兰迪亚：《中世纪大学史研究》，第 176 页。有关牛津大学的学位费用是以每周生活费开支的标准来收取的实例，参见《1448—1463 年间的大会登记册》，牛津历史学会，新辑第 22 期，1972 年；参见潘廷的论述，《牛津大学的生活及其档案》，第 23 页。

③ 加布里埃尔：《1425—1494 年期间巴黎大学的英国—德国同乡会》，引自加兰迪亚：《中世纪大学史研究》，第 186—187 页。

④ 所引用的数字，参见加布里埃尔：《1425—1494 年期间巴黎大学的英国—德国同乡会》，引自加兰迪亚：《中世纪大学史研究》，第 187 页。

⑤ 弗莱彻：《中世纪德国大学内部的贫富状况》，引自《中世纪晚期的欧洲》，第 433 页。

舍,付不起讲课费和毕业仪式开支,或满足不了学术着装的严格要求。贫困学生似乎在欧洲北部大学里要多,特别是德国的"studia"(讲习所),而欧洲南部大学里贫困学生则少得多,这是因为欧洲南部大学的文学院规模较小,其学生比较富裕。① 15 世纪维尼翁大学的录取名单表明,贫困学生的比例很小②;而在意大利的大学里,学院数量不多,这说明大多数学生是有能力支付他们的食宿开支的。历史悠久的大学终于正视了贫困学生这一问题,通过制定各种方法帮助有能力的学生克服从入学到毕业过程中遇到的一系列困难和问题。例如,在中世纪后期,英国—德国学生同乡会的记录就记载了当时的一种习惯做法,就是为那些贫困学生提供生活保障。如前所述,从 1425 年至 1494 年,由英国—德国学生同乡会提供帮助的贫困学生为 17.58%。③ 在中世纪后期的奥尔良大学,也有类似的为贫困生提供财政资助的做法。④ 在欧洲大学里,似乎广泛流行着的另一种做法是:由生活较为富裕的学生赞助一名贫困学生攻读学士或硕士学位(当然,是否接受资助由贫困学生决定)。⑤ 而且,贫困学生常常希望通过做仆人或当市镇当局的公务员来增加自己的收入⑥,这使人联想起"靠自己的劳动读完大学"的故事。总

---

① 参见弗奇尔:《中世纪的大学》,第 173—174 页。

② 弗奇尔:《中世纪的大学》,第 174 页。

③ 加布里埃尔:《1425—1494 年期间巴黎大学的英国—德国同乡会》,引自加兰迪亚:《中世纪大学史研究》,第 186 页。有关巴黎大学资助贫困生的情况,参见博伊斯:《中世纪巴黎大学的德国—英国同乡会》,第 164—167 页。在当时的巴黎大学,那些并非"贫困"而只是暂时缺钱的学生在没有支付滞纳的学位费用的情况下获得学位是非常普遍的,而拖欠的学费一直等到其经济条件改善后才补上。《中世纪巴黎大学的德国—英国同乡会》,第 90—94 页。

④ 参见《1444—1602 年日耳曼地区财政官有关古奥尔良大学的审计簿》(*Les livre des procurateurs de la nation germanique de l'ancienne univeristé d'Orléans 1444—1602*),第 1 卷,第一部分,里迪瑞克霍夫(C. M. Ridderikhoff),莱顿,1971 年,序言部分第 19 页,正文第 2、7、11 页。

⑤ 参见拉什达尔:《中世纪的欧洲大学》,第 3 卷,第 144—145 页和第 144 页及注释 2;有关巴黎大学的非正式学业结业(sub-determination),参见博伊斯:《中世纪巴黎大学的德国—英国同乡会》,第 96—100 页和附录 2、第 184—185 页。

⑥ 参见拉什达尔《中世纪的欧洲大学》,第 3 卷,第 408—409 页及注释。

之,历史悠久的大学开始似乎是通过一系列的消极措施来解决贫困学生问题的,后来又采取组合式的特别措施和更加规范的分配制度来应对贫困学生的问题。

中世纪后期的大学更倾向于从一开始就采取系统的方法学习以往积累的经验。在德国,由于大量的文科学生无力到其他"studia"(讲习所)求学,因此,更加剧了这一贫困问题。德国的大学针对所有真正贫困的学生做出深思熟虑的安排,出色并慷慨地应对贫困问题,即贫困学生被单独作为一类学生来对待,在他们学术生涯的每个阶段都给予了特殊的考虑。① 为了达到这个目的,文学院为他们制定了免除各种费用的法规,例如,免除录取、讲课和正式仪式的费用,免受学术着装规定的限制以及免受必须在寄宿舍居住规定的限制等。② 大学正式仪式的费用通常是免除的,但是,由任课教师举行的非正式仪式需支付的费用则出现了困难。这些任课教师举办非正式仪式是为了增加自己的收入,他们也往往不愿意免费给贫困学生上课;然而,在多数情况下,这一问题能通过折中的方式得到解决。③ 就学位的费用而言,大学可能会要求被豁免的学生在他们收入允许的情况下采取偿还学院费用的办法(好几个偿还的例子被记载下来)。④ 一些德国大学,例如,弗赖堡大学、爱尔福特大学和维也纳大学,都为贫困学生提供了廉价的客栈或寄宿

---

① 弗莱彻:《中世纪德国大学内部的贫富状况》,引自《中世纪晚期的欧洲》,第 410 页和 423 页之后的内容;弗莱彻:《布赖斯高地区弗赖堡大学贫困生登记簿》(*The Liber Taxatorum of Poor Students at the University of Freiburg im Breisgau*),《中世纪教育史教材与学科》,第 12 期,巴黎圣母院,印第安纳,1969 年,第 5 页。这一宝贵文献揭示了有关贫困生的法律条文在弗赖堡大学的执行情况。

② 弗莱彻:《中世纪德国大学内部的贫富状况》,引自《中世纪晚期的欧洲》,第 423 页之后的内容。

③ 弗莱彻:《中世纪德国大学内部的贫富状况》,引自《中世纪晚期的欧洲》,第 427—429 页。

④ 有关弗赖堡大学的情况,参见弗莱彻:《中世纪德国大学内部的贫富状况》,引自《中世纪晚期的欧洲》,第 431 页、第 434—435 页;以及上述引用的《布赖斯高地区弗赖堡大学贫困生登记簿》一书中第 6—7 页。

舍①;而在其他大学,他们是作为仆人住在富有教师家里的。② 后面一种做法非常普遍。1507 年,在因戈尔施塔特大学,根据法令学生都不能被看作是"贫困"学生,除非他有一份做仆人的工作。③ 贫困的标准通常是以低收入的上限来界定的,但是,大学与大学之间还是有差异的。在因戈尔施塔特大学,学生必须提供由他的家乡城镇签署的证明信来证明他家境贫寒。④ 学校也会定期对学生的"贫困状况"进行审核,而其财政义务也会根据学生境况的变化加以修改。⑤

201

因此,有确切的证据表明,在 15 世纪的一批大学里,制定了广泛的立法制度,以确保有才能的学生不因缺钱而受到不公平的待遇。这种开明的态度到底在历史悠久的大学早期阶段实施到何种程度尚不得而知,但是,有一点很清楚,那就是,它们做出了努力来应对这一问题,尽管是迟来的努力。

相对于在生活线上苦苦挣扎的本科生,社会天平的另一端是富有的贵族。一般而言,贵族成员直到 15 世纪后半期才开始真正成规模地进入大学,尽管从 15 世纪早期开始,欧洲南部大学里已有了小规模的贵族团体。这些贵族团体似乎与贵族生活的模式更加趋于一致,而这一点在欧洲北部大学里则不然。然而,直到中世纪后期,欧洲南部的"studia"(讲习所)才能称得上是贵族的中心。为什么 15 世纪后期和 16

---

① 弗莱彻:《中世纪德国大学内部的贫富状况》,引自《中世纪晚期的欧洲》,第 425—426 页;拉什达尔:《中世纪的欧洲大学》,第 3 卷,第 405—406 页。

② 弗莱彻:《中世纪德国大学内部的贫富状况》,引自《中世纪晚期的欧洲》,第 425 页。

③ 弗莱彻:《中世纪德国大学内部的贫富状况》,引自《中世纪晚期的欧洲》,第 425 页。

④ 弗莱彻:《中世纪德国大学内部的贫富状况》,引自《中世纪晚期的欧洲》,第 424—425 页;斯特灵-米肖:《中世纪文艺复兴时期最后二十五年的大学发展史》,第 11 届国际历史学家代表大会《报告》,第 1 期,斯德哥尔摩,1960 年,第 119—120 页。

⑤ 有关弗赖堡大学认定贫困生的程序,参见弗莱彻:《中世纪德国大学内部的贫富状况》,引自《中世纪晚期的欧洲》,第 433—434 页;《布赖斯高地区弗赖堡大学贫困生登记簿》,《中世纪教育史教材与学科》,第 12 期,第 6 页。同样,在巴黎大学,如果贫困生将来的经济状况允许,校方也希望他们能够偿还被免除的学费。博伊斯:《1425—1494 年期间巴黎大学的英国—德国同乡会》,引自加兰迪亚:《中世纪大学史研究》,第 166—167 页。

世纪的大学开始接受贵族子弟？对此，我们目前并不完全清楚。但是，如前所述，大学断断续续地将人文学科引入大学课程，这对于一个并不把教育看作是职业生涯准备的社会阶层而言，无疑更具吸引力。[①] 在15世纪，贵族学生在欧洲大多数大学里形成了自己人数不多但很重要的团体。[②] 例如，德国的大学越来越将它们的财政支持依赖于世俗贵族阶层。它们以契约的形式努力吸引这类学生到大学来。作为对额外经费支持的回报，在大学里学习的贵族阶层成员都被赋予一系列学术特权和豁免权，但贵族学生一直都没成为大学的中心部分，这是因为贵族学生往往住在单独的房间里，拥有自己的仆人。作为一个社会团体，世俗贵族阶层的出现表明，学术团体的分层更加明显，富人与穷人间的隔阂更为加深，这一点到中世纪结束时已成为大学历史上一个鲜明的特征。

这种社会经济的划分在中世纪后期的任课教学人员中，也可见一斑。例如，对15世纪帕维亚大学情况的研究表明[③]，30％至50％的教师每年的收入不到50个金币（florins），而这样的收入并不比当地一位干体力活的工匠的收入高出多少。毫无疑问，教师们就需利用各种方法来增加自己的收入。他们被免除了城市社会其他成员应缴的税赋。尽管如此，这种收入水平尤其在文学院教师当中相当普遍，与城市阶层所拥有的报酬相比，他们的这点薪酬是远远不够的。比这些低收入的文科教师高的是一些年收入在50到200个金币的教师。这些教师的收入或许相当于一个市镇中层官员的收入。大约有20％的教师年收入在200至600个金币，可以与市镇当局高层官员并肩。只有5％的教

---

① 参见斯特灵-米肖：《中世纪文艺复兴时期最后二十五年的大学发展史》，第11届国际历史学家代表大会《报告》，第1期，斯德哥尔摩，1960年，第120页。

② 有关德国大学世俗贵族的地位，参见弗莱彻：《中世纪德国大学内部的贫富状况》，引自《中世纪晚期的欧洲》，第410—413页。

③ 有关这项有益的研究，参见扎内蒂（D. Zanetti）：《15世纪帕维亚大学的教师薪酬》（A l' Université de Pavie au xvᵉ siècle：les salaries des professeurs），引自《年鉴：经济、社会和文明》（Annales：Economies, Sociétés, Civilizations），第17期（1962年），第421页之后的内容：所考察的历史时期为1387年至1499年。有关货币的说明，参见第424页；也可参见弗奇尔：《中世纪的大学》，第174—175页。

师,主要是知名的法学家和医生,其收入可以达到 600 至 2 000 个金币,能够过着奢侈的生活。显而易见,对于帕维亚大学大多数教师而言,教学的薪酬是微薄的,似乎比早期意大利"studia"(讲习所)的教师的收入低得多。中世纪后期大学运动的发展使得欧洲大学的教学人员日益增多,从而也使得许多在各大学之间来回穿梭讲课的教师赚钱的能力下降了。但假如报酬少了,在社会声望方面还是有所补偿的,因为有些人的社会声望就像高的收入一样有价值。在 15 世纪的鲁汶大学,最初教师的平均收入介于 150 至 200 个金币,后来降低到 100 至 150 个金币。这说明报酬的平均值仅仅是中等收入而已。① 如果一部分收入来自教会的神职俸禄(如在巴黎大学),那就更难估算当时教师的平均收入了。但是,可想而知,从担任最低圣职职位的教师到拥有各种谋生手段并过着富裕生活的教师,他们收入之间的差距一定会很大。② 在德国的大学里,富裕的有薪酬的任课教师与无薪酬的任课教师之间拉开了差距,这对于大学体制也产生了非常重要的影响。③ 由于需要拥有一批稳定的教学人员,所有的学院都设立了有薪酬的教师职位。而用于这一目的的经费常常都是由当地贵族或城市当局捐赠的。这使得这些世俗权威有了干预大学事务的筹码。有薪酬教师的特权地位在许多德国大学的管理机制中得以体现。其结果导致了众多无薪酬文科教师的权力转移至占据着大多数有薪酬教师职位的高级学院教师的手中。渐渐地,无薪酬的教师被挤出了管理职位,他们很难再根据传统的从巴黎大学复制而来的任课制进行谋生。相反,有薪酬教师的生活水平逐步提高,一些人甚至融入到城市有产阶层的社会生活中。他们与当地的统治家族密切合作,并以此来帮助其对德国大学实施世俗控制。到了 15 世纪末,德国的大学分层严重,不仅涉及到学生群体,而且也涉及到教学人

203

---

① 参见帕克特:《15 世纪鲁汶大学教师的薪酬》,引自《鲁汶大学研究》,第 2 期,利奥波德维尔,1958 年,第 1 页之后的内容。

② 参见弗奇尔的论述,《中世纪的大学》,第 175 页。

③ 有关德国大学随后的论述,参见弗莱彻:《中世纪德国大学内部的贫富状况》,引自《中世纪晚期的欧洲》,第 413—423 页。

员。社会和经济上的明显分歧摧毁了学术团体行动的能力，从而使得德国的大学在面对外部权威控制时显得非常软弱。

因此，作为一种普遍的趋势，在中世纪后期的大学里，社会和经济上的反差似乎愈加突出。大学成为日益浓厚的重商主义的牺牲品。在激烈竞争以谋求更好的有薪酬教师职位的过程中，在由高收入的教师组成精英团体从利益上卷入城市生活的社会和商业大漩涡中，唯利是图的风气愈益体现出来。早期的学术团体凝聚力是在其成员为共同利益而抗争中形成的，也是在不太明显的经济差异的氛围中得以巩固的，如今则慢慢受到了侵蚀。大学则走向分化，降低了其采取有效的统一行动的能力。

在大学里获得赞助的人员中，学院的院士们逐步在 14 世纪和 15 世纪占据了重要的地位。欧洲的学院多样化情况在第六章已有所论述，然而，要做出结论性的总结显然是比较困难的。但是，总的来说，学院院士所从事的都是高级学科课程的教学，在学术团体中属于地位较高的成员，尽管按照更广泛的社会标准，他们在经济上的地位并不是太高。一个院士职位可以满足基本的生活需求，处于一个可以接受的生活水平，而且还有额外共享的舒适便利条件，这为院士们简朴的日常生活管理体制增添了趣味。

院士从学院基金中获得每周的津贴来支付他们的食宿费用。大多数学院将这种津贴制调整为按比例增减费用，设定最低和最高的限度，这一限度还可根据时下粮食价格的波动来进行调整。[①] 这意味着，设立津贴制是为了确保院士们的食宿开支，使之与变化的价格水平之间建立一个长期稳定的关系。在 14 世纪英国的大多数学院里，每位院士标准的生活津贴水平是每周 1 先令，但通常为了与上涨的粮食价格相对称，都会预先做好提高这一标准的准备。[②] 例如，在牛津大学的奥里尔学院，如果一夸脱麦子在牛津市或周围地区卖到 10 先令或以上价格，

---

① 参见科班：《中世纪后期剑桥大学的国王学堂》，第 139—141 页。
② 科班：《中世纪后期剑桥大学的国王学堂》，第 140 页。

那么,津贴的最高标准是 1 先令 3 便士。在牛津大学的新学院,在物资短缺时,津贴可能会增加到 1 先令 4 便士。一旦 1 蒲式耳麦子在牛津或周围市场上的价格超过了 2 先令,津贴就会增加到 1 先令 6 便士。[①]巴黎的一些学院规定的标准更是五花八门,但是,按比例增减的原则似乎在本质上与英格兰是一样的。[②] 提供院士们生活费用,是为了减少院士过度使用个人财政资源来满足其基本的生活。在这一点上,人们必须这样假定:中世纪的一个院士拥有某种独立的收入来源,他需要这种收入来支付他所购买的超过和高于所获津贴水平的食品和饮料等奢侈商品的开支。在一些学院里,当物资极为短缺,学院所发放的基金不足以满足由此引发的极高的给养水平时,院士就必须在危机期间从自己的个人收入中拿出一部分来贴补。例如,在 14 世纪巴黎大学的阿韦玛丽亚学院,这一做法在法定条文中就有具体的规定。[③]

由于缺乏足够的具体资料,因此,我们只能猜测个人收入的可能来源。那些作为任课教师的院士通过在大学学部讲课获得一部分收入。一些院士除了拥有低于规定的最高限度的院士职位收入外,与此同时还通过担任圣职取得一部分收入。[④] 与学生的情况一样,一些院士能够从亲戚或赞助人那里获得财政资助。尽管中世纪学院的院士的个人收入并不多,而且 14 世纪和 15 世纪英国的几所学院的院规都规定了"收入的上限"为 5 英镑(由不同的收入构成)[⑤],但很可能,大多数院士并不

205

---

① 科班:《中世纪后期剑桥大学的国王学堂》,第 140 页;《牛津大学学院院规》,第 1 卷,第 3 章,第 15 页;第 5 章,第 38—39 页。

② 参见阿韦玛丽亚学院的安排。该学院创建者休班特的约翰规定:在物资匮乏时,院长和牧师在征得学院董事的同意后,可以从社团的基金中拿出部分经费用于学院的额外开支。加布里埃尔:《阿韦玛丽亚学院》,第 223 页。

③ 加布里埃尔:《阿韦玛丽亚学院》,第 361—362 页。

④ 有关"收入的上限"(income ceilings)是否与英国和巴黎大学的学院院士职位薪酬一致的问题,参见科班:《中世纪后期剑桥大学的国王学堂》,第 146 页及注释 1。

⑤ 科班:《中世纪后期剑桥大学的国王学堂》,第 146 页及注释 1。英国大学的学院创建者规定了相对统一的收入许可标准,适用于所有的院士;而法国大学的学院创建者一般只规定了一系列法定的标准,依据学术地位依次发放。参见加布里埃尔:《14 世纪大学的学院制》,第 90 页。

是完全依靠学院创建者的捐赠。然而,在一些较为富裕的学院里,更多的个人收入储备或许是必要的。

这种情形在剑桥大学的国王学堂里尤甚。在这所皇家创建的学院里,津贴制并未依照按比例增减的方式实行;相反,学院通过直接财政拨款的形式给每位院士每周 1 先令 2 便士的固定费用,而院士不得不从他们自己的收入中拿出一部分来补足因物价波动造成的差价。[①] 在整个 1382—1383 年和 1443—1444 年期间,国王学堂院士每周的平均生活开支介于 1 先令 2.5 便士至 2 先令 3.5 便士,平均为每周 1 先令 8.5 便士。[②] 这是一笔很高的生活费用,相当于学院普通教师生活的奢侈水平。国王学院的院士每周必须从个人的收入中拿出一部分来贴补固定生活津贴(1 先令 2 便士)与实际生活费用支出之间的差额。通过对过去 54 年的调查,国王学堂的院士每周要支出的款项平均为 7.75 便士至 1 先令 1.75 便士,即每年需支付的款项是 1 英镑 14 先令至 3 英镑。[③] 这些包括了购买奢侈品或法定价格商品的费用通过价格指数已进行了"修正"。[④] 因此,显而易见,在这样生活奢侈的学院里(college de luxe),院士必须拥有足够的收入来源才能支付自己的基本账单,如果他要充分参与学院的集体活动,那这笔收入更是不可缺少的。或许,国王学堂提供给院士的生活水平介乎 14 和 15 世纪时一般类型的学院水平和当时富有贵族家族的较为奢华的水平之间。毫无疑问,国王学堂属于后者。

埃姆登博士提供的文献资料表明,1424 年,牛津大学一所学堂人均每周的生活开支大约是 6.5 便士,即一天低于 1 便士。[⑤] 同年,每位国

---

① 科班:《中世纪后期剑桥大学的国王学堂》,第 129 页之后的内容。

② 科班:《中世纪后期剑桥大学的国王学堂》,第 139 页和表五(插页)、第 16 栏(对面第 126 页)。

③ 科班:《中世纪后期剑桥大学的国王学堂》,第 135、137 页。

④ 科班:《中世纪后期剑桥大学的国王学堂》,第 134 页之后的内容。

⑤ 埃姆登:《中世纪的牛津大学学堂》,第 194 页。

王学堂的院士平均支出是 1 先令 9.75 便士，即一天低于 3 便士。① 这个案例相对来说颇具代表性，因为在 1382—1388 年和 1443—1444 年，人均每周生活支出是 1 先令 8.25 便士。如果牛津大学这所学堂 1424 年提供的数字有代表性的话，那么，我们可以推断出，国王学堂的平均生活支出是当时学堂或寄宿舍通常支出费用的大约三倍。如果涉及到学习法律学生的学院，这一结论毫无疑问就必须进行修正，因为在这类学院里，食宿费要比那些专为大多数未成年学生设立的学院的食宿费高得多。一般认为，在 1450 年，一个生活在学院里会精打细算过日子的本科生的总支出一年不超过大约 50 先令。② 但是，由于有关学院经济状况的文献资料现在很少，因此，我们难以得出确切的结论。

在第六章里，已对学院成年自费生群体进行了部分论述，相关内容在此不再赘述。在学院里生活的自费生和半自费生的生活开支似乎是相当大的。因为无论是自费生还是半自费生，除了必须支付在校的全部费用以及购买其他生活用品的费用外，没有任何补贴的自费生或半自费生还必须支付住房租金或食宿费用。在国王学堂，通常一个单间的租金是每年 6 先令 8 便士，而一套两居室的租金是 13 先令 4 便士（其中一间或许用来做书房）。③ 偶尔，他们也会找到一个年租金 10 先令的单间，但只需要支付三分之一的租金。④ 与其他学院收取的费用相比，这些根据房间的数量、大小和质量来确定的租金标准并不过分。14 世纪后半期，当约翰·威克利夫（John Wyclif）⑤和尼古拉·赫里福德（Nicholas Hereford）⑥以自费生的身份住在牛津大学的女王学院时，学

207

---

① 科班：《中世纪后期剑桥大学的国王学堂》，表五(插页)、第 6 栏(对面第 126 页)。

② 参见雅各布：《中世纪英国大学的职员：生活费问题》，《约翰·赖兰兹图书馆目录》，第 29 期(1946 年)，第 312 页。

③ 科班：《中世纪后期剑桥大学的国王学堂》，第 268—269 页。

④ 科班：《中世纪后期剑桥大学的国王学堂》，第 269 页。

⑤ 约翰·威克利夫(约 1330—1384)，英格兰神学家、哲学家，宗教改革运动的先驱之一。——译者注

⑥ 尼古拉·赫里福德(？—约 1420)，英国神学学者，英国宗教改革运动的支持者。——译者注

院向他们收取了 20 先令的年租金。① 在奥里尔学院,托马斯·加斯科因(Thomas Gascoigne)②于 1449 年获得终身免费的房间之前,他似乎已经以每年 20 先令的租金支付了 20 多年。③ 根据 1392 年牛津大学的大学学院司库账目记载,那一年的房间租金从 6.8 先令到 20 先令不等。④ 在对牛津大学自费生的一次普查中,萨尔特(H. E. Salter)⑤引述了一些有代表性的固定房屋租金的例子,分别是 10 先令、13.4 先令、16 先令和 20 先令。⑥ 除了租金开支较大外,许多自费生还雇佣了仆人,仆人的生活费用至少相当于自费生生活费用的一半。⑦ 有关国王学堂的相关详细数字表明,自费生的生活开支大约是院士平均生活开支的三到四倍。⑧ 尽管国王学堂的开支水平并不典型,但是,自费生与院士 3∶1 或 4∶1 的开支比例可以反映出较为普遍的态势。自费生和半自费生晋升至院士的例子也不少⑨,但是,这种情况到底普及到什么程度尚不确定。然而,根据目前的研究成果来看,在一部分自费生中似乎存在着学术迁移的现象,但是,这些都是偶然的事件,在这个把学院创建者与一群混杂的特许的房客分开的相当坚固的大墙内,不时发生违约现象也是不足为怪的。

---

① 威克利夫 1365—1366 年间租借两个房间支付 40 先令;1374—1375 年间和 1380—1381 年间,他支付了 20 先令。赫里福德 1380—1381 年间租借一个房间支付 20 先令。参见麦格拉思(J. R. Magrath):《女王学院》两卷本,牛津,1921 年,第 1 卷,第 122 页及注释;也可参见霍奇金:《女王学院》,《维多利亚郡史》(牛津),第 3 卷,第 133 页。

② 托马斯·加斯科因(1404—1458),中世纪英国神学家和大学管理者,曾在牛津大学担任两届副校长和两届校长职务。——译者注

③ 参见《奥里尔学院教务长的花名册,1446—1661》,第 370 页。

④ 卡尔:《大学学院》,第 49 页。

⑤ 萨尔特(1863—1951),牛津大学历史学家。——译者注

⑥ 萨尔特:《中世纪的牛津大学》,《历史》,1929—1930 年第 14 期,第 100 页。

⑦ 有关国王学堂自费生的仆人,参见科班:《中世纪后期剑桥大学的国王学堂》,第 270、271、273 页和第 279 页及注释 4。

⑧ 科班:《中世纪后期剑桥大学的国王学堂》,第 271 页。

⑨ 科班:《中世纪后期剑桥大学的国王学堂》,第 263—264 页;参见科班:《起源:罗伯特·沃德拉克和圣凯瑟琳学院》,引自《圣凯瑟琳学院 1473—1973》,第 20 页。

208

　　进入中世纪大学的学生平均年龄或许一直都被估算偏低了。的确，在一些大学城里，有证据表明，很多男孩子只有 8 到 15 岁，但是，并不是他们所有的人都一定要学习文科课程。他们中的一部分人来到大学城是来学习文法基本知识的，目的是为学习文科课程做准备。① 他们要么在城里的文法学校里接受教育，要么如同 14 世纪和 15 世纪的巴黎大学一样，在大学的学院里接受教育（但不是在大学里）②，尽管大学逐步开始对这类文法教育进行某种程度的监督管理。③ 在这些学生中，那些显示出没有多少学习能力的人将会被淘汰，不会再有机会学习大学的课程。然而，如果他们的文科基础很好，那么，这些 13 或 14 岁的年轻人就可能被文学院录取。由罗伯特·德库康颁布给巴黎大学的 1215 年法令规定，禁止任何人在 21 岁之前讲授文科课程，而在完成文科学业之前，他必须至少学习 6 年。④ 从中可以推断出，学生进入文学院的年龄可能是 13 岁或 14 岁。1252 年巴黎大学英国—德国学生同乡会的法令要求那些文科学业结业（即等于获得了文学学士学位）的学生年龄至少应该在 19 岁，并已经学习文科 4—5 年时间。⑤ 这预示着 14 岁是最小入学年龄。但是，这些只是静态的考察，而在课程期限上各个大学之间的差异较大，甚至在同一所大学里课程时间也不一样。例如，14 世纪时，在巴黎大学，作为学士学业结业的最低年限降低到 14 年。⑥

------

　　① 参见雅各布：《中世纪英国大学的职员：生活费问题》，《约翰·赖兰兹图书馆目录》，第 29 期（1946 年），第 308 页；也可参见加布里埃尔：《14 世纪巴黎学院的预备课程》(*Preparatory Teaching in the Parisian Colleges during the Fourteenth Century*)，引自加兰迪亚：《中世纪大学史研究》，第 97 页之后的内容。在巴黎大学的阿韦玛丽亚学院，招收的文法学生年龄都在 8—9 岁。加兰迪亚：《中世纪大学史研究》，第 98 页。

　　② 加布里埃尔：《14 世纪巴黎学院的预备课程》，引自加兰迪亚：《中世纪大学史研究》，尤其是第 97—101 页。

　　③ 加布里埃尔：《14 世纪巴黎学院的预备课程》，引自加兰迪亚：《中世纪大学史研究》，第 99—100 页；也可参见牛津大学有关文法教学的规定（14 世纪早期），引自《牛津大学早期法规汇编》，第 20—23、169—174 页。

　　④ 参见《巴黎大学档案》，第 1 卷，第 20 页。

　　⑤ 《巴黎大学档案》，第 1 卷，第 202 页。

　　⑥ 加布里埃尔：《14 世纪巴黎学院的预备课程》，引自加兰迪亚：《中世纪大学史研究》，第 100 页。

在中世纪后期，有一种普遍的趋势，那就是缩减修完文科课程所需的年限。① 在这些充满变数的情况下，很难就文学院学生的年龄得出一个具有约束力的结论。有时，可以从学院的院规中获得些许信息，因为院规都会规定最低的入学年龄。在英国，国王学堂从 14 世纪初期就开始招收本科生院士，其 1380 年的院规规定，录取学生的最低年龄是 14 岁；② 在新学院，最年轻的本科生要到他完成了第 15 年的学习才能被录取。③ 但是，这些都是最低的年龄，而入学的平均年龄会大一些。这或许是由于中世纪本科生的入学年龄比 20 世纪的本科生入学年龄差别要大得多，但是，15 岁到 17 岁是欧洲北部大多数"studia"（讲习所）学生的文科入学年龄。如前所述④，欧洲南部学习法律的学生年龄偏大一些，他们当中许多人入学时已经 20 多岁，有些人甚至 30 多岁。

中世纪的大学没有正式的入学条件，尽管有些学院会举行自己的口头考试。⑤ 对所有学生的唯一要求是其拉丁文水平足以应付大学听讲的需要，因为讲座和学术练习都是用拉丁文进行的。他还需要在大学管辖区内用拉丁文进行交流。到中世纪后期，根据院规在学堂或学院讲拉丁文是强制性的。假设一个普通学生能够跟上课程并学到有用的知识，而且在生活上拥有必要的财政支持，那他获得学位的可能性是很大的。当时，有大量的学生辍学，这一辍学比例远远高出现代大学所能容忍的比例。或许学生辍学都发生在早期阶段，当时本科生中充斥着很多不适应学院严格生活的学生和懒汉。由于中世纪大学里没有人为的缓冲措施来保护这些缺乏天资或能力的学生，因此，很自然，为了

① 参见拉什达尔：《中世纪的欧洲大学》，第 1 卷，第 462—464 页及注释。

② 科班：《中世纪后期剑桥大学的国王学堂》，第 59 页。

③《牛津大学学院院规》，第 1 卷，第 5 章，第 7 页。

④ 科班：《中世纪后期剑桥大学的国王学堂》，第 61 页。有关博洛尼亚大学学术生活的各个方面，参见扎卡尼尼：《13 至 14 世纪博洛尼亚大学师生的生活》，引自《小说档案馆》，第 5 卷，日内瓦，1926 年，第 1 章，相关部分和重要文件的附录，第 141 页之后的内容。

⑤ 参见加布里埃尔：《14 世纪巴黎学院的预备课程》，引自加兰迪亚：《中世纪大学史研究》，第 100 页；拉什达尔：《中世纪的欧洲大学》，第 1 卷，第 342 页；科班：《中世纪后期剑桥大学的国王学堂》，第 59 页。

整个学术团体的利益,必须把这些学生清除出去。在中世纪的大学,人们普遍认为,学术团体不必愧疚也没有责任去引导素质差的同伴踏上无把握的获取学位的求学之路。大学的管理体制是严厉的,标准是冷酷无情的,学生必须表现出某种献身精神,才能完成他们所从事的宝贵事业。尽管学生无须参加笔试来获得学位,但是,在他的本科学习生涯中,每一个节点都会受到严格的评价。人们可以说,授予学位是以对学生表现的总体评价和日常评价为基础的。按照每门课必修课时数的原则,本科生必须完成规定的每门课讲座的课时数量,必须详细知道和理解规定的上课内容。而且,学生还必须掌握课程不同阶段所规定的一系列复杂的联系,来证明自己是一个教学从业者。最终,学生还要接受冗长的起考察作用的口试。中世纪大学有关获取学位的各种法定条件五花八门,很难将中世纪的学位标准与 20 世纪的学位标准联系起来。另外,人们还必须考虑到当时广泛采用的为学生授予(dispensation)或颁发(grace)学位的做法。这是一种便利灵活的方法,学生可以在没有履行每个方面法律规定的前提下取得学位。[①] 实际上,学生可能会因为个人生活的压力而中断学习,并且在某门学位课程上耗时超过了规定的最长期限,与现代大多数大学的学位程序相比,中世纪大学的学位获得程序显得更加繁琐麻烦。但尽管如此,在人们的印象中,任何一种用来培养擅长逻辑分析、智力超群、思维缜密且经过长期实践和口才考核的学位制度本身就是一个操作难度很大的制度。

本科生必须参加的讲座分为普通讲课(ordinary lecture)、额外讲课(extraordinary lecture)或粗略讲课(cursory lecture)。[②] 文科在普通讲

*210*

---

① 参见潘廷在《1448—1463 年间的大会登记册》一书中的论述,牛津历史学会,新辑第 22 期,1972 年,第 21—22 页。

② 有关文科的常规讲座和特殊讲座,参见韦希普尔(J. A. Weisheipl):《14 世纪早期牛津大学文学院的课程》(*Curriculum of the Faculty of Arts at Oxford in the early fourteenth century*),《中世纪研究》,第 26 期(1964 年),第 143 页之后的内容以及 150 页之后的内容;有关法学院,参见科茵(H. Coing)新近出版的专著:《近代欧洲私法史的起源及文学手册》(*Handbuch der Quellen und Literatur der neueren europäischen Privatrechtsgeschichte*),第 1 卷,慕尼黑,1973 年,第 71—72 页。

课和额外讲课两个层面的区别,在于教学的方法和教师的声望。普通讲课是大学法令规定的正式讲课,由任课教师在每一讲课日(dies legibilis)的最佳时间——通常是早晨开讲。在这些教师的普通讲课时间段里禁止开设其他课(例如由学士举行的讲课),以此确保注册学生不会缺席大学主要的正式教学课程。在普通讲课领域,教师是至高无上的:作为教师行会的一员,他是一个完全独立的人员,可以依据职权进行讲课而不受任何监督和约束。他的任务不仅是详细讲解教科书,而且针对教材中出现的相关问题提出自己的判断。在文学院,不管出现任何情况,参加普通讲课的学生都必须每天复习教师讲课的内容及一周时间里所讨论的要点。教师一般每次只进行一门课程的普通讲课:如果碰巧任课教师不能完成该课程的讲授,而且又找不到另外一位教师来代课,那么,在特殊情况下,会让一名学士来完成这项任务。相反,额外讲课或粗略讲课通常都是由一名学士在一位教师的监督下进行的,尽管教师自己偶尔会主动针对某个课文内容讲几句。与文科普通讲课所需的专业技能相比,额外讲课所需的专业技能要低一些,一般包括直接朗读、解释和总结正式的课文。粗略讲课对学生是有益的,因为这样的讲课可以帮助学生熟悉课文,使他能应对普通讲课过程中出现的复杂问题。在法学院,讲课内容的安排差别很大,如普通讲课与额外讲课之间的差异。在民法方面,根据1317年颁布的博洛尼亚大学法令,《法典》(*Codex*)和《旧法编》(*Digestum Vetus*)是普通讲课上朗读的内容,而《基本法》(*Infortiatum*)和《新法编》(*Digestum Novum*)是额外讲课上朗读的内容。在教会法方面,《教皇格列高里九世敕令和教令汇编》(*Decretum and Decretals of Gregory* Ⅸ)是普通讲课上朗读的内容,而《克莱门书》(*Clementines*)和《第六卷册法令汇编》(*Liber Sextus*)是额外讲课上朗读的内容。在奥尔良大学和其他"studia"(讲习所)里也有类似的划分,尽管依据博洛尼亚大学的基本划分还出现了许多其他的划分方式。1339年蒙彼利埃大学的法令规定,只有普通讲课才收取听课费,而这种收费无疑是考虑到了教材的因素。

除了听课外,学生还必须参加公共辩论,每位教师每周都必须在每一个辩论日（dies disputabilis）下午举行一次公共辩论。① 尽管教师在早晨的普通讲课上已讨论过教科书上的问题，但是，从严格意义上来说，这些都不是辩论的问题（quaestioners disputatae）或学业结业辩论的问题（quaestioners determinatae），而仅仅是教师讲课中推理的延伸——正式的、庄重的教师辩论，即公开或庄重的辩论（the disputations ordinariae or solemnes）需要一些单独、公开举行的辩论。在文科学生中，这些辩论通常有两大类：一类是论歧义句（de sophismatibus）或论难题的辩论（de problemate），包含逻辑方面的内容；另一类是论问题的辩论（de quaestione），涉及数学、自然科学、形而上学以及"四艺"学科领域的相关内容。作为获得学士学位的前提，高年级文科学生必须参加教师辩论。

在文学院，学士实际上是教师的学徒，处在学习教学技艺的阶段。他不能单独任教，只有在一位教师的指导下才能讲课。由于他还不是教师行会的成员，因此，他还没有资格在公共辩论中裁定问题（即提出问题最终的解决办法）：裁定问题的权力是教师的职权，而学士只能参与裁决的过程。然而，在欧洲北部"studia"（讲习所），学士在粗略讲课和辩论方面以及在构成教学机构一部分的各种学术训练方面的意义重大，特别是在任课教师每年难以维持的情况下。尽管每一位新的文科教师有义务任教大约两年（必要的任课制）时间，但是，那些具备必要能力和财政资源的人通常都会在完成强制性任课期限后继续在高级学科部里学习。尽管没有人反对教师在高级学科部学习的同时继续在文学院讲课，但是，由于时间分配问题使得两者同时进行的难度很大。攻读神学、法学或医学的人员必须参加一系列完整的普通讲课和额外讲课、辩论以及其他学术活动，因而很难再有闲暇时间让文科硕士继续按部就班地为文学院的学生进行普通讲课：似乎很少有文科硕士能够将开设这些讲课与在不同高级学科部的学习任务统筹起来。在 14 世纪的牛津大学，一种普通的做法是让文科硕士在完成必要的任课期限后进

212

————————

① 有关这些教师的辩论，参见韦希普尔：《14 世纪早期牛津大学文学院的课程》，《中世纪研究》，第 26 期（1964 年），第 153—156 页。

入高级学科部学习,同时与文学院断绝教学上的往来。① 在这种情况下,学士的辅助教学角色自然是不可缺少的。

中世纪大学的本科生没有多少人得到许可进行娱乐活动,来发展身心和强健体魄。② 对大学而言,将教会消极的自我节制树立为榜样,或许就是企图压制组织化的轻佻浮荡行为。这里所展示的心灵空虚是大量的违纪问题的反应,也是大学不得不面对的问题。但是,心灵空虚在某些领域的过度反应并不是造成严重骚乱的关键因素。各种形式的赌博、靠碰运气决定胜负的游戏,甚至包括西洋象棋③、跳舞以及其他许多室外体育活动,都被视为可能严重干扰学习的根源,甚至会引发骚乱,因此,上述活动都是被禁止的。④ 一些音乐娱乐活动也是有限制的,条件是附近的学生没有受到影响。在大多数学院和学堂,饲养宠物诸如狗、雪貂、猛禽以及其他鸟类也是被禁止的。学生只有到了教会节日、同乡会或学部赞助人的纪念日时,才能享受到适度的身心放松。但是,即使在这样的场合,他们的行为也要受到严格的限制。对于住在学院的学生而言,偶尔的唱歌娱乐活动还是被允许的。⑤ 在 15 世纪后期和 16 世纪,有时也上演一些拉丁戏剧。⑥ 不过,也有一些人认为,尽管集体娱乐受到限制,但个人锻炼活动对于久坐不动的学习生活还是有益的,而且的确是必需的。例如,1315 年,巴伦西亚的一位医生在给他在图卢兹大学读书的两个儿子的信中,规定了详细的锻炼身体、保持卫生和健康饮食的计划。这封信表明,学生应该关心自己的身体以及智力教育。⑦

---

① 韦希普尔:《14 世纪早期牛津大学文学院的课程》,《中世纪研究》,第 26 期(1964 年),第 166 页。

② 有关这一话题,参见拉什达尔:《中世纪的欧洲大学》,第 3 卷,第 419 页之后的内容。

③ 参见《牛津大学学院院规》,第 1 卷,第 5 章,第 48 页。

④ 这是一段很笼统的论述,但实际上每所大学和学院之间的情况差异很大。

⑤ 参见科班:《中世纪后期剑桥大学的国王学堂》,第 222 页之后的内容及注释。

⑥ 科班:《中世纪后期剑桥大学的国王学堂》,第 227—229 页。

⑦ 该信函刊登在桑代克所著的《中世纪的大学档案和生活》一书中,《哥伦比亚大学文明档案》,第 38 期(纽约,1944 年),第 154—160 页。

大学法令和学院院规对非学术活动的限制,在学生群体中引发了强烈的自由主义反响。所有的中世纪大学都存在着过度的酗酒、赌博、放荡、骚乱以及犯罪的现象。① 学生常常卷入与市民的纠纷之中,有时导致伤害甚至死亡。尽管很多学院和大学管控的寄宿舍的建立在某种程度上遏制了学生违纪行为的发生,但是,在整个中世纪期间,学生群体依然不断出现类似于当代城市社会发生的暴力和反复无常的放荡行为。中世纪的大学和学院当局通过竭力抑制学生生活的兴趣爱好以及同学情谊,而不是对学生的兴趣爱好加以引导使之成为建设性的和放松的娱乐形式,这就犯了集体性的判断错误,对他们所指导的学生群体产生了有害的分裂影响。

如前所述②,中世纪大学学生每门课教学大纲的主要内容,来自相关的、被认可的教科书。教学通过两种基本的方法进行:一是诵读(lectio)或阅读(Lectura),即对规定的教科书进行阅读并讲解;二是辩论(disputatio),正式辩论(以及非正式辩论)分为几种类型,有严格的程序规定,通常围绕着某个由权威提出的问题进行辩论。③ 无论是对教师还是学生来说,辩论都是很有意义的:辩论使得教师更深一步地探讨在讲课过程中没能认真讨论的难题,同时辩论使得学生有机会检验自己在听讲课过程中掌握的技能是否有所提高。在很大程度上,学生必须掌握一些被认可的规则,并在教育过程中处于一个被动的角色——即强调死记硬背。但是,在学堂或学院举行的辩论和非正式辩论中,学生有更多的空间来独立表达自己探究的思想。尽管要讨论的中心问题通常都可以有权威的答案,但是,针锋相对的辩论、正反双方的逻辑辩论

*214*

---

① 有关选取的案例,参见拉什达尔:《中世纪的欧洲大学》,第 3 卷,第 427 页之后的内容。

② 参见桑代克:《中世纪的大学档案和生活》,《哥伦比亚大学文明档案》,第 38 期(纽约,1944 年),第 166—167 页。

③ 有关巴黎大学和牛津大学课程和教学方法的论述,参见莱夫:《13 世纪和 14世纪的巴黎大学和牛津大学》,第 116 页之后的内容;有关辩论的类别,参见同书,第167—174 页。也可参见弗奇尔:《中世纪的大学》,第 60—63 页。拉什达尔所著的《中世纪的欧洲大学》一书(第 1 卷至第 3 卷)就课程和教学内容提供了大量信息。

也会使辩论者进入一个摆脱某个特定权威进行自由表达思想的境界。最终，对正式辩论的总结，即解题（determinio），偶尔会体现出某种与创造性探究相关的思想。即使许多学生太年轻，难以主动参与正式的辩论，但是，他们作为观众见证了一次智慧发现之旅，而这样的经历可能超越了由权威主导的教育框架中僵硬教条的教育。在举行公开辩论（disputation de quolibet）的过程中，这些解放思想的机会发展到极致。公开辩论是一个在不考虑权威的前提下对提出的任何议题进行辩论的场合，涵盖了许多与当时的教会和政治相关的问题。这样的辩论名气很响，面对所有人开放：辩论没有固定的议程，任何人都可以为辩论提出任何议题。公开辩论为那些智力受挫的人们提供了必要的疏通机会，而这种智力受挫是由那种以尊重权威为导向的教育体制所造成的。在辩论中，各种各样的议题都被触及，令人印象深刻。例如，在巴黎大学，辩论的议题包括教会和政治的话题，如对圣殿骑士（Templars）的镇压等。① 尽管公开辩论在神学院特别突出，但是，在法学院、医学院以及文学院也会举行。例如，14 世纪的牛津大学就明文规定了文学院公开辩论的事项。②

如同现代大学一样，中世纪大学的学科被划分为当时认为是合理的科目，每个科目可以在规定的最长期限内修完。教师和学生的智能主要与传授和接受一定的知识内容有关，但与今天所理解的研究无关。与 20 世纪更为传统型的大学学生一样，中世纪大学学生关心的还有轮流义务讲课制。那种普遍认为中世纪大学学生在启蒙运动兴起之时可以自由地追求智力启迪的观点，并不是由严厉的法规条文催生的。这些条文在学生求学的"障碍赛"中详细地管控着每一个阶段。的确，中世纪大学学生可以自由中断或延长他们的学业，但是，经济上的压力如此之大，以至于他们不得不遵守大学的规定，并努力尽快地完成学业课程。如果学位被视为通往安全的通行证，那么，普通的学生在懵懵懂懂

---

① 莱夫：《13 世纪和 14 世纪的巴黎大学和牛津大学》，第 172 页。
② 韦希普尔：《14 世纪早期牛津大学文学院的课程》，《中世纪研究》，第 26 期（1964 年），第 182—185 页。

地追求日益扩大的认知能力过程中是不惜投入自己的精力的。

　　13 世纪时，大多数学生买不起所学的教科书，因为手抄本的价格过高，而且即使买得起也不愿意花费这么大的代价；其结果是，学生主要依靠大学学部教师对教科书的朗读和讲解。这种情形从 13 世纪后期开始有所改善，因为发明了更加便宜和实用的手抄本生产方法，并获得了大学的支持以及之后的严格控制。① 这种系统是在对样本(exemplar)多份复制的基础上建立起来的。样本是在教学中使用的教科书和评注的准确摹本。每个样本分成若干部分，通常每一部分为 4 张(8 页)，与教科书的各个部分相对应。因此，几位誊抄员可以同时抄写同一个样本，每个人抄写不同的部分。这种系统可以使学生租借或购买正在讲授的教科书中相对廉价的某一部分手抄本。教科书较为自由的流通，不仅减缓了学生幽闭恐怖症式地对教师每个词的依赖，而且也减轻了对学生记忆力的压力，使得学习可以在更为轻松和单独的环境下进行。不过，这种复制系统只是起到了暂时缓解的作用，尽管它是一个不错的系统。但是，仍有很多学生无力充分享受它的益处；这一问题只有通过印刷术的出现以及大学和学院图书馆的更快发展才能加以解决。

　　如果普通的学生希望在获得第一学位后继续学习，而可以利用的资源又不多，那么，他有两个选择：一是取得学院院士职位；二是获得一份不重要的圣职之后接受主教的选派继续在"studium Generale"(公共讲习所)攻读学位。由于学院只招收为数不多的硕士生，而且许多大学又没有太多的学院，因此，大学毕业生对圣职的竞争极为激烈。实际上，拥有资助已成为欧洲大学学生的追逐目标，一些人在就读本科期间

216

---

　　① 参见弗奇尔：《中世纪的大学》，第 63—64 页。有关多份复制系统，参见德斯特雷(J. Destrez)：《13 至 14 世纪帕西亚大学手抄本》(*La Pecia dans les manuscrits universitaires du xiii^e et du xiv^e siècle*)，巴黎，1935 年。有关牛津大学的图书出版业，参见波拉德：《中世纪的牛津大学与图书出版业》(*The University and the Book Trade in Medieval Oxford*)，引自《关于中世纪人们对专业认识的文集》(*Beiträge zum Berufsbewusstsein des mittelalterlichen Menschen*)，《中世纪论文集》，第 3 期，1964 年，第 336 页之后的内容。

就开始商谈在教会谋职的事项。一个年轻的大学学士向教廷申请圣职获得批准的可能性很小。然而,如果他与其他人一起提出申请并获得大学当局的认可,那他的机会就会大增。

据目前所知,最早的大学请愿书名册卷宗是 14 世纪的第一个 25 年里由巴黎大学和牛津大学送交的。① 从 1340 年至 1440 年,巴黎大学准备名册 35 次(尽管并不是所有名册都送交教廷),而牛津大学和剑桥大学在 1340 年至 1400 年间也准备了不少名册。在大分裂期间及之后,有的名册也来自法国的省级大学、西班牙的萨拉曼卡大学、莱里达大学和佩皮尼昂大学以及德国的大学。然而,送交名册并不是常规的例行公事:送交名册是不定期的②,常常是在特定的时刻(如新的教皇登基)才送交。在巴黎大学,官方签发的名册都由有教师身份的人申请,有时代表着其他团体利益的半官方的特殊名册也会一并送交。这些团体包括神学学士、教会法学士以及文学学士。牛津大学和剑桥大学将硕士、学士和高级学科的学生名字都列在一个名册上,通常按照资历顺序从神学博士往下排序。在德国的大学里,名册的制定较为民主。而在法国的省级大学的名册里,学士和本科生要多一些。然而,德国康斯坦茨大公会议后,送交教廷的名册数量呈现下降趋势。这说明更多的人反对教皇委任圣职,认为这一做法与世俗主权国家强烈要求的权力越来越不相符。教皇尤金四世(Eugenius Ⅳ)登基后,大学集体申请圣职的行动实际上就停止了。

大学的名册还要与强大的平民和教会个人的申请名册进行竞争。

---

① 参见沃特(D. E. R. Watt):《大学职员与申请圣职名册》(University Clerks and Rolls of Petitions for Bebefices),《反射镜》,第 23 期(1959 年),第 213 页之后的内容至 214 页:这一段的很多内容引自该篇文章。有关大学的花名册,也可参见雅各布:《大分裂期间英国大学的圣职申请》(Petitions for Benefices from English Universities during the Great Schism),《皇家历史学会会报》,第 4 辑,第 27 期(1945 年),第 41 页之后的内容,以及《论中世纪后期英国大学职员的晋升》(On the Promotion of English University Clerks during the later Middle Ages),《基督教会史杂志》(J. Eccles. Hist.),第 1 期(1950 年),第 172 页之后的内容。

② 拉什达尔在其所著的《中世纪的欧洲大学》一书第 1 卷第 555 页上认为,巴黎大学准备名册是一年一度的事务,这是不对的。

在英格兰,大学还需要考虑到《圣职法》(*Statute of Provisors*),这使得送交名册成为一件难办的事情。① 或许,相当一部分大学学者从这些集体申请中获得了具体回报,即使他们所申请的第一志愿圣职或职位未能如愿。当然,在 15 世纪初期,大学对大学圣职申请体制走下坡路的不安就表明,获得的回报一直都是值得的。

① 雅各布:《中世纪英国大学的职员:生活费问题》,《约翰·赖兰兹图书馆目录》,第 29 期(1946 年),第 319—320 页。

# 第九章　大学与社会

　　对中世纪大学与当时社会之间的关系,我们一直没有进行广泛深入的研究。这一研究的工作量是不言而喻的。如果用于这项研究的文献资料不够系统和过于分散,那么,得出的结论只能是不完整的和暂时性的。由于大学是广泛范围区域性差异的产物,因此,只要试图将大学放在某个社会政治环境下进行考察,就必须研究多种社会形态。意大利、法国南部以及伊比利亚半岛显著的法治及功利社会风气与法国北部和英格兰高等教育界盛行的更加思辨的知识氛围形成了鲜明的对比;后来,这些相对复杂的社会转而与宗教改革前苏格兰潜在的无政府主义和半开化的社会形态又截然不同。甚至只有在进行了细致的区域研究后,才能针对与社会交流给大学带来的问题提出最为谨慎的答案。更有甚者,也只有在对一定数量的代表性大学的本科生教育进行分析并做出有意义的分类后,才能用统计学的方法来估算中世纪大学作为服务机构为不同地区的世俗和教会职业做出的贡献有多大。只有在这个时候,我们才可以判断出大学离早期的"技术性机构"差距还有多远。当时的大学是各个行业主要的职业学校,而提供学术理念是很少的一

部分,对于这种观点似乎是没有多少疑问的。

　　中世纪大学受到最普遍抨击的原因之一,是它所提供的知识教育与社会的实际需求相脱离。过去,人们有一个普遍的看法,即大学是培养大量没有直接的职业价值或社会价值的雄辩家。换句话说,毕业生需要在世界观上重新定位和再进行基本教育后才能使他们适应世俗的或教会的职业。但是,让西方的中世纪社会继续把有限的剩余财富长时间用来供养这些在象牙塔里过着虚幻生活的社会寄生虫,那确实是不实际的。中世纪大学教育除了曲高和寡的教育层次外,其他教育都

被认为是对社会有用的,提供了与社会运行密切相关的广泛的知识技能。[1] 中世纪大学的学生所接受的最基本的辩论训练,有时被认为是一种呆板的心理训练活动,而成为知识发展的障碍;而且,退一万步说,这些教育都是与社会不相关的。完全有可能的是,在中世纪后期,以亚里士多德理论为基础的逻辑辩论在学校中受到了过度的崇拜,从而倾向于不鼓励各种形式的新的和充满活力的探究活动。[2] 但是,如果说后来辩论的作用是给欧洲人的智力发展带来某种阻碍(虽然这种阻碍最终在人文主义的有益影响下得到了消除的话),那么,在中世纪的大部分时期里,逻辑方面的良好训练以及辩论的技艺对于大多数职业活动来说都是宝贵的准备。在一个以法制为导向的社会里,到处都充满着各种权力和特权的竞争,而这些权力和特权都是由各个层面的权威机构所赋予的,并受到拥有者小心翼翼的守护。在这样的社会里,法学毕业生的辩证和辩论技能有着广泛的使用空间。在这样一个法律地位论争的泥潭里,只有借助大学机构训练出来的严谨的思辨能力,才能取得并维持物质上的收获。因此,大学毕业生都会受到世俗和教会机构的青睐而聘用他们担任职位,因为这些大学毕业生的辩论才能可以用来应对复杂的行政管理事务以及诉讼的需求。在外交领域,同样的精妙辩论才能也受到追捧,大学毕业生,特别是那些攻读民法和神学的毕业生,在严谨的商业谈判以及起草协约文件中尤其受到偏爱。对于掌握了辩证法和修辞技巧的毕业生而言,服务于宣传部门也是很好的机会。欧洲大学所培养的部分文学漫画家是为世俗和教会当局准备辩论材料的能手。[3] 欧洲的法律大学,特别是意大利和法国省级大学的毕业生,

220

---

① 有关这一主题,伯威克(F. M. Powicke)撰写了一篇概括性强且引发深思的文章,参见《博洛尼亚大学、巴黎大学和牛津大学:三所大学的中世纪生活方式和思想》一书中"教会与社会环境下的中世纪大学"一章(*The Medieval University in Church and Society*),第 198 页之后的内容。

② 参见拉什达尔的论述,《中世纪的欧洲大学》,第 3 卷,第 453—454 页。

③ 参见鲁本斯坦(N. Rubenstein):《帝国法庭上的政治语言》(*Political Rhetoric in the Imperial Chancery*),《中世纪》(*Medium Aevum*),第 14 期(1945 年),第 21 页之后的内容。

很快地就进入皇家、帝国和教廷部门,充当顾问、法官和意识形态立场的鼓吹者。① 通过招聘这些毕业生,罗马法和教会法的原则渗透到欧洲管理机构的方方面面。从这个意义上说,法律大学在形成以法学原则为基础的欧洲各种组织结构方面,起到了非常重要的代理人的作用。那些以神学和哲学为主的大学同样为社会生活做出了贡献,尽管其作用不是很明显。② 它们对抽象概念的分析以及对永恒性和普遍性的关注,为各种思想提供了一个移动的背景,成为不断审视人类和道德价值观,考察政治科学的原则和正义的性质以及对社会发展至关重要的其他道德和法学原则的必要条件。法律大学所关注的是当代社会的秩序问题,这种社会的秩序以保守的、扎根于当前现实的某种根本的静态世界观的法律条文为基础;而神学和哲学大学则更加关注社会正在发展或应该发展的方向问题。这种将实证与抽象、辩证唯物与形而上学相结合的做法,是中世纪大学生活的一个补充方面。也正因为如此,它与社会秩序及其创造力形成了直接的关联。

　　大学容易受到正在变化的社会和专业需求以及社会引发的新的反应的影响,这使得大学不得不随时准备进行课程调整来应对。通过意大利的"studia"(讲习所)和英国以牛津大学为代表的大学的例子,可以说明这种情况。

221　　在西方,在罗马帝国解体后的几百年里,对修辞学的需求并不旺盛。③ 的确,修辞学在加洛林时代有过一段短时期的复兴,但是不久,这种复兴就在逻辑学革命的影响下而黯然失色。然而,在意大利,由于那里的法学占据着主导地位,修辞学一直保持着旺盛的活力。13 世纪和 14 世纪早期,意大利的大学就是修辞学研究和教学复兴的中心;而在英

---

① 厄尔曼:《中世纪的治理和政治原则》,第 199—200、280、290 页。

② 厄尔曼:《中世纪的治理和政治原则》,第 290 页之后的内容。

③ 有关中世纪的修辞学,参见鲍德温(C. S. Baldwin):《中世纪的修辞和诗歌》(*Medieval Rhetoric and Poetic*),纽约,1928 年;以及摩菲(J. J. Murphy):《14 世纪时期牛津大学的修辞学》(*Rhetoric in Fourteenth-Century Oxford*),《中世纪》,第 34 期(1965年),第 1 页之后的内容。这篇文章对 14 世纪前修辞学发展的情况进行了很好的总结。

格兰,修辞学的研究与教学依然是低水平的和高度功利化的。

　　13 世纪时,修辞学是不同相关学科的集合名词。构成古典修辞学艺术的雄辩术作为公民、教廷和帝国事务中一个重要特征,在 13 世纪的意大利再次觉醒。12 世纪和 13 世纪的意大利社会和政治组织对于这一雄辩术的复兴,尤其起到了推波助澜的作用。意大利市镇当局的半独立地位、毫不示弱地对共和制的拥护以及参与帝国和教廷政治等,都导致了对雄辩平台的广泛需求。一些为市镇官员甚至大学教师准备的雄辩范文的专用手册,佐证了在意大利社会渗透于大学生活早期的修辞学的巨大影响力。意大利的大学也为这种雄辩修辞学的需求作出了努力,而写作修辞学或书信写作艺术是大学所承担的专业责任。

　　书信写作艺术(散文写作艺术)或公函写作艺术作为一门书信写作的学科,以及根据严格的程序规则衍生出其他形式的文学写作形式,至少可以追溯到 11 世纪后半期蒙特·卡西诺的奥伯里(Alberic of Monte Cassino)[1]的著作。[2] 但是,直到公函写作艺术成为那些在教廷、王室以及教区部门工作的教士不可或缺的一门训练技能之时,它才在意大利大学的文学院中被提升到主导的地位。[3]

　　在公函写作艺术的发展过程中,教廷的作用是不可忽视的。这一点由教廷事务跨国界的性质所决定。教廷事务跨国界的性质要求一个遍布各地的拥有训练有素的书记员的服务架构以及最为严格的事务流程。起草官方文书的过程必须格外小心谨慎,因为一个错误或可被利用的漏洞都会给社会造成极为严重的影响,因为社会的权力源于书面的每一句话。手头的工具就是书信写作以及与书信写作相关的旁枝末节。教廷对受过书信或文书技艺训练的毕业生的需求,是与整个欧洲帝国和王室对行政管理人员的需求相一致的。在当时的欧洲,民法深受人们的欢迎。尚未有证据表明,公函写作在意大利的"studia"(讲习

---

　　① 蒙特·卡西诺的奥伯里(? —1088),罗马天主教会主教。——译者注
　　② 参见哈斯金斯:《中世纪文化研究》,第 171—173 页。
　　③ 有关意大利和法国大学的公函写作艺术和书信写作教学,参见佩托:《中世纪大学的文科课程》,第 67 页之后的内容。

所)里取得过专门的学科地位。尽管波康帕诺(Buoncompagno)①和吉多·法巴(Guido Faba)②这样高水平的导师对这门科目的提升起到了很大作用,但是,书信写作从来没有完全与文科课程相脱离。正是由于意大利大学与社会职业需求之间存在着密切的关联,文书技艺似乎已获得了半独立的学科地位,首先是 1250 年在博洛尼亚大学,后来是在其他"studia"(讲习所)。③

意大利大学的文书写作课程是在文学院的环境中进行的,并未受到法学的直接影响。④ 尽管如此,比起欧洲北部大学的文书写作课程,意大利大学的文书写作教学更强调实务法律。在意大利的几个讲习所里,学生可以获得理论与实践相结合的文书写作训练,近乎于专业水平。⑤ 一般地讲,这要通过跟随一位有经验的文书当学徒,至少需要 2年时间才能完成。⑥ 大学里的许多文书写作技艺教师本身就是市镇当局的文书和文书行会的成员。⑦ 虽然没有设立有关文书写作的学位,但是,文书从业的许可证是在大学里完成这类课程后颁发的。文书写作技艺在大学生活中的纯学术领域与社会生活之间的关系中占据着一个过渡性的位置。

在英格兰,文书写作技艺并未作为一门正式的课程进行讲授,无论是公函写作还是文书写作,都没有形成单独的科目。尽管如此,在牛津

---

① 波康帕诺(1165 或 1175—1240 后),意大利学者、文法学家、历史学家和哲学家。——译者注

② 吉多·法巴(1190—1243),意大利散文艺术风格的创始人,博洛尼亚大学修辞学教授。——译者注

③ 佩托:《中世纪大学的文科课程》,第 67 页之后的内容。

④ 参见哈伊纳尔(I. Hajnal):《中世纪大学的写作教学》(L'Enseignement de l'écriture aux universités médiévales),第二版,迈泽伊(L. Mezey),布达佩斯,1959 年,第 153 页。

⑤ 哈伊纳尔:《中世纪大学的写作教学》,第 153 页。

⑥ 哈伊纳尔:《中世纪大学的写作教学》,第 154—155 页。

⑦ 哈伊纳尔:《中世纪大学的写作教学》,第 155 页;也可参见哈伊纳尔:《关于中世纪大学的写作教学》(A propos de l'enseignement de l'écriture dans les universités médiévales),《抄写室》(Scriptorium),第 11 期(1957 年),第 3—16 页。

大学，与这些科目紧密相关的课程仍以一种较低的水准和半正式的形式进行讲授。与欧洲大陆相比，英国社会并没有产生对文书需求的任何动力。民法作为习惯法的对立面，在 13 世纪的英格兰并没有得到多少发展，直到 14 世纪早期才经历一个复兴阶段。因此，文书职位是很有限的。但是，在 13 世纪，可以看到文书的身影，而到 14 世纪时已有为数不少的文书[①]；他们主要受雇于教会法庭和私人商业机构，而且在某种程度上服务于世俗政府的管理部门。现有的文献资料表明，从较早时期起，牛津大学就开设了一些与专业文书工作密切相关的课程。

牛津大学最早提到书信写作的文献，是大约 1313 年颁布的与文法有关的大学法令。该法令表明，书信写作知识是一个文法教师所必备的条件。[②] 在 1432 年的法令中，牛津大学开设了"有用的科目"（useful subjects）揭示出某种涵义。[③] 该法令的目标是惩戒性的，旨在对学生学习写作艺术、公函写作、文法以及英国法庭的契约和程序的描述等实施更加严格的管理。[④] 这些学生攻读正规文科课程的可能性不大，这是因为他们被描述为"只研修文法的学生"（scholares competenter in gramatica solummodo）。这意味着，牛津大学考虑到了那些上大学接受快速填鸭式课程以便为商业生涯做准备的学生。1432 年的法令所列举的科目表明，学生将接受某种应用性课程教育，而这种应用性课程教育与书信写作和文书写作有关，且是在较为简单和单一的层次上进行的。由此可以认为，这类课程是与公共文书写作的要求无关的，但却给了学

223

---

① 参见切尼（C. R. Cheney）最新的研究成果：《13 世纪和 14 世纪英国的公证人》（*Notaries Public in England in the Thirteenth and Fourteenth Centuries*），牛津，1972 年，相关部分。

② 参见《牛津大学早期法规汇编》，第 20 页。

③《牛津大学早期法规汇编》，第 240 页。

④《牛津大学早期法规汇编》，第 240 页。参见理查森：《中世纪牛津大学的商科教育》（*Business Training in Medieval Oxford*），《美国历史评论》，第 46 期（1940—1941 年），第 259 页之后的内容；也可参见理查森：《15 世纪的牛津大学教师》（*An Oxford Teacher of the Fifteenth Century*），《约翰·赖兰兹图书馆目录》，第 23 期（1939 年），第 436 页之后的内容。

生一定的法律原则基础,使他们了解到一些文书行业程序的做法。① 从不完全的文献资料中可以看出,这类性质的科目在 13 世纪早期的牛津大学似乎是作为基础课程开设的:从约翰(John)统治时期保留下来的一个法律公式汇编(legal formulary)与起草书信和其他文书有关。而且很有可能,这类应用科目一直在牛津大学保留着,直到 15 世纪才逐步消亡,但消亡的具体原因不详。

从亨利三世统治初期开始,牛津大学有一些教师专门从事"有用科目"的教学。这些科目可以直接用来解决商业管理中的实际问题。② 这些课程的教师并不一定有学位,但可以讲授章程、遗嘱和书信的起草以及产权转让、记账、法庭实践和纹章术(heraldry)③等。④ 尽管如此,他们在牛津城设立了学校并接受牛津大学的管理,而后者明确承认这些学校是大学扩张的组成部分。在讲授这些实用课程的教师中,最为知名的教师是托马斯·桑普森(Thomas Sampson)⑤。他于 1350 年至 1409 年在牛津大学教书。从他保留下来的书信范本和契约公式汇编中可以看出,托马斯·桑普森似乎一直是书信写作的教授者,尽管会计和产权转让也是他的专长之一。在 15 世纪早期,西蒙·欧(Simon O.)⑥和威廉·康斯米尔(William Kongsmill)⑦依照桑普森的模式从事教

---

① 参见切尼:《13 世纪和 14 世纪英国的公证人》,第 7 页。有关意大利大学的公证手册与牛津大学该课程之间的相同内容,参见摩菲:《14 世纪时期牛津大学的修辞学》,《中世纪》,第 34 期(1965 年),第 15—17 页。有关这一职业教育的性质,一般参见哈伊纳尔:《中世纪大学的写作教学》,第二版,第 5 章,第 154 页之后的内容。

② 理查森:《中世纪牛津大学的商科教育》,第 275 页;也可参见潘廷:《一篇中世纪有关信函写作实例的论文——源自赖兰兹图书馆拉丁文手稿,编号:394》(*A Medieval Treatise on Letter-Writing, with examples, from the Rylands Latin MS. 394*),《约翰·赖兰兹图书馆目录》,第 13 期(1929 年),第 326 页之后的内容。

③ 纹章术是西方一门研究纹章的设计与应用的职业、学问或艺术。——译者注

④ 理查森:《中世纪牛津大学的商科教育》,第 261 页;《牛津大学早期法规汇编》,第 169、172 页。

⑤ 托马斯·桑普森(1517—1589),英国清教神学家。——译者注

⑥ 西蒙·欧,15 世纪早期牛津大学教师。——译者注

⑦ 威廉·康斯米尔,15 世纪早期牛津大学教师。——译者注

学,取得了卓著的成就。或许,许多参加这些实用课程的年轻学生从来都没想要大学的学位,而是到大学来学习商业管理快速课程,为的是在平民家庭或教会谋得一个低微的职位。其中的一些学生可能是因遭遇不幸或为减少损失以及获得一个不太需要付出过多心力但却"实用"的执照,而放弃文科课程去转修这类实用课程。在托马斯·桑普森的一封信中,曾提到一名从文科课程转来的学生为了去贵族家庭当差而学习这些实用课程的例子。① 在牛津大学,这种功利性课程的目标不是培养一个完成所有课程的毕业生,而是为商业管理诸多方面的工作提供必要的知识基础,而且这样的训练时间一般都不超过 6个月。②

在中世纪的牛津大学,开设的大学推广课程的内容形成了大学较为严谨的学术性领域与社会事务的实用领域之间的一个汇合点。牛津大学的做法代表着英格兰式的对其本土社会需求的一种特别反应(有关剑桥大学这一方面的资料尚不清楚,故无法加以比较)。即使意大利的"studia"(讲习所)在这方面做得蔚为壮观、后劲十足,但是,将牛津大学的这一点拿出来进行比较,那还是很有意义的。似乎极有可能的是,类似的大学推广课程在欧洲北部的其他大学也出现过③。当然,对于这些边缘地区的中世纪大学,还有很多领域有待于去研究。

大学对职业压力的反应或源于内部的重组(如意大利的大学),或源于大学的扩张(如牛津大学),两者都凸显了中世纪大学作为服务机构来满足不同阶层社会需求的基本角色。从理论上来说,中世纪大学面向所有的申请者开放:它是一个公众聚集的地方,送学生上大学是一

225

① 参见《影响牛津大学历史的法令汇编,1204—1420 年》两卷本,萨尔特、潘廷和理查森主编,牛津大学历史学会,新辑第 4—5 期,1942 年,第 2 卷,第 407 页。

②《影响牛津大学历史的法令汇编,1204—1420 年》两卷本,牛津大学历史学会,新辑第 4—5 期,1942 年,第 2 卷,第 372 页。有关牛津的文法学校和商科教育,参见奥姆(N. Orme):《中世纪的英国学校》(*English Schools in the Middle Ages*),伦敦,1973年,第 75—77、190 页。

③ 参见哈伊纳尔的观点,《中世纪大学的写作教学》,第二版,第 177 页。虽然哈伊纳尔的观点有时有些夸张,但由此判断当时唯独牛津大学例外,这也是不可能的。

种金融投资，期望着实际的回报。对于那些按照功利模式来铸造大学的人而言，把各种社会技能纳入到大学里是一种看得见的现实利益。在知识天平的另一端，一代一代的学者试图赋予教育以更高的目的，辛勤的学术研究是为那些渗透于整个社会的专业竞争力量提供矫正理论。他们通过论著寻求保持教育的广泛性，使之生机无限；倡导教育是一个终身的过程和一种完善人性的手段。无论是谁谈到索尔兹伯里的约翰、圣维克多的休、博韦的文森特（Vincent of Beauvais）①抑或无数的人文主义作家，他们的共同立场是把教育当作一种武器来反对与知识生活休戚相关的物欲横流的社会。② 他们所制定的详细而复杂的教育课程，除了那些非凡的人之外，其理想化程度对一般人来说是难以完成的——要求人们拥有普遍的知识和理解力，这超越了任何教育制度的理性目标。但是，其最终的效果却是有益的——对教育目标的质疑和界定，崇高的目标与普通大学课程和普通学生抱负所体现出来的经验主义之间的预期反差等，使得欧洲知识生活的一隅并没有因为存在降低大学的目标（将之转换为职业性质的需求）而受到污染，并能保持不变和决不妥协。

有时，赋予教育以崇高目标在大学里有着具体而有意义的表现。这可以从英国大学的状况中得以证明。剑桥大学圣凯瑟琳学院（1437年）的创建人罗伯特·沃德拉克（Robert Wodelarke）就是这样一位开明人士。他试图赋予具有长远意义而非着眼于当前功利倾向的教育理念以实际的存在价值。③ 对于沃德拉克来说，他与 15 世纪剑桥大学其他

---

① 博韦的文森特（约 1190—约 1264），多明我会修士。著有中世纪百科全书《巨镜》（Speculum maius）一书。——译者注

② 参见《索尔兹伯里的约翰的"元逻辑"》（麦加里译），以及麦加里：《索尔兹伯里的约翰的"元逻辑"中的教育理论》（Educational Theory in the Metalogicon of John of Salisbury）；有关圣维克多的休的教育思想，参见思莫里：《中世纪的圣经研究》，第 86 页之后的内容；以及参见佩尔、布鲁奈特和特伦布莱：《12 世纪复兴运动：学校与教育》，第 218—229 页。也可参见加布里埃尔：《博韦的文森特的教育思想》，《中世纪教育史教材与学科》，第 4 期。

③ 参见科班：《起源：罗伯特·沃德拉克和圣凯瑟琳学院》，引自《圣凯瑟琳学院1473—1973》，第 1 页之后的内容。

学院的创建人一样,关注英国社会的基本状况——其根深蒂固的诟病深深地困扰了那个时代,因此,15世纪剑桥大学的学院运动就其明显的动机而言,旨在齐心协力来治愈这种时代的弊病。① 然而,由于行动所涉范围过于狭窄,其效果充其量只能看作是一种姿态。但是,正如有些人所认同的那样,如果社会的改造依赖于大学的引领,那么,世俗学院就可以在营造学术氛围方面有所作为。正是基于这种理念框架,罗伯特·沃德拉克的学院具有很高的历史研究价值。

在15世纪的某些人看来,当时英国社会弊病的主要原因是教会缺乏精神引领之人。② 在中世纪后期,英国的教会结构变得日趋复杂,不断增加的法庭及官员庞杂混乱,而他们代表主教行使着职权。到了15世纪,主教的教区事务大多都是由主教代表来执行的。实际情况往往是,主教成了一个遥不可及的远离教区的达官贵人,很少在教区露面。对15世纪主教职位的分析能够看到,物质主义因素在教会统治集团上层盛行的程度。③ 金钱价值似乎决定了主教管辖区的分配。那些获准管辖的较富裕的主教和那些多数情况下被吸纳参与国家事务的主教,占了15世纪主教职位的大部分比例。在教会管理中,要想成功地获得职位,最重要的是要有教会法学位,或有民法学位,或两者兼而有之。④ 作为一个极度富有且机构庞杂的组织,中世纪后期的教会吸纳了大量人员充当法官和管理人员。大学对此需求做出的回应是,培养大量的法学毕业生在教会统治集团内担任职位。牛津大学和剑桥大学的民法与教会法学部是最大的高级学科部。这说明人们都意识到,法律教育

*227*

---

① 科班:《起源:罗伯特·沃德拉克和圣凯瑟琳学院》,引自《圣凯瑟琳学院1473—1973》,第12—13页。

② 接下来三个段落的内容源于科班:《起源:罗伯特·沃德拉克和圣凯瑟琳学院》,引自《圣凯瑟琳学院1473—1973》,第13—18页。

③ 参见斯托里(R. L. Storey):《15世纪的教区管理》(*Diocesan Administration in the Fifteenth Century*),《圣安东尼学堂期刊》(*St. Anthony's Hall Publications*),第16期(1959年),尤其是第3页和第4页。

④ 斯托里:《15世纪的教区管理》,《圣安东尼学堂期刊》,第16期(1959年),第22页;也可参见兰德(J. R. Lander):《15世纪英格兰的冲突和稳定》(*Conflict and Stability in Fifteenth England*),伦敦,1969年,第125页。

所展示出的前景，即可以在教会中找到一个利润丰厚的职位。

显而易见，在整个 15 世纪的英国，在教区内几乎没有主教在精神上指导世俗教士和普通居民。只有为数很少的主教是大学的神学家。在英国大学攻读神学的人大多是宗教教派的成员，而非世俗教士。在 15 世纪的教会中，获得很高职位的世俗神学家的人数是很少的，而且世俗神学家要想在教会机构中获得快速提升一般也不会去攻读神学学位。一些批评人士，例如牛津大学的校长托马斯·加斯科因，就强烈抨击这种似乎只偏爱法律上的灵活性而忽视宗教热情的做法，认为它培养的牧师与其说适合精神引领不如说是更适合法律的诉讼制度，这一担忧在某种程度上也得到了大学的回应，越来越多人开始不满于教会机构中这种明显的功利倾向。这些批评显然也来自于为教会官僚机构提供人员配置的部门。尽管在 15 世纪初期大学毕业生的晋升困难重重，但是，这些困难似乎在 1450 年之后的一段时间里已经减少了，几乎已找不到没有神职俸禄的毕业生了。最近，对 15 世纪后期和 16 世纪初期英国教会教士的分析表明，在精神领域教会不断吸纳法学专业毕业生只是一个小小的收获：因为很大一部分领圣俸的毕业生似乎都是不在职位的教士。[①] 因此，对于那些认为无论教会在对外法律形式上所体现的能力有多大而在精神方面依然是萎缩的人而言，毕业的世俗教士状况是最重要的。少数大学人士的观点逐步将这种精神上的贫困既看作是 15 世纪大学困境的体现，又看作是当时社会弊病的主要原因。

如果说学院运动代表着某种激发英国社会精神价值的努力的话，那么，15 世纪剑桥大学的学院运动则与这种努力密切相关。这一目标或许就体现在罗伯特·沃德拉克的圣凯瑟琳学院计划的核心内容上。沃德拉克与该学院的其他创建者似乎都认为，必须遏制大学里法学课程的泛滥，具体手段就是减少功利课程的内容，增加提升精神层面的教育内容。按照学院的实际情况来看，这也意味着，要减少法律院士的职位，而相应地增加神学院士的职位。这一格局可以清晰地反映在 15 世

228

---

① 参见希思(P. Heath)：《宗教改革前夕的英国教区牧师》(*English Parish Clergy on the eve of the Reformation*)，伦敦和多伦多，1969 年，第 82 页。

纪剑桥大学所创建的国王学院、女王学院以及耶稣学院里。圣凯瑟琳
学院所表现出来的这一反应,是明确而强烈地反对法学在英国大学里
的主导地位。该学院的科目仅仅限于哲学和神学,没有一个院士或自
费生是学习教会法或民法的。沃德拉克的学院是学派分裂的一部分,
旨在推动一种不关心利益回报或社会成功的教育理念,并使其成为 15
世纪剑桥大学各学院制度的一部分。① 国王学院、女王学院和耶稣学院
都在不同程度上认同这一理念,具体体现在对神学和哲学的极大关注
以及对法学或医学教育条件的严厉限制上。对于凯瑟琳学院而言,由
于学院不招收本科生,因此,这一理念以其最纯粹的形式融入学院的各
个方面,对法学或医学不作任何妥协。

　　沃德拉克的创建计划在当时被看作是 15 世纪剑桥大学更为普遍
的学院运动的一个插曲,标志着深思远虑的和半隐修院式的教育理想
的部分回归,而其核心是排斥世俗的功利价值观,鲜明地强调一种学习
的"精神提升"概念。② 这一特殊的英国例子很好地展示了功利原则和
非功利原则之间的冲突,而这一冲突对于大多数教育体制而言是至关
重要的,对于了解中世纪欧洲教育也是非常关键的。15 世纪剑桥大学
的学院运动是这些反复出现的(尽管是短命的)限制功利倾向的努力之
一,尽管一般而言在中世纪教育层面这种功利倾向通常占据着主导地
位。大学是否可以成功地或有意识地按照纯职业指导思想来运作,这
些都吸引着罗伯特·沃德拉克及其同行的注意力,也吸引了后来人的
注意力。由于圣凯瑟琳学院只能培养少数神学毕业生,因此,可以理解
的是,即使与其他拥有类似专业课程的学院一起努力,其对大学以外的
实际影响还是微不足道的。沃德拉克本人并没有对其学院院士的任期
做任何限制,也没有特别急切地放纵自己的院士于世俗世界里,更没有
特别关心院士在具体的教会环境中可能带来的任何微乎其微的永久影

229

------

　　① 科班:《起源:罗伯特·沃德拉克和圣凯瑟琳学院》,引自《圣凯瑟琳学院 1473—
1973》,第 22 页。

　　② 科班:《起源:罗伯特·沃德拉克和圣凯瑟琳学院》,引自《圣凯瑟琳学院 1473—
1973》,第 22—23 页。

响。但是，这不是根本的目的。相反，如果大学要培养具有足够能力以及足够数量的毕业生去提升世俗教士的"精神水准"的话，那么，其目标是改变教育舆论的氛围，为教育的发展方向树立一个榜样。诸如沃德拉克这样的学院创建者和教育家不太可能担当起这些任务，他们只能期望别人遵循他们指引的道路前行，惟其如此，他们的"橡子运动"（acorn movement）可以在大学里长成一棵参天橡树，对更广泛的社会产生显著的影响。

罗伯特·沃德拉克的教育理想是以对哲学和神学纯理论的孜孜追求为中心的，因此，在一个大学逐步倾向于满足社会职业需求的环境里，他的教育理想因缺乏足够的实质内容而难以维系。但实际情况是，不断有学者在深入思考社会的教育健康问题，并且通过论著或行动，将非功利性的教育案例融入到构成大学生活知识基础结构的各类思潮之中，以此来阻止功利思想在大学里获得毫无争议的永久地位。

在很大程度上，少数中世纪进步的教育理论家和教育家们的教育思想是 12 和 13 世纪知识生活构造自我形象的延伸。从 12 世纪起，特别是在阿伯拉尔将其具体化后，学者作为个体的概念（如同一位教士一般）得到普遍的认可，人们摈弃了某种遗传的社会出身背景和思维方式，非常认真地选择了从事学者的职业，即一种除非竭尽全力否则难以做好的职业。[①] 12 世纪的学者教士（the scholar clerks）作为广泛的教会团体的成员，开始将自己与社会上的骑士阶层（the knightly class）相提并论。[②] 完美的教士典型和完美的骑士典型形象是在社会进步中可比较的领域互为对手的象征。这些领域是那些精力充沛、能力超群、志

230

---

① 参见雅克·勒戈夫（J. Le Goff）的论述：《中世纪大学对自己本身的认识有多少呢？》（*Quelle conscience l'université médiévale a-t-elle eu d'elle-même?*），《关于中世纪人们对专业认识的文集》，《中世纪论文集》，第 3 期（1964 年），第 15—17 页。

② 有关教士与骑士相比较的话题，参见雅克·勒戈夫：《中世纪的知识分子》（*Les intellectuels au moyen age*），巴黎，1957 年，第 39—40 页；杜比（G. Duby）：《封建社会文化模式的传播》（*The Diffusion of Cultural Patterns in Feudal Society*），《过去与现在》，第 39 期（1968 年），第 3—10 页；克拉森（P. Classen）：《12 世纪的高级学校与社会》（*Die Hohen Schulen und die Gesellschaft im 12. Jahrhundert*），《文化史档案》，第 48 期（1966 年），第 155—172 页。

向远大的年轻人的战场。从理想的角度讲,这种教士与骑士的竞争在放纵派游吟诗人的眼里已被赋予了神话的外衣,常常被描述为公然的情敌。尽管教士和骑士的身份被视为社会中反差很大的社会阶层,但是,阿伯拉尔及其同代人将军事术语融入学术语言。对阿伯拉尔而言,辩论术就是弹药库,论点就是武器,辩论就是战斗——这就如同年轻的骑士在具有竞赛性质的知识论战中攻击了他以前的教师。① 这种用军事比喻包裹的学术生活,达到了使知识呐喊具有一种与军人职业同等尊严身份的效果。

12 世纪时,一个有担当的学者寻求一种世俗生活环境里的知识参与,这种知识参与是在城市生活令人振奋和不断发展的过程中得以进行的。② 学者的职业与体力劳动和耽于贫困的职业是不相容的,因为学者职业不能受到世俗社会的普通工作的损害。就如骑士、牧师或教士的职业一样,学者所追求的职业也有其鲜明的特征,学者的工作是在人文环境或宗教因素允许的客观条件下进行研究和教学,并在遵守严格的职业操守的前提下从事这一职业。③ 专业学者的职业是从高水平的专业活动中以及通过发挥其智力特别是理性探究的能力获得自己的尊严。这些理念在 13 世纪并没有得到普遍的认可,尤其受到某些托钵僧的挑战,不包括圣托马斯·阿奎那(St. Thomas Aquinas)④,这些托钵僧们致力于建立完整的基督教社会的职业模式,而这与鲜明的学者职业模式是相对立的。⑤ 然而,到了 15 世纪,这种独立的自我管理的学者职业力量逐步衰退了,至少在欧洲北部的大学,人们逐步减少了对单独职业地位的关注,而开始把注意力转向与时代生活相融的政治和宗教

231

---

① 雅克·勒戈夫:《中世纪的知识分子》,第 17 页;杜比:《封建社会文化模式的传播》,第 10 页及注释。

② 雅克·勒戈夫:《中世纪的知识分子》,第 18 页。

③ 参见弗奇尔:《中世纪的大学》(*Les universités au moyen âge*),第 193 页。

④ 托马斯·阿奎那(约 1225—1274),中世纪欧洲神学家和经院哲学的主要代表。——译者注

⑤ 弗奇尔:《中世纪的大学》,第 193 页。

领域。① 随着中世纪后期大学自治地位的衰落以及大学成员逐步融入资产者和贵族社会，专业学问（professional scholarity）的理念被大大地淡化了，即便不是法律上的但也是事实上的淡化。15世纪，大学教师因为从事商业活动而把教学包袱扔给代课教师，由此造成其缺课率非常高。由于商业利润和社会晋升的诱惑造成大学人才的流失这一状况，得到了大众不得不参与人文主义运动这一现实的证明。在这种充满人文主义文化、更为舒适和奢华的环境里，诸如专业的严谨性、细致的分析区分以及以独立的专业学问而拥有的自豪感等传统的大学价值观都逐步消失了，取而代之的是文化进步中心，尽管并不是那么正式，但已在大学框架外诞生了。

随着中世纪后期的大学更深一步融入贵族社会，以往学者与骑士之间的分离成了不合时宜的理论推测，并被社会两个阶层趋同一致的理论所代替。学问（learning）和骑士精神（knighthood）同等的地位不再被视为相对立的力量，而是社会互补和相互依赖的支柱，并在14世纪以其具体方式表现出来。② 到了1300年，精英贵族（aristocracy of merit）的概念已经生根，并且专指社会上的律师，包括那些从事实际法制活动的人和在大学里讲授法学的人。正是由于律师在社会中的实际权力，而且这一权力自然而然地得到当局的认可，那些著名的学识渊博的律师和从业的法官被赋予有价值、专业技能以及诸如法律领主（seigneur es lois）、法律爵士（chevalier es lois）或法律骑士（chevalier en lois）等头衔，使其具备与盔甲骑士同等的荣誉身份。③ 巴尔托鲁斯（Bartolus）④本人作为一名伟大的评论家就获得过皇帝查理五世

① 弗奇尔：《中世纪的大学》，第196页。

② 雅克·勒戈夫：《中世纪的知识分子》，第145页；弗奇尔：《中世纪的大学》，第185—186页。

③ 卡泽勒（R. Cazelles）：《菲利浦·瓦洛华统治时期君主制的社会与政治危机》（*La societé politique et la crise de la royauté sous Philippe de Valois*），巴黎，1958年，第292—293页。

④ 巴尔托鲁斯（1313或1314—1357），佩鲁贾地方的律师和法学教师，14世纪中叶意大利北部由一批著述民法（罗马法）的法学家组成的注释派或评论派中最杰出的人物。——译者注

(Charles Ⅴ)授予的骑士称号,并持有波希米亚王国(Bohemia)的徽
章。① 那种认为教育使人高贵和知识精英已构成一个特殊的社会贵族
阶层的想法正被更多的人所接受。例如,彼得勒斯·雷布福斯(Petrus
Rebuffus)②在其有关学术特权一文中,对这一观点进行了诠释:"学者
获得知识后被认为睿智和能够理解高贵的学识……"(页边上写着:"人
们认为学术知识能使人知名。")③尽管这些知识贵族(intellectual
nobility)可以或应该获得与其在社会中的合适作用相匹配的特权,但它
不是享受一个具备贵族血统的人所拥有的特权:"……尽管他们也许能
获得高尚的知识,但这不是由他们高贵出身所创造的特权……"④知识
是不能与贵族血统划等号的,但是可以与社会上的军事阶层并驾齐驱。

　　有关知识阶层与骑士阶层的划分,大约在 1347 年至 1365 年间,巴
黎大学一位不知名的德国学生所写的一篇教育论文似乎给出了进一步
的论证。⑤ 在这篇论文中,该作者认为,在那些合法建立的获得教会特
权或帝国特权的"studia"(讲习所)里,教师都被封为"骑士"(milites
fiunt),冠以"科学领主"(domini scientiarum coronantur)的称号,并受
到世俗和教会统治者的应有尊重。教师的特权都是从这些人那里获得

---

　　① 伍尔夫(C. N. S. Woolf):《萨索费拉托的巴尔托鲁斯:其在中世纪政治思想史
中的地位》(*Bartolus of Sassoferrato:his position in the history of medieval political
thought*),剑桥,1913 年,第 3 页。

　　② 佩特鲁斯·雷布福斯(1487—1557),法国法学家,先后在蒙彼利埃大学、布尔
日大学和巴黎大学任教。——译者注

　　③ 佩特鲁斯·雷布福斯:《大学、学院、大英图书馆以及所有那些感兴趣并乐于相
助的人的特权……》(*Privilegia Universitatum, Collegiorum, Bibliopolarum, et
omnium demum qui studiosis adiumento sunt...*),法兰克福,1585 年,第 155 页。

　　④《大学、学院、大英图书馆以及所有那些感兴趣并乐于相助的人的特权……》,
第 158—159 页。

　　⑤ 有关原文及译文,参见桑代克:《中世纪的大学档案和生活》,《哥伦比亚大学文
明档案》,第 38 期(纽约,1944 年),第 409 页之后的内容(原文),第 201 页之后的内容
(译文)。

的。① 接着，作者对拥有真正骑士身份的教师和那些在未受到教皇或帝国授予特权的大学里任教且缺乏骑士尊严的教师进行了对比：认为前者类似于能力强且值得赞许，但尚未授予骑士徽章的贵族。② 该论文还对知识等级和骑士等级做了更加细致的划分。所有这些都充分说明了知识职业和骑士职业同等价值的主题在 14 世纪受到人们关注的程度。

从某种意义上来说，12 世纪社会崇高的学者职业的形成与后来几百年里教育家对其所认同的角色基本上有着连续性，尽管有时这一连续性被勉强维持着。然而，正是有着这一连续性，推动教育发展以及倡导学术独立的理念才得以延续。大学稳步参与社会事务，与有组织的职业生活结构逐步相连，以及普通学生为求学所跋涉的世俗道路，这意味着，大学作为满足世俗政府、教会、法律、商业以及贸易需求的职业中心的公众形象开始受到欢迎。

大学被看作社会组织延伸的一部分，这可以从其学术团体所获广泛的自由特权来加以衡量，还可以从是否以公众福祉理念为基础来衡量。③ 大学除了为其成员赢得基本的特权，获取受保护的教会地位和世俗管辖权外，其成员还拥有各种与学术生活方面相关的权利和特权。在很大程度上，这些特权都是法国和意大利的评注家构想出来的，同时也是受到了罗马法和教会法以及《真正的惯例》的启发。④ 据说，在住宿方面，当时也有不少有趣的保护措施。例如，法国的民法专家吉利莫斯·德·库内奥（Guiliemus de Cuneo）曾指出，如果学者们缺少住处⑤，就

---

① 桑代克：《中世纪的大学档案和生活》，《哥伦比亚大学文明档案》，第 38 期（纽约，1944 年），第 419 页（原文），第 215 页（译文）。

② 桑代克：《中世纪的大学档案和生活》，《哥伦比亚大学文明档案》，第 38 期（纽约，1944 年），第 419 页（原文），第 215—216 页（译文）。

③ 参见厄尔曼：《皇帝腓特烈一世"真正的惯例"——中世纪的解读》，《欧洲与罗马法：纪念保罗·科沙克尔的研究》，第 1 卷，第 117 页。

④ 参见基布尔：《中世纪的学术特权》，第 16 页。

⑤ 厄尔曼：《皇帝腓特烈一世"真正的惯例"——中世纪的解读》，《欧洲与罗马法：纪念保罗·科沙克尔的研究》，第 1 卷，第 117 页；基布尔：《中世纪的学术特权》，第 13 页。

有义务为他们提供住所,这也证明了学者行业所需要的公共住房比起一个私人业主所能提供的数量要大得多。尽管大学努力确保寄宿舍舍长遵守严格的法定管理,但是,追踪实际的有关计划可以看出,法定强制性住宿的例子是很难得的。而且,这类公共住房里的学生有很多的书籍,而房东不大可能以没收他们的书籍来代替租金。① 另外,法学家认为,由于在一个舒适的环境里读书更有可能取得良好的成绩,因此,在大学学院区域内或学生寄宿舍周围,任何的骚扰情况如噪音或异味等都必须消除。这就意味着,有可能拆除一个不受欢迎的工匠铺子,尽管有关这一点在法律上还有很大的争议。② 同样,人们认为,学者的特权应该延伸涵盖到学者从大学到住处来回的路上。如果他想回家,无论何种原因,那就应该允许他休学 5 年时间;如果他还想再延长一段时间,那只要有合理的理由就行。③

这些特权以及其他特权都是一般理论意义上的,而这些特权的应用在中世纪大学则依据不同的情况而有明显不同。但是,这些特权确实提供了一个洞察社会满足大学以及通过其法律代理人所表述的公共住房的观念(即一般性的法律观点),这似乎表明,萌芽状态中的知识阶层几乎被作为一件昂贵的商品来看待;而一件价值昂贵的商品,对其给予最大的保护和支持是符合公共利益的。

总之,中世纪大学培养既具有专业素养又对社会有用的人才,即大学毕业生形成中世纪社会的一个劳动贵族阶层(an aristocracy of labour)。他是观念的提出者,也是引领社会活力的那些人的不可或缺的支持者。中世纪大学的毕业生奉献的是训练有素的大脑,影响着政治观点和塑造着教会政策。在意识形态冲突的领域,作为中世纪社会

234

---

① 基布尔:《中世纪的学术特权》,第 14—15 页。

② 厄尔曼:《皇帝腓特烈一世"真正的惯例"——中世纪的解读》,《欧洲与罗马法:纪念保罗·科沙克尔的研究》,第 1 卷,第 117—118 页;基布尔:《中世纪的学术特权》,第 15—16 页。

③ 厄尔曼:《皇帝腓特烈一世"真正的惯例"——中世纪的解读》,《欧洲与罗马法:纪念保罗·科沙克尔的研究》,第 1 卷,第 121 页。

的基本元素,它为大学培养出那些有创新能力的毕业生提供了空间。然而,中世纪大学的大多数毕业生担任的职位似乎更多的是现存社会的专业人员,而不是革命式的思想和行动的发起者。从 13 世纪开始,大学就是中世纪欧洲公共辩论有争议的政治和意识形态问题的传播舞台;而且,大学作为一个学术共同体的的观点是不可小觑的。

# 结　论

或许,学术自由理念的形成以及对其通过持久关注加以保护的必
要性,正是中世纪大学历史最为宝贵的特征之一。支配自由知识团体
的动力,无论是在教会当局还是在世俗当局的权威影响下,都是中世纪
欧洲大学发展的核心问题。针对大学所面临的学术挑战有时所展现出
的缺乏想象力的回应,并由此所体现出来的周期性的低迷状态,这是大
学为自治地位持续不断抗争的唯一的早期先兆。自治地位一直是欧洲
大学理念永恒的标志。大学是在冲突中诞生的,抗争印证了大学发展
和迅速扩张的每个阶段。它们常常在充满敌意的环境中生存下来,这
在很大程度上证明了大学对目标的坚持不懈以及对知识和认识的持续
不断的追求。

从本质上来说,中世纪大学不仅是西欧国家本土的产物,而且也是
中世纪留给当代世界最为宝贵和最富有成果的遗产。遍布中世纪社会
的大学组织机构呈现出丰富的、万花筒般的模式,从极端的学生共和政
治到教师管理以及许多介于两者之间的形式,都确保整个欧洲经历并
见证了几乎每一种能设想出来的组织变更。因为大学的组成部分可以
排列的方式有限,而且这些组织形式多数都只有在中世纪环境下才能
体现出来。12 世纪的大学,无论是从传统的大学模式还是从所谓的变
革模式中派生出来的,都依然是中世纪大学原型的直系后裔。它们继
续延续着富有竞争性的学位制度和仪式程序的习俗,而且,无论形式上
如何修饰,这些组织形式在本质上都是中世纪大学的派生物。

我们也不应该把现代大学看作是高级的、远超各类简单的中世纪
生命物种的进化形式。在中世纪大学所接受的教育,其性质体现的是
学术课程的严苛,目的是使学生能够应对个人生活和社会实证问题以

及形而上学的问题。这给了大学教育一个核心和统一的目的,而这种大学教育在当今变化极大的学术环境中几乎难觅踪迹,因为现在掌握一门学科常常被一种零碎的跨学科的教育方式所扼杀,其结果导致学生对所学科目没有一个特定的方向。而且,中世纪大学是灵活的和可改变的实体,如果有必要的话可以自我调整来满足社会的职业和商业需求,就无须取消自己的基本的学术功能。它们以这样一种方式进行调整,即并不要投入太多的资源,但一旦时尚的职业过时了,它们就会毫无负担地放弃时髦的课程而转型。中世纪没有那些对于现代大学运行所必需的庞大的管理机构及其所有相关配套的设施和机构,有的只是对中世纪教师和学生的学术生活带来的有益影响。说到这里,人们一定会联想到,中世纪的学术界也不得不应对各种不确定性、艰难困苦以及反反复复的干扰。但是,反过来讲,中世纪大学状况的这种极度脆弱性,让人们更加迫切地关注并接受教育。对于那些认真关心教育的人而言,大学的学术工作是要靠极富感染力的奉献精神,即一种在非物质意义上将资源使用最大化的方式才能获得的。

与中世纪欧洲南部大学丰富多样的学生权力相比,现代大学的学生权力似乎只是处于起步阶段。从历史的角度来理解学生在政治上参与大学的管理,可以有效地反击那些把现在的等级化大学体制称为是与中世纪自由和开放的民主体制相对照而形成的教条化东西。即使在学生权力最为普遍的大学里,学生领袖对学生的寡头统治引领的或许是一条与我们所知道的颇具浪漫色彩的道路背道而驰的狭隘的民主道路。尽管学生权力在争取大学自治的过程中可能会有某种创新的时刻,但是,学生权力也会自我内耗并经过相当长时期的各种重构,最后渐渐退出了大学的舞台。无论如何,中世纪社会认为,与年轻人反复无常的特性相比,经验和成熟的年龄是大学事务管理更为合理的因素。

从一开始,中世纪的大学就是依据功利性的社会需求而运作的。的确,在 12 世纪和 13 世纪,有一种流行的观点,即学术职业是社会中与众不同的职业,专攻某种专业技能并且不受世俗纠缠的困扰。在历代教育思想家看来,这些思想得以发扬光大并且给予学者很高的地位,使之把研究作为终身奋斗的目标,并与人的完善品格结合起来。有时,

237

教育的崇高目标也转换成实践活动,例如,15世纪的剑桥学院运动。但是,这些活动并未持续多久。尽管这些活动有助于维持超越眼前的和平庸的教育水准,但是,其功利性的原则在很大程度上代表着中世纪大学和社会的关系。在15世纪,大学教师堂而皇之地卷入资产者和贵族的圈子,这一行为显然使得学者作为社会中一个独立身份阶层的形象被大大削弱了,从而突出了大学作为一个社会机构的作用。

在中世纪大学历史的社会—经济范围,还有许多方面仍待研究。例如,不同类型的大学人员的生活费用和开支标准如何、个人的收入是多少、薪酬标准、校外支持的方式、大学的访学人数、学术团体中的等级划分情况、学堂的结构和学院的生活等,这些与大学社会学相关的课题以及其他课题目前都以专题形式进行研究。特别是,很久以来对中世纪后期的大学研究都是按照与历史悠久的"studia"(讲习所)密切相关的标准来评价的,而现在则是将其作为独立的机构来进行研究,但这些大学全是依照中世纪后期社会的特殊需求建立起来的。尽管追求相关性的多少是一种历史的奇想,但是,研究中世纪大学从而为那些从事建构和引领现代教育制度的人们提供一个宝贵的视角,这一点是很少有人怀疑的。

# 参考文献书目

## PRINTED SOURCES

*Acta nationis Germanicae universitatis Bononiensis ex archetypis tabularii malvezziani*, ed. E. Friedi änder and C. Malagola (Berlin, 1887).

*Archiv für Literatur - und Kirchengeschichte*, iii - vi, ed. H. Denifle and F. Ehrle (Freiburg im Breisgau and Berlin, 1887—92).

*Canterbury College Oxford*, 3 vols., ed. W. A. Pantin (Oxf. Hist. Soc., new series, 1946—50).

*Chartularium Studii Bononiensis*: *documenti per la storia dell'Università...*, pubblicati per opera della Commissione per la Storia dell'Università di Bologna, 13 vols. (Bologna, 1909—40).

*Chartularium Universitatis Parisiensis*, 4 vols., ed. H. Denifle and E. Chatelain (Paris, 1889—97).

*(The) Dean's Register of Oriel* 1446—1661, ed. G. C. Richards and H. E. Salter (Oxf. Hist. Soc., lxxxiv, 1926).

*De Claris Archigymnasii Bononiensis Professoribus a saeculo xi usque ad saeculum xiv*, ed. M. Sarti, 2 pts. (Bologna, 1769—72; 2nd ed., C. Albicini and C. Malagola, Bologna, 1888—96).

*De disciplina scholarium*, Patrologia Latina, ed. J. P. Migne, lxiv (Paris, 1860).

*De recuperatione Terre Sancte*: *traité de politique générale par Pierre Dubois*, ed. C. V. Langlois (Paris, 1891).

*Documents relating to St Catharine's College in the University of Cambridge*, ed. H. Philpott(Cambridge,1861).

*Documents relating to the University and Colleges of Cambridge*, 3 vols. , ed. by the Queen's Commissioners (London,1852).

(*The*) *Early Rolls of Merton College*, *Oxford*, ed. J. R. L. Highfield(Oxf. Hist. Soc. , new series, xviii,1964).

*Formularies which bear on the History of Oxford c*. 1204—1420, ed. H. E. Salter, W. A. Pantin and H. G. Richardson, 2 vols.(Oxf. Hist. Soc. , new series, iv-v,1942).

*Historia Diplomatica Friderici II*, ed. J. L. A. Huillard - Bréholles, 7 vols. (Paris, 1852—61).

*I più antichi statuti della facoltà teologica dell' università di Bologna*, ed. F. Ehrle(Bologna, 1932).

Jiménez de Rada ( Rodrigo ), *Opera Praecipua in PP. Toletanorum quotquot extant opera*, iii (Matriti, 1793).

(*The*) *Liber Taxatorum of Poor Students at the University of Freiburg im Breisgau*, ed. J. M. Fletcher, Texts and Studies in the History of Mediaeval Education, no. xii(Notre Dame, Indiana, 1969).

(*Les*) *Livres des procurateurs de la nation germanique de l'ancienne université d'Orléans* 1444—1602, i pt. i, ed. C. M. Ridderikhoff(1971).

Lucas Tudensis (Don Lucas de Tuy), *Chronicon Mundi* in A. Schottus, Hispaniae Illustratae, iv(Frankfurt, 1608).

(*The*) *Manuale Scholarium*, trans. and ed. R. F. Seybolt (Cambridge, Mass. , 1921).

*Medieval Archives of the University of Oxford*, 2 vols. , ed. H. E. Salter(Oxf. Hist. Soc. , lxx, 1920—1).

*Metalogicon*, ed. C. C. J. Webb(Oxford, 1929).

(*The*) *Metalogicon of John of Salisbury*, trans. D. D. McGarry (Berkeley and Los Angeles, 1955).

*Monumenta Historica Universitatis Praguensis*，ii，ed. Dittrich and Spirk(Prague，1834).

*Morale Scolarium of John of Garland*，ed. L. J. Paetow, in *Two Mediaeval Satires on the University of Paris*(Berkeley,1927).

*Oriel College Records*，ed. C. L. Shadwell and H. E. Salter (Oxf. Hist. Soc.，lxxxv, 1926).

Petrus Rebuffus， *Privilegia Universitatum*， *Collegiorum*, *Bibliopolarum*, *et omnium demum qui studiosis adiumento sunt...* (Frankfurt，1585).

*(The) Register of Congregation 1448—1463*，ed. W. A. Pantin and W. T. Mitchell (Oxf. Hist. Soc.，new series, xxii, 1972).

Register of Gregory IX，ed. L. Auvray(1896).

(Les)Régistres d'Innocent IV，i，ed. E. Berger(Paris,1884).

Registrum Annalium Collegii Mertonensis, 1483—1521, ed. H. E. Salter (Oxf. Hist. Soc.，lxxvi, 1923).

Robert de Sorbon，De Conscientia et de tribus dietis, ed. F. Chambon(Paris,1903).

*(Las) Siete Partidas des rey don Alfonso el Sabio*，3 vols.，ed. por la real acad-emia de la historia(Madrid,1807).

*Snappe's Formulary and other records*，ed. H. E. Salter (Oxf. Hist. Soc.，lxxx,1924).

*Statuta Antiqua Universitatis Oxoniensis*，ed. S. Gibson (Oxford,1931).

*Statutes of the Colleges of Oxford*，3 vols.，ed. by the Queen's Commissioners(Oxford and London，1853).

*Statuti delle Università e Studio Fiorentino dell'anno MCCCL XXXVII*，with appendix of documents from 1320 to 1472，ed. A. Gherardi (Florence，1881).

*Statuti delle Università e dei Collegi dello Studio Bolognese*，ed. C. Malagola (Bologna，1888).

*Statuti e Ordinamenti della Università di Pavia*, 1361—1859, ed. L. Franchi (Pavia, 1925).

*(Les) Statuts et Privilèges des Universitès francaises depuis leur fondation jusqu'en* 1789, 3 vols. , ed. M. Fournies(Paris, 1890—2).

*University Records and Life in the Middle Ages*, ed. L. Thorndike, Records of Civilisation, no. ⅩⅩⅩⅧ (New York, 1944; repr. Octagon Books, New York, 1971).

William FitzStephen's 'Descriptio Londoniae' in Materials for the History of Thomas Becket, ed. J. C. Robertson, Rolls Series, Ⅲ (London , 1877) pp. 4—5, 9.

An extensive coverage of printed sources for medieval universities is given in P. Kibre's *The Nations in the Mediaeval Universities*, pp. 167ff; and a most valuable survey of sources and secondary works relating to each medieval university is provided by H. Coing (ed), *Handbuch der Quellen und Literatur der neueren europäischen Privatrechtsgeschichte*, i(Munich, 1972), pp. 91—3127.

### SECONDARY WORKS

ALEXANDER, W. M. 'The four nations of Aberdeen University and their European background', *Aberdeen University Studies*, no. 108(Aberdeen, 1934).

*Atti del convegno internazionale di studi Accursiani*, i, ed. G. Rossi(Milan, 1968).

ATTWATER, A. *Pembroke College, Cambridge*, ed. S. C. Roberts(Cambridge, 1931).

BALDWIN, C. S. *Medieval Rhetoric and Poetic* (New York, 1928).

BALDWIN, J. W. *Masters, Princes and Merchants: the social views of Peter the Chanter and his circle*, 2 vols. (Princeton, 1970).

BOEHM, L. 'Libertas Scholastica und Negotium Scholare:

Entstehung und Sozialprestige des Akademischen Standes im Mittelalter' in *Universität und Gelebrtenstand* 1400—1800 (Limburg ander Lahn, 1970), pp. 15 ff.

BOLGAR, R. R. *The Classical Heritage and its Beneficiaries from the Carolingian Age to the end of the Renaissance* (New York, 1964).

BOYCE, G. C. *The English-German Nation in the University of Paris during the Middle Ages* (Bruges, 1927).

'Erfurt Schools and Scholars in the Thirteenth Century', *Speculum*, XXIV (1949), pp. 1 ff.

BRUCKER, G. A. 'Florence and its University, 1348—1434' in *Action and Conviction in Early Modern Europe*, ed. T. K. Rabb and J. E. Seigel (Princeton, 1969).

BULAEUS, C. E. *Historia Universitatis Parisiensis*, III (Paris, 1666).

BULLOUGH, V. L. *The Development of Medicine as a Profession* (Basel and New York, 1966).

BUTTERFIELD, H. 'Peterhouse', *V. C. H.* (Cambridge), III ed. J. P. C. Roach(London, 1959).

CANT, R. G. *The University of St Andrews* (Edinburgh, 1946).

*The College of St Salvator*, St Andrews University Publications, no. XVIII, (Edinburgh and London, 1950).

CARR, W. *University College*, College Histories Series (London, 1902).

CAZELLES, R. *La société politique et la crise de la royaute sous Philippe de Valois* (Paris, 1958).

CHARLTON, K. *Education in Renaissance England*, Studies in Social History (London and Toronto, 1965).

CHENEY, C. R. *Notaries Public in England in the Thirteenth and Fourteenth Centuries* (Oxford, 1972).

CHENEY, M. G. 'Master Geoffrey de Lucy, an early chancellor of the University of Oxford', *E. H. R.*, lxxxii(1967), pp. 750 ff.

CLARKE, M. L. *Higher Education in the Ancient World* (London, 1971).

CLASSEN, P. 'Die Hohen Schulen und die Gesellschaft im 12. Jahrhundert', *Archiv für Kulturgeschichte*, 48 (1966), pp. 155 ff.

'Die ältesten Universitätsreformen und Universitätsgründungen des Mittelalters', *Heidelberger Jabrbücher*, XII (1968), pp. 72 ff.

CLOUGH, C. H. 'Cardinal Gil Albornoz, the Spanish College in Bologna, and the Italian Renaissance', *Studia Albornotiana*, XII (1972), pp. 227 ff.

COBBAN, A. B. 'Edward II, Pope John XXII and the University of Cambridge', *B. J. R. L.*, xlvii(1964), pp. 49 ff.

*The King's Hall within the University of Cambridge in the later Middle Ages*, Cambridge Studies in Medieval Life and Thought, third series, vol. i (Cambridge, 1969).

'Episcopal Control in the Mediaeval Universities of Northern Europe', *Studies in Church History*, v(Leiden, 1969), pp. 1 ff.

'Medieval Student Power', *Past and Present*, no. 53(1971), pp. 28 ff.

'Origins: Robert Wodelarke and St Catharine's' in *st Catharine's College* 1473—1973, ed. E. E. Rich(Leeds, 1973).

COING, H. (ed.). *Handbuch der Quellen und Literatur der neueren europaischen Privatrechtsgeschichte*, i(Munich, 1973).

COISSAC, J. B. *Les universités d'Ecosse depuis la fondation de l'université de St Andrews jusqu'au triomphe de la éforme* 1410—1560(Paris, 1915).

CORNER, G. W. 'The Rise of Medicine at Salerno in the Twelfth Century', *Annals of Medical History*, new series, iii(1931), pp. 1 ff.

'Salernitan Surgery in the Twelfth Century', *British Journal of Surgery*, xxv(1937—8), pp. 84 ff.

CROMBIE, A. C. *Robert Grosseteste and the Origins of Experimental Science* (Oxford, 1953).

'Grosseteste's Position in the History of Science' in *Robert Grosseteste: Scholar and Bishop*, ed. D. A. Callus (Oxford, 1955).

CURTIS, M. H. *Oxford and Cambridge in Transition* 1558—1642 (Oxford, 1959).

DAVIS, H. W. C. *A History of Balliol College*, 2nd ed. R. H. C. Davis and R. Hunt (Oxford, 1963).

DELHAYE, P. 'L'organisation scolaire au xii$^e$ siècle', *Traditio*, v (1947), pp. 211 ff.

DENHOLM-YOUNG, N. 'Magdalen College', *V. C. H.* (Oxford), iii (ed. H. E. Salter and M. D. Lobel, London, 1954).

DENIFLE, H. *Die Entstehung der Universitäten des Mittelalters bis* 1400 (Berlin, 1885).

DESTREZ, J. *La Pecia dans les manuscrits universitaires du xiii$^e$ et du xiv$^e$ siècle* (Paris, 1935).

D'IRSAY, S. 'The Life and Works of Gilles of Corbeil', *Annals of Medical History*, vii (1925), pp. 326 ff.

*Histoire des universités francaises et étrangères des origines à nos jours*, i (Paris, 1933).

DUBY, G. 'The Diffusion of Cultural Patterns in Feudal Society', *Past and Present*, no. 39 (1968), pp. 3 ff.

DUNLOP, A. I. *The Life and Times of James Kennedy, Bishop of St Andrews*, St Andrews University Publications, no. xlvi (Edinburgh and London, 1950).

EDWARDS, K. 'College of de Vaux Salisbury', *V. C. H.* (Wiltshire), iii (Oxford, 1956), pp. 369 ff.

*English Secular Cathedrals in the Middle Ages*, 2nd ed. (Manchester, 1967).

EMDEN, A. B. *An Oxford Hall in Medieval Times* (Oxford, 1927).

*A Biographical Register of the University of Oxford to A. D. 1500*, 3 vols. (Oxford. 1957—9).

*A Biographical Register of the University of Cambridge to 1500* (Cambridge, 1963).

'Northerners and Southerners in the Organisation of the University to 1509', *Oxford Studies presented to Daniel Callus* (Oxf. Hist. Soc. , new series, xvi, 1964), pp. 1 ff.

ERMINI, G. 'Concetto di " Studium Generale "', *Archivio Giuridico*, cxxvii (1942), 3 ff.

FLETCHER, J. M. 'Wealth and Poverty in the Medieval German Universities' in *Europe in the Late Middle Ages*, ed. J. R. Hale, J. R. L. Highfield and B. Smalley (London, 1965), pp. 410 ff.

GABRIEL, A. L. 'The Practice of Charity at the University of Paris during the Middle Ages: Ave Maria College' *Traditio*, 5 (1947), pp. 335 ff. 'Robert de Sorbonne', *Revue de l'Université d'Ottawa*, 23 (1953), pp. 473 ff.

*Student Life in Ave Maria College*, *Mediaeval Paris*, Pubications in mediaeval studies, xiv (Notre Dame, Indiana, 1955).

*The Educational Ideas of Vincent of Beauvais*, Texts and Studies in the History of Mediaeval Education, no. iv (Notre Dame, Indiana, 1956; repr. 1962).

*Skara House at the Mediaeval University of Paris*, Texts and Studies in the History of Mediaeval Education, no. ix (Notre Dame, Indiana, 1960).

'The College System in the Fourteenth-Century Universities' in

*The Forward Movement of the Fourteenth Century*, ed. F. L. Utley (Columbus, Ohio, 1961).

'Motivation of the Founders of Mediaeval Colleges', *Beiträge zum Berufsbewusstsein des mittelalterlichen Menschen*, Miscellanea Mediaevalia, 3 (1964), pp. 61 ff.

*The Mediaeval Universities of Pécs and Pozsony* (Frankfurt am Main, 1969).

'The Cathedral Schools of Notre-Dame and the Beginning of the University of Paris'; 'English Masters and Students in Paris during the Twelfth Century'; 'The English-German Nation at the University of Paris from 1425—1494'; 'Preparatory Teaching in the Parisian Colleges during the Fourteenth Century': essays in *Garlandia: Studies in the History of the Mediaeval University* (Notre Dame, Indiana, 1969), pp. 39 ff. , 1 ff. , 167ff. and 97 ff. respectively.

'Les Collèges parisiens et le recrutement des Canonistes', *L'Année Canonique*, 15(1971), pp. 233 ff.

GAYA MASSOT, R. 'Provisión de Cátedras en el Estudio General de Lérida', *Analecta Sacra Tarraconensia*, xxx(1957).

GLORIEUX, p. *Les Origines du Collège de Sorbonne*, Texts and Studies in the History of Mediaeval Education, no. viii (Notre Dame, Indiana, 1959).

*La faculté des arts et ses maîtres au xiii^e siècle* (Paris, 1971).

GREEN, V. H. H. *Medieval Civilization in Western Europe* (London, 1971).

GRUNDMANN, H. 'Sacerdotium, Regnum, Studium', *Archiv für Kulturgeschichte*, 34(1952), pp. 5 ff.

GWYNN, A. *Roman Education from Cicero to Quintilian* (Oxford, 1926).

HACKETT, M. , B. *The Original Statutes of Cambridge University: the Text and its History* (Cambridge, 1970).

HAJNAL, I. 'A propos de l'enseignement de l'écriture dans les universités médiévales', *Scriptorium*, xi (1957), pp. 3 ff.

*L'Enseignement de l'écriture aux universités médiévales*, 2nd ed. , L. Mezey (Budapest, 1959).

HANFORD, J. H. 'The Progenitors of Golias', *Speculum*, i (1926), pp. 38 ff.

HANNAY, R. K. 'Early University Institutions at St Andrews and Glasgow: A Comparative Study', *Scottish Historical Review*, xi (1914), pp. 266 ff.

HARRISON, F. LL. ' The Eton Choirbook ', *Annales Musicologiques*, i (1953), pp. 151 ff.

HASKINS, C. H. *The Rise of Universities* (New York, 1923).

*Studies in the History of Medieval Science* (Cambridge, 1927).

*Studies in Medieval Culture* (Cambridge, 1929).

HASKINS, G. L. 'The University of Oxford and the"ius ubique docendi" ', *E. H. R.* , Ivi(1941),pp. 281 ff.

HEATH, P. *English Parish Clergy on the eve of the Reformation* (London and Toronto, 1969).

HERKLESS, J. and R. K. HANNAY, *The College of St Leonard* (Edinburgh and London, 1905).

HILL, R. M. T. 'Oliver Sutton, Bishop of Lincoln, and the University of Oxford', *T. R. H. S.* , 4th ser. , xxxi(1949), pp. 1 ff.

HODGKIN, R. H. *Six Centuries of an Oxford College* (Oxford, 1949).

'The Queen's College', *V. C. H.* (Oxford), iii, ed. H. E. Salter and M. D. Lobel (London, 1954).

HOLLAND, T. E. 'The University of Oxford in the Twelfth Century', *Collectanea* Ⅱ , ed. M. Burrows (Oxf. Hist. Soc. , xvi, 1890), pp. 137 ff.

HUNT, R. W. 'English Learning in the late Twelfth Century',

*T. R. H. S.*, 4th ser., xix (1936), pp. 19 ff.

'Balliol College', *V. C. H.* (Oxford), iii, ed. H. E. Salter and M. D. Lobel (London, 1954).

HURD-MEAD, K. C. 'Trotula', *Isis*, xiv (1930), pp. 349 ff.

HYDE, J. K. *Padua in the Age of Dante* (Manchester, 1966).

'Early Medieval Bologna' in *Universities in Politics: Case Studies from the Late Middle Ages and Early Modern Period*, ed. J. W. Baldwin and R. A. Goldthwaite (Baltimore, 1972).

JACOB, E. F. 'Petitions for Benefices from English Universities during the Great Schism', *T. R. H. S.*, 4th ser., xxvii(1945), pp. 41 ff.

'English university clerks in the later Middle Ages: the Problem of Maintenance', *B. J. R. L.*, xxix(1946), pp. 304 ff.

'On the Promotion of English University Clerks during the later Middle Ages', *J. Eccles. Hist.*, i(1950), pp. 172 ff.

JONES, A. H. M. 'New College', *V. C. H.* (Oxford), iii, ed. H. E. Salter and M. D. Lobel (London, 1954).

KAMINSKY, H. 'The University of Prague in the Hussite Revolution: the Role of the Masters' in *Universities in Politics: Case Studies from the Late Middle Ages and Early Modern Period*, ed. J. W. Baldwin and R. A. Goldthwaite (Baltimore, 1972).

KANTOROWICZ, H. *Studies in the Glossators of the Roman Law* (Cambridge, 1938).

KANTOROWICZ, H. and B. SMALLEY, 'An English Theologian's view of Roman Law: Pepo, Irnerius, Ralph Niger', *Mediaeval and Renaissance Studies*, i(1941—3), pp. 237 ff.

KEARNEY, H. *Scholars and Gentlemen: Universities and Society in Pre-Industrial Britain* 1500—1700(London, 1970).

KIBRE, p. *The Nations in the Mediaeval Universities*, Mediaeval Academy of America(Cambridge, Mass., 1948).

'Scholarly Privileges: Their Roman Origins and Medieval Expression', *A. H. R.*, lix (1954), pp. 543 ff.

*Scholarly Privileges in the Middle Ages*, Mediaeval Academy of America (London, 1961).

KNOWLES. D. *The Evolution of Medieval Thought* (London, 1962).

KOEPPLER, F. 'Frederick Barbarossa and the Schools of Bologna: Some Remarks on the "Authentic Habita",' *E. H. R.*, liv (1939), pp. 577 ff.

KOLLER, H. 'Die Universitäts-Gründungen des 14. Jahrhunderts', *Salzburger Universitatsreden*, no. 10 (Salzburg, 1966).

KRISTELLER, p. o. 'The School of Salerno: its Development and its Contribution to the History of Learning', *Bulletin of the History of Medicine*, xvii (1945), pp. 138 ff.

KUTTNER, s. and E. RATHBONE, 'Anglo-Norman Canonists of the Twelfth Century', *Traditio*, vii(1949—51), pp. 279 ff.

LAISTNER, M. L. W. *Thought and Letters in Western Europe A. D.* 500—900, 2nd ed. (London, 1957).

LANDER, J. R. *Conflict and Stability in Fifteenth-Century England* (London, 1969).

LAURIE, S. S. *Lectures on the Rise and Early Constitution of Universities* (London, 1886).

LAVAL, V. *Cartulaire de l'Université d'Avignon*, 1884.

LAWN, B. *The Salernitan Questions* (Oxford, 1963).

LEACH, A. F. *A History of Winchester College* (London, 1899).

LE-BRAS, G. 'Bologne: Monarchie médiévale des droits savants', *Studi e memorie*, new ser., i.

LECOY DE LA MARCHE, A. *La chaire francaise au moyen âge, spécialement au xiii^e siècle*, 2nd ed. (Paris, 1886).

LEFF, G. *Paris and Oxford Universities in the Thirteenth and Fourteenth Centuries* (New York, 1968).

LE GOFF, J. *Les intellectuels au moyen âge* (Paris, 1957).

'Quelle conscience l'université médiévale a-t-elle eu d'elle-même?', *Beiträge zum Berufsbewusstsein des mittelalterlichen Menschen*, Miscellanea Mediaevalia, 3 (1964), pp. 15 ff.

LESNE, E. 'Les écoles de la fin du viii$^e$ siècle à la fin du xii$^e$' in *Histoire de la propriété ecclésiastique en France*, v(Lille, 1940).

*Les universités du Languedoc au xiii$^e$ siècle*, Cahiers de Fanjeaux, 5, ed. E. Privat (Toulouse, 1970).

LINEHAN, P. *The Spanish Church and the Papacy in the Thirteenth Century*, Cambridge Studies in Medieval Life and Thought, third series, vol. 4 (Cambridge, 1971).

LITTLE, A. G. and F. PELSTER, *Oxford Theology and Theologians c.* 1282—1302 (Oxf. Hist. Soc., 1934).

MCCONICA, J. K. *English Humanists and Reformation Politics* (Oxford, 1965).

MCGARRY, D. D. 'Educational Theory in the *Metalogicon* of John of Salisbury', *Speculum*, XXXI (1948), pp. 659 ff.

MCMAHON, C. P. *Education in Fifteenth-Century England* (reor. from *The Johns Hopkins University Studies in Education*, no. 35, Baltimore, 1947).

MACFARLANE, L. J. 'William Elphinstone', *Aberdeen University Review*, xxxix (Spring, 1961).

MACKIE, J. D. *The University of Glasgow* 1451—1951 (Glasgow, 1954).

MAGRATH, J. R. The *Queen's College*, 2 vols. (Oxford, 1921).

MALLET, C. E. *A History of the University of Oxford*, i (London, 1924).

MARROU, H. I. *Histoire de l'éducation dans l'antiquité* (Paris, 1948).

MARTI, B. M. The *Spanish College at Bologna in the Fourteenth Century* (Philadelphia, 1966).

MAXWELL LYTE, H. C. A *History of Eton College* 1440—1910, 4th ed. (London, 1911).

MICHAUD - QUANTIN, P. ‘Collectivités médiévales et institutions antiques’ in *Miscellanea Mediaevalia*, i, ed. P. Wilpert (Berlin, 1962), pp. 239 ff.

*Universitas: expressions du mouvement communautaire dans le moyen âge latin*, L'Eglise et l'Etat au Moyen Age, 13(Paris, 1970).

MIRET I SANS, J. ‘Escolars Catalans al Estudi de Bolonia en la xiii<sup>a</sup> centuria’, *Boletin de la Real Academia de Buenas Letras de Barcelona*, viii(1915—16), pp. 137 ff.

MONTI, G. M. ‘L'Età Angioina’ in *Storia della Università di Napoli* (Naples, 1924).

MOORE, W. G. *The Tutorial System and its Future* (Oxford, 1968).

MOR, C. G. ‘Il“Miracolo” Bolognese’, *Studi e memorie*, new ser., i(1956).

MORRIS, C. *The Discovery of the Individual* 1050—1200, Church History Outlines 5 (London, 1972).

MULLINGER, J. B. *The University of Cambridge*, 3 vols. (Cambridge, 1873—1911).

MURPHY, J. C. ‘The Early Franciscan Studium at the University of Paris’ in *Studium Generale: Studies offered to Astrik L Gabriel*, ed. L. S. Domonkos and R. J. Schneider, Texts and Studies in the History of Mediaeval Education, no. xi (Notre Dame, Indiana, 1967), pp. 159 ff.

MURPHY, J. J. ‘Rhetoric in Fourteenth - Century Oxford’,

*Medium Aevum*, xxxiv (1965), pp. 1 ff.

NADAL, A. *Histoire de l'Université de Valence*, ed. M. Aurel (Valence, 1861).

ORME, N. *English Schools in the Middle Ages* (London, 1973).

OSWALD, A. 'University College', *V. C. H.* (Oxford), iii, ed. H. E. Salter and M. D. Lobel(London, 1954).

PAETOW, L. J. *The Arts Course at Medieval Universities*, Illinois University Studies, vol. iii, no. 7 ( Urbana - Champaign, 1910).

PANTIN, W. A. 'A Medieval Treatise on Letter-Writing, with examples, from the Rylands Latin MS. 394', *B. J. R. L.*, xiii (1929), pp. 326 ff.

'College muniments: a preliminary note', *Oxoniensia*, i (1936), pp. 140 ff.

'Oriel College and St Mary Hall', *V. C. H.* (Oxford), iii, ed. H. E. Salter and M. D. Lobel (London, 1954).

'The Halls and Schools of medieval Oxford: an attempt at reconstruction', *Oxford Studies presented to Daniel Callus* (Oxf. Hist. Soc. , new series, xvi, 1964), pp. 31 ff.

*Oxford Life in Oxford Archives* (Oxford, 1972).

PAQUET, J. 'Salaires et prébendes des professeurs de i'université de Louvain au xvᵉ siècle' in *Studia Universitatis Lovanium*, 2 (Leopoldville, 1958).

PARKER, H. 'The Seven Liberal Arts', *E. H. R.*, v(1890), pp. 417 ff.

PARÉ, G. , A. BRUNET and P. TREMBLAY, *La renaissance du xiiᵉ siècle: les écoles et l'enseignement* (Paris and Ottawa, 1933).

PEACOCK, G. *Observations on the Statutes of Cambridge University* (London, 1841).

PEGUES, F. 'The Fourteenth - Century College of Aubert de

Guignicourt at Soissons', *Traditio*, 15 (1959), pp. 428 ff.

POLLARD, G. 'The University and the Book Trade in Medieval Oxford', *Beiträge zum Berufsbewusstsein des mittelalterlichen Menschen* (Miscellanea Mediaevalia, 3, 1964), pp. 336 ff.

POST, G. 'Alexander Ⅲ, the *Licentia docendi* and the rise of the universities' in *C. H. Haskins Anniversary Essays in Mediaeval History*, ed. C. H. Taylor and J. L. LaMonte (Boston, 1929), pp. 255 ff.

'Masters' Salaries and Student-Fees in the Mediaeval Universities', *Speculum*, vii (1932), pp. 192 ff.

'Parisian Masters as a Corporation, 1200—1246', *Speculum*, ix (1934), pp. 421 ff.

POTTER, G. R. 'Education in the Fourteenth and Fifteenth Centuries', *Cambridge Medieval History*, viii, ed. C. W. Previté-Orton and Z. N. Brooke (1936), pp. 688 ff.

POWICKE, F. M. 'Bologna, Paris, Oxford: Three *Studia Generalia*' and 'The Medieval University in Church and Society' in *Ways of Medieval Life and Thought* (London, 1949), pp. 149 ff., 198 ff.

PUGET, J. 'L'Université de Toulouse au xiv^e et au xv^e siècles', *Annales du Midi*, xlii (1930).

RABY, F. J. E. *A History of Secular Latin Poetry in the Middle Ages*, ii (Oxford, 1934).

RAIT, R. 'The Place of Aberdeen in Scottish Academic History', *Aberdeen University Review*, xx (March, 1933).

RASHDALL, H. *The Universities of Europe in the Middle Ages*, 3 vols., 2nd ed., F. M. Powicke and A. B. Emden (Oxford, 1936).

RASHDALL, H. and R. S. RAIT, New College (London, 1901).

RICCOBONUS, A. *De Gymnasio Patavino* (Podua, 1722).

RICHARDSON, H. G. 'An Oxford Teacher of the Fifteenth Century', *B. J. R. L.*, xxiii(1939). pp. 436 ff.

'Business Training in Medieval Oxford', *A. H. R.*, xlvi (1940—1), pp. 259 ff.

'The Schools of Northampton in the Twelfth Century', *E. H. R.*, lvi (1941), pp. 595 ff.

ROACH, J. P. C. 'The University of Cambridge', *V. C. H.* (Cambridge), iii, ed. J. P. C. Roach (London, 1959).

ROSSI, G. '"Universitas Scolarium" e Commune', *Studi e memorie*, new ser., i (1956).

ROUSE BALL, W. W. *The King's Scholars and King's Hall* (Privately printed, Cambridge, 1917).

RUBENSTEIN, N. 'Political Rhetoric in the Imperial Chancery', *Medium Aevum*, xiv (1945), pp. 21 ff.

SALTER, H. E. 'An Oxford Hall in 1424', *Essays in History presented to R. L. Poole*, ed. H. W. C. Davis (Oxford, 1927), pp. 421 ff.

'The medieval University of Oxford', *History*, xiv (1929—30), pp. 57 ff.

*Medieval Oxford* (Oxf. Hist. Soc., c, 1936).

SALTMARSH, J. 'King's College', *V. C. H.* (Cambridge), iii, ed. J. P. C. Roach(London, 1959).

SANDERLIN, D. *The Mediaeval Statutes of the College of Autun at the University of Paris*, Texts and Studies in the History of Mediaeval Education, no. xiii (Notre Dame, Indiana, 1971).

SAN MARTÍN, J. *La Antigua Universidad de Palencia* (Madrid, 1942).

SAVIGNY, F. E. VON. *Geschichte des Römischen Rechts im Mittelalter*, 7 vols., 2nd ed. (Heidelberg, 1834—51).

SCOTLAND, J. *The History of Scottish Education*, 2 vols. (London, 1969).

SIMON, J. *Education and Society in Tudor England* (Cambridge, 1966).

SINGER, C. 'The School of Salerno and its Legends' in *From Magic to Science* (London, 1928).

*A Short History of Anatomy from the Greeks to Harvey*, 2nd ed. (New York, 1957).

SMAIL, W. M. *Quintilian on Education* (Oxford, 1938).

SMALLEY, B. *The Study of the Bible in the Middle Ages* (Oxford, 1952).

SMITH, A. H. *New College Oxford and its Buildings* (Oxford, 1952).

SMITH, C. E. S. *The University of Toulouse in the Middle Ages* (Milwaukee, Wisconsin, 1958).

SORBELLI, A. *Storia della Università di Bologna*, i (Bologna, 1944).

SOUTHERN, R. W. 'Medieval Humanism' and 'Humanism and the School of Chartres' in *Medieval Humanism and other Studies* (Oxford, 1970).

SQUIBB, G. D. *Founders' Kin: Privilege and Pedigree* (Oxford, 1972).

STAMP, A. E. *Michaelhouse* (privately printed, Cambridge, 1924).

STELLING-MICHAUD, *L'Université de Bologne et la pénétration des droits romain et canonique en Suisse aux xiii$^e$ et xiv$^e$ siècles*, Travaux d'Humanism et Renaissance, xvii (Geneva, 1955).

'L'Université de Bologne et la suisse, à l'époque de la première réception du droit romain', *Studi e memorie*, new ser., i (1956).

'L'histoire des universités au moyen âge et à la renaissance au cours des vingt-cinq dernières anneés', *XIᵉ Congrès International des Sciences Historiques*, *Rapports*, i (Stockholm, 1960).

STOKES, H. P. 'The mediaeval Hostels of the University of Cambridge', *Cambridge Antiquarian Society* (Octavo Publications), xlix(1924), pp. 1 ff.

STOREY, R. L. 'Diocesan Administration in the Fifteenth Century', *St Anthony's Hall Publications*, no. 16 (1959), pp. 3 ff.

STRICKLAND GIBSON, 'Confirmations of Oxford Chancellors in Lincoln Episcopal Registers', *E. H. R.*, xxvi (1911), pp. 501 ff.

'The University of Oxford', *V. C. H.* (Oxford), iii, ed. H. E. Salter and M. D. Lobel (London, 1954).

ULLMANN, W. 'The Medieval Interpretation of Frederick I's Authentic "Habita"' in *L' Europa e il diritto Romano: Studi in memoria di Paolo Koschaker* (Milan, 1954).

'The University of Cambridge and the Great Schism', *J. T. S.*, ix (1958), pp. 53 ff.

'The Decline of the Chancellor's authority in medieval Cambridge: a rediscovered statute', *Historical Journal*, i (1958), pp. 176 ff.

*Principles of Government and Politics in the Middle Ages*, IST ed. (London, 1965).

*The Carolingian Renaissance and the Idea of Kingship* (London, 1969).

VENN, J. *Early Collegiate Life* (Cambridge, 1913).

VERGER, J. 'The University of Paris at the End of the Hundred Years War' in *Universities in Politics: Case Studies from the Late Middle Ages and Early Modern Period*, ed. J. W. Baldwin and R. A. Goldthwaite (Baltimore, 1972).

*Les universités au moyen âge* (Paris, 1973).

VERGOTTINI, G. DE. 'Lo Studio di Bologna, I' Impero, il Papato', *Studi e memorie*, new ser. , i (1956).

WADDELL, H. *Wandering Scholars* (London, 1954).

WAKELING, G. H. *Rrasenose Monographs*, ii, pt. i (Oxf. Hist. Soc., liii, 1909).

WATT, D. E. R. 'University Clerks and Rolls of Petitions for Benefices', *Speculum*, xxxiv (1959), pp. 213 ff.

WEISHEIPL, J. A. 'Curriculum of the Faculty of Arts at Oxford in the early fourteenth century', *Mediaeval Studies*, xxvi (1964), pp. 143 ff.

WIERUSZOWSKI, H. *The Medieval University: Masters, Students, Learning* (New York, 1966).

WINSTANLEY, D. A. *Unreformed Cambridge* (Cambridge, 1935).

WOOLF, C. N. S., *Bartolus of Sassoferrato: his position in the history of medieval political thought* (Cambridge, 1913).

ZACCAGNINI, G. *La vita dei maestri e degli scolari nello Studio di Bologna nei secoli xiii e xiv* (Biblioteca dell' Archivum Romanicum, 5, Geneva, 1926).

ZANETTI, D. 'A I' Université de Pavie au xv$^e$ siècle: les salaires des professeurs', *Annales: Economies, Sociétés, Civilisations*, 17 (1962), pp. 421 ff.

# 人名与主题索引

Abelard, Peter, 78, 79, 229—30; *Sic et Non*, 20, 50

Aberdeen, university of, 76, 156—7, 191n. 2, 193

Accursius, Bolognese jurist, 61

Aix-en-Provence, university of, 119, 178, 182

Albornoz, Gil, Cardinal, 151

Alcalá, university of, 157, 185

Al Dschaafar, *Viaticus*, 41

Alexander IV, pope, 24n. 4, 27, 28, 34 n. 2, 94; ineptitude of, 92—3; *Quasi lignum vitae*, 92

Alfonso X(the Wise), king of Castile, 24, 27, 34

Alfred the Creat, 96

All Souls College, Oxford, 125, 153 n. 1

Alps, 49

Anatomy, Bologna, 44; Montpellier, 44; Padua, 44; Salerno, 41, 43—4

Andreae, Johannes, Bolognese canonist, 63

Angers, university of, 29, 31, 178, 179, 181, 183 n. 1

Arabic, medicine, 41, 42, 44, 47; philosophy, 37, 42, 43; science, 16, 37, 41, 42, 43, 47

Aragon, 27, 35 n. 2, 184

architecture, 9, 10

Aretino, Cuido, teacher of logic, 45

Arezzo, university of, 57, 73

aristocracy *see* nobility

Aristotle,4; 'New Aristotle', 11,16,17,42—3,107—8

arithmetic,9,10,11

*ars dictaminis*, *ars dictandi* see *dictamen*

*ars notaria*, *ars notarie*,222,223

*artes liberales see* seven liberal arts

Arthur, king,96

arts,13,15,17,18,24,25,30,35,37,46,61,77,78,89,91,97,101,126, 127,131,133,135,136,146,154,182,198,199,200,207,208,210, 211,212,214,216,223,224; faculty of,32,82,84,85,86,87,88,89, 90,91,93,104,105,107,112,121,169,178,190,202,208,210,211, 212,214,221,222; *see also* seven liberal arts

Arundel, Thomas, at Oriel College, Oxford,147 n. 1

Arundell, John, logic notebook of,143 n. 3

astronomy,9,10,12

Athens,22; philosophical schools of,21

Aurillac, Cerbert of,11

Authentic *Habita*,51—4,233

Autun, College of. Paris,132

Ave Maria College, Paris,204 n. 4,205,207 n. 8; charity of,150

Avignon, university of,179,181—2,199

Azo, Bolognese jurist, 50,61 and n. 1 bachelors, teaching functions of, 210 — 12; *see also* degrees, university and under individual disciplines

Baghdad, 41

Balliol College, Oxford, 135,147 n. 3

Balliol, John de, 135 n. 2, 136

ballots(*cedulae*), at Bologna, 69, 72

Balsham, Hugh de, bishop of Ely, 135

*Bamberg Surgery*, 44

220, 222 — 5, 225, 227; and ecclesiastical control, 102 — 3, 108; organization of, 99, 100 — 7; origins of, 96 — 101, 107; scientific movement at, 107 — 8; statutes, 106, 112; *see also* chancellor and colleges, academic

Padua, university of, 24, 29, 72 n. 8, 73, 113, 116, 171 — 3, 174, 176, 184, 187, 188, 194; student power at, 171 — 3, 174, 176, 188

Palencia, university of, 24, 175, 185

Palma, university of, 185

papal hierocratic system(doctrine), 49, 51, 52

*Parens scientiarum*, 1231, Paris, 81, 83, 90

Paris, 22, 78, 79, 80, 97, 98, 101, 150, 194; archdeacon of, 124 n. 1, 129; bishop of, 77, 81, 82, 83, 191 n. 1; *parlement* of, 94; provost of, 81; shools of, 77 ff. , 88, 194

Paris University, 15, 17, 20, 24, 25, 26, 28, 29, 30, 31, 37, 39, 42, 43, 59, 71, 75 — 95, 96, 97, 98, 99, 101, 102, 104, 105, 107, 108, 111, 113, 116, 120, 121, 123, 125, 126 — 32 passim, 148, 150, 157, 167, 169, 178, 179, 180, 191, 192, 193, 199 and n. 3, 202, 203, 208, 216, 232; and ecclesiastical jurisdiction, 75 — 84 passim, 91, 92 — 3; masters' guild, 60, 67, 75 — 95 passim; and mendicants, 84, 91 — 4; nations, 84, 85, 86, 87 — 90, 106, 129, 130, 192 n. 2, 198, 199; organization of, 67, 68, 81 — 91, 93 — 4; origins of, 77 ff. , 87; statutes of, 82, 88, 91, 92, 93; subjection to French monarchy, 90, 94 — 5, 118; *see also* chancellor and colleges, academic

*parvuli*, at Merton College, Oxford, 149

*pauperes see* students, poor

Pavia, schools of, 49; university of, 117, 174, 187 n. 4, 202

*pecia*(*e*), 215

Pécs, university of, 50 n. 1

Pembroke College, Cambridge, 136, 138

Salerno, 39, 41, 45, 47; school or protouniversity of, 25, 37—47; anatomy at, 41, 43—4; medical literature at, 39, 40, 41, 42, 43, 44; medical practice at, 39, 40, 41, 42, 43—5; organization of, 38 —9, 43, 45—7; origins, of, 39 ff. ; philosophy and science at, 37; surgery at, 40, 41, 44—5

Salisbury, cathedral of, 135 n. 1

Salisbury, John of, 9 n. 3, 18, 82, 98, 100—1, 225; attitude to logic, 19; *Metalogicon*, 12

Sampson, Thomas, Oxford *dictator*, 224

San Bartolomé, colegio viejo de, Salamanca, 151

Saragossa, university of, 185

Sareshel, Alfred of, 17

Scandinavia, universities of, 90, 118, 120, 189

Schism, Great, 94, 108, 216

scholar, profession of, 229—32, 233, 237; distinct from knighthood, 230—1; equivalent to knighthood, 231—2

*scholasticus*, at Angers, 181; at Salamanca, 184 and n. 1

schools, Anglo-Saxon, 6; Arabic, 22; Byzantine, 22; cathedral, 7, 8, 9, 11, 12, 14, 15, 17, 28, 38, 77, 78, 79, 81, 96, 97, 107, 135 n. 1; Graeco-Roman, 22; *see also* Graeco-Roman, education; Greek, 22; *see also* Greek, education; Iberian, 6; Irish, 6; mendicant, 91, 92; monastic, 11; nation (Paris), 89; Roman imperial, 5, 6; theological, 26, 77; urban (municipal), 7, 8, 11, 14; *see also* individual towns and *studium particulare*

Schwerin, bishop of, 120 n. 1

science, 16, 108; Arabic, 16, 37, 41, 42, 43, 47; Greek, 16, 37, 42, 43, 47

Scotland, 120, 218; bishops of, 76; universities of, 76, 90, 118, 120, 123, 154, 155, 156, 157, 189, 192, 193

*seigneur ès lois* see *chevalier ès lois*